Die Öffentlichkeit als Kontroll- und Sanktionsorgan im Steuerrecht

Bochumer Schriften zum Steuerrecht

Herausgegeben von Roman Seer

44

PETER LANG

Philipp Wagner

Die Öffentlichkeit als Kontroll- und Sanktionsorgan im Steuerrecht

Eine gerechte Unternehmensbesteuerung durch „naming and shaming"?

PETER LANG

Bibliografische Information der Deutschen Nationalbibliothek
Die Deutsche Nationalbibliothek verzeichnet diese Publikation in der Deutschen Nationalbibliografie; detaillierte bibliografische Daten sind im Internet über http://dnb.d-nb.de abrufbar.

Zugl.: Bochum, Univ., Diss., 2022

Abbildung auf dem Umschlag: Siegel der Universität Bochum.
Abdruck mit freundlicher Genehmigung der Universität Bochum.

D 294
ISSN 1613-933X
ISBN 978-3-631-87995-5 (Print)
E-ISBN 978-3-631-88128-6 (E-PDF)
E-ISBN 978-3-631-88129-3 (EPUB)
DOI 10.3726/b19831

Peter Lang – Berlin · Bern · Bruxelles · New York ·
Oxford · Warszawa · Wien

Diese Publikation wurde begutachtet.

www.peterlang.com

Meinen Eltern

Vorwort

Die vorliegende Arbeit wurde im Wintersemester 2021/2022 von der Juristischen Fakultät der Ruhr-Universität Bochum als Dissertation angenommen.

Die mündliche Prüfung fand am 4. März 2022 statt. Das Manuskript zu der Arbeit habe ich im Dezember 2020 abgeschlossen. Später veröffentlichte Literatur und Rechtsprechung sowie aktuelle steuerrechtspolitische Entwicklungen habe ich teilweise noch in den Fußnoten berücksichtigt, soweit mir diese bis April 2022 bekannt geworden sind.

Mein herzlicher Dank gebührt allen voran meinem verehrten Doktorvater, Herrn Professor Dr. Sebastian Unger. Er hat mich schon während meines Jurastudiums bereitwillig rechtswissenschaftlich gefördert und stand mir stets als überaus verlässlicher, zugewandter sowie an meiner juristischen Ausbildung interessierter akademischer Lehrer zur Seite. In den mittlerweile über sechs Jahren, in denen ich mit ihm und für ihn arbeiten durfte, hat er mein Verständnis für das Recht und für die Rechtswissenschaft ganz nachhaltig positiv beeinflusst. Er hat mir zudem an seinem Lehrstuhl sowohl in fachlicher als auch in menschlicher Hinsicht ideale Voraussetzungen für die erfolgreiche Promotion geschaffen. Für all das bin ich ihm außerordentlich dankbar. Ich werde diese schöne Zeit nicht vergessen.

Herrn Professor Dr. Roman Seer möchte ich für die zügige Erstellung des Zweitgutachtens und die Aufnahme meiner Arbeit in seine Schriftenreihe „Bochumer Schriften zum Steuerrecht" danken.

Weiterer Dank gilt meinen geschätzten ehemaligen Kolleginnen und Kollegen, mit denen ich sehr gerne am Lehrstuhl zusammengearbeitet habe. Über die Lehrstuhlzeit hinaus bin ich größtenteils freundschaftlich mit ihnen verbunden. Stellvertretend für sie seien hier insbesondere Rabea Hadda, Eva Lautsch und David Hug genannt.

Schließlich möchte ich meinen Eltern von Herzen für ihre stets selbstlose, unbedingte und liebevolle Unterstützung danken. Ohne sie wäre das unbeschwerte Leben, das mein Bruder und ich leben dürfen, nicht möglich. Ihnen ist diese Arbeit daher in Liebe gewidmet.

Bochum, im April 2022
Philipp Wagner

Inhaltsverzeichnis

Teil 1: Einleitung

A. *Starbucks* und der Zorn der Öffentlichkeit

Im Jahr 2012 wurde Großbritannien von einem Steuerskandal erschüttert. Nachdem darüber informiert worden war, dass es der international operierenden Kaffeehauskette *Starbucks* mittels diverser Steuergestaltungen gelungen war, über mehrere Jahre Steuern in beträchtlichem Umfang zu vermeiden, machten sich öffentliche Empörung und Entrüstung breit.[1] Auch wenn die Steuergestaltungen allesamt legal waren und damit gerade keine Steuerstraftaten vorlagen, nahm die Öffentlichkeit in Worten und Taten Anstoß an der auf Steuervermeidung ausgerichteten Steuerpolitik des Unternehmens. Dabei war der Zorn der Öffentlichkeit derart groß, dass es Berichten zufolge zu einem Boykott und in mehreren Dutzend *Starbucks*-Filialen überdies zu tumultartigen Demonstrationen kam, die bisweilen sogar zu Festnahmen führten.[2]

Am Ende war dieser auf *Starbucks* ausgeübte Druck der echauffierten Öffentlichkeit so stark, dass *Starbucks* sich unter Ausschluss der Anerkennung einer Rechtspflicht „freiwillig" bereit erklärte, mehrere Millionen Pfund an die britischen Finanzbehörden zu zahlen.[3] Steuerrechtlich betrachtet bestand darauf kein Anspruch.[4] Nichtsdestoweniger hatte das Unternehmen *Starbucks* wohl eingesehen, dass es aufgrund seiner Steuervermeidungsstrategien einen derart gravierenden Reputationsschaden erlitten hatte, dass es ihm schlicht unmöglich war, seine Steuerpolitik in Großbritannien in der bisherigen Art und Weise fortzusetzen.[5]

---

1 Ausführlich *R. Pinkernell*, ifst-Schrift Nr. 494 (2014), S. 156; *F. Oppel*, SteuK 2016, S. 421 (426); *S. Sieber*, DStR 2021, S. 2656 (2658).

2 *M. Theurer*, FAZ vom 9.12.2012, abrufbar unter: https://www.faz.net/aktuell/wirtschaft/steuerstreit-starbucks-filialen-in-grossbritannien-besetzt-11987641.html (letzter Aufruf: 31.3.2022); *R. Pinkernell*, ifst-Schrift Nr. 494 (2014), S. 156; *D. Fehling*, FR 2015, S. 817 (817, Fn. 6).

3 *S. Eilers/S. Schmitz*, ISR 2013, S. 68 (68, 75); *D. Fehling*, FR 2015, S. 817 (817, Fn. 6); *F. Oppel*, SteuK 2016, S. 421 (426); *A. Steinegger*, Der Konzern 2016, S. 454 (460); *S. Sieber*, DStR 2021, S. 2656 (2658).

4 *S. Sieber*, DStR 2021, S. 2656 (2658): „zusätzlich zur gesetzlich geschuldeten Steuerlast".

5 *A. Christians*, Tax Notes International 2013, S. 637 (638).

B. Steuervermeidung als gesellschaftliches und rechtliches Problem

Die Steuervermeidung multinationaler Unternehmen ist ein gesellschaftliches, politisches und juristisches „Dauerthema".[6] Bereits seit einigen Jahren richtet sich die Aufmerksamkeit der Öffentlichkeit und der Politik verstärkt auf die tatsächliche steuerliche Belastung großer multinationaler Unternehmen. Obwohl multinationale Unternehmen weltweit enorme Gewinne erwirtschaften, zahlen sie nahezu nirgendwo wirklich Steuern.[7] Aufgrund verschiedenster steuerlicher Gestaltungen gelingt es ihnen immer wieder, ihre erwirtschafteten Gewinne zu verlagern, Steuern zu vermeiden und ihre Steuerlast damit in erheblichem Umfang zu senken. Die am Ende dann effektiv zu tragenden steuerlichen Lasten stehen dabei in nahezu keinem Verhältnis mehr zur wirtschaftlichen Größe der multinationalen Unternehmen und zum erwirtschafteten Gewinn vor Steuern. So soll es einem US-Konzern gelungen sein, „seinen effektiven Körperschaftsteuersatz auf die in Europa erzielten Gewinne von 1 % im Jahre 2003 auf 0,005 % im Jahre 2014 zu senken", womit im Ergebnis ein „zweistellige[r] Milliardenbetrag" an Steuern gespart werden konnte.[8] Eine Steuerbelastung von 50 Euro bei einem Gewinn von einer Million Euro entspräche letztlich „nicht dem gewünschten Maß der Teilhabe von Staaten am Unternehmensgewinn".[9]

In der Politik und der Öffentlichkeit wird vor diesem Hintergrund seit Längerem der steuerliche „fair share" multinationaler Unternehmen bezweifelt.[10] Das Auseinanderklaffen der wirtschaftlichen Leistungsfähigkeit und der Steuerbelastung wird in der Diskussion um eine gerechte Unternehmensbesteuerung von der Politik und der Öffentlichkeit immer wieder „als besonders anstößig" empfunden.[11] Für die Öffentlichkeit handelt es sich bei der Steuervermeidung multinationaler Unternehmen daher um nichts Geringeres als einen „Verstoß gegen die Steuergerechtigkeit".[12]Aber auch namhafte Steuerrechtler äußern mit Blick

---

6 *C. Watrin/M. Thomsen*, StuW 2016, S. 3 (3); *A. Kubata*, IStR 2021, S. 949 (949).

7 *A. Christians*, Washington University Journal of Law and Policy 2014, S. 39 (46); *A. Steinegger*, Der Konzern 2016, S. 454 (460).

8 *S. Grotherr*, Ubg 2016, S. 637 (637).

9 *J. Lüdicke/F. Salewski*, ISR 2017, S. 99 (106).

10 Siehe hierzu etwa *D. J. Piltz*, IStR 2013, S. 681 (681); *M. Overesch*, PWP 2016, S. 129 (129).

11 *M. Overesch*, PWP 2016, S. 129 (129).

12 *U. Schreiber/L. M. Fell*, in: FS Dieter Endres, 2016, S. 387 (387).

auf die Steuerbelastung internationaler Unternehmen ihren Unmut. So hat etwa der damalige Präsident des Bundesfinanzhofs, *Rudolf Mellinghoff*, in einem Interview mit der *FAZ* ausgeführt, dass es aus seiner Sicht „nicht akzeptabel" sei, wenn sich multinationale Unternehmen durch „geschickte Steuergestaltungen" letztlich „kaum noch an der Finanzierung des Gemeinwesens beteiligen".[13] Die Rechtfertigung der Steuer als gegenleistungslose Abgabe speist sich unter anderem aus der gleichmäßigen Belastung aller Steuerpflichtigen.[14] Anders gewendet kann man sagen, dass die Finanzierung des Staats über die Steuer nur deshalb gerechtfertigt ist, weil sich gerade alle an der Finanzierung beteiligen. Steuervermeidungen laufen dieser Idee zuwider und konterkarieren das Konzept einer (internationalen) Steuergerechtigkeit.

Neben diesen gesellschaftlichen und politischen Schwierigkeiten stellt die Steuervermeidung aber auch vor rechtliche Herausforderungen. Der Gesetzgeber kann Steuervermeidungen rein juristisch nicht effektiv bekämpfen. Werden etwa bestimmte Steuergestaltungen durch Änderungen der Steuergesetze unmöglich gemacht, so werden diese Gesetzesänderungen nun ihrerseits Gegenstand von Gestaltungen. *Matthias Valta* spricht treffend von einem „Hase-und-Igel-Spiel", wenn er ausführt, dass die „Steuergestaltungsindustrie" längst neue Steuergestaltungen entwickelt habe, während der Gesetzgeber noch dabei sei, die vorherigen Gestaltungen durch Gesetzesänderungen unschädlich zu machen.[15] Darüber hinaus werden die strukturellen Schwächen in der Gesetzgebung auf internationaler Ebene von einem relativ aggressiv geführten Steuerwettbewerb begleitet.[16] Hierbei versuchen die Staaten, sich gegenseitig an steuerlicher Attraktivität für Investitionen zu überbieten. Steuerwettbewerb wird dabei zu einem Standortwettbewerb.[17] Die Herausforderungen im Kampf gegen Steuervermeidung sind damit so gewaltig, dass der einzelne Steuerstaat an die Grenzen des für ihn Machbaren stößt.

---

13 *R. Mellinghoff*, FAZ v. 23.5.2019, S. B2.

14 *R. Möller*, StB 2006, S. 425 (426); *R. Wernsmann*, in: Walter Hübschmann/Ernst Hepp/Armin Spitaler (Begr.), AO/FGO, § 4 AO Rn. 411 (Oktober 2020).

15 *M. Valta*, Das Internationale Steuerrecht zwischen Effizienz, Gerechtigkeit und Entwicklungshilfe, 2014, S. 179.

16 Ausführlich zum Steuerwettbewerb *M. Rodi*, StuW 2008, S. 327 (327 ff.); *F. Haase*, Der Steuerkrieg, 2020.

17 Vergleiche *N. Braun Binder*, Rechtsangleichung in der EU im Bereich der direkten Steuern, 2017, S. 73.

C. Die Öffentlichkeit als Kontroll- und Sanktionsorgan

Angesichts der begrenzten Effektivität, Steuervermeidungen allein durch lückenschließende Anpassungen des materiellen Steuerrechts zu begegnen,[18] wird vermehrt über andere Lösungen nachgedacht.[19] Hier wird schon seit Jahren intensiv und in letzter Zeit noch verstärkter auf Steuertransparenz gesetzt.[20] Auf nationaler Ebene soll der Steuerpflichtige für die Finanzbehörden zunehmend transparenter und seine steuerlichen Verhältnisse sollen immer nachvollziehbarer werden. Auf internationaler Ebene wird an einem immer detaillierter und komplexer werdenden automatischen Informationsaustausch in Steuersachen zwischen den Finanzbehörden gearbeitet.[21] All diese Transparenzmaßnahmen führen zu einem Transparenzgewinn der Finanzbehörden.

Parallel zur Transparenz für die Finanzverwaltung finden sich immer wieder auch Überlegungen hinsichtlich einer allgemeinen Steuerpublizität.[22] Der Steuerpflichtige und seine steuerlichen Verhältnisse wären dann auch für die Öffentlichkeit transparent. Die Idee einer öffentlichen Steuertransparenz verfolgt das Ziel, die Öffentlichkeit als Kontroll- und Sanktionsorgan im Steuerrecht zu installieren.[23] Wie „der skurrile Starbucks-Fall"[24] deutlich gezeigt hat, kann die unternehmerische Steuerpolitik selbst bei vollkommener Legalität durch öffentlichen Druck beeinflusst und gelenkt werden.[25] Über den Druck der Öffentlichkeit können vermeintlich steuerfaire Leistungen erzwungen werden, auf die zwar steuerrechtlich kein Anspruch besteht, die aber (vielleicht) gesellschaftlich geschuldet sind.[26] Was der Staat nicht zu erreichen vermag, scheint der Öffentlichkeit zu

---

18 Vergleiche *W. Blumers*, BB 2013, S. 2785 (2785); *S. Grotherr*, Ubg 2015, S. 360 (363).

19 Vergleiche *V. Wöhrer*, TPI 2017, S. 1 (1).

20 Ausführlich hierzu etwa *J. Hey/R. Heilmeier*, in: H. David Rosenbloom et al. (Hrsg.), ITP @ 20 [1996 – 2016], 2016, S. 239 (239 ff.); *A. Dölker*, BB 2017, S. 279 (279 ff.).

21 Ausführlich hierzu etwa *R. Seer/I. Gabert*, StuW 2010, S. 3 (3 ff.); *R. Seer/S. Kargitta*, in: Christiana Panayi et al. (Hrsg.), Research Handbook on European Union Taxation Law, 2020, S. 489 (489 ff.).

22 Siehe hierzu *E. J. Meise*, Steuerpublizität bei natürlichen Personen, 2019.

23 Vergleiche *E. J. Meise*, Steuerpublizität bei natürlichen Personen, 2019, S. 125 ff.

24 *R. Pinkernell*, ifst-Schrift Nr. 494 (2014), S. 156.

25 Vergleiche *A. Steinegger*, Der Konzern 2016, S. 454 (460).

26 Vergleiche *F. Oppel*, SteuK 2016, S. 421 (426); *U. Schreiber/J. Voget*, StuW 2017, S. 145 (153); *C. Armbrüster/L. Böffel*, ZIP 2019, S. 1885 (1895): „[...] werden Private aktiviert, um mithilfe des Instruments der Veröffentlichung für die Einhaltung von staatlicherseits angestrebten Zielen zu sorgen."

gelingen.[27]

In der rechtswissenschaftlichen Literatur wird bisweilen zwar wenig schmeichelhaft von einer „Volksjustiz“[28] gesprochen, die um sich greife, wenn die Öffentlichkeit Druck und Kontrolle ausübe und schließlich auch Sanktionen verhänge,[29] nichtsdestoweniger scheint der Einsatz der Öffentlichkeit zur Behebung von Missständen rechtlicher, gesellschaftlicher oder politischer Natur immer interessanter zu werden und sich in der nationalen wie internationalen Rechtslandschaft immer fester zu verankern. So ist „naming and shaming“ bereits ein nicht mehr wegzudenkender Bestandteil im US-amerikanischen Strafsystem,[30] und auch das deutsche Wirtschaftsrecht kennt das Sanktionieren durch die Öffentlichkeit.[31] Im Steuerrecht setzen gerade die skandinavischen Staaten schon lange auf Steuerpublizität und Kontrolle durch die Öffentlichkeit.[32]

Einen ganz neuen Ansatz verfolgt seit einiger Zeit die Europäische Kommission.[33] Mithilfe der Öffentlichkeit sollen Gewinne letztlich nicht mehr verlagert und Steuern damit nicht mehr vermieden werden können.[34] Mittels eines Ertragsteuerinformationsberichts soll innerhalb der Europäischen Union eine öffentliche Steuerkontrolle auf dem Gebiet der Unternehmensbesteuerung eingeführt werden. Nach Auffassung der Europäischen Kommission könnte eine öffentliche Kontrolle „sicherstellen helfen, dass Gewinne tatsächlich dort besteuert werden, wo sie entstehen“.[35] Über die Installation der Öffentlichkeit als Kontroll- und Sanktionsorgan soll die Praktik, Steuern zu vermeiden und Steueroasen zu nutzen, wegen eines zu befürchtenden Reputationsverlusts[36] sowie „naming and shaming“ für multinationale Unternehmen unattraktiv gemacht und so das unternehmerische Verhalten

---

27 Siehe in diesem Kontext auch *P. F. Irmscher*, Öffentlichkeit als Sanktion, 2019, S. 16 m. w. N.

28 *F. Reimer*, JöR 58 (2010), S. 275 (287); *C. Armbrüster/L. Böffel*, ZIP 2019, S. 1885 (1891).

29 *F. Reimer*, JöR 58 (2010), S. 275 (287); *C. Armbrüster/L. Böffel*, ZIP 2019, S. 1885 (1891).

30 Siehe etwa *T. M. Massaro*, Michigan Law Review 1991, S. 1880 (1880 ff.); *J. Q. Whitman*, The Yale Law Journal 1998, S. 1055 (1055 ff.); rechtsvergleichend *M. Jüngel*, Shame Sanctions – Wiedergeburt der Schandstrafe?, 2011; *J. M. Niioka*, „Naming and Shaming“ – Ein neues ambulantes Sicherungsmittel im Umgang mit Sexualstraftätern?, 2013.

31 Siehe etwa *P. F. Irmscher*, Öffentlichkeit als Sanktion, 2019; instruktiv auch *C. Armbrüster/L. Böffel*, ZIP 2019, S. 1885 (1885 ff.).

32 Siehe etwa *P. Kirchhof*, in: FS Klaus Tipke, 1995, S. 27 (40); *K. Tipke*, Die Steuerrechtsordnung, Band I, 2. Auflage 2000, S. 222; *U. Schreiber/J. Voget*, StuW 2017, S. 145 (149); *E. J. Meise*, Steuerpublizität bei natürlichen Personen, 2019, S. 48 ff., 55 ff.

33 Zum Ganzen COM(2016) 198 final.

34 COM(2016) 198 final.

35 COM(2016) 198 final, S. 2.

36 Siehe hierzu *T. Hoppe/J. Müller/A. Weinrich/K. Wittek*, IStR 2021, S. 925 (930 f.).

beeinflusst werden.[37] Die Europäische Kommission hat damit die Zeichen der Zeit erkannt. Mit der Bekämpfung von „aggressiver“ Steuerplanung und Steuervermeidung geht sie „das Kernproblem des gegenwärtigen Steuerrechts“[38] an. Der Einsatz der Öffentlichkeit als Kontroll- und Sanktionsorgan in der Unternehmensbesteuerung ist dabei als rechtspolitische Lösung für eine auf Steuervermeidung beruhende (internationale) Steuerungerechtigkeit gedacht.

Auch wenn die Steuervermeidungsstrategien multinationaler Unternehmen kritisiert und ein durch öffentlichen Druck erreichtes steuerpolitisches Umdenken des Unternehmens als Sieg der Steuergerechtigkeit über das Gewinnstreben verbucht werden können, so bleibt am Ende dennoch ein – jedenfalls rechtlich besehen – fader Beigeschmack. Wenn aufgrund öffentlichen Drucks in Form von „naming and shaming“ Zahlungen erfolgen, auf die es keinen Steueranspruch gibt, hat das mit dem Legalitätsprinzip des Steuerrechts nur noch wenig gemein.[39] Es steht vielmehr zu befürchten, dass der sich „naming and shaming“ verdankende Sieg des Steuerstaats gegen Steuervermeidung sich am Ende als Pyrrhussieg erweist. Als ein Sieg nämlich, der zwar im Kampf gegen Steuervermeidung erzielt wurde, der dabei aber die Grundfesten des Steuerrechts und einer rechtsstaatlichen Besteuerung zum Einsturz gebracht hat. Denn eins steht fest: „The numberless private policemen who enforce shame sanctions play by their own rules or by none.“[40]

---

37 Zu diesem Aspekt etwa *S. Grotherr*, IWB 2016, S. 892 (898); *F. Oppel*, SteuK 2016, S. 421 (425 f.); *V. Dutt/C. Spengel/H. Vay*, FUS 2017, S. 177 (178); *U. Schreiber/J. Voget*, StuW 2017, S. 145 (153); *R. Seer/S. Kargitta*, in: Christiana Panayi et al. (Hrsg.), Research Handbook on European Union Taxation Law, 2020, S. 489 (509): „[...] this name and shame approach by the EU [...]“.

38 *P. Kirchhof*, JZ 2015, S. 105 (110).

39 Vergleiche *F. Oppel*, SteuK 2016, S. 421 (426); *U. Schreiber/J. Voget*, StuW 2017, S. 145 (153).

40 *J. Q. Whitman*, The Yale Law Journal 1998, S. 1055 (1090).

D. Gang der Darstellung

Vor dem Hintergrund der obigen Ausführungen will diese Arbeit untersuchen, ob die Öffentlichkeit als Kontroll- und Sanktionsorgan im Steuerrecht wirklich zu einer gerechten Besteuerung multinationaler Unternehmen beitragen kann. Nach der Einführung (Teil 1) gilt es, das Spannungsverhältnis von Steuergerechtigkeit und Steuervermeidung zu untersuchen (Teil 2). Dabei wird zunächst die Steuergestaltung durch multinationale Unternehmen dargestellt (A.). Dieser Abschnitt wird sich mit grundlegenden Fragen zur Steuervermeidung und zur Steuerumgehung befassen. Auch auf die sogenannte „aggressive" Steuerplanung wird einzugehen sein. Sodann wird erörtert, weshalb Steuergestaltungen Steuergerechtigkeit konterkarieren (B.). Den Mittelpunkt der Arbeit bilden die darauffolgenden Ausführungen zur Öffentlichkeit im Steuerrecht (Teil 3). Dieser Teil versucht, Lösungen für den in Teil 2 identifizierten steuerlichen Realbefund zu erarbeiten. Hierfür wird auf öffentliche Kontrollen und Sanktionen im Steuerrecht einzugehen sein (A.). Nach einigen generellen Ausführungen zu Aspekten der steuerlichen Transparenz, der öffentlichen Steuerkontrolle und der Bedeutung von Öffentlichkeit und Transparenz folgen umfangreiche Ausführungen zum Potenzial, Steuergestaltungen durch die Öffentlichkeit und „naming and shaming" zu begrenzen (IV.). Mit den bis dahin gewonnenen Erkenntnissen wird sodann der Ertragsteuerinformationsbericht systematisch dargestellt und untersucht (B.). Sodann folgt die grundrechtliche Bewertung der vermeintlichen Lösung des Problems der Steuervermeidung mittels Öffentlichkeit und „naming and shaming" (Teil 4). Ein besonderes Augenmerk wird dabei auf die Geeignetheit und Angemessenheit von „naming and shaming" und öffentlicher Kontrolle gelegt. Es bestehen erhebliche Zweifel an der Geeignetheit und Angemessenheit. Daran anknüpfend wird untersucht, welche Auswirkungen die Einführung öffentlicher Steuerkontrolle auf das Steuerrecht hat (Teil 5). Eine Zusammenfassung der Ergebnisse rundet die Arbeit ab (Teil 6). Im Ergebnis hält die Arbeit die Installation der Öffentlichkeit als Kontroll- und Sanktionsorgan im Steuerrecht für unionsrechtswidrig und für mit dem Legalitätsprinzip des Steuerrechts unvereinbar.

Teil 2: Steuervermeidung und Steuergerechtigkeit

A. Steuergestaltung durch multinationale Unternehmen

I. Internationalität und Unternehmensgröße

Ein Grund, weshalb gerade multinationale Unternehmen relativ umfassende und weitreichende Steuerplanungen und Steuergestaltungen[41] durchführen können, liegt in ihrer Internationalität.[42] Ein multinationales Unternehmen zeichnet sich dadurch aus, dass es „in einer grenzüberschreitenden Arena [agiert]".[43] Da sich multinationale Unternehmen in unterschiedlichen Steuerordnungen bewegen, haben sie einen größeren steuerlichen Gestaltungsspielraum als rein nationale Unternehmen und als Privatpersonen.[44] Dies liegt daran, dass international tätige Unternehmen ganz gezielt mit den Eigenarten des Steuerrechts der jeweiligen Ansässigkeitsstaaten arbeiten können.[45] In der Regel werden hierbei bestehende nationale Gesetzeslücken oder steuerrechtliche Besonderheiten in die Steuerplanung integriert.[46] So können multinationale Unternehmen etwa durch das Dazwischenschalten von Holdinggesellschaften steuerliche Vorteile aus Doppelbesteuerungsabkommen ziehen.[47] Für internationale Unternehmen ist das jeweils nationale Steuerrecht, das auf die einzelne Unternehmenseinheit Anwendung findet, ein wirtschaftlicher Planungsposten, der für die Steuerpolitik der Unternehmensführung in keiner Weise „entscheidungsneutral" ist.[48] Die Besonderheiten des Steuerrechts der Ansässigkeitsstaaten werden zum Gegenstand der

41 Zur Steuergestaltung aus Beratersicht ausführlich *T. Rödder*, DStJG 33 (2010), S. 93 (93 ff.).

42 Zum Ganzen nur *C. Watrin/N. Ebert*, StuW 2013, S. 298 (298 ff.), die sich ausführlich mit der Frage der Besteuerung multinationaler Unternehmen befassen.

43 Anschaulich *C. G. Paulus*, ZIP 2014, S. 2374 (2374). Siehe auch die Definition der *OECD*, Verrechnungspreisdokumentation und länderbezogene Berichterstattung, Aktionspunkt 13 – Abschlussbericht 2015, 2016, S. 70: „[...] der Ausdruck ‚multinationaler Konzern' bedeutet einen Konzern, i) der zwei oder mehr Unternehmen umfasst, deren steuerliche Ansässigkeit in unterschiedlichen Staaten liegt, oder der ein Unternehmen umfasst, das in einem Staat steuerlich ansässig ist und in einem anderen Staat mit der durch eine Betriebsstätte ausgeübten Geschäftstätigkeit steuerpflichtig ist, und ii) der kein freigestellter multinationaler Konzern ist [...]".

44 Vergleiche *C. Watrin/N. Ebert*, StuW 2013, S. 298 (300).

45 Vergleiche *G. Kofler*, DStJG 33 (2010), S. 213 (232).

46 Vergleiche *G. Kofler*, DStJG 33 (2010), S. 213 (232).

47 *A. Roth*, in: FS Dieter Endres, 2016, S. 313 (319).

48 *W. Blumers*, BB 2013, S. 2785 (2785).

unternehmerischen Steuerstrategie und halten damit ganz gezielt Einzug in steuerliche Planungsvorgänge und Gestaltungen.

Multinationale Unternehmen können die erwirtschafteten Gewinne überdies so auf die einzelnen Unternehmensstandorte verteilen, dass es im Ganzen besehen zu keiner hohen Besteuerung kommt.[49] Dies liegt daran, dass multinationale Unternehmen im Unterschied zu rein nationalen Unternehmen aus mehreren Unternehmen an verschiedenen Standorten zusammengesetzt sind und somit einen internationalen Unternehmensverbund bilden.[50] Multinationale Unternehmen machen es sich dabei gerade zunutze, dass im internationalen Steuerrecht grundsätzlich „eine separate Besteuerung jeder Tochtergesellschaft und Betriebsstätte eines Konzerns" in Abhängigkeit vom jeweiligen nationalen Steuerrecht zu erfolgen hat.[51] Für die Besteuerung kommt es also am Ende auf den erwirtschafteten Gewinn jeder einzelnen Unternehmenseinheit an.[52] Dieser Umstand ist für Steuergestaltungen sehr attraktiv. Multinationale Unternehmen haben daher gegenüber rein national agierenden Unternehmen einen beachtlichen Gestaltungs- und damit am Ende auch einen entsprechenden Wettbewerbsvorteil.[53]

Zudem ist es in aller Regel so, dass multinationale Unternehmen neben der Internationalität auch über eine gewisse Unternehmensgröße und über eine gewisse Wirtschaftskraft verfügen. Auch diese Umstände erleichtern Steuerplanung. Grundsätzlich beeinflusst die Unternehmensgröße die Steuergestaltungsmöglichkeiten.[54] Je größer das Unternehmen ist, desto größer ist sein Steuerplanungspotenzial.

II. Die Steuervermeidung

In der Diskussion um das Tragen eines gerechten Anteils multinationaler Unternehmen am Steueraufkommen und an der Finanzierung des Gemeinwesens wird regelmäßig ihre Steuervermeidung kritisiert.[55] Eine Steuervermeidung ist dann gegeben, wenn ein Sachverhalt verwirklicht wird, der keinem Steuergesetz unterfällt und damit keine Steuerpflicht auslöst.[56] Dies ist dann der Fall, wenn

---

49 Vergleiche hierzu schon *M. Schwenke*, BB 1998, S. 2604 (2604 ff.).

50 Vergleiche *M. Valta*, ISR 2020, S. 189 (190).

51 *M. Overesch*, PWP 2016, S. 129 (129 f.).

52 Vergleiche *M. Valta*, ISR 2020, S. 189 (190).

53 *M. Overesch*, PWP 2016, S. 129 (136); *A. Steinegger*, Der Konzern 2016, S. 454 (454).

54 *C. Watrin/N. Ebert*, StuW 2013, S. 298 (300).

55 Vergleiche etwa *W. Blumers*, BB 2013, S. 2785 (2785 ff.); *J. Lang*, StuW 2016, S. 101 (110); *U. Schreiber/J. Voget*, StuW 2017, S. 145 (145, 149).

56 *R. Seer*, in: Klaus Tipke/Joachim Lang (Begr.), Steuerrecht, 24. Auflage 2021, Rn. 6.29; *M. Adick*, in: Markus Adick/Jens Bülte (Hrsg.), Fiskalstrafrecht, 2. Auflage 2019, § 17 Rn. 33.

ein Steuerpflichtiger den Steuertatbestand gar nicht erst erfüllt.[57] Eine Steuervermeidung ist aber auch dann gegeben, wenn zwar ein Steuertatbestand erfüllt und damit gemäß § 38 AO eine Steuerpflicht begründet wird, dabei aber auf die Höhe der tatsächlich zu tragenden Steuerlast eingewirkt wird. Weil das Steuerrecht strukturell an die durch das Zivilrecht ausgestaltete Lebenswirklichkeit anknüpft,[58] kann die Höhe der Steuerlast dabei durch eine entsprechende zivilrechtliche Sachverhaltsgestaltung stark beeinflusst werden.[59] In der Regel geht es hier um gewinnmindernde Kosten. Zwar besteht „kein Recht, keine Steuern zu zahlen", gleichwohl steht es dem Steuerpflichtigen zu, solche steuergestaltenden Maßnahmen zu ergreifen, die seine steuerliche Belastung minimieren und seine finanziellen Ressourcen nach seinem Dafürhalten bestmöglich schonen.[60] Bei einer Steuervermeidung handelt es sich jedoch stets um das legale Nutzen der bestehenden rechtlichen Gestaltungsmöglichkeiten und der Gesetzeslücken.[61] Dies unterscheidet sie grundlegend von der strafbaren Steuerhinterziehung.[62] Multinationale Unternehmen bedienen sich in der Regel keiner Steuerhinterziehung. Dies liegt vor allem daran, dass sie für eine strafbare Steuerverkürzung[63] – etwa wegen unvollständiger oder gar falscher Angaben – für die Finanzbehörden bereits zu transparent sind.[64] Darüber hinaus gibt es in multinationalen Unternehmen aber auch umfangreiche Tax-Compliance-Systeme, die sicherstellen sollen, dass Steuergesetze eingehalten werden, steuerlichen Erklärungspflichten nachgekommen wird und Mitwirkungs- und Kooperationsverpflichtungen erfüllt werden.[65]

---

57 *R. Seer*, in: Klaus Tipke/Joachim Lang (Begr.), Steuerrecht, 24. Auflage 2021, Rn. 6.29.

58 Zum Verhältnis von Steuerrecht und Zivilrecht *K.-D. Drüen*, VVDStRL 79 (2020), S. 127 (127 ff.).

59 *T. Rödder*, DStJG 33 (2010), S. 93 (96); *K.-D. Drüen*, VVDStRL 79 (2020), S. 127 (137).

60 *K.-D. Drüen*, FR 2011, S. 101 (105). Im US-amerikanischen und englischen Rechtsraum gilt das Gleiche. Auch hier steht es dem Steuerpflichtigen frei, seine Angelegenheiten derart einzurichten, dass seine Steuerlast so gering wie nur möglich ausfällt. Siehe hierzu *A. Christians*, Washington University Journal of Law and Policy 2014, S. 39 (46 f.). Siehe zum „Grundrecht auf steueroptimierende Gestaltung" ausführlich *C. Lenz*/*T. Gerhard*, BB 2007, S. 2429 (2429 ff.).

61 *J. Hillenbrand*/*M. Brosig*, BB 1997, S. 445 (445); *H. Kleinmanns*, StuB 2016, S. 547 (547).

62 *F. Haase*, Der Steuerkrieg, 2020, S. 95 f.

63 *J. Hillenbrand*/*M. Brosig*, BB 1997, S. 445 (445).

64 Vergleiche *J. H. Heckemeyer*/*C. Spengel*, WD 2013, S. 363 (365); *M. Overesch*, in: Symposium Ulrich Schreiber, 2017, S. 41 (47).

65 Ausführlich zur Tax Compliance etwa *C. Kromer*/*R. Pumpler*/*K. Henschel*, BB 2013, S. 791 (791 ff.); *C. Schützler*, Tax Compliance im Kooperationsverhältnis zwischen Unternehmen und Finanzverwaltung, 2015; *A. Gasper*, Tax Compliance aus unternehmensrechtlicher Sicht, 2016.

1. Tatbestandliche Differenzierungen in den Steuerrechtsordnungen

Steuervermeidende Gestaltungen sind jedoch nur wegen bestehender steuertatbestandlicher Differenzierungen im nationalen und internationalen Steuerrecht möglich.[66] Gerade im internationalen Steuerrecht können verschiedene steuerliche Belastungen vor allem deshalb entstehen, weil die jeweiligen nationalen Steuerrechtsordnungen uneinheitlich ausgestaltet sind.[67] Die Steuervermeidungsstrategie setzt dann ganz gezielt auf diese „spezifischen Abweichungen bei der Ermittlung der Steuerbemessungsgrundlagen oder bei der Einkommenszurechnung zwischen zwei Staaten".[68] Dieser „Erfassungskonflikt" beruht damit auf der Tatbestandsmäßigkeit des (internationalen) Steuerrechts.[69] Steuervermeidung wird durch das Steuerrecht selbst ermöglicht.

Die Besteuerung steht unter einem Gesetzesvorbehalt.[70] Nur dann, wenn ein steuerlicher Tatbestand erfüllt ist, an den das Steuergesetz eine Leistungspflicht knüpft, darf der Staat den Lebenssachverhalt besteuern.[71] Es besteht also eine Verbindung zwischen der Steuertatbestandsverwirklichung und der Steuerpflicht.[72] Genau in diesem Zusammenhang liegt ein struktureller Grund für die Möglichkeit der Steuergestaltung. Enthält ein Steuergesetz explizit eine Aussage darüber, wann eine Steuerschuld entsteht, so enthält dieses Gesetz konsequenterweise auch implizit die Aussage, wann eine Steuerschuld nicht entsteht. Dies lässt sich gut an Einkünften aus privaten Veräußerungsgeschäften aus im Privatvermögen gehaltenen Immobilien veranschaulichen. Wenn Immobilien aus dem Privatvermögen veräußert werden, so ist diese Veräußerung nur dann gemäß § 23 Abs. 1 Nr. 1 EStG i. V. m. § 22 Nr. 2 EStG steuerpflichtig, wenn der Zeitraum zwischen Anschaffung und Veräußerung nicht mehr als zehn Jahre beträgt. Damit lässt sich aus § 23

---

66 *T. Rödder*, DStJG 33 (2010), S. 93 (96).

67 *O. H. Jacobs/D. Endres/C. Spengel*, in: Otto H. Jacobs (Hrsg.), Internationale Unternehmensbesteuerung, 8. Auflage 2016, S. 1258.

68 *O. H. Jacobs/D. Endres/C. Spengel*, in: Otto H. Jacobs (Hrsg.), Internationale Unternehmensbesteuerung, 8. Auflage 2016, S. 1258.

69 *O. H. Jacobs/D. Endres/C. Spengel*, in: Otto H. Jacobs (Hrsg.), Internationale Unternehmensbesteuerung, 8. Auflage 2016, S. 1258.

70 Siehe hierzu *K. Tipke*, Die Steuerrechtsordnung, Band I, 2. Auflage 2000, S. 120; *H. Jochum*, Grundfragen des Steuerrechts, 2012, S. 5 ff.; *J. Hey*, in: Klaus Tipke/Joachim Lang (Begr.), Steuerrecht, 24. Auflage 2021, Rn. 3.230 ff.

71 *K.-D. Drüen*, in: Klaus Tipke/Heinrich Wilhelm Kruse (Begr.), AO/FGO, § 3 AO Rn. 33 (Januar 2017).

72 *K.-D. Drüen*, in: Klaus Tipke/Heinrich Wilhelm Kruse (Begr.), AO/FGO, § 3 AO Rn. 33 (Januar 2017): „konditionale Verknüpfung von Tatbestand und Rechtsfolgen".

Abs. 1 Nr. 1 EStG i. V. m. § 22 Nr. 2 EStG eben auch entnehmen, dass nach Ablauf der zehn Jahre keine Steuerpflicht mehr besteht.

Ähnlich verhält es sich mit von bestimmten Steuertatbeständen selbst eingeräumten gewinnmindernden Abzugsmöglichkeiten von Ausgaben. Für „verschiedene Tatbestände [sind daher] bewusst unterschiedliche Steuerbelastungen [vorgesehen]".[73] Die steuerliche Belastung kann damit immer nur das Ergebnis einer „objektive[n] Auslegung und Anwendung der Steuergesetze auf einen verwirklichten Sachverhalt" sein.[74] Die Steuerlast ist akzessorisch zum Steuersachverhalt. Die Steuervermeidung beginnt gedanklich bei der steuerlichen Rechtsfolge, die vom Steuergesetz klar vorgegeben ist.[75] Das Steuerrecht ermöglicht also nicht nur Steuergestaltungen, es hält vielmehr selbst auch noch die Anleitung zur Vermeidung und Gestaltung der Steuer parat. Dies zeigt sich strukturell vor allem an der rechtsformabhängigen und also zivilrechtsakzessorischen Unternehmensbesteuerung.[76] Deutlich wird das Problem der Steuervermeidung wegen tatbestandlicher Differenzierungen aber auch an der Erbschaft- und Schenkungsteuer. Die Schenkungsteuer „ergänzt"[77] die Erbschaftsteuer notwendigerweise, da die Erbschaftsteuer selbst „nur die Erben unbedachter und unberatener Steuerpflichtiger [...]" trifft.[78] Gäbe es nur die Erbschaftsteuer, so könnte sie durch Zuwendungen unter Lebenden leicht vermieden werden. Die Erbschaftsteuer wird durch die Schenkungsteuer daher „sinnvollerweise flankiert".[79] Streng genommen kann jedoch auch die Schenkungsteuer nicht verhindern, dass die Erbschaftsteuer durch Zuwendungen unter Lebenden vermieden wird.

2. Die fehlende Gestaltungsneutralität des Steuerrechts

Das Phänomen der Vermeidbarkeit der Steuerlast liegt in der fehlenden Gestaltungsneutralität der Steuergesetze begründet. Dieser Situation kann man nicht begegnen, indem neue Steuergesetze eingeführt werden, die etwaige Steuerlücken schließen sollen.[80] Zum einen ist die Vielgestaltigkeit steuerlicher Gestaltungen für einen Gesetzgeber schwer in abschließende Missbrauchsnormen zu fassen. Missbrauchsnormen „sind in den letzten Jahren vielfältig neu eingeführt worden".[81] Zum anderen werden Regelungen, die an sich der Schließung von

73 *T. Rödder*, DStJG 33 (2010), S. 93 (96).

74 *W. Schön*, in: FS Michael Hoffmann-Becking, 2013, S. 1085 (1088).

75 *S. Neumann*, DStJG 33 (2010), S. 73 (76).

76 *J. Hey*, Steuerplanungssicherheit als Rechtsproblem, 2002, S. 11; *W. Blumers*, BB 2013, S. 2785 (2785). Zur zivilrechtsakzessorischen Unternehmensbesteuerung *K.-D. Drüen*, VVDStRL 79 (2020), S. 127 (143 ff.).

77 So ausdrücklich *K.-D. Drüen*, VVDStRL 79 (2020), S. 127 (148).

78 *K.-D. Drüen*, VVDStRL 79 (2020), S. 127 (148).

79 *R. Seer*, in: Klaus Tipke/Joachim Lang (Begr.), Steuerrecht, 24. Auflage 2021, Rn. 15.4.

80 Vergleiche *W. Blumers*, BB 2013, S. 2785 (2785).

81 *T. Rödder*, DStJG 33 (2010), S. 93 (101).

Steuerschlupflöchern zu dienen bestimmt sind, sogar neue Steuergestaltungen ermöglichen.[82] Da die Steuernorm, die die Steuerlücke schließen soll, nun ihrerseits neues Gestaltungspotenzial bereithält,[83] ist die Verabschiedung immer neuer lückenschließender steuerlicher Regelungen für eine effektive Bekämpfung von Gestaltungsmöglichkeiten nicht geeignet.[84] Ganz im Gegenteil führt die Einführung immer neuer lückenschließender Steuernormen oder spezieller Missbrauchsbekämpfungsnormen zu einer „Verklumpung" des gesamten Steuerrechts, das dann aufgrund seiner steigenden Komplexität sogar immer noch gestaltungsfreundlicher und für die Finanzverwaltung in der Anwendung[85] immer schwerfälliger und träger wird.[86] Die Komplexität steigt dabei im Falle von internationalen Steuersachverhalten rapide an. Daher hat mittlerweile etwa die effektive Besteuerung multinationaler Unternehmen einen tatsächlich „fast nicht mehr beherrschbaren Grad an Kompliziertheit" erlangt.[87]

Hinzu kommt, dass die „Steuergestaltungsindustrie"[88] dem Gesetzgeber immer einen Schritt voraus ist. Während der Steuergesetzgeber noch dabei ist, eine gefundene Steuerlücke zu schließen und einer Steuergestaltungsmöglichkeit durch ein entsprechendes Gesetz einen Riegel vorzuschieben,[89] haben Anwälte, Steuerberater und Wirtschaftsprüfer bereits die nächste Steuergestaltungsmöglichkeit entdeckt und planen ihren Einsatz.[90] Die steuerlichen Gestaltungsmöglichkeiten sind

---

82 Vergleiche *W. Blumers*, BB 2013, S. 2785 (2785); *M. Valta*, Das Internationale Steuerrecht zwischen Effizienz, Gerechtigkeit und Entwicklungshilfe, 2014, S. 179. Exemplarisch etwa *H. Kußmaul/C. Ruiner/C. Schappe*, GmbHR 2008, S. 505 (505 ff.).

83 Ausdrücklich *W. Blumers*, BB 2013, S. 2785 (2785): „Jede neue Regelung zur Schließung eines sogenannten Steuerschlupfloches öffnet neue, da wegen der Komplexität der Materie die Reichweite der Neuregelung kaum klar abgrenzbar ist."

84 Vergleiche *M. Valta*, Das Internationale Steuerrecht zwischen Effizienz, Gerechtigkeit und Entwicklungshilfe, 2014, S. 179.

85 Vergleiche *W. Blumers*, BB 2013, S. 2785 (2786).

86 *M. Valta*, Das Internationale Steuerrecht zwischen Effizienz, Gerechtigkeit und Entwicklungshilfe, 2014, S. 179. Siehe auch *W. Blumers*, BB 2013, S. 2785 (2785): „Dies ist eine Sisyphusarbeit, die die Spitze der Finanzverwaltung selbst ausgelöst hat und durch immer weitere Detailregelungen immer weiter fördert."

87 *A. Roth*, in: FS Dieter Endres, 2016, S. 313 (313).

88 *M. Valta*, Das Internationale Steuerrecht zwischen Effizienz, Gerechtigkeit und Entwicklungshilfe, 2014, S. 179.

89 Vergleiche *W. Blumers*, BB 2013, S. 2785 (2785).

90 So auch *M. A. Chirelstein/L. A. Zelenak*, Columbia Law Review 2005, S. 1939 (1950): „As Congress closes one loophole, tax shelter designers find other glitches in the Code around which to build new shelters." Ähnlich auch *J. D. Blank*, Tax Law Review 2009, S. 539 (546): „As Congress affirmatively outlaws newly discovered corporate tax shelters by statute, corporations stop using those strategies and move on to exploit other gaps in the tax law." Anschaulich *S. Grotherr*, Ubg 2015, S. 360 (360).

schier grenzenlos.[91] Für die „Steuergestaltungsindustrie"[92] gilt daher der Grundsatz: „No matter what legislation is in place, the accountants and lawyers will find a way around it."[93] In diesem „Hase-und-Igel-Spiel"[94] hat der steuerplanende Steuerpflichtige die Nase vorn. Die Finanzverwaltungen und die Gemeinschaft der Steuerpflichtigen, die ein faires Steuerrecht und vor allem eine faire Belastung erstreben, sind hier die klaren Verlierer.[95] Die Tatbestandsmäßigkeit des Steuerrechts ist daher der Grund für die Möglichkeit der Steuervermeidung durch eine fachlich fundierte Steuerplanung.[96] Dabei gebieten die Rechtssicherheit und das Rechtsstaatsprinzip sogar Steuerplanung.[97] Es ist dem Gesetzgeber daher nicht möglich, Steuergestaltungen durch immer neue lückenschließende Steuergesetze zu verhindern.[98]

Die Tatbestandsmäßigkeit des Steuerrechts und die Legalität der Steuervermeidung führen zu dem Problem, dass Steuervermeidung juristisch nicht unmittelbar angegangen werden kann.[99] Da sich der Steuerpflichtige innerhalb des geltenden Rechts bewegt, kann es in diesen Fällen selbst in einem unterstellten optimalen Szenario eines 100-prozentigen Vollzugs durch die Finanzbehörde bei zugleich „vollständige[r] Ermittlung aller besteuerungsrelevanten Lebenssachverhalte"[100] keine steuerliche Belastungsgleichheit im Erfolg geben. Steuerausfall aufgrund

---

91 Vergleiche *T. Rödder*, DStJG 33 (2010), S. 93 (97 f.), der allein 40 Steuergestaltungen exemplarisch aufführt und betont, dass sich die Anzahl der Gestaltungen „beliebig vergrößern ließe" (100, im Original kursiv).

92 *M. Valta*, Das Internationale Steuerrecht zwischen Effizienz, Gerechtigkeit und Entwicklungshilfe, 2014, S. 179.

93 *J. Finch*, The Guardian vom 18.3.2004, die hier eigenen Angaben zur Folge „Guy Smith, a partner specialising in business tax at Moore Stephens, one of the UK's larger accountancy firms", zitiert, abrufbar unter: https://www.theguardian.com/business/2004/mar/18/budget2004.budget2004 (letzter Aufruf: 31.3.2022); siehe auch *G. R. Dowling*, Journal of Business Ethics 2014, S. 173 (175).

94 Sehr treffend *M. Valta*, Das Internationale Steuerrecht zwischen Effizienz, Gerechtigkeit und Entwicklungshilfe, 2014, S. 179.

95 *M. A. Chirelstein/L. A. Zelenak*, Columbia Law Review 2005, S. 1939 (1950): „[T]he government cannot win this game."

96 Siehe hierzu auch C(2012) 8806 final, S. 1 (2).

97 Vergleiche *M. Valta*, Das Internationale Steuerrecht zwischen Effizienz, Gerechtigkeit und Entwicklungshilfe, 2014, S. 179. Vergleiche auch *T. Rödder*, DStJG 33 (2010), S. 93 (95, 105), der in der Steuergestaltungsberatung „Abwehrrechte" gegen den Steuerstaat sieht.

98 So wohl auch *T. Rödder*, DStJG 33 (2010), S. 93 (106), der für einen „Rückbau tatbestandlicher Differenzierungen im Steuerrecht" eintritt.

99 Vergleiche *D. Fehling*, FR 2015, S. 817 (818).

100 *R. Seer*, FR 1997, S. 553 (553).

von Steuervermeidung ist damit gerade keine Folge eines etwaigen Vollzugsdefizits. Die Finanzverwaltung trifft daher auch keine Schuld, dass sie hier nicht gleichmäßig belasten kann. Nicht zu Unrecht wird in der Steuervermeidung „das Kernproblem des gegenwärtigen Steuerrechts" gesehen.[101]

3. Die Zinsschrankenregelungen in § 4h EStG und § 8a KStG als Beispiel

Die vorstehenden Ausführungen lassen sich anschaulich am Beispiel der Zinsschranke verdeutlichen. Zinsaufwand mindert als betrieblich veranlasster Aufwand das Einkommen des Zinsschuldners.[102] Vor diesem Hintergrund sollen die Zinsschrankenregelungen des § 4h EStG und des § 8a KStG als Missbrauchsbekämpfungsregeln den Abzug von Zinsaufwand in konzernartigen Unternehmensstrukturen beschränken.[103] Die Zinsschranke soll also steuervermeidende Fremdfinanzierungs- und Zinsgestaltungen bekämpfen.[104] Der Fokus der Zinsschrankenregelung liegt dabei auf Inbound-Fremdfinanzierungen, durch die in Deutschland erzielte Erträge ins Ausland verlagert werden.[105] Es handelt sich bei § 4h EStG um eine „im Detail hochkomplexe Regelung"[106], die letztlich eine Kappungsgrenze des Betriebsausgabenabzugs für Zinsaufwendungen bei 30 % des steuerlichen EBITDA[107] und einen Vortrag des EBITDA vorsieht.[108] Die Zinsschrankenregelungen enthalten dabei umfangreiche Ausnahmen zugunsten eines voll abzugsfähigen Zinssaldos.[109] Interessant sind hier vor allem die Freigrenze in Höhe von drei Millionen Euro, die Konzern-Klausel[110] sowie „ein bestandener Eigenkapitalquotenvergleich zwischen Konzern und zinstragendem Betrieb"[111],

---

101 *P. Kirchhof*, JZ 2015, S. 105 (110).

102 *J. Hey*, in: Klaus Tipke/Joachim Lang (Begr.), Steuerrecht, 24. Auflage 2021, Rn. 11.49.

103 *T. Höller*, Eine kritische Analyse der Unternehmensteuerreform 2008 im historischen Kontext, 2011, S. 173; *J. Hey*, in: Klaus Tipke/Joachim Lang (Begr.), Steuerrecht, 24. Auflage 2021, Rn. 7.80.

104 *J. Hey*, in: Klaus Tipke/Joachim Lang (Begr.), Steuerrecht, 24. Auflage 2021, Rn. 11.50.

105 *T. Höller*, Eine kritische Analyse der Unternehmensteuerreform 2008 im historischen Kontext, 2011, S. 173 f.

106 *J. Hey*, in: Klaus Tipke/Joachim Lang (Begr.), Steuerrecht, 24. Auflage 2021, Rn. 11.51.

107 Earnings Before Interest, Taxes, Depreciation and Amortization.

108 Anschaulich *U. Prinz*, FR 2013, S. 145 (145 f.); *R. Ismer*, FR 2014, S. 777 (778).

109 *U. Prinz*, FR 2013, S. 145 (146): „Ausstiege".

110 *T. Höller*, Eine kritische Analyse der Unternehmensteuerreform 2008 im historischen Kontext, 2011, S. 177; *H. Kahle/S. Schulz*, in: Ulrich Prinz/Sven-Christian Witt (Hrsg.), Steuerliche Organschaft, 2. Auflage 2019, Rn. 9.10: „So wird ein Betrieb, der nicht oder nur anteilsmäßig einem Konzern zugehörig ist, von der Anwendung der Zinsschranke ausgenommen.".

111 *U. Prinz*, FR 2013, S. 145 (146).

der als „Escape-Klausel"[112] bezeichnet wird. Für § 8a KStG ergeben sich kleinere Abweichungen von § 4h EStG.

Getreu dem Motto „No matter what legislation is in place, the accountants and lawyers will find a way around it."[113] werden die Zinsschrankenregelungen, die als Instrument gegen Steuergestaltungen gedacht sind, selbst zum Ausgangspunkt und Gegenstand von Steuergestaltungen.[114] So gelte es, „Gestaltungswege zu identifizieren, die eine Erhöhung des Volumens abzugsfähiger Zinsen oder eine Umgehung der Zinsschranke durch Ausnutzung ihrer Ausnahmetatbestände erlauben".[115] Steuergestaltungen knüpfen dabei etwa an die Freigrenzen[116] oder aber an die Escape-Klausel an.[117] Steuergestaltungen zur „Zinsschrankenoptimierung" werden aber auch ausgehend vom Zinsbegriff der Zinsschranke erdacht.[118] Dieser Zinsbegriff ist für Steuerberater und Wirtschaftsprüfer ein regelrechter „Steueroptimierungsfaktor".[119] In der steuerrechtlichen Literatur vorgeschlagene „Gestaltungsmaßnahmen zur Abwendung bzw. Abmilderung der Zinsschranke" befassen sich aber auch mit „einer Veränderung der Finanzierungsstruktur, einer Ergebnisverlagerung oder einer Modifikation der Unternehmens- bzw. Konzernstruktur".[120] Hierbei ist vor allem an das Gestaltungspotenzial der ertragsteuerlichen Organschaft zu denken.[121] Bisweilen wird auch empfohlen, verschiedene Gestaltungen zu kombinieren.[122]

Das Beispiel der Zinsschranke ist in zweifacher Hinsicht plastisch. Zum einen zeigt es, dass sehr komplexe Steuernormen gerade wegen ihrer Komplexität viele Ansätze für Steuergestaltungen bieten. Zum anderen führt es vor Augen, dass Missbrauchsbekämpfungsnormen selbst Gegenstand von Steuergestaltungen werden.

---

112 *J. Hey*, in: Klaus Tipke/Joachim Lang (Begr.), Steuerrecht, 24. Auflage 2021, Rn. 11.52 (im Original hervorgehoben).

113 *J. Finch*, The Guardian vom 18.3.2004, die hier eigenen Angaben zur Folge „Guy Smith, a partner specialising in business tax at Moore Stephens, one of the UK's larger accountancy firms", zitiert, abrufbar unter: https://www.theguardian.com/business/2004/mar/18/budget2004.budget2004 (letzter Aufruf: 31.3.2022); siehe auch *G. R. Dowling*, Journal of Business Ethics 2014, S. 173 (175).

114 Ausführlich *H. Kußmaul/C. Ruiner/C. Schappe*, GmbHR 2008, S. 505 (505 ff.).

115 *H. Kußmaul/C. Ruiner/C. Schappe*, GmbHR 2008, S. 505 (505).

116 *H. Weggenmann/G. Claß*, BB 2016, S. 1175 (1178).

117 *H. Häuselmann*, FR 2009, S. 401 (401).

118 *H. Häuselmann*, FR 2009, S. 401 (401).

119 *H. Häuselmann*, FR 2009, S. 401 (401).

120 *H. Kußmaul/C. Ruiner/C. Schappe*, GmbHR 2008, S. 505 (505).

121 Zum Verhältnis von Zinsschranke und steuerlicher Organschaft ausführlich *T. Appl*, in: Ulrich Prinz/Sven-Christian Witt (Hrsg.), Steuerliche Organschaft, 2. Auflage 2019, Rn. 19.1 ff.

122 *H. Kußmaul/C. Ruiner/C. Schappe*, GmbHR 2008, S. 505 (514).

Hochkomplexe Missbrauchsbekämpfungsnormen können dabei gerade wegen ihrer Komplexität durch vielerlei Gestaltungen unschädlich gemacht werden. *Matthias Valta* ist also zuzustimmen, wenn er ausführt, dass „Missbrauchsvermeidungsvorschriften zu einem Regelungsgeflecht immer höheren Komplexitätsgrades [führen], das neue Lücken und Unvollkommenheiten gebiert".[123]

III. Der Missbrauch von rechtlichen Gestaltungsmöglichkeiten nach § 42 AO

Auch wenn spezielle Missbrauchsbekämpfungsnormen durch gezielte Steuergestaltungen ausgehebelt werden können, so sind legale Steuergestaltungen dennoch nicht unbegrenzt möglich. Die Freiheit, Steuern und ihre Belastungen zu gestalten, findet ihre Grenzen in § 42 AO.[124] § 42 AO soll verhindern, dass eine vom Steuergesetz vorgesehene bestimmte Steuerrechtsfolge durch einen Missbrauch von rechtlichen Gestaltungsmöglichkeiten umgangen wird. Die Steuerumgehung ist ein Unterfall der Gesetzesumgehung.[125] Die Steuerumgehung und der Missbrauch von Gestaltungen sind thematisch zwar eng verbunden, terminologisch sollten beide indes unterschieden werden: Während die steuerrechtliche Gestaltung missbraucht wird, wird das Steuergesetz umgangen.[126]

Was unter einem Gestaltungsmissbrauch zu verstehen ist, wird in § 42 Abs. 2 Satz 1 AO definiert. Danach liegt ein Gestaltungsmissbrauch vor, „wenn eine unangemessene rechtliche Gestaltung gewählt wird, die beim Steuerpflichtigen oder einem Dritten im Vergleich zu einer angemessenen Gestaltung zu einem gesetzlich nicht vorgesehenen Steuervorteil führt". Darauf aufbauend sind im Grunde zwei steuerrechtliche Missbrauchskonstellationen denkbar: Zum einen kann sich der Missbrauch von Gestaltungsmöglichkeiten als Tatbestandsvermeidung darstellen.[127] Bei der Tatbestandsvermeidung wird ein Sachverhalt so gestaltet, dass

---

123 *M. Valta*, Das Internationale Steuerrecht zwischen Effizienz, Gerechtigkeit und Entwicklungshilfe, 2014, S. 179.

124 *J. Hey*, Steuerplanungssicherheit als Rechtsproblem, 2002, S. 16; *K.-D. Drüen*, StuW 2008, S. 154 (157): „Schranke für die steuerplanerische Gestaltungsfreiheit"; *K.-H. Günther*, AO-StB 2019, S. 46 (46).

125 *K. Tipke*, Die Steuerrechtsordnung, Band III, 2. Auflage 2012, S. 1664. Zur Steuerumgehung siehe ausführlich etwa *T. Franz*, Allgemeine Regeln zur Bekämpfung von Steuerumgehung in Deutschland und dem Vereinigten Königreich, 2017; *C. Osterloh-Konrad*, Die Steuerumgehung – eine rechtsvergleichende und rechtstheoretische Analyse, 2020.

126 Treffend *J. Kokott*, Das Steuerrecht der Europäischen Union, 2018, § 2 Rn. 102.

127 *K.-D. Drüen*, in: Klaus Tipke/Heinrich Wilhelm Kruse (Begr.), AO/FGO, § 42 AO Rn. 47 (Juli 2016).

eine gesetzliche Steuerbelastung nicht ausgelöst wird.[128] Belastende Steuerrechtsfolgen werden also vermieden.[129] Zum anderen ist es aber auch möglich, dass der Missbrauch von Gestaltungsmöglichkeiten eine Tatbestandserschleichung ist.[130] Hierbei werden durch Steuergestaltungen steuerlich vorteilhafte Rechtsfolgen herbeigeführt, die nach Sinn und Zweck des Steuergesetzes gerade nicht ausgelöst werden sollen.[131] Sowohl die Tatbestandsvermeidung als auch die Tatbestandserschleichung entspricht nicht dem Sinn und Zweck des Steuergesetzes.[132] Charakteristisch für eine Steuerumgehung ist also das Missbräuchliche der Steuergestaltung, die dem Telos des Steuergesetzes zuwiderläuft.[133] Mit der Steuerumgehung wird versucht, die Steuerlast zu mindern oder sich gänzlich von ihr zu befreien.[134] Die Steuerumgehung ist damit die durch den Gestaltungsmissbrauch qualifizierte Steuervermeidung.[135]

Einer Steuergestaltung, die als Missbrauch rechtlicher Gestaltungsmöglichkeiten klassifiziert wird, wird mit einer Sachverhaltsfiktion (§ 42 Abs. 1 Satz 3 AO) begegnet.[136] Das bedeutet, dass der Steueranspruch in der Höhe einer angemessenen Steuergestaltung entsteht.[137] Hierüber können Steuergestaltungen unschädlich gemacht werden. Im Kern ist § 42 AO also ein Mittel zur Sicherung einer

---

128 Vergleiche *K.-D. Drüen*, in: Klaus Tipke/Heinrich Wilhelm Kruse (Begr.), AO/FGO, § 42 AO Rn. 47 (Juli 2016); *M. Adick*, in: Markus Adick/Jens Bülte (Hrsg.), Fiskalstrafrecht, 2. Auflage 2019, § 17 Rn. 33.

129 *P. Fischer*, in: Walter Hübschmann/Ernst Hepp/Armin Spitaler (Begr.), AO/FGO, § 42 AO Rn. 121 (Juni 2010).

130 *K.-D. Drüen*, in: Klaus Tipke/Heinrich Wilhelm Kruse (Begr.), AO/FGO, § 42 AO Rn. 47 (Juli 2016).

131 *P. Fischer*, in: Walter Hübschmann/Ernst Hepp/Armin Spitaler (Begr.), AO/FGO, § 42 AO Rn. 121 (Juni 2010); *K.-D. Drüen*, in: Klaus Tipke/Heinrich Wilhelm Kruse (Begr.), AO/FGO, § 42 AO Rn. 47 (Juli 2016).

132 *M. Adick*, in: Markus Adick/Jens Bülte (Hrsg.), Fiskalstrafrecht, 2. Auflage 2019, § 17 Rn. 33.

133 Vergleiche *M. Adick*, in: Markus Adick/Jens Bülte (Hrsg.), Fiskalstrafrecht, 2. Auflage 2019, § 17 Rn. 33.

134 *P. Fischer*, in: Walter Hübschmann/Ernst Hepp/Armin Spitaler (Begr.), AO/FGO, § 42 AO Rn. 265 (Juni 2010).

135 *K.-D. Drüen*, StuW 2008, S. 154 (154); *K.-D. Drüen*, in: Klaus Tipke/Heinrich Wilhelm Kruse (Begr.), AO/FGO, § 42 AO Rn. 4 (Juli 2016); *J. L. Karpa*, „Aggressive Steuerplanung“, 2019, S. 12.

136 *A. Füllbier*, BB 2012, S. 1769 (1771); *K.-D. Drüen*, in: Klaus Tipke/Heinrich Wilhelm Kruse (Begr.), AO/FGO, § 42 AO Rn. 52 (Juli 2016); *J. Englisch*, in: Klaus Tipke/Joachim Lang (Begr.), Steuerrecht, 24. Auflage 2021, Rn. 5.134.

137 *K. Tipke*, Die Steuerrechtsordnung, Band III, 2. Auflage 2012, S. 1685.

gleichmäßigen Besteuerung.[138] Strukturell ist der Missbrauch von Gestaltungsmöglichkeiten von der Steuerhinterziehung zu trennen.[139] Nur weil ein Steuergesetz umgangen wird, bedeutet das nicht, dass es sich dabei um eine Steuerstraftat oder Steuerordnungswidrigkeit handelt. Weder verbietet § 42 AO die Steuerumgehung noch stellt er sie unter Strafe.[140]

Die Anwendung des § 42 AO birgt jedoch einige gravierende Probleme. „Streitig ist fast alles".[141] Um den Missbrauch von Gestaltungen annehmen zu können, muss eine unangemessene rechtliche Gestaltung bejaht werden. Was im Einzelnen jedoch unter einer unangemessenen Gestaltung zu verstehen ist, „lässt sich kaum sicher bestimmen".[142] Unangemessenheit soll etwa dann vorliegen, wenn „abwegige rechtliche Kniffe und Schliche" genutzt werden.[143] Für den BFH ist eine Rechtsgestaltung dann „unangemessen, wenn verständige Parteien in Anbetracht des wirtschaftlichen Sachverhalts und der wirtschaftlichen Zielsetzung nicht in der gewählten Weise verfahren wären".[144] Im Einzelfall bliebe dabei indes zu klären, was „verständige Parteien" sein sollen. Dabei muss in jedem Fall bedacht werden, dass eine Steuergestaltung „nicht bereits wegen ihrer Ungewöhnlichkeit unangemessen" ist.[145] *Wolfgang Schön* stellt demgegenüber die These auf, dass Unangemessenheit „innere Widersprüchlichkeit" bedeute.[146] Darauf nimmt *Klaus Tipke* unmittelbar Bezug und weist darauf hin, dass „Widersprüchlichkeit keine Konkretisierung von Unangemessenheit" sei.[147]

---

138 *K.-D. Drüen*, StuW 2008, S. 154 (157 ff.); *J. Hey*, BB 2009, S. 1044 (1044); *U. Krömker*, in: Otto-Gerd Lippross/Wolfgang Seibel (Hrsg.), Basiskommentar Steuerrecht, § 42 AO Rn. 1 (Februar 2016); siehe zu diesem Aspekt auch *A. Füllbier*, BB 2012, S. 1769 (1771).

139 Eine schöne Gegenüberstellung von Steuervermeidung, Steuerumgehung und Steuerhinterziehung findet sich bei *H.-G. Meine*, wistra 1992, S. 81 (81 ff). Siehe aber auch *J. Hillenbrand/M. Brosig*, BB 1997, S. 445 (445).

140 *K. Tipke*, Die Steuerrechtsordnung, Band III, 2. Auflage 2012, S. 1686.

141 *U. H. Schneider/H. M. Anzinger*, ZIP 2009, S. 1 (2).

142 *M. Adick*, in: Markus Adick/Jens Bülte (Hrsg.), Fiskalstrafrecht, 2. Auflage 2019, § 17 Rn. 35.

143 *K.-D. Drüen*, in: Klaus Tipke/Heinrich Wilhelm Kruse (Begr.), AO/FGO, § 42 AO Rn. 33 (Juli 2016).

144 BFH v. 29.10.1985 – IX R 107/82, BStBl. II 1986, 217; v. 17.1.1991 – IV R 132/85, BStBl. II 1991, 607; v. 27.7.1999 – VIII R 36/98, BStBl. II 1999, 769; v. 8.3.2004 – IV R 54/01, BStBl. II 2003, 854; v. 9.11.2006 – V R 43/04, BStBl. II 2007, 344; siehe auch *K. Tipke*, Die Steuerrechtsordnung, Band III, 2. Auflage 2012, S. 1677 f.

145 So schon *M. Klein*, Die nicht „angemessene rechtliche Gestaltung" im Steuerumgehungstatbestand des § 42 AO, 1994, S. 59.

146 *W. Schön*, DStJG 33 (2010), S. 29 (60).

147 *K. Tipke*, Die Steuerrechtsordnung, Band III, 2. Auflage 2012, S. 1679.

Vor diesem Hintergrund muss konstatiert werden, dass es „keine präzise Definition" des Missbrauchs von Gestaltungsmöglichkeiten gibt.[148] Die Unangemessenheit wird letztlich „nur im Einzelfall bei genauer Sachverhaltskenntnis unter Berücksichtigung des vermeintlich umgangenen Steuergesetzes" bejaht werden können.[149] Dies dürfte sich bei internationalen Steuersachverhalten und darauf aufbauenden internationalen Steuergestaltungen als schwierig erweisen. Zusammen mit den Schwierigkeiten im Hinblick auf die Bestimmung der Zweckwidrigkeit des Steuervorteils[150] und der Frage, ob es eines subjektiven Elements für den Missbrauch von Steuergestaltungen bedarf,[151] ist § 42 AO derart behäbig und schwerfällig, dass hierüber die Steuergestaltungen multinationaler Unternehmen nicht effektiv bekämpft werden können. Bis die Voraussetzungen des § 42 AO geprüft und bejaht worden sind, wird es die streitige Steuergestaltung wahrscheinlich gar nicht mehr geben. In der Praxis kommt § 42 AO nur geringe Bedetung zu.[152] § 42 AO kann das Problem der Steuervermeidung nicht lösen.

IV. Die „aggressive" Steuerplanung multinationaler Unternehmen

Gerade im Zusammenhang mit multinationalen Unternehmen erhält die Steuervermeidung oder die Steuerplanung in der Regel noch den Zusatz „aggressiv". Multinationale Unternehmen betreiben „aggressive" Steuerplanung.[153] Eine „aggressive Steuervermeidung grenzüberschreitend tätiger Unternehmen"[154] besteht vor allem in gewinnmindernden und gewinnverlagernden Steuergestaltungen. Dabei führt eine „aggressive" Steuerplanung „in nicht unerheblichem Ausmaß" zu einem Steuerausfall und ist daher geeignet, das „Vertrauen der Öffentlichkeit in ein gerechtes System der Besteuerung" zu untergraben.[155]

---

148 *M. Kemper*, UR 2017, S. 449 (452).

149 *M. Kemper*, UR 2017, S. 449 (452).

150 Siehe hierzu nur *J. Englisch*, in: Klaus Tipke/Joachim Lang (Begr.), Steuerrecht, 24. Auflage 2021, Rn. 5.129.

151 Siehe hierzu nur *M. Adick*, in: Markus Adick/Jens Bülte (Hrsg.), Fiskalstrafrecht, 2. Auflage 2019, § 17 Rn. 37.

152 Vergleiche *S. Neumann*, DStJG 33 (2010), S. 73 (79 f.); *T. Rödder*, DStJG 33 (2010), S. 93 (101).

153 *J. H. Heckemeyer/C. Spengel*, WD 2013, S. 363 (363).

154 So etwa *M. Overesch*, PWP 2016, S. 129 (129) als Beispiel für typische Formulierungen.

155 *A. Pross/E. Czakert*, IStR 2011, S. 277 (277).

1. Zum Begriff der „aggressiven" Steuerplanung

Die „aggressive" Steuerplanung bewegt sich zwischen der legalen Steuervermeidung, der Steuerumgehung und der illegalen Steuerhinterziehung.[156] Sie kann in „vielerlei Formen" vorkommen.[157] Eine abschließende Definition existiert bis heute nicht.[158] Aus diesem Grund kann auch keine wirklich trennscharfe Grenze zwischen legaler und illegaler „aggressiver" Steuerplanung gezogen werden.[159] Sie bewegt sich derart in einem rechtlichen und terminologischen Graubereich, „dass selbst prominente Spezialisten nicht ausreichend differenzieren können, wann aggressive Steuerplanung vorliegt und wann nicht".[160] Das macht den juristischen Umgang mit ihr und insbesondere ihre Bekämpfung schwierig.[161] Grundsätzlich gilt jedoch: Jedenfalls „[a]n den Grenzen des rechtlich Erlaubten findet nach allgemeiner Ansicht das ökonomische Kalkül steuerlicher Planung sein Ende".[162] Damit handelt es sich bei der „aggressiven" Steuerplanung in der Regel um eine legale Steuervermeidung und gerade nicht um eine illegale Steuerverkürzung.[163] Bei der „aggressiven" Steuerplanung multinationaler Unternehmen handelt es sich in der Regel auch nicht um einen Missbrauch von Gestaltungen.[164] „Aggressive" Steuerplanung hat „wohl oftmals gerade keine Umgehung des gesetzlichen Tatbestandes zum Ziel, sondern schafft durch die gestalterische Vorgehensweise Sachverhalte, welche zur Subsumtion unter bestimmte Tatbestände führen, wobei dem Gesetzeszweck dem Grunde nach entsprochen wird".[165]

In der Sache kann lediglich anhand von gewissen Indizien auf das Vorliegen einer „aggressiven" steuermindernden Planung geschlossen werden.[166] Eine

156 Vergleiche *A. Steinegger*, Der Konzern 2016, S. 454 (454).

157 C(2012) 8806 final, S. 2. Eine Darstellung von Fallgruppen „aggressiver" Steuerplanung findet sich bei *G. Steiner*, SWI 2007, S. 308 (309).

158 *S. Grotherr*, Ubg 2015, S. 360 (360); *J. L. Karpa*, „Aggressive Steuerplanung", 2019, S. 8; *R. Lilienfein*, Steuervermeidungsstrategien multinationaler Internet-Konzerne, 2021, S. 37.

159 *A. Steinegger*, Der Konzern 2016, S. 454 (454); so auch *M. Lang*, SWI 2013, S. 62 (63); vergleiche auch *N. Braun Binder*, Rechtsangleichung in der EU im Bereich der direkten Steuern, 2017, S. 79; *F. Haase*, Der Steuerkrieg, 2020, S. 95.

160 *W. Blumers*, BB 2013, S. 2785 (2785); *J. H. Heckemeyer/C. Spengel*, WD 2013, S. 363 (363). Siehe hierzu auch *J. Gallemore/E. L. Maydew/J. R. Thornock*, Contemporary Accounting Research 2014, S. 1103 (1108).

161 Vergleiche etwa *S. Grotherr*, Ubg 2015, S. 360 (360).

162 Treffend *W. Schön*, in: FS Michael Hoffmann-Becking, 2013, S. 1085 (1095).

163 So auch *J. H. Heckemeyer/C. Spengel*, WD 2013, S. 363 (363).

164 *G. Kofler*, DStJG 33 (2010), S. 213 (232); *J. L. Karpa*, „Aggressive Steuerplanung", 2019, S. 14.

165 *J. L. Karpa*, „Aggressive Steuerplanung", 2019, S. 14.

166 Vergleiche *S. Grotherr*, Ubg 2015, S. 360 (363 f.).

„aggressive" Steuerplanung ist nach Auffassung der Europäischen Kommission jedenfalls dann gegeben, wenn Steuergestaltungen innerhalb verschiedener Steuerregime ganz bewusst auf nicht aufeinander abgestimmten Steuerregelungen fußen und die beteiligten Steuerstaaten aufgrund dieser nationalen Gesetzeslücken und Inkohärenzen gegeneinander ausgespielt werden.[167] Dabei kommt es gerade darauf an, „Feinheiten eines Steuersystems oder Unstimmigkeiten zwischen zwei oder mehr Steuersystemen" zu erkennen und damit „die Steuerschuld zu senken".[168] So betreibt ein multinationales Unternehmen etwa dann „aggressive" Steuerplanung, wenn es „an einem bestimmten Standort keinen Mindestbetrag an Steuern zahlt, der sich zu seinen dortigen operativen Aktivitäten wenigstens proportional verhält".[169] In der Regel führt dies dann dazu, dass die steuerliche Belastung sinkt, obwohl die tatsächliche wirtschaftliche Leistungsfähigkeit eigentlich eine höhere Steuerbelastung rechtfertigen würde. Gerade dies wird als ungerecht empfunden.

2. Der sogenannte „double dip"

Die Europäische Kommission versteht unter „aggressiver" Steuerplanung in der Praxis vor allem solche Konstellationen, in denen es aufgrund der Steuergestaltung im Ergebnis zu einem sogenannten „double dip" kommt.[170] Darunter versteht man solche Steuergestaltungen, „bei denen durch das doppelte Verrechnen von Aufwendungen in beiden beteiligten Steuersystemen Steuervorteile erzielt werden können".[171] „Aggressive" Steuerplanung kann daher etwa dann vorliegen, wenn sowohl im Quellen- als auch im Ansässigkeitsstaat Ausgaben in Abzug gebracht werden.[172] Die „Aggressivität" dieser Gestaltung liegt dabei in dem Umstand, dass es hier im Ergebnis zu einer zweifachen Berücksichtigung von gewinnmindernden Aufwendungen kommt, die regulär – also ohne die entsprechende Gestaltung – nur einmal hätten berücksichtigt werden können. Es handelt sich hierbei insofern um ein Paradebeispiel für das Ausnutzen steuersystematischer Lücken im Steuerrecht mehrerer Steuerstaaten und einer fehlenden Koordination zwischen den Staaten. Ein „double dip" liegt aber auch dann vor, wenn die Steuergestaltung zu

---

167 C(2012) 8806 final, S. 2; siehe auch *G. Kofler*, DStJG 33 (2010), S. 213 (232 f.); *W. Schön*, in: FS Michael Hoffmann-Becking, 2013, S. 1085 (1095).

168 C(2012) 8806 final, S. 2.

169 *M. Overesch*, PWP 2016, S. 129 (137).

170 Siehe hierzu C(2012) 8806 final, S. 2. Siehe zum „double dip" auch *G. Kofler*, DStJG 33 (2010), S. 213 (233 f.); *J. Kokott*, Das Steuerrecht der Europäischen Union, 2018, § 5 Rn. 92; *J. Englisch*, in: Harald Schaumburg/Joachim Englisch (Hrsg.), Europäisches Steuerrecht, 2. Auflage 2020, Rn. 7.264 ff.

171 *O. H. Jacobs/D. Endres/C. Spengel*, in: Otto H. Jacobs (Hrsg.), Internationale Unternehmensbesteuerung, 8. Auflage 2016, S. 1265 Fn. 23.

172 Siehe hierzu *R. Seer*, in: FS Dietmar Gosch, 2016, S. 387 (388).

einer doppelten Nichtbesteuerung führt.[173] Dies ist dann der Fall, wenn Einkünfte, die bereits im Ansässigkeitsstaat steuerfrei sind, aufgrund von Gestaltungen auch im Quellenstaat nicht besteuert werden können.[174]

3. Gewinnverlagerung und Gewinnminderung durch interne Leistungsbeziehungen

Neben dem „double dip" kann vor allem auch eine gezielte Verlagerung von positiven oder negativen Einkünften eine „aggressive" Steuerplanung darstellen.[175] Hierfür bieten konzerninterne Leistungsbeziehungen einen nahezu idealen Rahmen. Konzerninterne Leistungsbeziehungen sind solche Beziehungen, die zwischen rechtlich selbstständigen, jedoch einem Unternehmensverbund angehörenden Unternehmen bestehen. Schätzungen gehen davon aus, dass ungefähr 70 % des weltweiten Handels in internationalen Unternehmensverbunden stattfinden.[176] An diesen Leistungsbeziehungen zeigt sich, dass die Gewinnmaximierung für multinationale Unternehmen handlungsleitend ist und durch Steueroptimierung erreicht werden soll. Mittlerweile kann auch wissenschaftlich belegt werden, dass sich multinationale Unternehmen aus einer rein steuerlichen Motivation heraus für gewinnmindernde und gewinnverlagernde Gestaltungen entscheiden.[177] Soziale oder ökologische Motive spielen – wenig überraschend – keine Rolle. Die Steuerpolitik multinationaler Unternehmen ist von einem „konsequent-eigennützige[n] Verhalten" geprägt.[178]

Multinationale Unternehmen haben aufgrund ihrer internationalen Unternehmensstruktur vergleichsweise viele Möglichkeiten, positive und negative Einkünfte von einem Konzernunternehmen zu einem anderen zu verschieben. Ganz allgemein wird durch die Möglichkeit der internationalen Einkünfteverschiebung der Zugriff der national gebundenen Finanzbehörden auf den Gewinn vor Steuern und auf unternehmensbezogene Informationen erschwert.[179]

---

173 Zur doppelten Nichtbesteuerung etwa *D. Fehling*, in: Harald Schaumburg/Joachim Englisch (Hrsg.), Europäisches Steuerrecht, 2. Auflage 2020, Rn. 10.38 ff.

174 C(2012) 8806 final, S. 2.

175 Vergleiche *A. Steinegger*, Der Konzern 2016, S. 454 (454).

176 *H. Baumhoff*, in: Jörg Manfred Mössner et al. (Hrsg.), Steuerrecht international tätiger Unternehmen, 5. Auflage 2018, Rn. 3.1 (m. w. N.).

177 Siehe hierzu *M. Overesch*, PWP 2016, S. 129 (131); siehe ferner auch *J. D. Blank*, Tax Law Review 2009, S. 539 (545).

178 *R. Pinkernell*, ifst-Schrift Nr. 494 (2014), S. 23.

179 Zu den „Schranken grenzüberschreitender Sachaufklärung" siehe ausführlich *H. Schaumburg*, in: Harald Schaumburg/Joachim Englisch (Hrsg.), Europäisches Steuerrecht, 2. Auflage 2020, Rn. 25.1 ff.

Damit stellt sich nun jedoch die Frage, wie Gewinnverlagerungen im Konzernverbund möglich sind.[180] Gewinnverlagerungen und Gewinnminderungen sind vor allem über die Bepreisung unternehmensinterner Leistungs- und Lieferbeziehungen möglich. Derartige Beziehungen können etwa durch Verrechnungspreise[181] oder Lizenzvergütungen[182] ausgestaltet werden. Steuervermeidung kann aber auch durch bestimmte Finanzierungsstrukturen erfolgen.[183] Verrechnungspreise und Darlehen sind also die beiden Mittel der Wahl zur Verlagerung der Unternehmensgewinne.[184]

a) Verrechnungspreise

Der Verrechnungspreis bezeichnet „das Entgelt, das für Lieferungen und Leistungen zwischen konzernangehörigen Unternehmen abgerechnet wird".[185] Dieser Lieferungs- und Leistungsverkehr kann neben den klassischen Erscheinungsformen wie der Lieferung von Waren oder der Erbringung von Dienstleistungen auch Finanzierungsleistungen, IT-Leistungen oder Nutzungsüberlassungen an immateriellen Wirtschaftsgütern erfassen.[186] Mittels „überhöhte[r] oder zu geringe[r] Entgelte" für derartige Lieferungen oder Leistungen innerhalb des Konzernverbunds kann die Konzernführung ihre Steuerpolitik im Ganzen flexibel gestalten und damit letztlich „unmittelbar auf das Besteuerungssubstrat der jeweiligen Länder" einwirken.[187] Über die Höhe der Verrechnungspreise ist es damit möglich, Einkünfte der jeweiligen Unternehmen von einem Staat in einen anderen zu verschieben. Gewinne werden also „durch überteuerte Verrechnungspreise aus Hochsteuerländern in Niedrigsteuerländer verlagert".[188] Die Höhe des Steuersatzes eines Ansässigkeitsstaats bildet „einen erheblichen Anreiz bei der Festsetzung von Transferpreisen" und ist der eigentliche Grund für konzerninterne

---

180 Siehe hierzu *J. H. Heckemeyer/C. Spengel*, WD 2013, S. 363 (366): „Denn die internationale Verschachtelung und das Verschieben von Gewinnen über Grenzen hinweg ist der Kern internationaler Steuergestaltung."

181 *M. Schwenke*, BB 1998, S. 2604 (2606): „erhebliche Spielräume zur Gewinnverlagerung".

182 *J. H. Heckemeyer/C. Spengel*, WD 2013, S. 363 (365); *G. Lanfermann/M. Götze*, BB 2022, S. 235 (235).

183 *J. H. Heckemeyer/C. Spengel*, WD 2013, S. 363 (365).

184 *G. Zucman*, Steueroasen, 2. Auflage 2014, S. 111.

185 *U. Bär*, Verständigungen über Verrechnungspreise verbundener Unternehmen im deutschen Steuerrecht, 2009, S. 19.

186 *F. Wassermeyer*, in: Franz Wassermeyer/Hubertus Baumhoff (Hrsg.), Verrechnungspreise international verbundener Unternehmen, 2014, Rn. 1.20.

187 *U. Bär*, Verständigungen über Verrechnungspreise verbundener Unternehmen im deutschen Steuerrecht, 2009, S. 20; *A. Musil/J. Schulz*, DStR 2013, S. 2205 (2208).

188 *M. Valta*, Das Internationale Steuerrecht zwischen Effizienz, Gerechtigkeit und Entwicklungshilfe, 2014, S. 429.

Gewinnverschiebungen.[189] Dieses Vorgehen wird als Gewinnverlagerung bezeichnet.

Verrechnungspreise werden hier gezielt für eine „steueroptimale Verteilung des Gewinns“ auf Unternehmenseinheiten genutzt und bilden nur noch wenig die tatsächliche Wertschöpfung ab.[190] So werden die strukturell gute Infrastruktur und die Rechtsstaatlichkeit der Hochsteuerländer für die Entwicklung des Produkts genutzt, wohingegen der mit dem Produkt erwirtschaftete Gewinn in Niedrigsteuerländer verschoben wird und damit dem multinationalen Unternehmen in seiner Gesamtheit weitgehend erhalten bleibt.[191] Staaten, in denen überwiegend produziert wird, sind hierbei klare Verlierer.[192] Am Ende der oftmals relativ komplizierten Liefer- und Leistungsbeziehungen befindet sich der Gewinn dann unter Umständen in einem Staat, der eine minimale Steuerbelastung oder aber absolute Steuerfreiheit gewährt. Bei Lizenzzahlungen verhält es sich nicht anders. Aufgrund der Zins-Lizenzgebühren-Richtlinie[193] erfolgen Zins- und Lizenzgebührenzahlungen innerhalb der Europäischen Union (grundsätzlich) quellensteuerfrei.[194] Gewisse Mitgliedstaaten haben darüber hinaus aber auch in DBA mit Drittstaaten nur sehr niedrige Quellensteuern angesetzt[195] oder aber verzichten „von vornherein auf eine Quellensteuer auf ausgehende Lizenzzahlungen“.[196] Dieses Vorgehen ist vor allem von den Niederlanden bekannt.[197] Dies bedeutet, dass selbst auf an Empfänger in Steueroasen gerichtete Lizenzzahlungen keine Quellensteuer erhoben wird.[198] Damit besteht die Möglichkeit, Lizenzzahlungen vollkommen steuerfrei aus der Europäischen Union „herauszuschleusen“.[199]

Dabei kann das multinationale Unternehmen in jedem Land, in dem es steuerlich attraktive Bedingungen vorfindet, vollkommen unproblematisch eine Tochtergesellschaft[200] gründen und dann über Verrechnungspreise eine entsprechende

---

189 *C. Watrin/N. Ebert*, StuW 2013, S. 298 (301).

190 *M. Valta*, Das Internationale Steuerrecht zwischen Effizienz, Gerechtigkeit und Entwicklungshilfe, 2014, S. 431.

191 *M. Valta*, Das Internationale Steuerrecht zwischen Effizienz, Gerechtigkeit und Entwicklungshilfe, 2014, S. 429.

192 *U. Schreiber/L. M. Fell*, in: FS Dieter Endres, 2016, S. 387 (393).

193 Ausführlich *G. Kofler*, in: Harald Schaumburg/Joachim Englisch (Hrsg.), Europäisches Steuerrecht, 2. Auflage 2020, Rn. 15.1 ff.

194 *J. H. Heckemeyer/C. Spengel*, WD 2013, S. 363 (365).

195 *J. H. Heckemeyer/C. Spengel*, WD 2013, S. 363 (365 f.).

196 *M. Meister*, in: FS Dieter Endres, 2016, S. 237 (244).

197 *J. H. Heckemeyer/C. Spengel*, WD 2013, S. 363 (365 f.).

198 Vergleiche *J. H. Heckemeyer/C. Spengel*, WD 2013, S. 363 (366); *M. Meister*, in: FS Dieter Endres, 2016, S. 237 (244).

199 *M. Meister*, in: FS Dieter Endres, 2016, S. 237 (244).

200 Zu den verschiedenen Gesellschaftsarten siehe *J. L. Karpa*, „Aggressive Steuerplanung“, 2019, S. 27 ff.

„Allokation [der Gewinne] zu den steuereffektivsten Standorten" durchführen.[201] Im übertragenen Sinn kann sich das multinationale Unternehmen damit die „Rosinen [heraus]picken", die für die Unternehmenspolitik am zielführendsten sind.[202] Im Ergebnis zielt die Gewinnverlagerung durch Verrechnungspreise also auf das Ausnutzen von Steuersatzunterschieden der Steuerstaaten.[203] Die Verbindung von weltweiter Tätigkeit und Verrechnungspreisen eröffnet multinationalen Unternehmen gegenüber rein national agierenden Unternehmen damit beträchtliche Gestaltungsvorteile.

Hinzu kommt, dass gerade immaterielle Wirtschaftsgüter[204] über eine hohe Volatilität verfügen, die ihre Verlagerung in Steueroasen wesentlich erleichtert. Von der Steueroase aus werden sodann Nutzungsrechte an diesen immateriellen Wirtschaftsgütern anderen Konzernunternehmen teuer eingeräumt. Das multinationale Unternehmen profitiert hier gleich doppelt: Zum einen wird der Gewinn aus der Nutzungsüberlassung sofort in der Steueroase erwirtschaftet und muss gar nicht mehr verlagert werden. Zum anderen können die die immateriellen Wirtschaftsgüter nutzenden Unternehmen die dabei anfallenden Kosten unmittelbar gewinnmindernd geltend machen.

Verrechnungspreise für Leistungen und Lieferungen müssen aber nicht zwangsläufig immer mit einer Verlagerung von Gewinnen einhergehen. Vielmehr können sie auch für eine allgemeine Senkung der Steuerschuld im nationalen oder internationalen Rahmen eingesetzt werden. So ist es aus Sicht der Unternehmensführung steuerlich sinnvoll, Entgeltforderungen von dem verbundenen Unternehmen begleichen zu lassen, das einen hohen Gewinn erwirtschaftet und über die anfallenden Kosten seinen Gewinn mindern kann.[205] Eine Gewinnminderung ist also regelmäßig auch dann gegeben, wenn eine Tochtergesellschaft einer anderen Tochtergesellschaft Leistungen erbringt und die die Leistungen empfangende Tochtergesellschaft die hierbei angefallenen Kosten als Betriebsausgaben absetzt. Durch das Dazwischenschalten immer weiterer Tochterunternehmen, die Leistungen oder Lieferungen erhalten, diese vergüten und sodann an die nächste Tochter erbringen und dabei die Anschaffungskosten pro Tochter stets gewinnmindernd absetzen können, verringert sich der effektiv zu besteuernde Gewinn

---

201 *O. H. Jacobs/D. Endres/C. Spengel*, in: Otto H. Jacobs (Hrsg.), Internationale Unternehmensbesteuerung, 8. Auflage 2016, S. 990.

202 *M. Valta*, Das Internationale Steuerrecht zwischen Effizienz, Gerechtigkeit und Entwicklungshilfe, 2014, S. 429.

203 Siehe hierzu *C. Watrin/N. Ebert*, StuW 2013, S. 298 (300).

204 Siehe zu immateriellen Wirtschaftsgütern ausführlich *M. Greinert*, in: Franz Wassermeyer/Hubertus Baumhoff (Hrsg.), Verrechnungspreise international verbundener Unternehmen, 2014, Rn. 6.547 ff.

205 Siehe hierzu auch *M. Valta*, Das Internationale Steuerrecht zwischen Effizienz, Gerechtigkeit und Entwicklungshilfe, 2014, S. 430.

Tochtergesellschaft für Tochtergesellschaft. Bei einem derartigen unternehmensinternen Leistungs- und Lieferverkehr werden gezielt hohe Betriebsausgaben generiert, die die Steuerlast pro Tochtergesellschaft erheblich mindern.

b) *Finanzierungsstrukturen*

Aber nicht nur Verrechnungspreise und Lizenzzahlungen können als Instrument für eine Gewinnverlagerung und eine Gewinnminderung eingesetzt werden.[206] Auch konzerninternen Finanzierungsstrukturen kommt ein großes Gestaltungspotenzial zu.[207] So macht es steuerlich durchaus einen Unterschied, ob eine Finanzierung aus eigenem oder aber aus fremdem Kapital bestritten wird.[208] Dass multinationale Unternehmen zwecks Steuervermeidung „bewusst in Hochsteuerländern Fremdkapital aufnehmen“,[209] ist mittlerweile ebenso „gut belegt“[210] wie die Tatsache, dass in diesen Ländern mit Vorliebe Darlehenszinsaufwand für sogenannte „konzerninterne Lieferantenkredite”[211] geltend gemacht wird.[212] Darüber soll es gerade zu einer Kapitalumverteilung kommen.[213] Dabei ist es weniger relevant, ob es sich um eine unternehmensinterne Fremdfinanzierung in Form eines Gesellschafterdarlehens oder aber um eine unternehmensexterne Fremdfinanzierung in Form eines Bankdarlehens handelt. Maßgeblich ist allein, dass über die mit der Fremdfinanzierung anfallenden Zinsen der steuerliche Gewinn gemindert werden kann.[214] Hierfür haben multinationale Unternehmen in der Regel eigene separate Investment- oder Finanzierungstochtergesellschaften, die Projekte des Konzerns ausschließlich fremdfinanzieren.[215]

In einer empirischen Studie fanden die Ökonomen *Jost H. Heckemeyer* und *Michael Overesch* heraus, dass eine Gewinnverlagerung in circa einem Drittel der Fälle über Finanzierungsmodelle erfolgt.[216] Die restlichen zwei Drittel entfallen nach Meinung von *Michael Overesch* auf „andere Mechanismen“ in Form der

---

206 Vergleiche *G. Lanfermann/M. Götze*, BB 2022, S. 235 (235).

207 *J. H. Heckemeyer/C. Spengel*, WD 2013, S. 363 (365): „In nahezu sämtlichen internationalen Steuergestaltungen fließen grenzüberschreitende Zahlungsströme in Form von Zinsen und Lizenzgebühren zwischen den involvierten Konzerneinheiten.“

208 Ausführlich hierzu *C. Dorenkamp*, DStJG 33 (2010), S. 301 (301 ff.).

209 *M. Overesch*, PWP 2016, S. 129 (131).

210 *M. Overesch*, PWP 2016, S. 129 (131 m. w. N.).

211 *C. Watrin/N. Ebert*, StuW 2013, S. 298 (304).

212 *M. Overesch*, PWP 2016, S. 129 (131).

213 *C. Watrin/N. Ebert*, StuW 2013, S. 298 (304).

214 *U. Schreiber*, DBW 2009, S. 535 (536); zur Einkünfteverlagerung durch Gesellschafterfremdfinanzierung *A. Musil/J. Schulz*, DStR 2013, S. 2205 (2209).

215 Vergleiche hierzu etwa *B. Regnery/T. B. Scherer*, IStR 1994, S. 528 (528 ff.).

216 *J. H. Heckemeyer/M. Overesch*, Canadian Journal of Economics 2017, S. 965 (986 f., 990).

„Wahl der Verrechnungspreise".[217] Damit kann festgehalten werden, dass das in Finanzierungsstrukturen im Konzernverbund enthaltene Steuergestaltungs- und Steuerplanungspotenzial verhältnismäßig oft zum Tragen kommt.[218] Wie schon im Falle der Verrechnungspreise erfolgt die eigentliche Gewinnminderung auch bei den Finanzierungsstrukturen über die Geltendmachung des Finanzierungsaufwands als abzugsfähige Betriebsausgaben.[219] Werden etwa positive Einkünfte von 100 Euro erzielt, bedingen diese aber eine Zinsbelastung von 100 Euro, so fehlt die steuerliche Leistungsfähigkeit.[220]

c) Fremdvergleichsgrundsatz und Informationsmängel

Gerade bei grenzüberschreitenden Sachverhalten sind die beteiligten Fisken daran interessiert, die konzerninternen Leistungsverflechtungen genau aufzuschlüsseln und die konzernintern vereinbarten Leistungsentgelte auf ihre Angemessenheit hin zu kontrollieren.[221] Dies liegt daran, dass nicht der Unternehmensverbund als solcher das Steuersubjekt ist, sondern die einzelnen in unterschiedlichen Steuerjurisdiktionen ansässigen Konzernunternehmen eine eigenständige Steuerrechtspersönlichkeit haben und damit die Steuersubjekte sind.[222] Da über die Verrechnungspreise auf die Höhe des Steuersubstrats in einem Steuerstaat eingewirkt werden kann und Gewinne so in beliebige Staaten verlagert werden können, berühren Verrechnungspreise ganz unmittelbar die steuerstaatlichen Teilhabeinteressen am Steuersubstrat.[223] Gerade die Staaten, aus denen Einkünfte mittels Verrechnungspreisen zugunsten eines anderen Staats verlagert werden, werden daher grundsätzlich der Meinung sein, dass Entgelte unangemessen sind. Demgegenüber werden sich die Staaten, in die die Gewinne verlagert werden, auf die Angemessenheit der Entgelte berufen.

aa) Dealing at Arm's Length

Dieser Konflikt führt dazu, dass die Finanzbehörden die Leistungsbeziehungen bewerten müssen. Hierbei geht es nun um die Bestimmung angemessener

---

217 *M. Overesch*, PWP 2016, S. 129 (132).

218 Ausführlich zu Finanzierungsstrukturen im Konzernverbund auch *C. Watrin/N. Ebert*, StuW 2013, S. 298 (303 ff.).

219 *M. Overesch*, PWP 2016, S. 129 (131).

220 Beispiel entnommen aus *C. Dorenkamp*, DStJG 33 (2010), S. 301 (304).

221 Zur Angemessenheitskontrolle ausführlich *M. Schwenke*, DStJG 33 (2010), S. 273 (273 ff.).

222 *H. Baumhoff*, in: Jörg Manfred Mössner et al. (Hrsg.), Steuerrecht international tätiger Unternehmen, 5. Auflage 2018, Rn. 3.4.

223 *H. Baumhoff*, in: Franz Wassermeyer/Hubertus Baumhoff (Hrsg.), Verrechnungspreise international verbundener Unternehmen, 2014, Rn. 1.16.

Wertansätze für die internen Leistungsbeziehungen multinationaler Unternehmen und also um die Feststellung, wann zu hohe und wann zu niedrige Entgelte für unternehmensinterne Leistungen gezahlt wurden. Die Bewertung der Angemessenheit erfolgt mittels des Fremdvergleichsgrundsatzes,[224] der auch als *Dealing-at-Arm's-Length*-Grundsatz oder *dealing-at-arm's-length-principle* bezeichnet wird.[225] Der Fremdvergleichsgrundsatz wird in § 1 Abs. 1 Satz 1 AStG legal definiert. Danach sind Preise so zu bemessen, „als sie voneinander unabhängige Dritte unter gleichen oder vergleichbaren Verhältnissen vereinbart hätten". Der Idee nach entspricht § 1 Abs. 1 Satz 1 AStG damit Art. 9 Abs. 1 OECD-MA. Obwohl die Unternehmen über den Konzernverbund miteinander verbunden sind, soll die konzerninterne Bepreisung von Leistungen und Lieferungen der Fremdüblichkeit entsprechen.[226] Zu fragen ist, ob auch ein fremdes Unternehmen die Leistung zu dem konkreten Preis in Anspruch genommen hätte.[227] Kann diese Frage bejaht werden, so ist das Entgelt angemessen. Damit haben konzernverbundene Unternehmen gerade die Armlänge Abstand zueinander zu halten, die auch konzernfremde Unternehmen zueinander halten. Die konzerninternen Leistungsbeziehungen müssen sich also als ein *dealing-at-arm's length* darstellen.

Die Anwendung des Fremdvergleichsgrundsatzes soll zur Ermittlung des Fremdvergleichspreises führen. Der Fremdvergleichspreis ist der Preis, den unabhängige Dritte unter gleichen oder vergleichbaren Verhältnissen vereinbart hätten. Es handelt sich also um eine „Soll-Größe".[228] Weichen der Verrechnungspreis und der Fremdvergleichspreis voneinander ab, so ist der Fremdvergleichspreis für die Besteuerung maßgeblich. Für die Preisermittlung haben sich verschiedene Berechnungsmethoden etabliert.[229] Im Rahmen des BEPS-Projekts wurde der Fremdvergleichsgrundsatz als die „maßgebliche Leitlinie für die Bildung von Verrechnungspreisen bei konzerninternen Geschäftsbeziehungen" umfassend bestätigt.[230]

---

224 Ausführlich *U. Schreiber/L. M. Fell*, in: FS Dieter Endres, 2016, S. 387 (387 ff.).

225 *A. Oestreicher*, INTERTAX 2016, S. 572 (572); *J. Englisch*, in: Klaus Tipke/Joachim Lang (Begr.), Steuerrecht, 24. Auflage 2021, Rn. 4.100; *J. Kokott*, Das Steuerrecht der Europäischen Union, 2018, § 2 Rn. 127 f.

226 Vergleiche *J. Kokott*, Das Steuerrecht der Europäischen Union, 2018, § 2 Rn. 128.

227 Vergleiche *U. Schreiber/L. M. Fell*, in: FS Dieter Endres, 2016, S. 387 (387).

228 *F. Wassermeyer*, in: Franz Wassermeyer/Hubertus Baumhoff (Hrsg.), Verrechnungspreise international verbundener Unternehmen, 2014, Rn. 1.22.

229 Zu den Ermittlungsmethoden ausführlich *H. Baumhoff*, in: Jörg Manfred Mössner et al. (Hrsg.), Steuerrecht international tätiger Unternehmen, 5. Auflage 2018, Rn. 3.169 ff.

230 *M. Meister*, in: FS Dieter Endres, 2016, S. 237 (241).

Der Fremdvergleichsgrundsatz muss schon seit Langem von Unternehmen berücksichtigt werden.[231] Dabei ist nach wie vor gerade auch die Ermittlung der unternehmenseigenen Verrechnungspreise entsprechend zu dokumentieren. Kommt die Finanzverwaltung zu dem Ergebnis, dass ein Konzernunternehmen innerhalb des Konzernverbunds „zu günstig“ veräußert oder aber „zu teuer“ erworben hat, so erfolgen Verrechnungspreisberichtigungen.[232] Es wurde festgestellt, dass eine „Abweichung von vergleichbaren Marktpreisen“ vor allem in den Fällen „besonders ausgeprägt“ ist, in denen „Transaktionen mit Steueroasen ins Spiel kommen“.[233]

bb) Schwierigkeiten bei der Ermittlung angemessener Fremdvergleichspreise

Man machte es sich zu leicht, ginge man davon aus, dass über den Fremdvergleichsgrundsatz genau bestimmt werden könnte, wie hoch das Entgelt für eine interne Leistung anzusetzen sei, um angemessen zu sein. Tatsächlich gestalten sich die Feststellungen der Angemessenheit konzerninterner Leistungsentgelte als äußerst schwierig. Der Fremdvergleichsgrundsatz gibt keine starren Grenzwerte vor. Multinationale Unternehmen können Verrechnungspreise letztlich doch „relativ frei“ wählen.[234] Dies liegt zunächst einmal ganz grundsätzlich daran, dass die Leistungen gerade nicht im Rahmen eines offenen Markts erbracht werden, wo der Preis für eine Leistung immer auch das vom Wettbewerb geprägte Ergebnis von Angebot und Nachfrage ist, sondern sich das multinationale Unternehmen einen unternehmenseigenen Markt schafft, der durch die Mauern des Konzernverbunds abgeschottet ist.[235] Es gibt in einem multinationalen Konzernverbund damit gerade kein „Korrektiv unterschiedlicher Interessen“, das die Höhe der Entgelte beeinflussen könnte.[236] Verrechnungspreise sind damit immer konkretisierte und unternehmenszweckabhängige Wertansätze. Der Fremdvergleichsgrundsatz kann dies nicht ändern.

Überdies sind bei multinationalen Unternehmen eine effektive Kontrolle und Überwachung der Marktüblichkeit und Angemessenheit von Verrechnungspreisen aufgrund der internationalen Dimension der unternehmensinternen

---

231 Vergleiche *J. Kokott*, Das Steuerrecht der Europäischen Union, 2018, § 2 Rn. 128: „üblich und anerkannt“.

232 Zu Verrechnungspreisberichtigungen *F. Rosenberger*, TPI 2017, S. 101 (101ff.).

233 *M. Overesch*, PWP 2016, S. 129(131).

234 *M. Valta*, Das Internationale Steuerrecht zwischen Effizienz, Gerechtigkeit und Entwicklungshilfe, 2014, S. 429.

235 Vergleiche *C.-H. Witt*, Die Konzernbesteuerung, 2006, S. 245.

236 *U. Bär*, Verständigungen über Verrechnungspreise verbundener Unternehmen im deutschen Steuerrecht, 2009, S. 20; siehe auch *H. Jochum*, ZRP 2015, S. 115 (116), die ausführt, dass es bei konzerninternen Leistungen „üblicherweise an dem markttypischen Interessengegensatz“ mangelt.

Leistungsbeziehungen, die sich in ihrem ganzen Ausmaß regelrecht als Leistungsgeflecht darstellen, für eine letztlich doch national gebundene Finanzbehörde schwerlich möglich. Um eine Angemessenheitskontrolle der bisweilen „umfangreichen und komplexen“[237] Leistungs- oder Lieferbeziehung vornehmen zu können, muss die Finanzverwaltung diese erst einmal erkennen und nachvollziehen.[238]

Haben die Finanzbehörden diese Beziehungen erkannt und nachvollzogen – was allein für sich besehen bisweilen schon mit einem großen Arbeitsaufwand verbunden ist –, steht ihnen die eigentliche Herausforderung jedoch erst noch bevor. Die Finanzbehörden müssen nun eine Angemessenheitsprüfung der Verrechnungspreise vornehmen. Dafür muss der Maßstab, anhand dessen der Fremdvergleich erfolgen soll, jedoch erst einmal bestimmt werden. Hier stellt sich nun das beachtliche Problem der Konkretisierung des Fremdvergleichs.[239] Die Bestimmung des Fremdvergleichs gestaltet sich regelmäßig deshalb so anspruchsvoll, weil oftmals die hierfür dringend benötigten Vergleichsparameter fehlen.[240]

Man kann zwar „Bananen oder Eimer zu exorbitanten Preisen verkaufen“.[241] Dass die Unangemessenheit derartiger Entgelte von den Finanzbehörden angenommen wird, ist jedoch aufgrund der vielen Vergleichswerte relativ wahrscheinlich. Ganz anders verhält es sich bei immateriellen Wirtschaftsgütern wie Algorithmen, Firmenlogos, Marken oder Patenten. Diese Wirtschaftsgüter sind in der Regel „unternehmensspezifisch“.[242] Ihr Wert beruht oftmals gerade auf ihrer Einmaligkeit.[243] Der objektive Wert ist im Einzelnen daher nur „schwer zu bestimmen“.[244] Dieses Problem zeigt sich besonders deutlich bei Lizenzgebühren, die aufgrund der Einräumung eines Nutzungsrechts an sogenannten „Dachmarken“ anfallen.[245] Da bei solchen übergeordneten Marken in der Regel überhaupt „keine Vergleichswerte hinsichtlich der Lizenzgebühr“ vorliegen, kann unternehmensintern „nun nahezu jeder Preis für die Überlassung“ vereinbart werden.[246] Das Fehlen von Vergleichsmaterial führt dazu, dass ein Fremdvergleich hier oftmals „kaum

---

237 *M. Overesch*, PWP 2016, S. 129 (131).

238 Siehe hierzu auch *U. Schreiber*, DBW 2009, S. 535 (539); *A. Christians*, in: Miranda Stewart/Yariv Brauner (Hrsg.), Tax, Law and Development, 2013, S. 288 (293).

239 Hierzu etwa *M. Overesch*, PWP 2016, S. 129 (131).

240 *C.-H. Witt*, Die Konzernbesteuerung, 2006, S. 245; *M. Overesch*, PWP 2016, S. 129 (131).

241 Anschaulich *G. Zucman*, Steueroasen, 2. Auflage 2014, S. 112.

242 *U. Schreiber/L. M. Fell*, in: FS Dieter Endres, 2016, S. 387 (391).

243 *C.-H. Witt*, Die Konzernbesteuerung, 2006, S. 245.

244 *G. Zucman*, Steueroasen, 2. Auflage 2014, S. 112; so auch *H.-K. Kroppen*, in: FS Dieter Endres, 2016, S. 199 (200): „Gleichzeitig sind immaterielle Werte aber oft nicht so einfach zu erfassen wie sonstige Wirtschaftsgüter und entziehen sich oft einer Berücksichtigung der Finanzbehörden.“

245 Siehe hierzu *J. L. Karpa*, „Aggressive Steuerplanung“, 2019, S. 123.

246 *J. L. Karpa*, „Aggressive Steuerplanung“, 2019, S. 123.

möglich“ ist.[247] Liegen keine zuverlässigen Vergleichswerte für die Bewertung eines immateriellen Wirtschaftsguts vor, ist eine Cash-flow-Einschätzung „höchst unsicher“ und gestaltet sich die Prognostizierung des wirtschaftlichen Erfolgs pro futuro insgesamt als „schwierig“, handelt es sich um sogenannte „hard to value intangibles“.[248]

Gerade bei Unternehmensbeziehungen, die immaterielle Wirtschaftsgüter zum Gegenstand haben, ist der Fremdvergleichsgrundsatz im Ergebnis nicht „nur schwer anwendbar“[249], vielmehr stößt er letztlich „theoretisch und praktisch an seine Grenzen“.[250] Vor diesem Hintergrund überrascht es wenig, dass vor allem Unternehmen mit einem großen Anteil an immateriellen Wirtschaftsgütern Steuervermeidung betreiben.[251]

Damit können gerade über die Bepreisung immaterieller Wirtschaftsgüter Gewinne wie auch Verluste konzernintern beliebig verlagert werden. Immaterielle Wirtschaftsgüter bilden bei multinationalen Unternehmen die zentralen „Anknüpfungspunkte für Gewinnverlagerungen“ und sind damit für eine Beeinflussung der Steuerlast in ganz besonderem Maße geeignet.[252] Die Auswirkungen auf den Unternehmensgewinn werden von Ökonomen wenig überraschend als „erheblich“ eingeschätzt.[253]

cc) Informationsasymmetrien zulasten der Finanzbehörden

Die Angemessenheit der Preise oder der Gebühren kann von der Finanzbehörde kaum überprüft werden. Im Ganzen zeigen sich in den konzerninternen Leistungs- und Lieferungsbeziehungen daher große „Informationsasymmetrien“[254] zum Nachteil der Finanzbehörden. Die an sich zu begrüßende Idee, dass „mit dem Fremdvergleichsgrundsatz Gerechtigkeit zwischen den Steuerpflichtigen hergestellt werden soll“[255], kann bei multinationalen Unternehmen nur schwer in die Praxis umgesetzt werden. Mit einem Mangel an Transparenz bezogen auf die globale Verrechnungspreis- und Finanzierungspolitik sowie bezüglich der Wertschöpfungsfaktoren kann die Finanzverwaltung folglich nicht wirklich überprüfen, ob

---

247 *H. Jochum*, ZRP 2015, S. 115 (116).

248 Siehe hierzu ausführlich *H.-K. Kroppen*, in: FS Dieter Endres, 2016, S. 199 (206 ff.); *OECD*, OECD-Verrechnungspreisleitlinien für multinationale Unternehmen und Steuerverwaltungen 2017, 2018, S. 338 ff.

249 *M. Overesch*, in: Symposium Ulrich Schreiber, 2017, S. 41 (45).

250 *U. Schreiber/L. M. Fell*, in: FS Dieter Endres, 2016, S. 387 (391).

251 *M. A. Desai/C. F. Foley/J. R. Hines Jr.*, Journal of Public Economics 2006, S. 513 (522 f.).

252 *G. Zucman*, Steueroasen, 2. Auflage 2014, S. 112: „nichts ist weniger riskant“; *M. Overesch*, PWP 2016, S. 129 (135).

253 *U. Schreiber/L. M. Fell*, in: FS Dieter Endres, 2016, S. 387 (391).

254 *S.-E. Bärsch/C. Engelen/N. Färber*, Der Konzern 2016, S. 338 (338).

255 *J. L. Karpa*, „Aggressive Steuerplanung“, 2019, S. 123.

die Preise für Leistungen dem Fremdvergleichsgrundsatz entsprechen oder aber zu hoch beziehungsweise zu niedrig angesetzt sind. „Aggressiven" Steuergestaltungen sind hier Tür und Tor geöffnet.

Die OECD erkennt dieses Problem und bringt es auf den Punkt: „In many countries, tax administrations have little capability of developing a 'big picture' view of a taxpayer's global value chain. In addition, divergences between approaches to transfer pricing documentation requirements leads [sic!] to significant administrative costs for businesses. In this respect, it is important that adequate information about the relevant functions performed by other members of the MNE group in respect of intra-group services and other transactions is made available to the tax administration."[256] Die Erkenntnisse der OECD sind auch aufgrund der internationalen Konzernstruktur der multinationalen Unternehmen wichtig. Die einzelnen kapitalgesellschaftlich organisierten Konzerneinheiten sind zwar rechtlich selbstständig, und „nur die jeweiligen Unternehmensträger [sind] persönlich steuerpflichtig".[257] Gleichwohl muss das multinationale Unternehmen in wirtschaftlicher Hinsicht als Einheit angesehen werden.[258] Verluste und Gewinne einzelner Tochtergesellschaften können nur richtig gewürdigt werden, wenn das Unternehmen in seiner Ganzheit betrachtet wird. In ökonomischer Hinsicht folgt das multinationale Unternehmen nämlich dem (steuerlichen) Gesamtplan der Unternehmensführung. Sie bestimmt die Unternehmenspolitik und entscheidet, welches Tochterunternehmen Verluste und welches Gewinne zu tragen hat. Um die wirtschaftlichen Zusammenhänge und vor allem die konzerninternen Leistungsbeziehungen nachvollziehen und verstehen zu können, muss also das gesamte multinationale Unternehmen in den Blick genommen werden. Dies muss durch entsprechende Transparenzmaßnahmen ermöglicht werden. Die hierfür erforderliche Steuertransparenz soll durch neue Formate auf dem Gebiet der Verrechnungspreisdokumentation geschaffen werden.[259] Begleitet wird dies von einem absolut neuen Transparenzansatz im Steuerrecht: dem Country-by-Country Reporting.[260]

---

256 OECD, Action Plan on Base Erosion and Profit Shifting, 2013, S. 22 f.

257 *W. Schön*, in: FS Michael Hoffmann-Becking, 2013, S. 1085 (1088). Siehe auch *M. Valta*, ISR 2020, S. 189 (190). Anders verhält es sich jedoch dann, wenn die Beteiligungsverhältnisse von einer derart engen Verbindung geprägt sind, dass eine zusammengefasste Besteuerung angezeigt ist. Dies ist klassischerweise bei der Organschaft der Fall. Siehe hierzu *H. Schaumburg*, in: Harald Schaumburg (Hrsg.), Internationales Steuerrecht, 4. Auflage 2017, Rn. 13.1.

258 So auch *M. Valta*, ISR 2020, S. 189 (189): „Während multinationale Unternehmen [...] ökonomisch eine Einheit bilden, sind sie steuerrechtlich weitgehend territorial fragmentiert."

259 Siehe hierzu etwa *A. Skupien*, Der länderbezogene Bericht des § 138a AO, 2020, S. 33 ff.

260 Ausführlich zum Country-by-Country Reporting *A. Langer*, Die Grenzen des Country-by-Country Reportings, 2019.

4. Die Konzernsteuerquote als Indikator der Dimension „aggressiver“ Steuerplanung

Konzerninterne Leistungs- und Lieferbeziehungen sind Methoden und Strategien für eine „aggressive“ Steuerplanung. Gewinnverlagerung und Gewinnminderung sind jedoch grundsätzlich nur Indizien für eine „aggressive“ Steuerplanung. Sie sagen für sich betrachtet gerade nichts darüber aus, wie erfolgreich die Steuerplanung für das multinationale Unternehmen tatsächlich ist. Wenn am Ende der Steuergestaltung ein nur minimaler Gewinn in ein Niedrigsteuerland verlagert werden kann, so kam es tatsächlich zwar sehr wohl zu einer Gewinnverlagerung, diese ist jedoch in ihren Ausmaßen unbeachtlich. Mit anderen Worten kann also aus der bloßen Tatsache, dass es zu einer Gewinnverlagerung kam, nicht unbedingt eine Aussage über die Dimension und die damit einhergehende Steuerungerechtigkeit der Gewinnverlagerung gemacht werden. Es kann lediglich festgestellt werden, dass der Gewinn nunmehr in einem bestimmten Staat ausgewiesen wird.

Um den Vorwurf einer „aggressiven“ und damit steuerunfairen Gestaltung zu forcieren, muss neben dem indiziellen Charakter einer Gewinnverlagerung auch das steuerliche Ausmaß der Gewinnminderung berücksichtigt werden. Damit stellt sich nun jedoch die Frage, wie dieses steuerliche Ausmaß bestimmt werden kann. Für die Bestimmung der Dimension von „aggressiver“ Steuerplanung bedient man sich der sogenannten „Konzernsteuerquote“.[261] Die Konzernsteuerquote beschreibt das Verhältnis des globalen Ertragsteueraufwands[262] des Konzerns zum Jahresüberschuss[263] vor Ertragsteuern des Konzerns.[264] Konzernsteuerquoten geben als „vergangenheitsorientierte Durchschnittssteuerbelastungen“[265] des Konzerns somit Auskunft über den Konzernsteueraufwand des vorangegangenen Besteuerungszeitraums. Eine niedrige Konzernsteuerquote ist ein grundsätzlicher Indikator für eine „aggressive“ Steuerplanung.[266]

---

261 *H. Schaumburg*, in: Harald Schaumburg (Hrsg.), Internationales Steuerrecht, 4. Auflage 2017, Rn. 5.8; *K. Balakrishnan/ J. L. Blouin/ W. R. Guay*, The Accounting Review 2019, S. 45 (48); ausführlich zum Begriff *R. Zielke*, DB 2006, S. 2585 (2585 ff.); *M. Haas*, StuW 2013, S. 319 (319 ff.). Eine Darstellung der Konzernsteuerquoten verschiedener Unternehmen findet sich bei *R. Pinkernell*, StuW 2012, S. 369 (370).

262 Der Ertragsteueraufwand eines Konzerns ist die Summe aus tatsächlichem und latentem Steueraufwand des Konzerns.

263 Der Jahresüberschuss wird anhand der Gewinn- und Verlustrechnung entsprechend dem HGB oder den IFRS ermittelt.

264 *R. Zielke*, DB 2006, S. 2585 (2585); *A. Lühn*, in: Siegfried Grotherr (Hrsg.), Handbuch der internationalen Steuerplanung, 3. Auflage 2011, S. 153 (155).

265 *R. Zielke*, DB 2006, S. 2585 (2585).

266 *M. Overesch*, PWP 2016, S. 129 (137). Gerade aufgrund von Messproblemen kann die Konzernsteuerquote im Falle von multinationalen Unternehmen jedoch nicht mehr als ein bloßes Indiz für „aggressive“ Steuerplanung sein. Keines Falls ist sie

Um nun die Dimension zu bestimmen, in der ein multinationales Unternehmen Steuern vermeidet, wird dessen Konzernsteuerquote den Konzernsteuerquoten vergleichbarer Konzerne gegenübergestellt.[267] Dabei wurde herausgefunden, dass die Steueraggressivität „umso größer aus[fällt], je weiter die Steuerquote eines Konzerns [...] unter dem durchschnittlichen Steuerniveau der Wettbewerber liegt [...], in dem der Konzern tätig ist".[268] Die internationale „aggressive" Steuerplanung wird für multinationale Unternehmen damit zum Instrument der Optimierung der Konzernsteuerquote. Die Finanzbehörden können sie demgegenüber vor allem als Kontrollgröße der effektiven unternehmerischen Steuerlast heranziehen. Wenn es also zu einer Gewinnverlagerung gekommen ist, die Konzernsteuerquote jedoch trotzdem hoch ist, so wird man dem multinationalen Unternehmen den Vorwurf einer „aggressiven" Steuerplanung gerade nicht machen können.

5. Ist jede Steuerplanung multinationaler Unternehmen „aggressiv"?

Die bisherigen Erkenntnisse werfen die Frage auf, ob es bei multinationalen Unternehmen überhaupt noch eine Steuerplanung geben kann, die nicht „aggressiv" ist.[269] Wenn „aggressive" Steuerplanung unter Berufung auf die Definition der Europäischen Kommission bereits dann vorliegen soll, wenn bestehende „Feinheiten eines Steuersystems oder Unstimmigkeiten zwischen zwei oder mehr Steuersystemen" ausgenutzt werden, um „die Steuerschuld zu senken",[270] so ist nicht erkennbar, wo noch Raum für eine „nicht-aggressive" Steuerplanung sein soll. Hier kann im Ergebnis nur die Steuerplanung nicht „aggressiv" sein, die nicht darauf gerichtet ist, die Steuerschuld zu mindern.[271] Steuerplanung ist jedoch gerade eine ökonomische Vorgehensweise, die die Höhe und den Zeitpunkt der Steuerzahlung berücksichtigt.[272] Da „wohl meist" jede Steuerplanung multinationaler Unternehmen an steuersystematischen Feinheiten und Differenzen zwischen Steuerordnungen zur Reduzierung der Steuerschuld andockt, wird grundsätzlich jeder Steuerplanung der Stempel der Aggressivität aufgedrückt.[273] Dass jedoch auch das

ein Beweis. Siehe hierzu *R. Zielke*, DB 2006, S. 2585 (2586). Kritisch auch *J. Lüdicke/ F. Salewski*, ISR 2017, S. 99 (104).

267 *M. Overesch*, in: Symposium Ulrich Schreiber, 2017, S. 41 (44).

268 *M. Overesch*, in: Symposium Ulrich Schreiber, 2017, S. 41 (44); siehe hierzu auch *K. Balakrishnan/J. L. Blouin/W. R. Guay*, The Accounting Review 2019, S. 45 (49).

269 Vergleiche *N. Braun Binder*, Rechtsangleichung in der EU im Bereich der direkten Steuern, 2017, S. 79.

270 C(2012) 8806 final, S. 2.

271 So auch *M. Lang*, SWI 2013, S. 62 (63).

272 *J. Hey*, Steuerplanungssicherheit als Rechtsproblem, 2002, S. 10.

273 *M. Lang*, SWI 2013, S. 62 (63).

multinationale Unternehmen ein Recht hat, die Steuerlast zu planen und zu mindern, wird bei einer derartigen Terminologie nicht mehr wirklich deutlich. Die Steuerplanung multinationaler Unternehmen wird über die Bezeichnung „aggressive" Steuerplanung vielmehr „rechtspolitisch verpönt"[274] und „eignet sich daher als Grundlage für ein weltweites Company Bashing einer bestimmten Zielgruppe von Unternehmen, bei denen viel Steuersubstrat vorhanden ist und welche in der Lage sind [sic!] vielfältige Gestaltungsmodelle umzusetzen".[275] Der Begriff der „aggressiven" Steuerplanung ist ein fest verankerter Topos in der steuerrechtlichen Literatur,[276] der gerade für ein steuerlegales, aber steuerunfaires Verhalten steht.[277] Es handelt sich insofern also um einen steuerrechtspolitischen Begriff. Da es in dieser Arbeit genau um dieses Problem einer bestehenden steuerlichen Unfairness bei gleichzeitiger steuerlicher Legalität geht, wird nachfolgend mit dem Begriff gearbeitet.

V. Zwischenergebnis

Damit kann festgehalten werden, dass Leistungs- und Lieferstrukturen im Konzernverbund ein großes Steuergestaltungs- und Steuerplanungspotenzial enthalten, wobei die Gewinnminderung über die Höhe der Betriebsausgaben erfolgt.[278] Wird der Steuertatbestand entweder gar nicht oder aber nur zum Teil erfüllt, so kann eine Besteuerung demgemäß entweder überhaupt nicht oder aber nur unterhalb der tatsächlichen wirtschaftlichen Leistungsfähigkeit erfolgen. Selbst ein 100-prozentiger Steuervollzug kann daran nichts ändern. Über Verrechnungspreisgestaltungen und Finanzierungsstrukturen ist es multinationalen Konzernen somit möglich, ihre Gewinne nicht mehr dort versteuern zu müssen, wo sie entstanden sind, und ihre Steuerlast zu mindern. Damit kann festgehalten werden, dass eine „aggressive" Steuerplanung multinationaler Unternehmen jedenfalls dann vorliegt, wenn die tatsächliche Besteuerung der Buchgewinne nicht mehr am Ort ihrer ursprünglichen Generierung erfolgt.[279] In diesem Fall mag die Steuerplanung vielleicht als „aggressiv" angesehen werden, gleichwohl ist sie vollkommen

---

274 *M. Lang*, SWI 2013, S. 62 (63). Siehe auch *J. Hey*, Steuerplanungssicherheit als Rechtsproblem, 2002, S. 16.

275 *J. L. Karpa*, „Aggressive Steuerplanung", 2019, S. 10 („Company Bashing" im Original kursiv).

276 Siehe etwa *J. L. Karpa*, „Aggressive Steuerplanung", 2019.

277 Exemplarisch nur *W. Blumers*, BB 2013, S. 2785 (2785 ff.).

278 Ausführlich zu Finanzierungsstrukturen im Konzernverbund *C. Watrin*/*N. Ebert*, StuW 2013, S. 298 (303 ff.).

279 *A. Steinegger*, Der Konzern 2016, S. 454 (454); siehe zum Gebot „Taxing income where value is created" ausführlich auch *A. Christians*/*L. van Apeldoorn*, Florida Tax Review 2018, S. 1 (1 ff.).

legal und rechtlich damit nicht zu beanstanden. Multinationale Unternehmen und Steuerstaaten tragen eine gemeinschaftliche Verantwortung für „aggressive" Steuerplanung.[280]

Die Paarung von legaler Steuergestaltung und der beachtlichen Dimension des hervorgerufenen Steuerausfalls führt bei multinationalen Unternehmen jedoch in der Tat zu großen Herausforderungen, wenn es um die Frage der „fairen" und „gerechten" Besteuerung geht.

Vor allem aber muss konstatiert werden, dass Steuergestaltungen als Gestaltungen des materiellen Steuerrechts trotz im Einzelnen hochgradig komplizierter Missbrauchsvermeidungsnormen ein letztlich nicht zu verhinderndes Phänomen sind.[281]

---

280 So die hier gemachte Folgerung aus *S. Grotherr*, IWB 2016, S. 854 (857).

281 Vergleiche *M. Valta*, Das Internationale Steuerrecht zwischen Effizienz, Gerechtigkeit und Entwicklungshilfe, 2014, S. 179: „Eine ‚Lösung' ist nicht ersichtlich."

B. Steuergestaltung als Problem der Steuergerechtigkeit

Die Steuergestaltungen multinationaler Unternehmen begründen ein Steuergerechtigkeitsproblem. Indem sich multinationale Unternehmen in legaler Weise ihrer Besteuerung entziehen, wird die Last des Steuerzahlens auf diejenigen Steuerpflichtigen abgewälzt, denen es nicht möglich ist, durch anspruchsvolle internationale Steuergestaltungen ihre eigene Steuerlast zu mindern.[282] Es kann daher in der Tat der Eindruck entstehen, dass „die arbeitenden Durchschnittsbürger immer stärker belastet" werden, während einige andere der Steuerlast durch steuerliche Planung ausweichen können.[283] Damit kommen multinationale Unternehmen in den Genuss einer unverhältnismäßigen wirtschaftlichen Privilegierung gegenüber den übrigen Steuerpflichtigen.[284] Das Steuerrecht wird damit zu einem Eingriffsverwaltungsrecht, bei dem die multinationalen Unternehmen die Schwere des Eingriffs selbst bestimmen. Die übrigen Steuerpflichtigen sind demgegenüber die „Dummen".[285] Sie trifft das Steuerrecht als Eingriffsverwaltungsrecht relativ betrachtet unverhältnismäßig hart. Damit entsteht letztlich eine Art „Zweiklassensteuerrecht". Multinationale Unternehmen verfügen aufgrund ihrer Größe und Internationalität über ein hohes Maß an Mobilität, wodurch Gewinnverlagerungen erheblich erleichtert werden.[286] Dies ist unter dem Gesichtspunkt einer fairen Besteuerung nicht unproblematisch, da sich mit dem Mobilitätspotenzial die steuerstaatliche „Finanzierungslast auf die relativ immobilen Arbeitnehmer" verlagert.[287] Dass die Steuerbelastung großer multinationaler Unternehmen relativ zu der Steuerbelastung der durchschnittlichen Steuerpflichtigen oftmals unangemessen niedrig ist, wird von diesen daher als steuerliches Gerechtigkeitsdefizit empfunden.[288] Kann die Gesamtsteuerlast multinationaler Unternehmen durch „aggressive" Steuerplanung auf einen minimalen Betrag reduziert werden, dann

---

282 *A. Christians*, Washington University Journal of Law and Policy 2014, S. 39 (46); *R. Lilienfein*, Steuervermeidungsstrategien multinationaler Internet-Konzerne, 2021, S. 34.

283 So schon *K. Tipke*, Besteuerungsmoral und Steuermoral, 2000, S. 49.

284 *A. Christians*, Washington University Journal of Law and Policy 2014, S. 39 (46).

285 Zum „Dummensteuereffekt" siehe etwa *A. Klein*, BB 1998, S. 1180 (1180, 1182); allgemein und ausführlich zu „Dummensteuern" *G. Rose*, in: FS Klaus Tipke, 1995, S. 153 (153 ff.). Siehe auch *T. Rödder*, DStJG 33 (2010), S. 93 (103).

286 Vergleiche *U. Schreiber/J. Voget*, StuW 2017, S. 145 (150).

287 Zutreffend *M. Valta*, ISR 2014, S. 176 (176 f.). Siehe hierzu auch *U. Schreiber/J. Voget*, StuW 2017, S. 145 (150).

288 *T. Rödder*, DStJG 33 (2010), S. 93 (93); *U. Schreiber/J. Voget*, StuW 2017, S. 145 (149).

erhalten diese gegenüber Konkurrenzunternehmen, die keine „aggressive" Steuerplanung betreiben (können), zudem einen Wettbewerbsvorteil.[289] Wettbewerbsnachteile ergeben sich dabei vor allem für kleine und mittelständische national gebundene Unternehmen.[290]

Trotz aller Legalität konterkariert die Nutzung von Steuerschlupflöchern damit durchaus die Idee eines gerechten Steuerrechts mit einer angemessenen steuerlichen Belastung für alle Steuerpflichtigen. Dieser Umstand veranlasste die britische Politikerin *Margaret Hodge* zu einem viel beachteten Vorwurf: „We are not accusing you of being illegal; we are accusing you of being immoral."[291] Die Öffentlichkeit moniert damit immer wieder die (vermeintlich) zu geringen Steuerbelastungen multinationaler Unternehmen[292] und wirft ihnen „einen Mangel an sozialer Verantwortung"[293] vor. Die Europäische Kommission tritt für die „faire und effiziente Unternehmensbesteuerung" ein.[294]

Die nachfolgenden Ausführungen sollen darstellen, was im Steuerrecht unter Steuergerechtigkeit verstanden wird und weshalb steuervermeidende Steuergestaltungen in einem Spannungsverhältnis zur Steuergerechtigkeit stehen.

I. Steuergerechtigkeit und Steuerfairness durch Belastungsgleichheit

Grundsätzlich ist etwas dann gerecht oder fair, wenn eine bestimmte Gruppe auf der Grundlage eines gemeinsamen Merkmals gleichbehandelt wird.[295] Das gemeinsame Merkmal ist hier die Pflicht zur Übernahme einer gewissen Steuerlast. Fair oder gerecht ist eine Steuerlast also dann, wenn sie die Steuerpflichtigen rechtlich gleich belastet. Vereinfacht ausgedrückt heißt das, dass die gleichmäßige Heranziehung aller Steuerpflichtigen zur Finanzierung des Steuerstaats „Nachbargleichheit" voraussetzt, bei der der steuerpflichtige Nachbar genauso schwer von der steuerlichen Last betroffen ist wie man selbst.[296] Gleichheit und Gleichbehandlung sind verfassungsrechtlich in Art. 3 Abs. 1 GG verankert.[297] Auf dem Gebiet

---

289 *S. Grotherr*, Ubg 2015, S. 360 (361); *M. Meister*, in: FS Dieter Endres, 2016, S. 237 (240).

290 *M. Meister*, in: FS Dieter Endres, 2016, S. 237 (240); *A. Kubata*, IStR 2021, S. 949 (949); *G. Lanfermann/M. Götze*, BB 2022, S. 235 (235).

291 https://publications.parliament.uk/pa/cm201213/cmselect/cmpubacc/716/121112.htm (letzter Aufruf: 31.3.2022).

292 Vergleiche *U. Schreiber/J. Voget*, StuW 2017, S. 145 (145, 149).

293 *U. Schreiber/L. M. Fell*, in: FS Dieter Endres, 2016, S. 387 (388).

294 COM(2015) 302 final; COM(2016) 198 final, S. 2.

295 *K. Tipke*, Die Steuerrechtsordnung, Band I, 2. Auflage 2000, S. 284.

296 Siehe zur „Nachbargleichheit" *A. Hensel*, in: Festgabe Ernst Zitelmann, 1923, S. 217 (220).

297 *C. Thiemann*, Verluste im Steuerrecht, 2020, S. 93 f.

des Steuerrechts meint der Gleichheitssatz indes nicht, dass alle Menschen absolut gleich belastet werden sollen.[298] Er möchte vielmehr sicherstellen, dass die Steuerbelastung der Steuerpflichtigen unter Berücksichtigung ihrer jeweiligen Lebenslagen eine relative ist.[299]

Für das Steuerrecht zielt der Gleichheitssatz daher auch zunächst einmal auf die Verhinderung von Steuerungleichheit und einer daraus resultierenden steuerlichen Ungleichbehandlung.[300]

Dies hat Auswirkungen auf die Rechtfertigung der Besteuerung. Gerade weil die steuerlichen Lasten gleich verteilt und die Steuerpflichtigen gleichbehandelt werden, kann der gegenleistungsfreie Eingriff in die Vermögens- und Rechtsposition gerechtfertigt werden.[301] In der steuerlichen Gleichbehandlung manifestiert sich dann auch der Charakter der Steuer als Gemeinlast. Steuerliche Ungleichbehandlung würde diesem Charakter zuwiderlaufen und die Steuer als Gemeinlast delegitimieren.[302] Dies bedeutet indes nicht automatisch auch, dass jeder Steuerschuldner den gleichen Steuerbetrag erbringen muss. Maßgeblich für eine gerechte Besteuerung ist die Gleichbehandlung entsprechend der finanziellen Potenz der einzelnen Steuerpflichtigen.[303] Steuerpflichtige unterschiedlicher wirtschaftlicher Potenz müssen aufgrund eines sachgerechten Indikators und einer sich anschließenden Differenzierung nach dem Grad der Belastungsintensität in eine steuerliche Relation gesetzt werden. Sie müssen also relativ gleich belastet werden. Das Steuerrecht spricht indes nicht von Gleichbehandlung, sondern von Gleichmäßigkeit.[304] Dies bedeutet, dass Steuerpflichtige durch Steuergesetze und Steuervollzug rechtlich wie auch tatsächlich einer gleichen Steuerbelastung ausgesetzt werden müssen.[305] Der Gleichheitssatz wird daher im Steuerrecht bereichsspezifisch als

---

298 Vergleiche *C. Thiemann*, Verluste im Steuerrecht, 2020, S. 103, 111 f., 120 ff.

299 *P. Kirchhof*, AöR 128 (2003), S. 1 (36).

300 Vergleiche hierzu *P. Kirchhof*, StuW 2000, S. 316 (319).

301 *R. Möller*, StB 2006, S. 425 (426); *R. Wernsmann*, in: Walter Hübschmann/Ernst Hepp/Armin Spitaler (Begr.), AO/FGO, § 4 AO Rn. 411 (Oktober 2020).

302 *K.-D. Drüen*, StuW 2008, S. 154 (158); *W. Schön*, DStJG 33 (2010), S. 29 (37): „Die staatliche Anordnung einer Steuerzahlungspflicht gegenüber dem Bürger empfängt ihre materielle Legitimation aus dem Gedanken der Besteuerungsgleichheit, der allgemeinen Belastung aller in gleicher Weise leistungsfähigen Personen."

303 *G. Kirchhof*, Die Allgemeinheit des Gesetzes, 2009, S. 533; *U. Palm*, JöR 64 (2016), S. 457 (464).

304 *K. Tipke*, Steuergerechtigkeit in Theorie und Praxis, 1981, S. 52; grundlegend *R. Eckhoff*, in: FS Paul Kirchhof, Band II, 2013, S. 1601 (1601 ff.).

305 So BVerfGE 84, 239 (271), wonach die Belastungsgleichheit über § 3 Abs. 1 Satz 1 AO zu „einem konstituierenden Merkmal des Steuertatbestandes" wird; *H. Weber-Grellet*, StuW 1999, S. 311 (315); *B. Spilker*, BB 2017, S. 1758 (1761); *H. Söhn*, in: Walter Hübschmann/Ernst Hepp/Armin Spitaler (Begr.), AO/FGO, § 85 AO Rn. 35 (August 2016).

eine verfassungsrechtliche Schutzpflicht betrachtet.[306] Der allgemeine Gleichheitssatz ist damit die „Magna Charta des Steuerrechts".[307]

1. Der allgemeine Gleichheitssatz als Bestandteil der Steuergerechtigkeit

Das BVerfG[308] und auch einige Stimmen in der steuerlichen Literatur[309] gehen davon aus, dass nicht nur die Gleichmäßigkeit der Besteuerung aus Art. 3 Abs. 1 GG folgt, sondern sogar die Steuergerechtigkeit selbst. Eine gleichmäßige Besteuerung allein ist jedoch noch kein Garant für eine gerechte Besteuerung.[310] Davon auszugehen, dass eine gleichmäßige Verteilung der Steuerlast automatisch zu einer für alle Steuerpflichtigen akzeptablen Intensität der Steuerbelastung führt, ist nicht zuletzt angesichts der Auslegungsmöglichkeiten des Art. 3 Abs. 1 GG und der Pluralität der Gerechtigkeitsvorstellungen verfehlt.[311] Wenn der Staat gleichmäßig konfiskatorisch besteuert oder im Rahmen der gleichmäßigen Besteuerung Normen verletzt, dann verstößt das nicht gegen den Gleichheitssatz, ist aber nichtsdestoweniger nicht gerecht.[312] Die Gleichheit im steuerlichen

---

306 *K.-D. Drüen*, StuW 2008, S. 154(158).

307 So etwa *K. Tipke*, Die Steuerrechtsordnung, Band I, 2. Auflage 2000, S. 290, 309.

308 Maßgeblich BVerfGE 6, 55 (70, 83 f.): „Es besteht jedoch kein Zweifel daran, daß der Gesetzgeber an den Grundsatz der Steuergerechtigkeit gebunden ist, der sich aus Art. 3 Abs. 1 GG ergibt."; BVerfGE 13, 181 (202); BVerfGE 26, 302 (310); BVerfGE 43, 108 (120); BVerfGE 61, 319 (343); in der Betrachtung anders BVerfGE 105, 17 (46): „Der Gleichheitssatz ist im Steuerrecht als Grundsatz der Steuergerechtigkeit bereichsspezifisch ausgeprägt."

309 So etwa *R. Möller*, StB 2006, S. 425 (425, 427, 431); *F. Engler*, Steuerverfassungsrecht im Mehrebenensystem, 2014, S. 129.

310 Vergleiche *K. Tipke*, Die Steuerrechtsordnung, Band I, 2. Auflage 2000, S. 285; *K.-D. Drüen*, in: Klaus Tipke/Heinrich Wilhelm Kruse (Begr.), AO/FGO, § 3 AO Rn. 42 (Januar 2017).

311 *L. Ohlendorf*, Grundrechte als Maßstab des Steuerrechts in der Europäischen Union, 2015, S. 26.

312 *K. Tipke*, Die Steuerrechtsordnung, Band I, 2. Auflage 2000, S. 285: „Formale Gleichheit allein genügt zur Herstellung von materialer Steuergerechtigkeit nicht. Werden alle gleich ungerecht behandelt – nach einem sach*un*gerechten Maßstab –, so schafft Gleichheit keine materiale Gerechtigkeit."; *P. Kirchhof*, StuW 2006, S. 3 (5); *P. Kirchhof*, in: FS Joachim Lang, 2010, S. 451 (456); *K.-D. Drüen*, in: Klaus Tipke/Heinrich Wilhelm Kruse (Begr.), AO/FGO, § 3 AO Rn. 42 (Januar 2017): „Eine Besteuerung, die gleichmäßig Gesetz oder Verfassung missachtet, ist nicht gerecht."; allgemein auch *J. Braun*, JURA 2014, S. 865 (865): „Allerdings ist Gleichheit nicht alles. Denn wer Gerechtigkeit fordert, will nicht nur andern gleich, sondern unabhängig hiervon auch *gut* behandelt werden. In einer Gesellschaft, in der alle gleichermaßen

Belastungserfolg[313] kann daher kein ausreichender Garant für Steuergerechtigkeit sein.[314] Der Gedanke der Steuergerechtigkeit geht der Gleichmäßigkeit der Besteuerung also voraus.[315] Die Steuergleichheit ist lediglich ein Ausfluss der Steuergerechtigkeit. Wie *Moris Lehner* zutreffend erkannt hat, handelt es sich bei dem Gleichheitssatz lediglich „um ein Mittel zur Verwirklichung von Steuergerechtigkeit".[316] Dies bedeutet, dass Steuergerechtigkeit und die Gleichmäßigkeit der Besteuerung nicht identisch sein können.[317] Es ist daher nicht möglich, dass beide ihren Ursprung in Art. 3 Abs. 1 GG haben.[318] Indem der allgemeine Gleichheitssatz die Steuergerechtigkeit aufgreift, erwächst diese vielmehr nur zu einem fassbaren verfassungsrechtlichen Anspruch an das Steuerrecht.[319]

2. Gerechte Verteilungsmaßstäbe der Steuerlast

Der Anspruch, dass jeder Steuerpflichtige seinen steuerlichen „fair share" zum Gemeinwohl beitragen soll, ist zwar eine „prima facie einleuchtende", in der steuerrechtlichen Praxis indes nur „schwer auszubuchstabierende Forderung" – ganz besonders natürlich für den Steuergesetzgeber.[320] Dies wirft jedoch die Frage auf, wie die Steuerlast gerecht und fair verteilt werden kann. Angesichts der Tatsache, dass ein multinationales Unternehmen zwangsläufig in mehreren Staaten

schlecht wegkämen, würde man zwar nicht die Gleichheit, wohl aber etwas anderes vermissen, das nicht weniger wichtig erscheint, nämlich die Ausstattung mit materiellen und ideellen Lebensgütern."

313 Hierzu *P. Kirchhof*, StuW 2000, S. 316 (319).

314 So im Ergebnis auch *K. Tipke*, Die Steuerrechtsordnung, Band I, 2. Auflage 2000, S. 285.

315 *H. W. Kruse*, StuW 1990, S. 322 (327); *H. W. Kruse*, in: FS Karl Heinrich Friauf, 1996, S. 793 (795); *K. Tipke*, in: FS Joachim Lang, 2010, S. 21 (31): „Für alle ist die Gleichheit Ausfluss der Gerechtigkeit, nicht umgekehrt die Gerechtigkeit Ausfluss der Gleichheit. In der Gleichheit verkörpert sich Gerechtigkeit."; *R. Wernsmann*, in: Walter Hübschmann/Ernst Hepp/Armin Spitaler (Begr.), AO/FGO, § 4 AO Rn. 411 (Oktober 2020), für den der „Gleichheitssatz ein Grundelement der Gerechtigkeit" ist; *K.-D. Drüen*, in: Klaus Tipke/Heinrich Wilhelm Kruse (Begr.), AO/FGO, § 3 AO Rn. 42 (Januar 2017).

316 *M. Lehner*, Einkommensteuerrecht und Sozialhilferecht, 1993, S. 303.

317 Siehe *K.-D. Drüen*, in: Klaus Tipke/Heinrich Wilhelm Kruse (Begr.), AO/FGO, § 3 AO Rn. 42 (Januar 2017).

318 *K.-D. Drüen*, in: Klaus Tipke/Heinrich Wilhelm Kruse (Begr.), AO/FGO, § 3 AO Rn. 42 (Januar 2017).

319 *M. Droege*, Eigenheiten der Steuerrechtswissenschaft, 2016, S. 41; fragend *R. Eckhoff*, StuW 2016, S. 207 (208): „Gibt es [...] Steuergerechtigkeit, an die der Gesetzgeber über Art. 3 Abs. 1 GG gebunden ist [...]?"

320 *J. Stark*, StuW 2019, S. 71 (72 f.).

Konzernunternehmen hat, ist unter Fairnessaspekten auch zu erörtern, welcher Staat eigentlich Besteuerungsrechte geltend machen kann und welcher nicht.[321] Dies ist gerade im Falle von Gewinnverlagerungen problematisch.

Da Steuergerechtigkeit und Steuerfairness als Idee nicht justiziabel sind, müssen sie sich einem Konkretisierungsprozess unterwerfen, um realisiert werden zu können. Es müssen also Maßstäbe gefunden werden, mit deren Hilfe die Steuerlast fair auf alle Steuerpflichtigen verteilt wird. Diese Maßstabsfindung ist für das Steuerrecht insofern von Bedeutung, als ihm nicht bereits aus der Regelungsmaterie ein solcher Maßstab gegeben ist.[322] Hierdurch unterscheidet es sich von anderen Eingriffsverwaltungsrechten, die den Maßstab der Eingriffsstärke aus der Natur der Sache entnehmen können.[323] So ist etwa im Gefahrenabwehrrecht der Grad der Gefährlichkeit maßgebend für die Eingriffsintensität.[324] Derart kann man im Steuerrecht aber nicht an die Beurteilung von Eingriffen herangehen, da das Ziel des Steuerrechts, jedenfalls bezogen auf den Fiskalzweck, ein maßloses ist.[325] Im Gefahrenabwehrrecht ist die Zielsetzung die Prävention. Das gefahrenabwehrrechtliche Ziel ist erreicht, wenn die Prävention gelingt. Dies ist im Steuerrecht bereits strukturell anders. Das Ziel, den Finanzbedarf zu decken, verweigert sich aufgrund von diversen laufenden und neu hinzukommenden Staatsaufgaben und Staatsinvestitionen einer abschließenden Erreichung.

In der gegenwärtigen Diskussion zur steuerlichen Fairness und Verteilungsgerechtigkeit finden sich heute nur noch das Äquivalenzprinzip und das Leistungsfähigkeitsprinzip. Dem Kopfsteuerprinzip[326] und der Opfertheorie[327] kommen in der gegenwärtigen steuerlichen Diskussion keine Bedeutung mehr zu.

a) Das Äquivalenzprinzip

Dem Äquivalenzprinzip liegen zwei Konzeptionen zugrunde: Zum einen wird die Steuerlast in Abhängigkeit von der Inanspruchnahme und dem Nutzen staatlicher Leistungen gesehen. Dies ist das Nutzenprinzip.[328] Derjenige, der Staatsleistungen in großem Umfang für sich in Anspruch nimmt, muss entsprechend hohe Steuern

---

321 *R. Lilienfein*, Steuervermeidungsstrategien multinationaler Internet-Konzerne, 2021, S. 60 ff.

322 *J. Hey*, in: FS BFH, Band I, 2018, S. 451 (468).

323 *J. Hey*, in: FS BFH, Band I, 2018, S. 451 (468).

324 *J. Hey*, in: FS BFH, Band I, 2018, S. 451 (468).

325 *M. Lehner*, Einkommensteuerrecht und Sozialhilferecht, 1993, S. 303.

326 Siehe zum Kopfsteuerprinzip *K. Tipke*, Die Steuerrechtsordnung, Band I, 2. Auflage 2000, S. 473 ff.; *K. Tipke*, JZ 2009, S. 533 (535); *F. W. Wagner*, DStR 2014, S. 1133 (1136 f.).

327 Siehe zur Opfertheorie *M. Valta*, Das Internationale Steuerrecht zwischen Effizienz, Gerechtigkeit und Entwicklungshilfe, 2014, S. 20 f.

328 Hierzu ausführlich *J. Hey*, in: FS Joachim Lang, 2010, S. 133 (133 ff.).

zahlen.[329] Derjenige, der die staatlichen Leistungen indes nur in einem geringen Maß oder gar nicht nutzt, hat wenige bis keine Abgaben zu leisten. Zum anderen fragt das Verursachungsprinzip[330] danach, welcher Bürger in welchem Umfang welche öffentlichen Aufgaben und damit welche öffentlichen Kosten verursacht hat. Die Steuerlast bemisst sich nach dieser Konzeption also anhand der Verursachungsbeiträge des einzelnen Bürgers. In diesen beiden Konzeptionen manifestiert sich der zentrale Gerechtigkeitsgedanke des Äquivalenzprinzips, dass die Steuer ein Ausgleich für Nutzen und Kosten der staatlichen Leistungen ist.[331] Die zu entrichtende Steuer und die gewährte öffentliche Leistung haben sich somit zu entsprechen.[332] Das Äquivalenzprinzip erinnert damit konzeptionell an das marktwirtschaftliche Do-ut-des-Prinzip.[333]

aa) Die Globaläquivalenz

Man unterteilt Abgaben in steuerliche und nicht steuerliche Abgaben.[334] Die Steuer ist kein Einzeläquivalent in Form von Gebühren oder Beiträgen, sondern ein Global-[335], Gruppen-[336] oder Generaläquivalent[337]. Die Steuer ist somit das Äquivalent für ein abstraktes und anonymisiertes Gesamtpaket staatlicher Leistungen[338], das aus Bestandteilen wie Rechtsstaatlichkeit, Daseinsvorsorge, einer funktionierenden Infrastruktur und nicht zuletzt einer inneren, äußeren und sozialen Sicherheit besteht, die jeweils für sich besehen nicht in Form eines abschließend exakten Geldbetrags ausgewiesen werden können. Der Steuerstaat ist also aufgrund einer tatsächlichen Erhebungsunmöglichkeit darauf angewiesen, eine abstrakte, von der Konzeption einer konkreten Gegenleistung losgelöste Abgabe zu fordern, um diese Güter überhaupt zur Verfügung stellen zu können. Ohne ein irgendwie geartetes Äquivalent für nicht exakt zu bewertende Staatsleistungen

---

329 *K. Tipke*, in: FS Gerhard Wacke, 1972, S. 211 (215).

330 *H. W. Kruse*, BB 1998, S. 2285 (2288) spricht von einem „Kostendeckungsprinzip".

331 Vergleiche *D. Birk/M. Desens/H. Tappe*, Steuerrecht, 24. Auflage 2021, Rn. 32 ff.

332 *S. Wotschofsky*, Betrieb und Wirtschaft 2002, S. 54 (54); *W. Schön*, StuW 2004, S. 62 (65); *D. Birk/M. Desens/H. Tappe*, Steuerrecht, 24. Auflage 2021, Rn. 32.

333 *K. Tipke*, Die Steuerrechtsordnung, Band I, 2. Auflage 2000, S. 476; *J. Hey*, in: Klaus Tipke/Joachim Lang (Begr.), Steuerrecht, 24. Auflage 2021, Rn. 3.44.

334 BVerfGE 82, 159 (181); BVerfGE 108, 1 (16); BVerfGE 110, 370 (387 f.); *G. Kirchhof*, Die Allgemeinheit des Gesetzes, 2009, S. 531. Siehe zur Entscheidung für eine auf Steuern basierenden Staatsfinanzierung *P. Kirchhof*, StuW 2000, S. 316 (320 ff.).

335 Zum Begriff der Globaläquivalenz siehe grundlegend *M. Valta*, HFSt 4 (2016), S. 165 (165 ff.); siehe auch *M. Valta*, Das Internationale Steuerrecht zwischen Effizienz, Gerechtigkeit und Entwicklungshilfe, 2014, S. 22 ff.

336 *J. Hey*, in: FS Joachim Lang, 2010, S. 133 (137).

337 *K. Tipke*, Die Steuerrechtsordnung, Band I, 2. Auflage 2000, S. 476.

338 *G. Axer*, IStR 2007, S. 162 (165); *M. Valta*, HFSt 4 (2016), S. 165 (166).

könnte sich der Steuerstaat wegen der immensen Kosten ebendieser staatlichen Gesamtleistungen nicht dauerhaft bewähren. Die angefallenen Kosten oder die Inanspruchnahme von staatlichen Leistungen werden nach dieser Konzeption unabhängig von einer individuellen Verursachung oder Nutzung global der Gruppe der Steuerbürger zugerechnet. Die dadurch generierte gemeinsame Übernahme aller verabsolutierten Lasten und der damit einhergehende gemeinsame Vorteil aller öffentlichen Leistungen führen zu einer sozialstaatlichen Transferunion der Gemeinschaft der Steuerpflichtigen.[339] Es muss daher auch kein kausales Verhältnis zwischen der steuerlichen Bemessungsgrundlage und der Höhe der Steuerlast auf der einen sowie der Kostenverursachung auf der anderen Seite bestehen. Über die Globaläquivalenz wird also das Problem überwunden, dass sich gewisse öffentliche Güter einer auf einen bestimmten Betrag genau festgelegten Schuld entziehen. Die Steuer als Globaläquivalent ist also nichts Geringeres als die Bedingung für das Bestehen eines Steuerstaats. Jeder moderne Verfassungsstaat wird durch die Steuer als Globaläquivalent finanziert.[340] Somit lassen sich die Steuer und auch das staatliche Besteuerungsrecht dem Grunde nach rechtfertigen.[341]

bb) Der sogenannte „genuine link“

Dem Äquivalenzprinzip kommt gerade im internationalen Steuerrecht große Bedeutung zu, da es eine Antwort auf die Frage gibt, wie der Zugriff verschiedener Steuerstaaten auf einen Steuergegenstand zu ordnen sei.[342] Über die Globaläquivalenz kann man die Steueranteile von Staaten an internationalen Wirtschaftsvorgängen bestimmen. Sie ermöglicht eine Zuteilung der staatlichen Besteuerungsrechte an den erwirtschafteten Gewinnen.[343]

Die Zuteilung von Besteuerungsrechten erfolgt über die Figur des „genuine link“.[344] Für einen staatlichen Steueranspruch muss ein räumlicher oder persönlicher Bezug zwischen dem zu erfassenden steuerrelevanten Vorgang und dem Steuerstaat bestehen.[345] Das damit einhergehende Verbot der Besteuerung auch

---

339 *G. Axer*, IStR 2007, S. 162 (165).

340 *G. Kirchhof*, Die Allgemeinheit des Gesetzes, 2009, S. 529.

341 *J. Hey*, in: FS Joachim Lang, 2010, S. 133 (142).

342 Vergleiche *R. Lilienfein*, Steuervermeidungsstrategien multinationaler Internet-Konzerne, 2021, S. 61 ff.

343 Siehe zum Aspekt der „Zuweisung von Besteuerungsrechten“ auch *J. Stark*, StuW 2019, S. 71 (73).

344 Ausführlich zum „genuine link“ *J. Kokott*, Das Steuerrecht der Europäischen Union, 2018, § 2 Rn. 142 ff. Siehe aber auch *W. Schön*, in: FS Paul Kirchhof, Band II, 2013, S. 1625 (1628).

345 *T. Wachter*, GmbHR 2005, S. 1181 (1184); *H. Schaumburg*, in: Harald Schaumburg (Hrsg.), Internationales Steuerrecht, 4. Auflage 2017, Rn. 3.13, 6.1; *S. Neumann*, FR 2018, S. 457 (457). Siehe auch *J. Stark*, StuW 2019, S. 71 (73), die zwar meint, dass

solcher Fälle, in denen es am genuine link fehlt, ist als steuerrechtliches Völkergewohnheitsrecht mittlerweile anerkannt.[346] Der solchermaßen erforderliche genuine link zwischen Steuergläubiger und Steuerschuldner liegt dann vor, wenn es dem Steuerpflichtigen möglich ist, staatliche Gesamtleistungen zu nutzen oder jedenfalls nutzen zu können.[347]

Da die Globaläquivalenz eine territoriale Zuordnung ermöglicht, kann über sie gerechtfertigt werden, dass der Steuerpflichtige, der in einer bestimmten Steuerjurisdiktion staatliche Leistungen in Empfang genommen hat, von ebendieser besteuert wird.[348] Daher fällt dem Quellenstaat grundsätzlich das Besteuerungsrecht zu, das ihn einerseits globaläquivalent für seine Leistungen entschädigt und andererseits gleichzeitig befähigt, einen Leistungsstaat aufrechtzuerhalten, der dem Steuerpflichtigen auch in Zukunft einen sozialen, rechtsstaatlichen und infrastrukturellen Rahmen gewährleisten kann, der seinerseits überhaupt erst eine Einkommensgenerierung ermöglicht.[349] Dies bedeutet, dass durch ein Abstellen auf die in Anspruch genommenen staatlichen Gesamtleistungen die Möglichkeit geschaffen wird, Aussagen darüber zu treffen, welcher Staat das Besteuerungsrecht ausüben darf.[350] Hier zeigt sich, dass der globaläquivalente Rechtfertigungsansatz zu einer klaren Aufteilung der Besteuerungsbefugnisse gelangt und interstaatliche Steuergerechtigkeit herzustellen vermag.

b) *Das Leistungsfähigkeitsprinzip*

Im Gegensatz zum Äquivalenzprinzip stellt das Leistungsfähigkeitsprinzip nicht darauf ab, welche Leistungen der Bürger vom Staat erhalten hat, sondern fragt

---

Gewinne nur dort einem Steuerzugriff unterliegen, wo eine „robuste territorial-ökonomische Verbindung" besteht, die dann aber weiter ausführt, dass „dieses Kriterium" im Falle der „konkreten Verteilung eines mehreren Zugriffen unterliegenden Kuchens [nicht hilft]".

346 *F. Haase*, BB 2009, S. 1448 (1450); *F. Haase*, Internationales und Europäisches Steuerrecht, 5. Auflage 2017, Rn. 18; *M. Valta*, Das Internationale Steuerrecht zwischen Effizienz, Gerechtigkeit und Entwicklungshilfe, 2014, S. 47; *H. Schaumburg*, in: Harald Schaumburg (Hrsg.), Internationales Steuerrecht, 4. Auflage 2017, Rn. 3.13; *P. Hongler*, IStR 2018, S. 756 (758); *S. Neumann*, FR 2018, S. 457 (457). HH

347 Im Grundsatz schon *K. Tipke*, Der Grundsatz der Steuergerechtigkeit, in: Klaus Tipke/Nadya Bozza (Hrsg.), Besteuerung von Einkommen, 2000, S. 9 (25 f.); *J. Hey*, ifo Schnelldienst 2013, S. 3 (4); *M. Valta*, Das Internationale Steuerrecht zwischen Effizienz, Gerechtigkeit und Entwicklungshilfe, 2014, S. 47; *P. Hongler*, IStR 2018, S. 756 (758).

348 *J. Hey*, StuW 2002, S. 314 (319 f.).

349 *G. Axer*, IStR 2007, S. 162 (165); *M. Valta*, HFSt 4 (2016), S. 165 (167).

350 Vergleiche *R. Lilienfein*, Steuervermeidungsstrategien multinationaler Internet-Konzerne, 2021, S. 62.

vielmehr danach, was der Bürger dem Staat zu geben vermag. Für die Steuerfähigkeit sind somit die dem Steuerpflichtigen disponiblen finanziellen Ressourcen maßgeblich.[351] Die Besteuerung nach der Leistungsfähigkeit speist sich aus der Gerechtigkeitsidee, dass der Steuerpflichtige zwar ein „zur Solidarität verpflichtetes Mitglied der Gesellschaft ist"[352], gleichwohl jedoch nur relativ zu seiner wirtschaftlichen Potenz belastet werden darf.[353] Wesentliche Stellschraube hierfür ist die finanzielle Disponibilität, die abhängig von den jeweiligen persönlichen Lebensverhältnissen des Einzelnen ist. Das Leistungsfähigkeitsprinzip berücksichtigt wie kein anderer Verteilungsmaßstab die individuelle wirtschaftliche Kraft des Steuerpflichtigen. Eine leistungsfähigkeitsbezogene Besteuerung ist „dabei nicht etwa der Preis für staatliche Gewährungen, sondern die Ausprägung qualitativ gleicher Verantwortung aller Steuerbürger für das Gemeinwohl unter Berücksichtigung quantitativ unterschiedlicher Situationen, in denen sich die Steuerbürger befinden".[354] Hier wird ganz deutlich, dass die steuerliche Last eine relativ gleiche Größe sein muss.

Das Leistungsfähigkeitsprinzip begründet somit den Referenzmaßstab für die gleichmäßige Besteuerung und konkretisiert damit den allgemeinen Gleichheitssatz aus Art. 3 Abs. 1 GG und mittelbar die Steuergerechtigkeit.[355] Eine auf der Grundlage des Leistungsfähigkeitsprinzips erfolgende Differenzierung der den Steuerpflichtigen zugeteilten steuerlichen Lasten verstößt daher nicht gegen den allgemeinen Gleichheitssatz und ist damit verfassungsgemäß.[356] Erst durch das Leistungsfähigkeitsprinzip wird der Gleichheitssatz anwendbar gemacht und Steuergerechtigkeit für den Steuerpflichtigen erfahrbar. Gerade dieser Umstand macht das Leistungsfähigkeitsprinzip zu einem gerechten Prinzip. Wenn man das Leistungsfähigkeitsprinzip als das sachgerechte Prinzip für die Aufteilung der steuerlichen Lasten erkannt hat, so ergibt sich die verfassungsrechtliche Verpflichtung zur Umsetzung dieses Prinzips bereits aus dessen den Gleichheitssatz

---

351 *W. R. Walz*, Steuergerechtigkeit und Rechtsanwendung, 1980, S. 163; *W. Jakob*, Einkommensteuer, 4. Auflage 2008, Rn. 9.

352 *D. Danz*, FR 2018, S. 160 (163); ähnlich bereits *M. Jachmann-Michel*, StuW 2017, S. 209 (210).

353 Grundlegend *F. Kirchhof*, BB 2017, S. 662 (665); siehe aber auch *U. Di Fabio*, JZ 2007, S. 749 (751).

354 *W. R. Walz*, Steuergerechtigkeit und Rechtsanwendung, 1980, S. 163.

355 *R. Wendt*, DÖV 1988, S. 710 (712); *H. W. Kruse*, StuW 1990, S. 322 (327); *S. Huster*, JZ 1994, S. 541 (545); *D. Birk*, StuW 2000, S. 328 (329); *C. Schlotter*, FR 2007, S. 951 (952); *D. Birk*, StuW 2011, S. 354 (362); *F. Kirchhof*, BB 2017, S. 662 (662); *K.-D. Drüen*, in: Klaus Tipke/Heinrich Wilhelm Kruse (Begr.), AO/FGO, § 3 AO Rn. 50a (Januar 2017); *C. Osterloh-Konrad*, StuW 2017, S. 305 (318); *B. Spilker*, BB 2017, S. 1758 (1761).

356 *S. Huster*, JZ 1994, S. 541 (545); *A. Somek*, Rechtsphilosophie zur Einführung, 2018, S. 110.

bereichsspezifisch konkretisierendem Charakter.[357] Es handelt sich beim Leistungsfähigkeitsprinzip also um konkretisiertes Verfassungsrecht.

Damit ist es unverkennbar, dass das Leistungsfähigkeitsprinzip seinerseits weiter und vor allem in sich folgerichtig und widerspruchsfrei konkretisiert werden muss.[358] Heute wird daher gemeinhin noch zwischen dem objektiven und dem subjektiven Nettoprinzip differenziert.[359]

Maßgebliche Größe für die aus dem Leistungsfähigkeitsprinzip folgende Besteuerung nach der persönlichen Leistungsfähigkeit ist das Einkommen als Summe aller Einkünfte.[360] Über das Einkommen wird die wirtschaftliche Leistungsfähigkeit des Steuerpflichtigen ökonomisch fassbar und kann bis hinunter zu einer ganz konkreten Zahl spezifiziert werden. Erst die Konkretisierung hin zu einer Zahl ermöglicht die „Funktionsfähigkeit der Verteilungsgröße".[361] Die Zahl, die dann am Ende das zu versteuernde Einkommen ausweist, ist das Ergebnis eines auf Prinzipien basierenden Konkretisierungsvorgangs. Diese damit einhergehende Steuerbelastung ist – jedenfalls im Idealfall – gerecht und fair.

II. Verletzung der steuerlichen Gerechtigkeitsmaßstäbe durch die Steuervermeidung multinationaler Unternehmen

Fairness und Gerechtigkeit mögen vielleicht grundsätzlich im Auge des Betrachters liegen, mit dem Leistungsfähigkeitsprinzip ist das Steuerrecht jedoch von einem vergleichsweise soliden Gerechtigkeitsmaßstab durchzogen, der für eine objektivierbare Steuergerechtigkeit und Steuerfairness herhalten kann. Gerechtigkeit und Fairness sind im Steuerrecht damit gerade nicht willkürlich. Gerade im internationalen Steuerrecht stehen sich das Äquivalenzprinzip und das Leistungsfähigkeitsprinzip nicht alternativ gegenüber, sondern ergänzen sich vielmehr insofern, als nur im Zusammenspiel beider Prinzipien die Steuer dem Grunde und der

---

357 *K. Tipke*, DB 2008, S. 263 (263); *J. Englisch*, in: FS Joachim Lang, 2010, S. 167 (176).

358 *D. Birk*, StuW 2000, S. 328 (329); *C. Schlotter*, FR 2007, S. 951 (952); *K.-D. Drüen*, in: FS Wolfgang Spindler, 2011, S. 29 (39); *K.-D. Drüen*, FR 2013, S. 393 (398); *F. Engler*, Steuerverfassungsrecht im Mehrebenensystem, 2014, S. 131; *M. Desens*, StuW 2016, S. 240 (243); *J. Hey*, in: FS BFH, Band I, 2018, S. 451 (471).

359 Hierzu nur *J. Hey*, in: Klaus Tipke/Joachim Lang (Begr.), Steuerrecht, 24. Auflage 2021, Rn. 8.54 f., 8.70 ff.

360 *W. Schön*, StuW 2004, S. 62 (67); *M. Desens*, StuW 2016, S. 240 (243); *J. Hey*, in: FS BFH, Band I, 2018, S. 451 (471).

361 *D. Birk*, Das Leistungsfähigkeitsprinzip als Maßstab der Steuernormen, 1983, S. 166; daher ist für *K. Tipke*, Die Steuerrechtsordnung, Band II, 2. Auflage 2003, S. 619 „das Einkommen des Bürgers ein geeigneter oder gar der geeignetste Maßstab steuerlicher Leistungsfähigkeit".

Höhe nach gerechtfertigt werden kann.[362] Die tatsächliche Steuerlast eines Steuerpflichtigen ist dann gerecht, wenn die Steuerlast beiden Prinzipien entspricht.

Die Realität sieht jedoch anders aus. Hier „zeigen vergleichsweise geringe Steuerzahlungen multinationaler Unternehmen den übrigen Steuerzahlern an, dass sie unverhältnismäßig hoch belastet [werden]."[363] Indem multinationale Unternehmen ihre Gewinne durch „aggressive" Steuerplanung verlagern und mindern, wird der globaläquivalente Gerechtigkeitsansatz konterkariert und „der rechtfertigende Zusammenhang [...] zwischen Steuerzahlung und Gesamtstaatsleistung aufgehoben".[364] Durch die „aggressive" Steuerplanung erhalten Staaten nun nicht mehr den Besteuerungsanteil, den sie eigentlich auf der Grundlage der Globaläquivalenz erhalten müssten. Dies widerspricht der steuerlichen Verteilungsgerechtigkeit zwischen den Staaten.[365] Die zentrale Gerechtigkeitsfrage im internationalen Steuerrecht ist demgemäß die der zwischenstaatlichen Aufkommensverteilung. Wie *Joachim Lang* treffend formulierte, ist es zwar legitim, Lücken im bestehenden Steuersystem zu nutzen, es ist indes „steuermoralisch nicht zu akzeptieren, wenn jemand seinen Reichtum einem Land verdankt und diesem Land die Steuern verweigert", indem er dem Land seinen Gewinn durch Gestaltungen entzieht.[366]

Im Verhältnis zu den anderen Steuerpflichtigen führen Steuergestaltungen multinationaler Unternehmen ebenfalls zu steuerlichen Ungerechtigkeiten.[367] Zum einen haben nicht alle Steuerpflichtigen gleich ausgeprägte Gestaltungsmöglichkeiten.[368]

---

362 Salomonisch bereits *H. Haller*, Die Steuern, 3. Auflage 1981, S. 16, wonach es „trotz des gegensätzlichen Charakters der beiden Prinzipien keineswegs gesagt [ist], daß sie nicht nebeneinander Verwendung finden können, jedes in dem Bereich, in dem seine Anwendung sinnvoll erscheint."; *H. Weber-Grellet*, Steuern im modernen Verfassungsstaat, 2001, S. 173; *J. Lang*, in: FS Harald Schaumburg, 2009, S. 45 (47); *M. Valta*, Das Internationale Steuerrecht zwischen Effizienz, Gerechtigkeit und Entwicklungshilfe, 2014, S. 30; a. A. *H. Schaumburg*, in: FS Klaus Tipke, 1995, S. 125 (130), wonach das Leistungsfähigkeitsprinzip mit der Äquivalenztheorie „unvereinbar" ist.

363 *U. Schreiber*/*J. Voget*, StuW 2017, S. 145 (149).

364 *M. Valta*, Das Internationale Steuerrecht zwischen Effizienz, Gerechtigkeit und Entwicklungshilfe, 2014, S. 430; siehe auch *W. Schön*, in: FS Michael Hoffmann-Becking, 2013, S. 1085 (1085): „[...], dass multinationale Unternehmen zunehmend ‚aggressive' Steuerplanung betreiben, um [...] damit zugleich einzelnen Staaten, in denen sie unternehmerisch aktiv sind, einen gerechten Anteil am wirtschaftlichen Ergebnis zu verweigern."

365 *H. Schaumburg*, ISR 2016, S. 371 (373).

366 *J. Lang*, StuW 2016, S. 101 (110).

367 *M. Valta*, ISR 2014, S. 176 (176 f.); siehe auch *G. Rose*, in: FS Klaus Tipke, 1995, S. 153 (153 ff.).

368 *U. Schreiber*/*J. Voget*, StuW 2017, S. 145 (150).

Zum anderen erfolgt gerade keine Besteuerung gemäß der finanziellen Leistungsfähigkeit mehr. Die Gesamtsteuerlast wird dadurch gerade nicht fair auf alle Steuerpflichtigen verteilt.[369] Die mit den Steuergestaltungen der multinationalen Unternehmen einhergehenden Steuerausfälle und Steuerverzerrungen führen dazu, dass vor allem in den letzten Jahren der Mittelstand überproportional besteuert worden ist.[370] Unter steuerpolitischen Gesichtspunkten kommt erschwerend hinzu, dass durch die permanente Ungleichbehandlung „auch die allgemeine Akzeptanz des Steuersystems auf dem Spiel [steht]".[371]

Damit fordert die legale Steuerplanung den Grundsatz der steuerlichen Belastungsgleichheit und letztlich die Steuergerechtigkeit selbst heraus. Eine gleichmäßige Steuerbelastung kann nicht erfolgen, wenn das multinationale Unternehmen durch Steuergestaltung seine Steuerlast durch eine Verschiebung von Einkünften mindert. Auch ein 100-prozentiger Steuervollzug vermag daran nichts zu ändern. Die geltenden rechtlichen Gestaltungsmöglichkeiten der internationalen Gewinnbesteuerung und Gewinnabgrenzung sind der Steuergerechtigkeit nicht dienlich.[372]

Die Verwerfungen zwischen steuervermeidenden Steuergestaltungen und der Steuergerechtigkeit sind vor allem ein steuerpolitisches Problem. Steuerpolitik konzentriert sich auf die Erzielung eines Steueraufkommens für die Finanzierung des Steuerstaats.[373] Da Steuerpolitik „der Gestaltung von gesellschaftlichen und ökonomischen Zielvorstellungen [dient]", macht sie Aussagen zur Finanzierung dieser Ziele durch eine Entscheidung einer steuerlichen Belastung bestimmter Sachverhalte.[374] Dabei lässt sich die Steuerpolitik von Rechtsstaatlichkeit, steuerlicher Lastengleichheit und damit von Steuergerechtigkeit leiten.[375] Genau hier liegt letztlich das Problem, vor das Steuergestaltungen multinationaler Unternehmen die Steuerstaaten stellen. Indem Steuergestaltungen die Finanzierung des Steuerstaats erschweren, konterkarieren sie steuerpolitische Finanzierungs- und Belastungsziele und damit letztlich die Steuergerechtigkeit. Steuergestaltungen sind damit vor allem ein steuerrechtspolitisches Problem.[376] Dies liegt nicht zuletzt auch daran, dass die Steuergerechtigkeit selbst eher ein steuerrechtspolitischer

---

369 *U. Schreiber/J. Voget*, StuW 2017, S. 145 (149).

370 *J. Herrfurth*, DB 2016, S. M5.

371 *R. Pinkernell*, ifst-Schrift Nr. 494 (2014), S. 23; *U. Schreiber/J. Voget*, StuW 2017, S. 145 (149).

372 So auch *U. Schreiber/L. M. Fell*, in: FS Dieter Endres, 2016, S. 387 (390).

373 *A. Nawrath*, DStR 2009, S. 2 (2); *J. Hey*, in: Klaus Tipke/Joachim Lang (Begr.), Steuerrecht, 24. Auflage 2021, Rn. 3.99.

374 *A. Nawrath*, DStR 2009, S. 2 (2).

375 *A. Nawrath*, DStR 2009, S. 2 (3).

376 *J. Lüdicke/F. Salewski*, ISR 2017, S. 99 (105): „Gestaltungen [...], die zwar nicht illegal, aber politisch unerwünscht sind". Siehe zu diesem Aspekt auch *A. Nawrath*, DStR 2009, S. 2 (4).

und weniger ein materiell-steuerrechtlicher Begriff ist.[377] Die Debatte um Steuergerechtigkeit, „aggressive" Steuerplanung und öffentliche Steuerkontrolle ist eine steuerrechtspolitische.

III. Keine Verpflichtung zur Steuerfairness, sondern zur Gewinnmaximierung

Im Falle der „aggressiven" Steuerplanung multinationaler Konzerne scheint man sich einig zu sein, dass sie zwar rechtlich erlaubt, jedoch trotzdem unethisch und „verwerflich" ist.[378] Und auch Steuerberater in internationalen Großkanzleien stellen sich bisweilen die Frage, „ob tatsächlich bei der gestaltenden Steuerberatung alles, was nicht ausdrücklich verboten ist, auch erlaubt ist".[379] Dabei besteht im deutschen Steuerrecht gerade „kein handlungsbezogenes ‚Verbot' aggressiver Steuerplanung".[380] Dass multinationale Unternehmen steuerliche Gerechtigkeitsstandards nicht beachten, ist rechtlich betrachtet so lange irrelevant, wie ihr Verhalten jedenfalls im Einklang mit den geltenden Steuergesetzen steht.[381]

In einem Rechtsstaat gibt es keine einklagbare moralische Verpflichtung multinationaler Unternehmen zur Steuerfairness.[382] Ganz im Gegenteil ist gerade ein börsennotiertes multinationales Unternehmen allein „den materiellen Interessen der Anleger verpflichtet".[383] Die Unternehmensführung muss die Maximierung des Unternehmensgewinns im Ergebnis über die „faire" Besteuerung stellen.[384]

---

377 Vergleiche dazu etwa *K. Tipke*, Steuergerechtigkeit in Theorie und Praxis, 1981; *R. Eckhoff*, StuW 2016, S. 207 (207 ff.).

378 *W. Blumers*, BB 2013, S. 2785 (2785 ff.); *C. Fuest/C. Spengel/K. Finke/J. H. Heckemeyer/H. Nusser*, StuW 2015, S. 90 (90): „Es zeigt sich deutlich, dass nicht alles, was steuerlich legal ist, auch gesellschaftlich und politisch geduldet wird."; vergleiche *S. Grotherr*, Ubg 2015, S. 360 (363); *U. Schreiber/L. M. Fell*, in: FS Dieter Endres, 2016, S. 387 (388).

379 *J. Lüdicke*, DStZ 2015, S. 664 (664); siehe auch *T. Rödder*, DStJG 33 (2010), S. 93 (102), der ausführt, dass „dem richtig verstandenen Selbstverständnis der steuerlichen Rechtsberatung" die Einsicht folgt, dass sich eine „Steuergestaltung nicht nur im Rahmen der Legalität, sondern auch der Legitimität bewegen sollte."

380 *W. Schön*, in: FS Michael Hoffmann-Becking, 2013, S. 1085 (1088).

381 Siehe auch *J. D. Blank*, Tax Law Review 2009, S. 539 (544 f.).

382 So auch *M. Jachmann-Michel*, StuW 2017, S. 209 (215); siehe auch *J. Kokott*, Das Steuerrecht der Europäischen Union, 2018, § 2 Rn. 130: „[…] darf die Fairness-Diskussion nicht ins Moralisieren umschlagen."

383 *R. Pinkernell*, ifst-Schrift Nr. 494 (2014), S. 155; siehe auch *U. Schreiber/J. Voget*, StuW 2017, S. 145 (150).

384 Siehe hierzu auch *M. Hanlon/J. Slemrod*, Journal of Public Economics 2009, S. 126 (139): „In order to maximize the value of the firm, shareholders would like to

Da die Generierung eines „höchst möglichen *return on investment*“ eine gesellschaftsrechtliche Verpflichtung der Unternehmensführung darstellt, ist die Steuerlast des Unternehmens konsequenterweise „so weit wie möglich zu reduzieren“.[385] Eine niedrige Konzernsteuerquote ist das erklärte Ziel eines auf Wirtschaftlichkeit ausgerichteten Konzerns und muss durch „weltweite[s] Ringen“ erreicht werden.[386] Überdies befinden sich Unternehmen in einem steten Wettbewerb mit anderen Unternehmen. Hier kann kein Verhalten erwartet werden, das die Wettbewerbsfähigkeit beeinträchtigt.[387] Eine minimale Steuerlast ist ein klarer Wettbewerbsvorteil. Hier spitzt sich der Zielkonflikt zwischen Steuergerechtigkeit und Marktwirtschaft wohl am deutlichsten zu.

Ob und inwieweit die Konzernführung des multinationalen Unternehmens dann doch von Steuervermeidung absieht, hängt damit zusammen, ob die Gesellschafter einer „fair share policy“ zugestimmt haben.[388] Einen juristischen Anspruch darauf hat jedoch weder der Staat noch die Öffentlichkeit.

---

minimize corporate tax payments net of the private costs of doing so; in other words they want the company to be optimally aggressive.“

385 *W. Schön*, in: FS Michael Hoffmann-Becking, 2013, S. 1085 (1089 f.). Siehe hierzu auch *S. Grotherr*, Ubg 2015, S. 360 (360 ff.).

386 *W. Schön*, in: FS Michael Hoffmann-Becking, 2013, S. 1085 (1090).

387 *U. Schreiber/L. M. Fell*, in: FS Dieter Endres, 2016, S. 387 (390). Siehe auch *W. Schön*, in: FS Michael Hoffmann-Becking, 2013, S. 1085 (1099): „Der Steuerstaat darf [...] auf eine gesteigerte Großzügigkeit der Unternehmen nicht hoffen.“

388 *W. Schön*, in: FS Michael Hoffmann-Becking, 2013, S. 1085 (1090).

Teil 3: Die Öffentlichkeit im Steuerrecht

A. Öffentliche Kontrollen und Sanktionen im Steuerrecht als Lösung?

Die internationale Steuergerechtigkeit wird gestärkt, wenn multinationale Unternehmen ihre Gewinne nicht mehr minimieren können und sie dort versteuern, wo sie erwirtschaftet wurden.[389] Änderungen des materiellen Steuerrechts können Steuergestaltungen nicht effektiv verhindern. Das lückenschließende nationale Steuergesetz als klassisches Instrument gegen Steuervermeidung stößt bei internationalen Steuergestaltungen an die Grenzen seiner Wirksamkeit.[390] Im Kampf um Steuergerechtigkeit soll der Steuervermeidung daher nicht mehr nur durch einen gesteigerten Informationsaustausch, eine umfangreichere Kooperation und Anpassungen des Steuerrechts im engeren Sinne begegnet werden. Vielmehr wird diskutiert, auch die Öffentlichkeit in den Kampf für eine gerechte Besteuerung zu involvieren.[391] Mit der Veröffentlichung von steuerrelevanten Informationen wird versucht, öffentliche Kontrolle und öffentlichen Druck auf all jene herzustellen, die sich einer steuergerechten Besteuerung verweigern.[392] Mithilfe der Öffentlichkeit sollen Steuergestaltungen angegriffen werden, die zwar nicht unrechtmäßig sind, aber als „politisch unerwünscht" betrachtet werden, weil sie zu einer zu niedrigen, leistungsfähigkeitsunangemessenen Besteuerung führen und damit den durchschnittlichen Steuerpflichtigen zu stark belasten.[393] Zu diesem Zweck sollen Steuerinformationen öffentlich zugänglich gemacht werden. Als „private policemen"[394] hätte die Öffentlichkeit die Aufgabe, zu überprüfen, ob Steuerpflichtige einen angemessenen Teil ihres erwirtschafteten Einkommens als Steuer an den Staat abführen. Geschieht dies nicht, wird also die Schaffung von Besteuerungsgleichheit verhindert, so soll von der Öffentlichkeit Druck auf den Steuerpflichtigen ausgeübt und dieser zur Rechtfertigung seiner Steuerpolitik veranlasst werden.[395]

---

389 *U. Schreiber/L. M. Fell*, in: FS Dieter Endres, 2016, S. 387 (388).

390 Vergleiche die Ausführungen bei *W. Blumers*, BB 2013, S. 2785 (2785) und *M. Valta*, Das Internationale Steuerrecht zwischen Effizienz, Gerechtigkeit und Entwicklungshilfe, 2014, S. 179.

391 Siehe nur COM(2016) 198 final.

392 *S. Grotherr*, IWB 2016, S. 854 (856).

393 *J. Lüdicke/F. Salewski*, ISR 2017, S. 99 (105).

394 *J. Q. Whitman*, The Yale Law Journal 1998, S. 1055 (1090).

395 Siehe hierzu *S. Grotherr*, IWB 2016, S. 854 (856).

I. Steuerliche Transparenz

Damit fällt die Diskussion über öffentliche Transparenz im Steuerrecht in den großen Bereich der Steuertransparenz.[396] Steuertransparenz ist ein Modewort. Dabei kann festgestellt werden, dass Steuertransparenz nicht nur in einigen wenigen Staaten, sondern weltweit forciert wird. In der gegenwärtigen Diskussion verbindet man mit Steuertransparenz vor allem Bemühungen um ein faires und gerechtes Steuerrecht.[397] Nicht von ungefähr wird steuerliche Transparenz bisweilen als „höchster, über allem schwebender Wert" angesehen und damit nahezu als der Inbegriff der Steuergerechtigkeit.[398] Aus diesem Grund werden immer neue Transparenzmaßnahmen zur Realisierung der Steuerfairness und der Steuergerechtigkeit beschlossen und umgesetzt.[399]

Die aktuelle Allgegenwärtigkeit der steuerlichen Transparenz ist nicht ganz grundlos. Zwar gab es steuerliche Transparenz in der einen oder anderen Form schon immer. Indes ist die Vehemenz, mit der man gerade in den letzten Jahren Steuertransparenz forciert, eine Reaktion auf die steuervermeidende Steuerpolitik großer multinationaler Unternehmen und diverser Privatpersonen, aber auch auf Staaten mit präferenziellen Steuerregimen.[400]

1. Steuerliche Transparenz als Grundlage für Nachvollziehbarkeit und Verständnis

Steuertransparenz ist notwendig. Gerade die komplexen unternehmensinternen Leistungsbeziehungen, die systematisch zum Zweck der Steuervermeidung eingesetzt werden, können nur angegangen werden, wenn die Finanzbehörden die Leistungsketten nachvollziehen und die Angemessenheit der Entgelte überprüfen können. Steuerliche Transparenz ist vor allem ein Instrument für die Finanzbehörden, mögliche Gestaltungsrisiken besser einschätzen zu können und in Zweifelsfällen eine intensivere und tiefer gehende Einzelfallprüfung folgen zu lassen.[401] Gerade bei multinationalen Unternehmen kann über spezielle Transparenzmaßnahmen das „Ausmaß der Buchgewinnverlagerungen gemessen und überwacht

---

396 Siehe zum Verhältnis von Steuertransparenz und Öffentlichkeit instruktiv *J. Hey*, in: Funda Başaran Yavaşlar/Johanna Hey (Hrsg.), Tax Transparency, 2019, S. 193 (193 ff.).

397 *L. C. Barrios Altafulla*, in: Raffaele Petruzzi/Karoline Spies (Hrsg.), Tax Policy Challenges in the 21st Century, 2014, S. 423 (429); siehe auch *A. Christians*, in: Miranda Stewart/Yariv Brauner (Hrsg.), Tax, Law and Development, 2013, S. 288 (288 ff.).

398 *G. Geberth*, GmbHR 2017, S. R65 (R65).

399 Siehe hierzu etwa *V. Dutt/C. Spengel/H. Vay*, FUS 2017, S. 177 (177).

400 *L. C. Barrios Altafulla*, in: Raffaele Petruzzi/Karoline Spies (Hrsg.), Tax Policy Challenges in the 21st Century, 2014, S. 423 (429).

401 *S. Weinert/C. Schwarz/S. Stein*, DB 2017, S. 737 (742).

werden".[402] Insbesondere kann über entsprechende Transparenzmaßnahmen auch die Einhaltung des Fremdvergleichsgrundsatzes besser kontrolliert werden.[403] Den Finanzbehörden wird über eine gesteigerte Transparenzpflicht multinationaler Unternehmen zugleich ein besseres Nachvollziehen der globalen Wertschöpfungsketten ermöglicht. So kann gesehen werden, wo welche Unternehmenswerte generiert und wo sie effektiv besteuert wurden. Steuertransparenz dient also allgemein dazu, unternehmensinterne Abläufe besser zu verstehen.

Damit soll die immer umfangreichere Transparenz im Steuerrecht der internationalen Steuergestaltung begegnen.[404] Hierbei kommt nicht nur der Transparenz des Steuerpflichtigen gegenüber der Finanzverwaltung Bedeutung zu, sondern auch der Transparenz zwischen den nationalen Finanzbehörden. Gerade beim zwischenstaatlichen Informationsaustausch hat sich in den letzten Jahren sehr viel getan.[405] Ein automatischer Informationsaustausch über steuerrelevante Informationen eines multinationalen Unternehmens und ein gemeinsamer internationaler Schulterschluss von Steuerstaaten können „aggressive" Steuerplanung einhegen und erschweren.

2. Warum Steuertransparenz allein zugunsten der Finanzbehörden nicht ausreicht

Internationale Steuertransparenz zwischen Finanzbehörden enthält wichtige Lösungsansätze für das Problem der Steuervermeidung.[406] Sie hat gleichwohl auch Schwächen. Wurde eine Steuergestaltung identifiziert, die sich noch im Rahmen des Legalen bewegt, so „ist eine an Recht und Gesetz gebundene Steuerverwaltung verpflichtet, diese Gestaltungen anzuerkennen, und zwar ohne Wenn und Aber".[407] Die multinationalen Unternehmen können sich damit auf die Legalität der Gestaltung berufen und sind rechtlich unangreifbar.[408] Steuerliche Transparenz ist für sie damit letztlich überhaupt kein Problem, da sie sich gegenüber den Finanzbehörden offen zu ihren legalen Gestaltungen bekennen können.[409]

---

402 *A. Steinegger*, Der Konzern 2016, S. 454 (455).

403 Siehe hierzu auch *W. Schön*, in: FS Michael Hoffmann-Becking, 2013, S. 1085 (1087).

404 Vergleiche *T. Hoppe/J. Müller/A. Weinrich/K. Wittek*, IStR 2021, S. 925 (926).

405 Siehe hierzu ausführlich *J. Hey/R. Heilmeier*, in: H. David Rosenbloom et al. (Hrsg.), ITP @ 20 [1996 – 2016], 2016, S. 239 (239 ff.).

406 Siehe auch *A. Christians*, in: Miranda Stewart/Yariv Brauner (Hrsg.), Tax, Law and Development, 2013, S. 288 (294).

407 *D. Fehling*, FR 2015, S. 817 (818).

408 Vergleiche *D. Fehling*, FR 2015, S. 817 (818). Siehe auch *M. A. Chirelstein/L. A. Zelenak*, Columbia Law Review 2005, S. 1939 (1951).

409 In diese Richtung auch *J. H. Heckemeyer/C. Spengel*, WD 2013, S. 363 (364 f.).

Die Finanzbehörden haben keine rechtliche Handhabung gegen ausgeübte legale Steuergestaltungen.[410]

Die Steuertransparenz zugunsten der Finanzbehörden hat zweifelsfrei den Vorteil, dass diese in gewissen Fällen Art und Umfang der Steuervermeidung nachvollziehen und die Angemessenheit von unternehmensinternen Leistungen kontrollieren können. Sofern sie besonders „aggressive" Gestaltungsmodelle entdeckt haben, können sie diese durch entsprechende Gesetze unterbinden. Derartige Regelungen können jedoch immer nur für zukünftige Gestaltungen gelten. Eine Gestaltung, die bereits zu einer tatsächlichen Steuervermeidung und einem entsprechenden Steuerausfall geführt hat, kann damit nicht mehr angegriffen werden.[411] Bei Steuergestaltungen besteht für die Finanzbehörden das große Problem, dass sie grundsätzlich nur im Nachhinein reagieren, jedoch nicht im Vorhinein agieren können. Transparenz ermöglicht immer nur eine Rückschau auf Vergangenes. Die Finanzbehörden können die „aggressive" Steuerplanung daher nicht allein durch eine erhöhte Transparenz zu ihren Gunsten *verhindern.* Aufgrund der Legalität der Gestaltung kann die Steuerpolitik der multinationalen Unternehmen allein durch diese Art der Transparenz nicht beeinflusst werden.[412] Solange das unternehmerische Steuerplanungsverhalten nicht effektiv gelenkt werden kann, wird es zu keinem nennenswerten Erfolg im Kampf um eine faire Besteuerung multinationaler Unternehmen kommen.[413]

Überdies steht Steuertransparenz auf zwischenstaatlicher Ebene auf tönernen Füßen: Dem multistaatlichen Einsatz für mehr Kooperation und Transparenz in Steuersachen steht ein nach wie vor beachtlicher Steuerwettbewerb[414] zwischen ebendiesen Steuerstaaten gegenüber.[415] Im globalen Wettbewerb um Steuersubstrat ist das Handeln jedes Steuerstaats auf seinen eigenen Vorteil ausgerichtet.[416] Im internationalen Steuerwettbewerb gilt es vielfach, von einer „beggar my neighbour policy" zu profitieren.[417] Aus diesem Grund möchten sich die Niedrigsteuerstaaten

---

410 Vergleiche *D. Fehling*, FR 2015, S. 817 (818), der treffend zwischen einer Anerkennung steuerlicher Gestaltungen „de lege lata" und einer möglichen Anpassung des Steuerrechts „de lege ferenda" differenziert.

411 In diese Richtung wohl auch *M. A. Chirelstein/L. A. Zelenak*, Columbia Law Review 2005, S. 1939 (1939, 1950).

412 Vergleiche *A. Steinegger*, Der Konzern 2016, S. 454 (459).

413 *M. A. Chirelstein/L. A. Zelenak*, Columbia Law Review 2005, S. 1939 (1950).

414 *W. Schön*, DStJG 23 (2000), S. 191 (199): „Wettbewerb der Steuerordnungen". Ausführlich zum weltweiten Steuerwettbewerb *M. Rodi*, StuW 2008, S. 327 (327 ff.); *F. Haase*, Der Steuerkrieg, 2020.

415 Vergleiche *B.-P. Bier/T. O. Voß*, IStR 2017, S. 393 (393).

416 In der Sache ähnlich *U. Schreiber/L. M. Fell*, in: FS Dieter Endres, 2016, S. 387 (390). Siehe auch *B.-P. Bier/T. O. Voß*, IStR 2017, S. 393 (393).

417 *S. Grotherr*, IWB 2016, S. 854 (857).

natürlich nicht durch übersteigerte Transparenz ihrer Attraktivität begeben und so einen Wettbewerbsnachteil erleiden. Die einzelnen Steuerstaaten ziehen im Kampf gegen „aggressive" Steuerplanung dann eben doch nicht alle an einem Strang.[418] Viele Staaten, die sich formal zur steuerlichen Transparenz bereit erklärt haben, sind überdies selbst Steueroasen oder aber haben einen direkten Einfluss auf Steueroasen.[419] Und selbst innerhalb der Europäischen Union gibt es nach wie vor Staaten, die ganz offensichtlich nicht besonders viel an ihrem Status als Steueroase ändern möchten, Transparenz kritisch gegenüberstehen und sich in den Kampf gegen Steuervermeidung eher verhalten einbringen. Es gibt für Steueroasen ferner keinen Anreiz, auf die „beträchtliche[n], teils sogar enorme[n] Vorteile", die sich aus ihrem Status als Steueroase in finanzieller Hinsicht ergeben, zu verzichten.[420] Auf diese Staaten kommt es für eine Bekämpfung der Steuervermeidung multinationaler Unternehmen aber an. Ob Staaten am Ende jedoch die zwischenstaatliche Steuergerechtigkeit und den Kampf für ein faires (internationales) Steuerrecht über den eigenen nationalen Finanzvorteil setzen, erscheint sehr zweifelhaft.[421]

Aufgrund der widerstreitenden Staatsinteressen um Steuersubstrat[422] sowie der Gemengelage aus Steuerkooperation einerseits und Steuerwettbewerb andererseits geht die kanadische Steuerrechtswissenschaftlerin *Allison Christians* davon aus, dass sich für multinationale Unternehmen am Status quo nichts fundamental ändern wird.[423] Im Tauziehen zwischen Steuerkooperation und Steuerfairness auf der einen Seite und dem Steuerwettbewerb auf der anderen Seite kann es aufgrund der Kräftegleichheit keinen Sieger geben. Erfolge der einen Seite amortisieren sich mittelfristig durch Erfolge der jeweils anderen Seite. Und so ist dann in der Tat davon auszugehen, dass multinationale Unternehmen wegen der nach wie vor bestehenden Gestaltungsanfälligkeit der konzerninternen Gewinnabgrenzung Steuern auch in Zukunft so vermeiden werden, wie sie es bisher schon getan haben.

Daran wird sich auch durch eine immer umfangreichere Steuertransparenz zugunsten der Finanzbehörden nichts ändern. Eine solche Steuertransparenz kann

---

418 Vergleiche *B.-P. Bier*/*T. O. Voß*, IStR 2017, S. 393 (393): „fehlendes Interesse bzw. offensichtliche Interessengegensätze".

419 Siehe hierzu *A. Christians*, Washington University Journal of Law and Policy 2014, S. 39 (44).

420 *G. Zucman*, Steueroasen, 2. Auflage 2014, S. 85.

421 Siehe zu diesen Bedenken umfassend auch *G. Zucman*, Steueroasen, 2. Auflage 2014, der im Ganzen erhebliche Zweifel an der Verlässlichkeit sowie der Verantwortungs- und Kooperationsbereitschaft von Steueroasen im Kampf um eine faire Besteuerung hat.

422 Vergleiche *B.-P. Bier*/*T. O. Voß*, IStR 2017, S. 393 (393): „In Zeiten der Globalisierung geht es den Staaten vor allem darum, einen möglichst großen Teil des weltweiten Steuerkuchens der multinationalen Konzerne für sich zu beanspruchen."

423 *A. Christians*, Tax Notes International 2013, S. 637 (639).

nur um das Problem rund um „aggressive" Steuerplanungen und Gewinnverlagerungen kreisen, bekommt es jedoch in seinem eigentlichen Kern nicht zu fassen.[424] Durchaus zu Recht geben daher mittlerweile einige Stimmen in der Literatur zu bedenken, dass Steuertransparenz allein vielleicht doch „nicht zielführend" sei.[425] Um Gewinnverlagerungsstrategien multinationaler Unternehmen wirklich effektiv anzugreifen, müsste die Transparenz zugunsten der Finanzbehörden mit einer Neujustierung der staatlichen Besteuerungsrechte einhergehen, wobei es insbesondere zu einer Anpassung der Gewinnabgrenzungsregelungen auf dem Gebiet der Verrechnungspreise kommen müsste.[426] Darüber hinaus müsste auch das Steuerrecht grundlegend vereinfacht werden. Es wird immer wieder betont, dass die Komplexität des Steuerrechts vielfach Steuergestaltungen überhaupt erst ermögliche und Anreize zur Steuervermeidung setze.[427]

Wenn es nicht zu Änderungen der Gewinnabgrenzungen kommt und das Steuerrecht immer komplizierter wird, können Steuerstaaten der „aggressiven" Steuervermeidung in der Tat nur noch durch „politische Ansätze"[428] beikommen.[429] Darüber wird dann auf ein gewisses Mindestmaß an effektiv zu tragender Steuerlast zu pochen sein.[430]

---

424 In diese Richtung auch *T. Hoppe/J. Müller/A. Weinrich/K. Wittek*, IStR 2021, S. 925 (928).

425 So etwa *C. Fuest/C. Spengel/K. Finke/J. H. Heckemeyer/H. Nusser*, StuW 2015, S. 90 (94); skeptisch auch *J. Herrfurth*, DB 2016, S. M5: „Doch mit den überbordenden Informationspflichten, die nun für zehntausende europäische Unternehmen eingeführt werden, wird eine ungewollte Transparenz erreicht, die kaum einen Beitrag zur Lösung des eigentlichen Problems liefern wird."

426 Treffend *C. Fuest/C. Spengel/K. Finke/J. H. Heckemeyer/H. Nusser*, StuW 2015, S. 90 (94).

427 So etwa *P. Kirchhof*, DStJG 33 (2010), S. 9 (19); *T. Rödder*, DStJG 33 (2010), S. 93 (103); *W. Blumers*, BB 2013, S. 2785 (2785).

428 So ausdrücklich *M. Valta*, Das Internationale Steuerrecht zwischen Effizienz, Gerechtigkeit und Entwicklungshilfe, 2014, S. 179.

429 Vergleiche *W. Blumers*, BB 2013, S. 2785 (2788): „Auch die Finanzverwaltung wird damit nicht mehr fertig und sie versucht, ihre Interessen zunehmend durch Maßnahmen durchzusetzen, die nach dem Grundsatz der Gesetzmäßigkeit der Verwaltung nicht mehr legitim sind. Dazu gehört es auch, dass Steuerpflichtige, insbesondere Unternehmen in der Öffentlichkeit diskreditiert werden mit der Behauptung, sie würden durch aggressive Steuerplanung Verwerfliches zu Lasten des Gemeinwohls tun."

430 *M. Valta*, Das Internationale Steuerrecht zwischen Effizienz, Gerechtigkeit und Entwicklungshilfe, 2014, S. 180.

II. Öffentliche Steuerkontrolle auf der Grundlage öffentlicher Steuertransparenz

Da eine Lösung des Problems der „aggressiven“ Steuerplanung und der steuerlichen Minimalbelastungen durch Missbrauchsvermeidungsnormen und allein durch Transparenz zugunsten und zwischen Finanzbehörden nicht möglich ist, wird vermehrt versucht, das Problem über politische Ansätze in den Griff zu bekommen.[431] Dabei sollen die Praktiken der multinationalen Unternehmen aus der rein finanzbehördlichen Sphäre gezogen und einer „öffentlichen Debatte“ zugeführt werden, um so nachdrücklich die Beachtung der „corporate social responsibility“ von multinationalen Unternehmen einzufordern.[432] „Corporate social responsibility“ ist dabei als ein unternehmerisches Verhalten zu verstehen, das „über die Anforderungen des Rechts hinausgeht“.[433] Der Ruf nach „corporate social responsibility“ ist bei Steuervermeidungen gerade deshalb relevant, weil sich die Gestaltungen im Legalen und also innerhalb der rechtlichen Anforderungen bewegen.[434] Die Unternehmen sollen sich aber nicht nur an das Recht, sondern auch an Steuergerechtigkeit halten.[435] Das steuerpolitische Handeln multinationaler Unternehmen muss sich im Ergebnis also am Maßstab der Steuergerechtigkeit messen lassen können.

Steuerlichen Missständen soll dabei durch ihr öffentliches Anprangern begegnet werden.[436] Der Ansatz im Hinblick auf die Schaffung öffentlicher Kontrolle und Transparenz ist dabei also ein anderer als im Hinblick auf die Schaffung von Transparenz für Finanzbehörden. Geht es bei der Transparenz zugunsten der Finanzbehörden um die Ermittlung von steuerlichen Risiken, die Höhe der Steuer und die Überprüfung der Angemessenheit konzerninterner Leistungen, so ist die Herstellung von Transparenz für die Öffentlichkeit vor allem auf die proaktive Verhaltenslenkung[437] gerichtet. Die erzeugte öffentliche Aufmerksamkeit soll die multinationalen Konzerne und andere Steuerpflichtige zu einer Reduzierung ihrer Politik der Steuergestaltung und Steuervermeidung anhalten. Gleichzeitig soll Öffentlichkeit das Vertrauen der Bevölkerung in die Fairness und Gerechtigkeit des Steuersystems stärken und sich somit im Allgemeinen „eine öffentliche Haltung

---

431 Siehe hierzu *M. Valta*, Das Internationale Steuerrecht zwischen Effizienz, Gerechtigkeit und Entwicklungshilfe, 2014, S. 179.

432 *M. Valta*, Das Internationale Steuerrecht zwischen Effizienz, Gerechtigkeit und Entwicklungshilfe, 2014, S. 179 f.; siehe auch *W. Schön*, in: FS Michael Hoffmann-Becking, 2013, S. 1085 (1096 ff.).

433 *U. Schreiber/J. Voget*, StuW 2017, S. 145 (150).

434 Vergleiche hierzu *S. Grotherr*, Ubg 2015, S. 360 (360 f.).

435 Vergleiche *U. Schreiber/J. Voget*, StuW 2017, S. 145 (150).

436 *J. Lüdicke/F. Salewski*, ISR 2017, S. 99 (100).

437 Siehe hierzu *F. Reimer*, JöR 58 (2010), S. 275 (275).

gegen Steuergestaltungen"[438] etablieren.[439] Durch die Veröffentlichung bestimmter Steuerinformationen soll es der breiten Öffentlichkeit ermöglicht werden, sich selbst ein Bild von der Steuerpolitik des entsprechenden multinationalen Unternehmens zu machen. Zudem soll durch die Schaffung von öffentlicher Transparenz einer gut informierten, „sachkundigere[n] öffentliche[n] Debatte" über steuerliche Unzulänglichkeiten Vorschub geleistet und Akzeptanz, Fairness und Vertrauen auf dem Gebiet des Steuerrechts sollen wiederhergestellt werden.[440]

Mit einer auf öffentlicher Steuertransparenz beruhenden öffentlichen Steuerkontrolle erhält das Steuerrecht eine grundlegend andere Ausrichtung. Steuertransparenz dient nun nicht mehr ausschließlich dem Besteuerungsverfahren, sondern auch, bisweilen sogar vorrangig, dem Informieren der Öffentlichkeit über die Steuerpolitik des multinationalen Unternehmens. Nichtregierungsorganisationen sowie Privatleute können damit die Steuerbelastungen einsehen und die Steuerpolitik kontrollieren. Aus diesem Grund – und insofern anders als bei sich ausschließlich in der finanzbehördlichen Sphäre bewegenden steuerlichen Transparenzmaßnahmen – polarisiert die Debatte um öffentliche Transparenz und Kontrolle im Steuerrecht stark. Im steuerwissenschaftlichen Schrifttum stehen sich Befürworter[441] und eine deutlich größere Zahl an Gegnern[442] gegenüber. Der Ton ist stellenweise scharf.[443] Während vor allem die Europäische Kommission klar für

438 *W. Blumers*, BB 2013, S. 2785 (2788); COM(2016) 198 final, S. 6.

439 *U. Schreiber/J. Voget*, StuW 2017, S. 145 (149).

440 COM(2016) 198 final, S. 2, 11, Erwägungsgrund 5; *S. Grotherr*, IWB 2016, S. 854 (857); *U. Schreiber/J. Voget*, StuW 2017, S. 145 (149).

441 Öffentlichkeit befürwortend etwa *S. Grotherr/P. Wittenstein*, in: Patrick Velte et al. (Hrsg.), Rechnungslegung, Steuern, Corporate Governance, Wirtschaftsprüfung und Controlling, 2018, S. 167 (181); in ihren Ausführungen nicht ganz eindeutig, tendenziell letztlich aber eher befürwortend wohl auch *V. Wöhrer*, SWI 2017, S. 25 (35); *V. Wöhrer*, TPI 2017, S. 1 (7).

442 Öffentlichkeit ablehnend etwa *X. Ditz/C. Quilitzsch*, DStR 2014, S. 127 (127 ff.); *R. Pinkernell*, ifst-Schrift Nr. 494 (2014), S. 156; *H. Kleinmanns*, StuB 2016, S. 547 (552); *A. Oestreicher*, INTERTAX 2016, S. 572 (572); *F. Oppel*, SteuK 2016, S. 421 (426); *C. Sommer/D. Retzer*, ISR 2016, S. 283 (288); *V. Dutt/C. Spengel/H. Vay*, FUS 2017, S. 177 (177 ff.); *G. Geberth*, GmbHR 2017, S. R65 (R65 f.); *J. Lüdicke/F. Salewski*, ISR 2017, S. 99 (99 ff.); *U. Schreiber/J. Voget*, StuW 2017, S. 145 (145 ff.); *H. Baumhoff*, in: Jürgen Lüdicke (Hrsg.), Internationale Geschäftstätigkeiten in der Nach-BEPS-Welt, 2018, S. 97 (109 ff., 114); *A. Rust/D. W. Blum*, Grundrechteschutz im Steuerrecht, 2018, S. 89; *A. Langer*, Die Grenzen des Country-by-Country Reportings, 2019, S. 292 f.

443 Etwa *G. Geberth*, GmbHR 2017, S. R65 (R65): „Besonders verstörend"; *H. Baumhoff*, in: Jürgen Lüdicke (Hrsg.), Internationale Geschäftstätigkeiten in der Nach-BEPS-Welt, 2018, S. 97 (109): „Besorgniserregend".

einen Zugang der Öffentlichkeit zu Steuerdaten eintritt,[444] hat sich die Bundesregierung hierzu lange nicht klar positioniert.[445]

Durch die Schaffung von Öffentlichkeit wären Steuerpflichtige überdies veranlasst, ihre Steuerpolitik im Hinblick sowohl auf ihre Steuerplanung als auch auf ihre Steuergestaltung und ihren steuerlichen Beitrag zum Gemeinwesen in einem größeren Rahmen zu rechtfertigen. Unternehmen, die bewusst Steuern vermeiden, müssten im Falle einer nicht überzeugenden Rechtfertigung mit einer öffentlichen Empörung rechnen, die Demonstrationen und Boykotte einschließt.[446]

Dabei geht es nicht nur um die Fragen, mit welcher Transparenzmaßnahme[447] der Öffentlichkeit Zugang zu steuererheblichen Informationen gewährt werden soll und welche Rechte der Steuerpflichtige seinerseits gegen die Veröffentlichung seiner Steuerdaten ins Feld führen kann.[448] Die Debatte um Öffentlichkeit im Steuerrecht wirft auch die Frage auf, was eigentlich mit dem Steuerrecht als Eingriffsrecht geschieht, wenn es weniger auf den Tatbestand der Steuernorm als vielmehr auf die Gerechtigkeitserwägungen der Öffentlichkeit ankommt.[449]

III. Der Bedeutungsgehalt von öffentlicher Transparenz

Wenn im Steuerrecht zunehmend über die Schaffung öffentlicher Transparenz nachgedacht wird, so ist es zunächst erforderlich, zu überlegen, welche Bedeutung Öffentlichkeit und Transparenz eigentlich haben.

1. Öffentlich und Öffentlichkeit

Etwas ist dann „öffentlich“, wenn es eine allgemeine Zugänglichkeit oder Wahrnehmbarkeit gibt.[450] So ist ein Ort öffentlich, wenn er von jedermann aufgesucht werden kann, eine Veranstaltung, wenn sie von jedermann besucht werden kann, und Informationen, wenn sie von jedermann konsumiert werden können.[451] Die Allgemeinzugänglichkeit von Informationen wird heute zum überwiegenden Teil durch Massenmedien vermittelt.[452] Massenmedien schaffen Öffentlichkeit.

---

444 COM(2016) 198 final, passim.

445 BT-Drs. 19/18306; siehe auch *J. Hey*, FR 2016, S. 554 (560).

446 *D. J. Piltz*, IStR 2013, S. 681 (681).

447 COM(2016) 198 final.

448 Siehe hierzu etwa *A. Rust/D. W. Blum*, Grundrechteschutz im Steuerrecht, 2018, S. 86 ff.; *A. Langer*, Die Grenzen des Country-by-Country Reportings, 2019, S. 237 ff.

449 Siehe hierzu etwa *U. Schreiber/J. Voget*, StuW 2017, S. 145 (153).

450 *W. Martens*, Öffentlich als Rechtsbegriff, 1969, S. 24.

451 *B. Zumpe*, Öffentlichkeit staatlicher Informationen, 2007, S. 35; *P. F. Irmscher*, Öffentlichkeit als Sanktion, 2019, S. 12.

452 *P. F. Irmscher*, Öffentlichkeit als Sanktion, 2019, S. 14.

Öffentlichkeit beschreibt neben der „Eigenschaft unbeschränkter Wahrnehmbarkeit und Zugänglichkeit“ zugleich auch stets den „Adressatenkreis, auf den sie sich bezieht“.[453] Öffentlichkeit als Adressatenkreis kann als eine verbundene Einheit verschiedener Menschen verstanden werden, die sich als Gesamtheit, Kreis, Gemeinschaft oder Gesellschaft darstellt.[454] Dieser Adressatenkreis wird Publikum genannt.[455] Das Publikum ist keine feste Größe. Es kann eine Fachöffentlichkeit, ein bestimmter Personenverband, die Allgemeinheit oder aber das ganze Volk sein.[456] Bemerkenswert ist, dass die die Öffentlichkeit ausmachende verbundene Einheit prinzipiell nicht auf einer persönlichen Verbindung der einzelnen Menschen miteinander beruhen muss, sondern vielmehr durch ein einendes Thema oder einen verbindenden Inhalt erzeugt werden kann.[457] Es kommt also gerade nicht auf ein individuelles Bekanntsein untereinander, sondern auf einen (ver-)einenden Gegenstand an. Zentrales Merkmal für Öffentlichkeit ist daher auch die „Unabgeschlossenheit des Publikums“.[458] Je nach Sachverhalt kann dabei eine unterschiedliche Öffentlichkeit existieren. Stark vergröbernd ausgedrückt ist Öffentlichkeit also etwas, das alle angeht und darin gerade den vereinigenden Charakter erkennen lässt und das vom Privaten abzugrenzen ist.[459] Damit kann die Öffentlichkeit als Personengruppe und „soziale Sphäre“[460] beschrieben werden.[461] Maßgeblich ist hier, dass alle Angehörigen einer bestimmten sozialen Sphäre Zugang zu der konkreten Sache haben.[462]

Öffentlichkeit ist im Rechtsstaat positiv konnotiert. In ihm soll Öffentlichkeit als Kontrollorgan für die Gewährleistung von Richtigkeit und Gerechtigkeit des hoheitlichen Handelns dienen.[463] Diese Gerechtigkeitskontrollfunktion findet sich allem voran in der Prozessöffentlichkeit.

---

453 *W. Martens*, Öffentlich als Rechtsbegriff, 1969, S. 45.

454 *F. Tönnies*, Kritik der öffentlichen Meinung, 1922, S. 129f.

455 *W. Martens*, Öffentlich als Rechtsbegriff, 1969, S. 46; *P. F. Irmscher*, Öffentlichkeit als Sanktion, 2019, S. 16.

456 *R. Marcic*, in: FS Adolf Arndt, 1969, S. 267 (276); *L. Hölscher*, Öffentlichkeit und Geheimnis, 1979, S. 137; *B. Zumpe*, Öffentlichkeit staatlicher Informationen, 2007, S. 36.

457 *F. Tönnies*, Kritik der öffentlichen Meinung, 1922, S. 103; siehe hierzu auch *J. Marl*, Der Begriff der Öffentlichkeit im Urheberrecht, 2017, S. 201f.

458 Die Formulierung „Unabgeschlossenheit des Publikums“ wird hier wörtlich nach *P. F. Irmscher*, Öffentlichkeit als Sanktion, 2019, S. 13 zitiert, der seinerseits offenbar wörtlich *Neidhardt*, Kölner Zeitschrift für Soziologie und Sozialpsychologie 1994, S. 7 (10) zitiert.

459 *A. Scherzberg*, Die Öffentlichkeit der Verwaltung, 2000, S. 178.

460 *B. Zumpe*, Öffentlichkeit staatlicher Informationen, 2007, S. 36.

461 Siehe auch *P. F. Irmscher*, Öffentlichkeit als Sanktion, 2019, S. 13.

462 *B. Zumpe*, Öffentlichkeit staatlicher Informationen, 2007, S. 36.

463 *B. Zumpe*, Öffentlichkeit staatlicher Informationen, 2007, S. 49.

2. Transparent und Transparenz

Die besondere Herausforderung, vor die man durch den Begriff „Transparenz" gestellt wird, liegt in der ihr eigenen Konturlosigkeit. Transparenz ist nicht auf einen konkreten Sachverhalt oder eine bestimmte Fachrichtung beschränkt. Transparenz beschreibt vielmehr das abstrakte Verhältnis zwischen einer Person und dem Zugang zu Informationen über eine andere Größe, sei es ein konkreter Sachverhalt oder ein bestimmter Vorgang. Der Unterschied zur Öffentlichkeit besteht darin, dass Transparenz für sich noch nichts über den informierten Personenkreis und damit also noch nichts über die *allgemeine* Zugänglichkeit aussagt. So ist Transparenz auch dann gegeben, wenn Informationen nur einem ausgewählten Personenkreis mitgeteilt werden. Der sich gegenüber dem Finanzamt vollumfänglich erklärende Steuerpflichtige ist daher für die Finanzverwaltung zwar transparent. Die Informationen sind aber nicht öffentlich zugänglich. Transparenz und Öffentlichkeit sind damit keine Synonyme.

Transparenz bedeutet Durchsichtigkeit, Durchschaubarkeit oder Nachvollziehbarkeit. Eine transparente Handlung ist damit also eine Handlung, die nachvollzogen werden kann, ein transparenter Vorgang ist ein Vorgang, der durchschaubar erfolgt.[464] Mit dieser Offenheit geht ein Zugang zu Informationen einher. Darin besteht im Grunde der eigentliche Wert der Transparenz. Dieser Informationszugang darf aber nicht automatisch mit einem gesteigerten Informationsgewinn gleichgesetzt werden. Ganz im Gegenteil kann ein Vorhaben sogar mit zunehmender Transparenz intransparent werden.[465] Dies ist etwa dann der Fall, wenn die Menge der zur Verfügung gestellten Daten nicht mehr überblickt, verarbeitet oder ausgewertet werden kann. So kann etwa die Effektivität einer Betriebsprüfung empfindlich gestört werden, wenn dem Betriebsprüfer eine letztlich nicht mehr zu bearbeitende Menge an Belegen, Unterlagen und sonstigen Informationen gegeben wird. Es darf also nicht zu einer Überflutung durch Informationen kommen.[466]

Zu einem gewissen Grad wird Intransparenz aber auch dann erzeugt, wenn die zugänglich gemachten Daten eine derartige Komplexität und Fachspezifik aufweisen, dass ohne entsprechende Sachkunde kein Verständnis mehr bezüglich der Informationen aufgebracht werden kann. Die Frage, ob etwas transparent gemacht wurde, hängt damit immer vom konkreten Betrachter ab. Transparenz allein kann also nicht durch eine bloße Bereitstellung immer größerer Mengen rein abstrakter Informationen geschaffen oder gar gesteigert werden. Damit sinnvolle und also nützliche Transparenz ermöglicht wird, müssen die zur Verfügung gestellten

---

464 *J. Bröhmer*, Transparenz als Verfassungsprinzip, 2004, S. 18.

465 Vergleiche https://www.wpk.de/uploads/tx_news/WPK-Stellungnahme_13-05-2016_01.pdf, S. 2: „Gefahr der Informationsüberfrachtung" (letzter Aufruf: 31.3.2022).

466 Siehe in diesem Kontext auch *M. Meister*, in: FS Dieter Endres, 2016, S. 237 (238): „[...] Eine zu weitgehende Anzeigepflicht würde [...] die Finanzverwaltung [...] ‚überfluten'."

Informationen systematisiert und vor allem strukturiert werden. Eine Zweckdienlichkeit kommt der transparenten Information überdies erst dann zu, wenn sie in einen Kontext eingebunden werden kann.[467] Nur dann, wenn man Daten in ein Verhältnis zu passenden „Referenzgrößen" setzt, können sie sinnvoll interpretiert werden.[468] Es ist also erst die Kontextualität, die die Information brauchbar macht und damit ihren eigentlichen Wert erzeugt.[469]

Aber auch dies reicht streng genommen für wirkliche Transparenz noch nicht aus. Damit Aussagekraft erzeugt wird, müssen die Daten und der Kontext nämlich auch noch verstanden werden können. Informationen über bestimmte Sachverhalte, die Präsentation von Zahlenmaterial oder Statistiken müssen eingeordnet werden können. Kann dies indes nicht erfolgen, sind die gemachten Informationen wenig brauchbar. Der Transparenzgehalt ist dann nur sehr gering.

Ob das (public) Country-by-Country Reporting einen hohen Transparenzgehalt hat und ob es insbesondere eine sinnvolle Interpretation der zur Verfügung gestellten Daten ermöglicht, wird vor diesem Hintergrund noch zu untersuchen sein.

IV. Begrenzung der „aggressiven" Steuerplanung durch Öffentlichkeit

Die Europäische Kommission hat anscheinend erkannt, dass die Öffentlichkeit wegen der Steuerlast der multinationalen Unternehmen zunehmend an der Fairness der Besteuerung und des (internationalen) Steuerrechts zweifelt.[470] Multinationale Unternehmen, die sich einer fairen Steuerlast verweigern, müssen mit dem Zorn der Öffentlichkeit rechnen.[471] Die Öffentlichkeit soll im Steuerrecht also die Grenze ziehen, die der Steuergesetzgeber nicht zulänglich ziehen kann und auch in Zukunft nicht zulänglich ziehen können wird. Stellt die Öffentlichkeit nach einer Kontrolle fest, dass Unternehmen eine „aggressive" Steuerpolitik betreiben, kann eine Sanktionierung durch die Öffentlichkeit erfolgen.

---

467 Vergleiche *A. Nientimp/N. Holinski/C. Schwarz/S. Stein*, DB 2016, S. 2742 (2742).

468 *A. Nientimp/N. Holinski/C. Schwarz/S. Stein*, DB 2016, S. 2742 (2742).

469 *F. Reimer*, JöR 58 (2010), S. 275 (294); siehe hierzu auch *A. Turina*, WTJ 2016, S. 378 (382 f.).

470 COM(2016) 198 final, S. 11, Erwägungsgrund 5: „[…] das Vertrauen der Öffentlichkeit in die Fairness der nationalen Steuersysteme wiederherzustellen".

471 Siehe zur Causa *Starbucks* noch einmal *R. Pinkernell*, ifst-Schrift Nr. 494 (2014), S. 156.

1. Öffentlichkeit als Kontroll- und Sanktionsorgan im Steuerrecht

Die Öffentlichkeit als „soziales Konstrukt“ kann als Kontroll- und Sanktionsorgan instrumentalisiert werden.[472] Die Instrumentalisierung erfolgt im Steuerrecht mittels gezielter Veröffentlichungen von Steuerinformationen und -daten durch den Staat oder aber durch hoheitlich aufgestellte Veröffentlichungsverpflichtungen. Im letzten Fall müssen dann etwa Unternehmen ihre eigenen Steuerdaten selbst allgemein zugänglich machen. Mit der Schaffung öffentlichen Zugangs zu steuererheblichen Informationen reiht sich das Steuerrecht in eine immer häufiger vorzufindende Vorgehensweise ein. Das gezielte Informieren der Öffentlichkeit ist ein mittlerweile „[wohlvertrautes] hoheitliches Gestaltungsmittel“,[473] das „eine gewichtige Steuerungsressource für den Staat“[474] darstellt und für eine proaktive Verhaltenslenkung eingesetzt werden kann.[475]

Betrachtet man, in welchem Umfang steuererhebliche Daten schon heute veröffentlicht werden, zeigt sich im weltweiten Vergleich ein sehr heterogenes Bild.[476] Während in Deutschland bis auf wenige Ausnahmen wie etwa finanzgerichtliche Urteile, bestimmte Verwaltungsschreiben und Jahresabschlüsse grundsätzlich keinerlei Steuerdaten zu veröffentlichen sind,[477] findet sich in den skandinavischen Staaten eine grundsätzliche Öffentlichkeit in Steuersachen.[478] Hier wird die Offenlegung von Steuerinformationen über Steuerlisten erzeugt.[479] Vor allem Schweden ist dabei für seine Steuerpublizität bekannt.[480] In Norwegen wird der Zugang der Öffentlichkeit zu Steuerdaten über sogenannte „Ligningsboka“ hergestellt.[481] Dies sind regelrechte Handbücher, in denen steuererhebliche Informationen wie in einem Telefonbuch einem Steuerpflichtigen zugeordnet werden. Es versteht

---

472 *P. F. Irmscher*, Öffentlichkeit als Sanktion, 2019, S. 15.

473 *F. Reimer*, JöR 58 (2010), S. 275 (275).

474 *P. F. Irmscher*, Öffentlichkeit als Sanktion, 2019, S. 16.

475 Siehe hierzu *F. Reimer*, JöR 58 (2010), S. 275 (275).

476 Siehe hierzu *E. J. Meise*, Steuerpublizität bei natürlichen Personen, 2019.

477 Siehe zur Steuertransparenz in Deutschland ausführlich *R. Seer/S. Unger/E. Sediqi/P. Wagner*, in: Funda Başaran Yavaşlar/Johanna Hey (Hrsg.), Tax Transparency, 2019, S. 549 (549 ff.).

478 Siehe etwa *M. Höglund*, in: Funda Başaran Yavaşlar/Johanna Hey (Hrsg.), Tax Transparency, 2019, S. 955 (955): „The principle of public access to official records is a cornerstone of taxation procedures in Sweden [...]“.

479 *P. Kirchhof*, in: FS Klaus Tipke, 1995, S. 27 (40).

480 Siehe zur Steuertransparenz in Schweden ausführlich *M. Höglund*, in: Funda Başaran Yavaşlar/Johanna Hey (Hrsg.), Tax Transparency, 2019, S. 955 (955 ff.). Siehe ferner *E. J. Meise*, Steuerpublizität bei natürlichen Personen, 2019, S. 61 ff.

481 *K. Tipke*, Die Steuerrechtsordnung, Band I, 2. Auflage 2000, S. 217.

sich von selbst, dass diese „Ligningsboka" problemlos von jedermann eingesehen werden können. Öffentliche Transparenz erstreckt sich im skandinavischen Raum jedoch nicht nur auf das Steuerrecht. So haben etwa in Schweden alle Bürger Zugriff auf öffentliche Akten und Unterlagen.[482] Im skandinavischen Raum existiert eine ganz andere, aus deutscher Perspektive sicherlich auch etwas befremdende Mentalität in Bezug auf Publizität im Allgemeinen und auf Steuerpublizität im Besonderen.[483]

Die Methode, Steuerpublizität über Steuerlisten zu schaffen, findet sich indes etwa auch ansatzweise in Italien, Griechenland und Frankreich.[484] Vergleichbar den Steuerlisten gibt es ferner in der Schweiz je nach Kanton auch Steuerregister oder Steuerausweise.[485] Zwar gibt es im Einzelnen nationale und im Fall der Schweiz auch kantonale Unterschiede in der Umsetzung öffentlicher Transparenz in Steuersachen, es zeigt sich jedoch deutlich, dass die Idee einer öffentlichen Steuerpublizität in Europa relativ verbreitet ist.[486]

Diese öffentliche Steuertransparenz soll im Großen und Ganzen dazu führen, dass sich die Steuerpflichtigen gegenseitig kontrollieren und überwachen können.[487] Ob die Informationen nun im Listen- oder im Registerformat veröffentlicht werden, spielt dabei letztlich eine untergeordnete Rolle. Die Allgemeinzugänglichkeit soll neben der Kontrolle auch „psychologischen Druck auf den Pflichtigen ausüben [...], müßte er bei ungenügender Besteuerung doch befürchten, denunziert zu werden".[488] Steueröffentlichkeit wird damit zu einem Instrument der Steuerfairness. Gerade auch im Hinblick auf die Besteuerung multinationaler Unternehmen soll der Öffentlichkeit eine Kontrollfunktion zukommen, die das Verhalten der Unternehmen beeinflussen kann.[489] Unternehmen sollen aufgrund der öffentlichen Kontrolle dazu veranlasst werden, Gewinne dort zu versteuern, wo sie entstanden sind.[490] Auch hier geht es um die Fairness der Besteuerung.

---

482 *H. W. Kruse*, BB 1998, S. 2133 (2134); *M. Höglund*, in: Funda Başaran Yavaşlar/Johanna Hey (Hrsg.), Tax Transparency, 2019, S. 955 (966 f.); *E. J. Meise*, Steuerpublizität bei natürlichen Personen, 2019, S. 76 f.

483 Vergleiche hierzu auch *P. Kirchhof*, in: FS Klaus Tipke, 1995, S. 27 (40).

484 *E. J. Meise*, Steuerpublizität bei natürlichen Personen, 2019, S. 51 ff.

485 *P. Kirchhof*, in: FS Klaus Tipke, 1995, S. 27 (40); *E. J. Meise*, Steuerpublizität bei natürlichen Personen, 2019, S. 54 f.

486 Ausführlich zur Verbreitung von Steuerpublizität *E. J. Meise*, Steuerpublizität bei natürlichen Personen, 2019, S. 51 ff.

487 *P. Kirchhof*, in: FS Klaus Tipke, 1995, S. 27 (40); *K. Tipke*, Die Steuerrechtsordnung, Band I, 2. Auflage 2000, S. 222; *E. J. Meise*, Steuerpublizität bei natürlichen Personen, 2019, S. 125 ff.

488 *M. Weber*, Berufsgeheimnis im Steuerrecht und Steuergeheimnis, 1982, S. 196.

489 *A. Steinegger*, Der Konzern 2016, S. 454 (455).

490 COM(2016) 198 final, S. 2.

Im Kampf gegen die „aggressive" Steuergestaltung multinationaler Unternehmen zwingen die fehlende Möglichkeit, legale Steuergestaltungen juristisch zu sanktionieren, und das generelle Unvermögen, Steuergestaltungen durch neue Steuergesetze zu bekämpfen, zu alternativen Lösungsansätzen.[491] Ein solcher Ansatz ist die Schaffung von öffentlicher Unternehmenstransparenz. Durch die Verpflichtung, sich einer öffentlichen Kontrolle aussetzen und die Steuerpolitik somit öffentlich erklären zu müssen, sollen multinationale Unternehmen an den sprichwörtlichen Pranger gestellt werden.[492] „Naming and shaming" soll damit das Mittel im Kampf gegen Steuergestaltung und „aggressive" Steuerplanung multinationaler Unternehmen werden.

2. „Naming and shaming" im Steuerrecht

a) Grundlegendes

aa) Der Pranger als Prototyp für „naming and shaming" und „shame sanctions"

Bereits in der Antike war die Missachtung von Werten und Verhaltensweisen, die sich die soziale Gemeinschaft selbst auferlegt hatte, durch ein öffentliches Bloßstellen und Brandmarken geahndet worden.[493] Spätestens im Mittelalter fand sich mit dem Pranger die Versinnbildlichung öffentlicher Desavouierung und Stigmatisierung schlechthin.[494] Der Pranger befand sich an einer exponierten Stelle des Dorfs oder der Stadt, an der es ein hohes Menschenaufkommen gab. In der Regel stand der Pranger auf dem Marktplatz.[495] Der an den Pranger Gestellte war Hohn und Spott, Prügeln und Misshandlung durch die vorbeigehenden Menschen schutzlos ausgeliefert. Jemanden an den Pranger zu stellen, ging daher stets mit einer öffentlichen Demütigung einher. Der Pranger war damit auch eine soziale Sanktionierung. Der Mensch, der einmal am Pranger stand, war danach gesellschaftlich geächtet und konnte sich in der Regel auch später nicht mehr in die Dorfgemeinschaft integrieren. Man war stigmatisiert. Eine derartige „Zurschaustellung am öffentlichen Pranger"[496] war der „Inbegriff mittelalterlichen Strafens"[497] und diente

---

491 Treffend *J. D. Blank*, Tax Law Review 2009, S. 539 (547).

492 *C. Staringer/E. Hickl*, Die Presse vom 1.5.2016, abrufbar unter: https://diepresse.com/home/recht/rechtallgemein/4979794/Steuerdaten_EU-droht-Unternehmen-mit-Pranger (letzter Aufruf: 31.3.2022); siehe auch *W. Schön*, ZHR 2021, S. 781 (782).

493 *J. D. Blank*, Tax Law Review 2009, S. 539 (547).

494 *R. Hamm*, NJW 2018, S. 2099 (2099).

495 *R. Hamm*, NJW 2018, S. 2099 (2099).

496 *H.-P. Schmieszek/O. Langner*, WM 2014, S. 1893 (1893).

497 *H.-P. Schmieszek/O. Langner*, WM 2014, S. 1893 (1893); siehe auch *J. Q. Whitman*, The Yale Law Journal 1998, S. 1055 (1060): „We can sort punishments into roughly five sorts of deprivations: deprivations of life (execution); of liberty (imprisonment);

zugleich auch der Wahrung der sozialen Ordnung.[498] Der mittelalterliche Pranger ist damit der Prototyp des neuzeitlichen „naming and shaming".[499] Dabei ist es wohl gerade diese Verankerung im finsteren mittelalterlichen Strafsystem, die bedingt, dass „naming and shaming" als öffentliches Anprangern in unserer heutigen Gesellschafts- und Rechtsordnung „recht archaisch daherkommt"[500].

Es gilt jedoch zu bedenken, dass die mit dem mittelalterlichen Pranger erzielte Wirkung für den Angeprangerten vor allem auch deshalb so verheerend war, weil die sozialen Gemeinschaften damals kleiner und anders strukturiert waren als heutzutage. Aus diesem Grund wird heute bisweilen bezweifelt, dass „naming and shaming" in einer zunehmend anonymisierten Gesellschaft überhaupt noch funktionieren kann.[501] In der Diskussion über die Wirksamkeit von „naming and shaming" in der heutigen Zeit wird etwa vorgebracht, dass effektives „naming and shaming" eine enge Bindung, eine regelrechte Identifikation zwischen dem Opfer von „naming and shaming" und der Gesellschaft erfordere.[502] Dies mache deutlich, weshalb „naming and shaming" häufiger in kleinen, überschaubaren Kreisen vorkomme, die durch „intimate face-to-face associations, interdependence, and cooperation" charakterisiert werden können.[503] Das Scham- und Schandgefühl als wesentliches Element von Schandstrafen war und ist „the loss of face in the eyes of neighbors".[504] Derartige Nähebeziehungen fehlten indes in einer anonymen urbanen Gesellschaft oftmals.[505]

Dass und weshalb „naming and shaming" dessen ungeachtet aber auch in unserer heutigen Zeit und Gesellschaft effektiv eingesetzt werden könne, wird vom amerikanischen Rechtswissenschaftler *James Q. Whitman* dargestellt.[506] Neben dem Potenzial von „naming and shaming" im Sexualstrafrecht[507] wendet sich *James Q. Whitman* auch dem Potenzial im Wirtschaftsrecht[508] zu. Hier betont er, dass die Welt der Wirtschaft und des Handels schon keine anonyme Welt sei.[509] Tatsächlich ist der Wirtschaftsverkehr von einem dichten Netz aus Verträgen, persönlichen

---

of bodily safety and integrity (corporal violence); of property (fines); and of what we might call 'dignity' (shaming)."

498 *J. D. Blank*, Tax Law Review 2009, S. 539 (547).

499 Vergleiche *D. John*, BKR 2020, S. 335 (336 f.).

500 *D. John*, BKR 2020, S. 335 (336).

501 Siehe zu hierzu etwa *J. Q. Whitman*, The Yale Law Journal 1998, S. 1055 (1063).

502 So etwa *T. M. Massaro*, Michigan Law Review 1991, S. 1880 (1916).

503 *T. M. Massaro*, Michigan Law Review 1991, S. 1880 (1916).

504 *J. Q. Whitman*, The Yale Law Journal 1998, S. 1055 (1063).

505 *T. M. Massaro*, Michigan Law Review 1991, S. 1880 (1916).

506 *J. Q. Whitman*, The Yale Law Journal 1998, S. 1055 (1064 ff.).

507 *J. Q. Whitman*, The Yale Law Journal 1998, S. 1055 (1064 ff.).

508 *J. Q. Whitman*, The Yale Law Journal 1998, S. 1055 (1066 ff.).

509 *J. Q. Whitman*, The Yale Law Journal 1998, S. 1055 (1067).

Kontakten und Verbindungen durchzogen. Oftmals erfolgt eine „Markterschließung“ über digitale Medien in Form einer „Mund-zu-Mund-Propaganda der bekannten Player auf dem Markt“.[510] Hierbei kommen Foren, Blogs und andere Plattformen zum Einsatz.[511] In diesem globalen Netz[512] wirtschaftlicher Beziehungen kommt es auf eine gute Reputation maßgeblich an.[513]

Insbesondere für das Steuerrecht hebt der amerikanische Steuerrechtslehrer *Joshua D. Blank* hervor, dass die Unternehmen, die in einem besonderen Maß Steuervermeidung betreiben, ohnehin zu den bekanntesten gehören.[514] Gerade multinationale Unternehmen sind mit ihren Produkten fest in der Gesellschaft verankert. Ihre Produkte gelten vielfach als Statussymbol. Die staatlichen wie auch die sozialen Medien ermöglichen es überdies, sich über Skandale von berühmten Personen und bekannten Unternehmen derart umfassend zu informieren, dass von Anonymität hier überhaupt keine Rede mehr sein kann. Aber selbst dann, wenn es sich um solche Unternehmen, Produkte oder Menschen handelt, die in der Öffentlichkeit tatsächlich unbekannt und anonym sind, wird es doch immer zumindest „Teil- und Fachöffentlichkeiten“[515] geben, in denen es keine Anonymität mehr gibt. Zu denken ist dabei etwa an Familienmitglieder, Arbeitskollegen, den Freundeskreis und andere lose soziale Kontakte. Hier sind die Akteure dann „keineswegs anonym, sondern namhaft“.[516]

bb) Was ist „naming and shaming“?

Beim „naming and shaming“ wird der Name einer natürlichen oder juristischen Person oder eines Unternehmens genannt („naming“) und in eine Verbindung mit einem durch sie oder es irgendwie erfüllten „Negativum“ gebracht („shaming“).[517] Dieses Negativum kann sowohl die Nichtbeachtung einer Rechtsnorm als auch die Verletzung einer Gesellschafts- oder Sozialnorm sein. Über „naming and shaming“ oder die „adverse Publizität“[518] sollen rechtliche oder gesellschaftliche Verfehlungen einer Person oder eines Unternehmens öffentlich bekannt gemacht und die Person oder das Unternehmen dafür an den Pranger gestellt werden. Beim

---

510 *D. John*, BKR 2020, S. 335 (337).

511 *D. John*, BKR 2020, S. 335 (337).

512 Vergleiche *D. John*, BKR 2020, S. 335 (337): „Ökosystem“.

513 *J. Q. Whitman*, The Yale Law Journal 1998, S. 1055 (1066) betont daher auch: „Merchants and participants in the world of business inevitably fear loss of reputation [...]“; *D. John*, BKR 2020, S. 335 (337).

514 *J. D. Blank*, Tax Law Review 2009, S. 539 (555).

515 *F. Reimer*, JöR 58 (2010), S. 275 (286).

516 In einem etwas anderen Kontext, aber dennoch auch hier passend *F. Reimer*, JöR 58 (2010), S. 275 (286); *P. F. Irmscher*, Öffentlichkeit als Sanktion, 2019, S. 66.

517 *F. Reimer*, JöR 58 (2010), S. 275 (280).

518 Speziell zu diesem Begriff ausführlich *F. Reimer*, JöR 58 (2010), S. 275 (275 ff.).

„naming and shaming" handelt es sich daher grundsätzlich auch nicht um staatliche Warnungen der Öffentlichkeit vor Gefahren.[519]

„Naming and shaming" ist grundsätzlich als Sanktion gedacht.[520] Es hat einen „repressiv-pönalen Charakter".[521] Dabei geht es in der Regel nicht nur um das Anprangern eines „bereits geschehenen Rechtsverstoß[es]",[522] sondern auch um „die Praxis, dass nach der Verhängung einer Sanktion diese zusätzlich veröffentlicht wird".[523] „Naming and shaming" hat aber auch eine präventive Seite und kann als Spezial- und Generalprävention verstanden werden.[524]

cc) Sinn und Zweck

Die Idee hinter „naming and shaming" besteht darin, dass auf ein bestimmtes Fehlverhalten „gesellschaftliche [beziehungsweise] moralische Nachteile" folgen.[525] Solche gesellschaftlichen Nachteile können beispielsweise Boykotte, Ächtung, Nachfrage- oder Reputationsverluste sein.[526] Hierbei handelt es sich um sogenannte „shame sanctions".[527] „Naming and shaming" baut also darauf, dass es aufgrund eines bestimmten Fehlverhaltens zu „shame sanctions" kommt. Diese führen zu einer Demontage des sozialen Status des Angeprangerten.

Die im „naming and shaming" enthaltene Sanktion beruht zwar auf einer entsprechenden hoheitlichen Veröffentlichung oder einer Veröffentlichungsverpflichtung, verlässt dann aber den rein juristischen Rahmen. Es hat den Anschein, als trete der Staat „für einen Moment zur Seite – auf dass der Bürger das Strafen übernehme".[528] Das Sanktionieren wird privatisiert.[529] Nicht zu Unrecht wird im Kontext von „naming and shaming" auch von „Volksjustiz" gesprochen.[530] Der Staat selbst hält sich dabei zurück und bedient sich der Öffentlichkeit zur Erfüllung einer

---

519 *T. Rademacher*, Realakte im Rechtsschutzsystem der Europäischen Union, 2014, S. 87.

520 Siehe hierzu etwa *C. H. Seibt/B. Wollenschläger*, AG 2014, S. 593 (605); *U. Nartowska/M. Knierbein*, NZG 2016, S. 256 (257); *A. Gläßner*, Die Beschränkung des Vertriebs von Finanzprodukten, 2017, S. 151f.

521 *T. Rademacher*, Realakte im Rechtsschutzsystem der Europäischen Union, 2014, S. 87 (Hervorhebung im Original).

522 *T. Rademacher*, Realakte im Rechtsschutzsystem der Europäischen Union, 2014, S. 87.

523 *P. Irmscher*, EWS 2016, S. 318 (318).

524 *C. Armbrüster/L. Böffel*, ZIP 2019, S. 1885 (1894).

525 *D. Poelzig*, Normdurchsetzung durch Privatrecht, 2012, S. 15.

526 *D. Poelzig*, Normdurchsetzung durch Privatrecht, 2012, S. 15.

527 Für eine Betrachtung aus strafrechtstheoretischer Perspektive *M. Kubiciel*, ZStW 118 (2006), S. 44 (44ff.).

528 Anschaulich *H.-P. Schmieszek/O. Langner*, WM 2014, S. 1893 (1893).

529 *F. Reimer*, JöR 58 (2010), S. 275 (287).

530 *F. Reimer*, JöR 58 (2010), S. 275 (287); *C. Armbrüster/L. Böffel*, ZIP 2019, S. 1885 (1891).

Aufgabe, die er selbst gar nicht respektive nicht effektiv erfüllen kann.[531] Aus diesem Grund ist es natürlich durchaus naheliegend, gerade bei solchen Tätigkeiten, die zwar legal, aber gesellschaftlich und politisch unerwünscht sind, auf „naming and shaming“ zu setzen.

Damit handelt es sich beim Anprangern letztlich auch um zwei Eingriffe: Der erste Eingriff besteht in der hoheitlich vorgenommenen Veröffentlichung oder der hoheitlich angeordneten Veröffentlichungspflicht von Daten.[532] Der zweite Eingriff besteht sodann in der negativen Reaktion der Öffentlichkeit – den „shame sanctions“.[533] Die Reaktion der Öffentlichkeit auf veröffentlichte Informationen ist dabei eine Art informeller, mittelbar-faktischer hoheitlicher Eingriff in die Rechtssphäre des Angeprangerten. In jedem Fall handelt es sich im Falle der Zuhilfenahme der Öffentlichkeit um „eine atypische, weil nichtformalisierte [sic!] und nichtformalisierbare [sic!] Einbeziehung“.[534]

Da die Öffentlichkeit jedoch gerade nicht in einem juristisch verstandenen Sinne strafen oder sanktionieren kann, ist die wirkliche Besonderheit einer öffentlichen Bloßstellung gerade ihr „faktischer Sanktionscharakter“.[535] Über „naming and shaming“ wird ein „Normdurchsetzungsmechanismus“[536] geschaffen, mittels dessen das von der öffentlichen Meinung als geboten Erachtete realisiert werden soll, ohne dass ein Gesetzgeber eine entsprechende Norm schaffen muss. Es handelt sich hierbei um sozialen Druck, der durch Boykotte und Demonstrationen ausgeübt werden, eine Reputationsbeeinträchtigung auslösen und zu einer gesellschaftlichen Stigmatisierung des Angeprangerten führen soll.[537] Hierdurch soll dessen Verhalten beeinflusst werden.[538] Er soll sich in einer gesellschaftlich gewünschten Art und Weise verhalten. Diese „shame sanctions“ können also dazu führen, von einem Ausreizen des rechtlich Möglichen Abstand zu nehmen und

531 Vergleiche *C. Armbrüster/L. Böffel*, ZIP 2019, S. 1885 (1895): „[...] werden Private aktiviert, um mithilfe des Instruments der Veröffentlichung für die Einhaltung von staatlicherseits angestrebten Zielen zu sorgen.“

532 *F. Reimer*, JöR 58 (2010), S. 275 (287).

533 *F. Reimer*, JöR 58 (2010), S. 275 (287).

534 *F. Reimer*, JöR 58 (2010), S. 275 (288).

535 Treffend *A. Gläßner*, Die Beschränkung des Vertriebs von Finanzprodukten, 2017, S. 317.

536 *A. Gläßner*, Die Beschränkung des Vertriebs von Finanzprodukten, 2017, S. 152.

537 Vergleiche *F. Becker*, in: FG Hanns W. Feigen, 2014, S. 15 (16), der Bezug auf den Angeklagten, Verdächtigen und deren Verteidiger nimmt.

538 Vergleiche etwa *S. Grotherr*, IWB 2016, S. 892 (898); *F. Oppel*, SteuK 2016, S. 421 (425 f.); *V. Dutt/C. Spengel/H. Vay*, FUS 2017, S. 177 (178); *U. Schreiber/J. Voget*, StuW 2017, S. 145 (153); *R. Seer/S. Kargitta*, in: Christiana Panayi et al. (Hrsg.), Research Handbook on European Union Taxation Law, 2020, S. 489 (509).

sich gesellschaftskonform zu verhalten. „Naming and shaming" wird damit zu einem „remedy for social and industrial diseases".[539]

Dies gilt umso mehr für die Fälle, in denen es zwar keine Pflichtverletzung im juristischen Sinne gibt, gleichwohl eine soziale oder gesellschaftliche Pflicht nicht beachtet wurde. Vor allem in Bereichen, die rechtlich kaum steuerbar sind, und in Fällen, in denen ein Verhalten zwar legal, jedoch in der konkreten Form unerwünscht ist,[540] kann die hinter dem „naming and shaming" stehende Drohkulisse des Reputationsverlusts das Verhalten von Menschen und Unternehmen „erheblich beeinflussen und so das Bedürfnis nach rechtlichen Konsequenzen verringern".[541] Damit ist „naming and shaming" in der Lage, an die Stelle einer erfolglosen, weil nicht realisierbaren Verhaltenslenkung durch ein normatives Verbotssystem zu treten. Klassischerweise kann „naming and shaming" also in den Fällen als Druck- und Disziplinierungsinstrument eingesetzt werden, in denen eine der Gesellschaft oder einer bestimmten Gemeinschaft geschuldete Verhaltenspflicht zu beachten ist, die an sich nicht oder jedenfalls nicht sinnvoll in eine gesetzliche Verpflichtung gegossen werden kann. Wenn „naming and shaming" eingesetzt wird, kann es jedoch verhältnismäßig leicht passieren, dass eine „moderne Form staatlich gesponsorter Lynchjustiz" geschaffen wird, die rasch „außer Kontrolle [gerät]".[542] Die Öffentlichkeit, die „naming and shaming" betreibt, ist nicht durch ein rechtliches Korsett begrenzt.[543] Willkür ist hier Tür und Tor geöffnet. Die Öffentlichkeit befolgt ihre eigenen Regeln oder gar keine.[544]

---

539 Die Formulierung „remedy for social and industrial diseases" wird hier wörtlich nach *P. F. Irmscher*, Öffentlichkeit als Sanktion, 2019, S. 16 zitiert, der seinerseits offenbar wörtlich *Brandeis*, Other People's Money: and How the Bankers Use it, [1914] 2009, S. 92 zitiert.

540 Siehe etwa für Steuergestaltungen *J. Lüdicke/F. Salewski*, ISR 2017, S. 99 (105): „Die Kommission will damit Gestaltungen entgegenwirken, die zwar nicht illegal, aber politisch unerwünscht sind."

541 *D. Poelzig*, Normdurchsetzung durch Privatrecht, 2012, S. 15.

542 *H. Fleischer*, ZGR 2004, S. 437 (477). Auch *J. Q. Whitman*, The Yale Law Journal 1998, S. 1055 (1059, 1089) sieht eine enge Verbindung von „naming and shaming" und „official lynch justice". Siehe überdies auch *C. Armbrüster/L. Böffel*, ZIP 2019, S. 1885 (1891).

543 So auch *D. John*, BKR 2020, S. 335 (337): „Die privaten Akteure unterliegen hierbei auch keiner engen rechtsstaatlichen Kontrolle [...]".

544 *J. Q. Whitman*, The Yale Law Journal 1998, S. 1055 (1090): „The numberless private policemen who enforce shame sanctions play by their own rules or by none."

dd) Verhaltenslenkung durch Abschreckung

Dabei besteht ein Ziel beim „naming and shaming“ in der Verhaltensbeeinflussung durch Abschreckung.[545] „Naming and shaming“ ist dann besonders effektiv, wenn es sich um eine bekannte Person oder ein bekanntes Unternehmen handelt und das verwirklichte Negativum weithin publik gemacht werden kann. Es gilt, das Negativum, sei es nun ein soziales Fehlverhalten oder aber eine Strafe, „größtmöglicher Öffentlichkeit“ zuzuführen.[546] Gerade „[b]ei besonders massenwirksamen Veröffentlichungen“[547] von Informationen über Personen und Unternehmen kann über „naming and shaming“ und die „shame sanctions“ eine „enorme Abschreckungswirkung“ erzeugt werden.[548] Die Abschreckung verläuft dabei, jedenfalls in der Theorie, über die diffuse Angst, selbst Opfer von „naming and shaming“ zu werden.[549] Die Person und das Unternehmen können so davon abgehalten werden, ein gesellschaftliches oder rechtliches Fehlverhalten überhaupt erst zu begehen oder ein solches zu wiederholen.[550] Allein die Möglichkeit, dass es zu einem öffentlichen Aufsehen kommen kann, das die Reputation negativ beeinflusst, zu Boykotten oder Stigmatisierung führt, ist abschreckend und beeinflusst das Verhalten von Personen und Unternehmen. Damit wird ein Anreiz gesetzt, von einem rechtlich oder sozial unerwünschten Verhalten Abstand zu nehmen.[551]

Insofern ist auch eine sehr starke, nicht ordnungsrechtlich zu verstehende präventive Komponente beim „naming and shaming“ zu identifizieren.[552] Ohne eine entsprechende Sanktion kann es keine Abschreckung geben.[553] Gleichzeitig sind jeder Sanktion die Angst vor ihr und damit die Abschreckung (Prävention) immanent. Auch die Europäische Kommission hat „naming and shaming“ zunächst zwar als Strafe qualifiziert.[554] Sie führt dann jedoch weiter aus, dass „naming and

---

545 *C. Armbrüster/L. Böffel*, ZIP 2019, S. 1885 (1885): „Einer der Hauptzwecke des ‚naming and shaming‘ liegt darin, präventiv-abschreckend zu wirken.“

546 *T. Rademacher*, Realakte im Rechtsschutzsystem der Europäischen Union, 2014, S. 87.

547 *A. Gläßner*, Die Beschränkung des Vertriebs von Finanzprodukten, 2017, S. 151.

548 *H. Fleischer*, ZGR 2004, S. 437 (476); *A. Gläßner*, Die Beschränkung des Vertriebs von Finanzprodukten, 2017, S. 317.

549 *J. D. Blank*, Tax Law Review 2009, S. 539 (549).

550 *J. D. Blank*, Tax Law Review 2009, S. 539 (540): „An effective shaming sanction also might deter others from emulating the shamed offender's behavior." In diesem Kontext instruktiv *M. Meister*, in: FS Dieter Endres, 2016, S. 237 (238), der auf die „abschreckende Wirkung“ der Anzeigepflicht von Steuergestaltungen eingeht.

551 Siehe hierzu auch *J. D. Blank*, Tax Law Review 2009, S. 539 (559); *R. Seer*, GmbHR 2014, S. 505 (510).

552 Vergleiche *C. Armbrüster/L. Böffel*, ZIP 2019, S. 1885 (1885 et passim).

553 Siehe hierzu auch *E. J. Meise*, Steuerpublizität bei natürlichen Personen, 2019, S. 127 ff.

554 COM(2016) 32 final, S. 9.

shaming" als Strafe „hinreichend hoch sein [sollte]", um „eine wirklich abschreckende Wirkung entfalten [zu] können".[555] Sanktion, Repression und Abschreckung gehen hier also Hand in Hand. „Naming and shaming" verfolgt damit verschiedene Zwecke.[556] Zwischen diesen Zwecken besteht eine Interdependenz.

ee) Verfahren und Informationsreflex

Für „naming and shaming" ist es erforderlich, dass es allgemein zugängliche Informationen gibt. „Naming and shaming" setzt nämlich gerade auf die informationsbasierte „Mobilisierung der Öffentlichkeit".[557] Es bedarf hier keines hoheitlichen Vollzugs. Die Stärke des Prangers beruht gerade auf den „autonomen Reaktionen der in Kenntnis gesetzten Öffentlichkeit".[558] „Naming and shaming" ersetzt insofern rechtliche Lenkungs- und Vollstreckungsnormen, weil es bereits aus sich selbst heraus lenkend und vollstreckend wirkt. Die Öffentlichkeit ist hier Ankläger, Richter und Vollstreckungsorgan in einer Person.

„Naming and shaming" baut damit stets auf einen sich aus den veröffentlichten Informationen ergebenden Informationsreflex.[559] Das Besondere an diesem Informationsreflex ist dabei, dass sich die Reaktion der Öffentlichkeit gerade nicht auf eine Reaktion auf Rechtsverletzungen beschränkt. Vielmehr kann die öffentliche Reaktion auch eine Antwort auf Verletzungen von Sozialnormen darstellen.

Für den Staat und die Verwaltungsbehörden besteht überdies ein großer Vorteil darin, dass das Funktionieren von „naming and shaming" nicht auf einen umfangreichen und kostspieligen Verwaltungsapparat angewiesen ist.[560] Es genügt, wenn ein Hoheitsträger einmal festlegt, dass gewisse Daten zu veröffentlichen sind. Die Veröffentlichung kann dann durch einen Verwaltungsträger erfolgen oder, was für den Staat noch einfacher ist, durch bestimmte Private selbst. Im letzten Fall ergibt sich die etwas kuriose Situation, dass sich der Private selbst an den Pranger stellt.

ff) Der Pranger im Recht

In einem funktionierenden Rechtsstaat wird heute zwar niemand mehr öffentlich angekettet und der Willkür von Passanten ausgesetzt. Gleichwohl hat sich die Idee der öffentlichen Bloßstellung und Ächtung, die hinter dem Bild des mittelalterlichen Prangers steht, bis in die heutige Zeit hinein gehalten.[561]

---

555 COM(2016) 32 final, S. 9.

556 *C. Armbrüster/L. Böffel*, ZIP 2019, S. 1885 (1885 f.).

557 *F. Reimer*, JöR 58 (2010), S. 275 (298).

558 *F. Reimer*, JöR 58 (2010), S. 275 (285).

559 Zum Informationsreflex anschaulich *F. Reimer*, JöR 58 (2010), S. 275 (298).

560 *C. Armbrüster/L. Böffel*, ZIP 2019, S. 1885 (1886).

561 Siehe hierzu *J. Q. Whitman*, The Yale Law Journal 1998, S. 1055 (1056); *R. Hamm*, NJW 2018, S. 2099 (2100).

(1) Strafrecht und Wirtschaftsrecht

„Naming and shaming“ als rechtliches Instrument hat seinen konzeptionellen Ursprung im angloamerikanischen Rechtsraum.[562] So ist „naming and shaming“ etwa in den USA ein zentraler Bestandteil des Strafsystems.[563] „Naming and shaming“ findet sich aber auch im deutschen und europäischen Rechtsraum. Hier hat es Einzug in die verschiedensten Rechtsgebiete gehalten und scheint sich einer zunehmenden Beliebtheit zu erfreuen.[564] So ist beispielsweise „naming and shaming“ inzwischen nicht nur in Deutschland ein fest verankertes Regulierungsinstrument im öffentlichen und privaten Wirtschaftsrecht.[565] Hier kann man „naming and shaming“ vor allem im Lebensmittelrecht finden, wo es als staatliches Instrument der Verbraucherinformation dem Ziel des Verbraucherschutzes dient.[566] Letztlich möchte der Staat durch die Veröffentlichung vor gewissen Lebensmitteln warnen und mit der Veröffentlichung eines lebensmittelrechtlichen Verstoßes zugleich die Person oder das Unternehmen sanktionieren. Die Zwecke von „naming and shaming“ im öffentlichen und privaten Wirtschaftsrecht reichen damit von staatlicher Aufklärungsarbeit über Warnungen bis zu Sanktionen und sind teilweise sogar vermengt.[567]

---

562 *C. Armbrüster/L. Böffel*, ZIP 2019, S. 1885 (1885).

563 Siehe etwa *T. M. Massaro*, Michigan Law Review 1991, S. 1880 (1880 ff.); *J. Q. Whitman*, The Yale Law Journal 1998, S. 1055 (1055 ff.); rechtsvergleichend *M. Jüngel*, Shame Sanctions – Wiedergeburt der Schandstrafe?, 2011; *J. M. Niioka*, „Naming and Shaming“ – Ein neues ambulantes Sicherungsmittel im Umgang mit Sexualstraftätern?, 2013; allgemein *P. F. Irmscher*, Öffentlichkeit als Sanktion, 2019, S. 17.

564 Siehe hierzu mit zahlreichen Nachweisen *P. Irmscher*, EWS 2016, S. 318 (318); *A. Gläßner*, Die Beschränkung des Vertriebs von Finanzprodukten, 2017, S. 151; siehe ferner die Ausführungen über den „Trend zur Nutzung von Öffentlichkeit“ von *P. F. Irmscher*, Öffentlichkeit als Sanktion, 2019, S. 79 ff.; mit Blick auf die Arbeit der Staatsanwaltschaft *F. Becker*, in: FG Hanns W. Feigen, 2014, S. 15 (15 ff.).

565 Zur Rolle von „naming and shaming“ im Wirtschaftsrecht siehe etwa *F. Reimer*, JöR 58 (2010), S. 275 (275 ff.); *F. Walla*, Die Konzeption der Kapitalmarktaufsicht in Deutschland, 2012, S. 104 f.; *H.-P. Schmieszek/O. Langner*, WM 2014, S. 1893 (1893 ff.); *P. Irmscher*, EWS 2016, S. 318 (318 ff.); *U. Nartowska/M. Knierbein*, NZG 2016, S. 256 (256 ff.); *A. Gläßner*, Die Beschränkung des Vertriebs von Finanzprodukten, 2017, S. 312 ff.; *C. Armbrüster/L. Böffel*, ZIP 2019, S. 1885 (1885 ff.).

566 Zum Verbraucherschutz durch staatliche Informationen ausführlich *F. Wollenschläger*, VerwArch 2011, S. 20 (20 ff.).

567 Siehe hierzu *C. Armbrüster/L. Böffel*, ZIP 2019, S. 1885 (1886).

(2) Steuerrecht

Auch im Steuerrecht finden sich Überlegungen zu „naming and shaming".[568] So sind Steuerlisten nicht wirklich frei von Elementen der Prangerwirkung und der Verhaltensbeeinflussung durch die Öffentlichkeit. Es handelt sich bei derartigen Steuerlisten in der Sache letztlich um „naming and shaming", auch wenn man das in den Staaten mit einer grundsätzlich positiven Haltung gegenüber Steuerveröffentlichungen so nicht sagen würde.[569] Der bisweilen zu findende Standpunkt, die Veröffentlichung der Steuerdaten entspreche dem Rechtsstaatsprinzip, wirkt doch vorgeschützt und verschleiernd.[570] „Naming and shaming" findet sich auch in den berühmt-berüchtigten „schwarzen Listen" der Steueroasen. In einigen US-amerikanischen Bundesstaaten werden überdies gezielt Listen mit „Failure to Pay", „Failure to File" und „Failure to Disclose" veröffentlicht.[571] Während beim „Failure to Pay"[572] ausstehende Steuerschulden angeprangert werden, geht es beim „Failure to File"[573] um nicht eingereichte Steuererklärungen und beim „Failure to Disclose"[574] um die Nichtpreisgabe von Steuerdaten gegenüber der Finanzbehörde. Entsprechende Listen können im Internet problemlos von jedermann abgerufen werden. Neben dem Namen wird bisweilen auch der Staat und teilweise sogar die genaue Adresse, in welchem beziehungsweise unter welcher der Angeprangerte zuletzt gemeldet war, angegeben. Aufgrund dieser genauen Informationen ist es im Zeitalter des Internets nicht sonderlich schwierig, weitere, nicht steuerliche Informationen über die Person oder das Unternehmen zu sammeln.[575] Dass man sich über Google-Maps das Haus anzeigen lassen kann, in dem der Angeprangerte zum Zeitpunkt der Erstellung der Liste wohnte, zählt dabei wohl noch zu den harmloseren Informationen, die man aufgrund der Angaben in den Steuerlisten über den Angeprangerten mittels Suchmaschinen aus dem Internet beziehen kann. Zusammen mit den oftmals ohnehin freiwillig im Internet preisgegebenen Daten ermöglichen die veröffentlichten Steuerdaten die Erstellung eines sehr detaillierten Persönlichkeitsprofils des Steuerpflichtigen.[576]

Vergleicht man „naming and shaming" im Steuerrecht mit dem im Wirtschaftsrecht und insbesondere im Lebensmittelrecht, so fällt auf, dass sich im Steuerrecht

568 *J. Hey*, in: Funda Başaran Yavaşlar/Johanna Hey (Hrsg.), Tax Transparency, 2019, S. 193 (205 ff.).

569 Vergleiche *K. Tipke*, Die Steuerrechtsordnung, Band I, 2. Auflage 2000, S. 222.

570 *K. Tipke*, Die Steuerrechtsordnung, Band I, 2. Auflage 2000, S. 222.

571 *J. D. Blank*, Tax Law Review 2009, S. 539 (549 ff.).

572 *J. D. Blank*, Tax Law Review 2009, S. 539 (549 f.).

573 *J. D. Blank*, Tax Law Review 2009, S. 539 (550 f.).

574 *J. D. Blank*, Tax Law Review 2009, S. 539 (551 f.).

575 Vergleiche *J. Kokott*, Das Steuerrecht der Europäischen Union, 2018, § 4 Rn. 23.

576 In diese Richtung auch *E. J. Meise*, Steuerpublizität bei natürlichen Personen, 2019, S. 172.

eine ganz andere Idee hinter „naming and shaming“ verbirgt. Im Steuerrecht geht es in keiner Weise um die Warnung der Öffentlichkeit vor Gefahren. Wie gerade ein Blick in die USA zeigt, geht es beim steuerlichen „naming and shaming“ ausschließlich um die Sanktionierung steuerlichen Fehlverhaltens sowie um Abschreckung.[577]

Diese Kombination aus Sanktion und Abschreckung soll als Mittel im Kampf gegen die „aggressive“ Steuerplanung multinationaler Unternehmen eingesetzt werden.[578] Maßgeblich hierfür ist die Transparenz, die durch das Country-by-Country Reporting und seine öffentliche Version des Ertragsteuerinformationsberichts geschaffen werden soll.[579] Durch die so geschaffene öffentliche Steuertransparenz sollen multinationale Unternehmen davon abgehalten werden, „aggressive“ Steuerplanung zu betreiben.[580] Dabei soll vermittels der Öffentlichkeit der Druck auf die Unternehmen ausgeübt werden, den die Staaten nicht ausüben können.[581] Das steuerliche „naming and shaming“ ist an dieser Stelle also eine „Sonderform“.[582] Dies liegt neben dem alles dominierenden Abschreckungscharakter auch an dem Umstand, dass es beim öffentlichen Ertragsteuerinformationsbericht die Unternehmen selbst sind, die steuererhebliche Informationen veröffentlichen.[583] Anders als in anderen Rechtsgebieten und anders als bei den Steuerlisten, die vom Staat erstellt werden, ist der Staat am „naming and shaming“ von Unternehmen im Rahmen des Ertragsteuerinformationsberichts nicht aktiv beteiligt. Zweifelsohne muss er einmal verpflichtend normieren, dass die Unternehmen Informationen veröffentlichen müssen. Ansonsten findet „naming and shaming“ hier aber ohne staatliche Mitwirkung und also unmittelbar zwischen den Unternehmen und der Öffentlichkeit statt. Die eigentlich beim „naming and shaming“ bestehende Dreiecksbeziehung zwischen angeprangertem Unternehmen beziehungsweise Steuerpflichtigen, anprangerndem Staat und sanktionierender Öffentlichkeit gibt es zwar bei den Steuerlisten, beim geplanten Ertragsteuerinformationsbericht indes fehlt diese Dreiecksbeziehung. Die Unternehmen stellen

---

577 Vergleiche *J. D. Blank*, Tax Law Review 2009, S. 539 (549 ff.).

578 Vergleiche COM(2016) 198 final; *R. Seer/S. Kargitta*, in: Christiana Panayi et al. (Hrsg.), Research Handbook on European Union Taxation Law, 2020, S. 489 (509): „[...] this name and shame approach by the EU [...]“.

579 Siehe hierzu auch *X. Ditz/C. Quilitzsch*, DStR 2014, S. 127 (127); *R. Seer*, GmbHR 2014, S. 505 (510); *F. Oppel*, SteuK 2016, S. 421 (426); *P. F. Irmscher*, Öffentlichkeit als Sanktion, 2019, S. 18.

580 Das ist letztlich die Idee hinter dem Ertragsteuerinformationsbericht. Vergleiche daher COM(2016) 198 final.

581 Vergleiche *S. Grotherr*, IWB 2016, S. 854 (856); *V. Dutt/C. Spengel/H. Vay*, FUS 2017, S. 177 (177).

582 *P. F. Irmscher*, Öffentlichkeit als Sanktion, 2019, S. 18.

583 COM(2016) 198 final, S. 2.

sich durch ihre Veröffentlichungen vielmehr selbst an den Pranger. Überdies hat der Staat beim „naming and shaming“ im Wirtschaftsrecht anders als im Steuerrecht die Zügel in der Hand. Im Wirtschaftsrecht geht das „naming and shaming“ von Verstößen nämlich stets auch mit einer entsprechenden Sanktionierung über Bußgelder oder sogar Strafen einher.[584] Eine Sanktionierung über Bußgelder oder Strafen verfängt im Steuerrecht aufgrund der Legalität der Gestaltungen allerdings schon im Ansatz nicht.[585] Mangels rechtlicher Ahndbarkeit verpufft in Fällen der Steuervermeidung auch die ansonsten im Straf- und Ordnungswidrigkeitenrecht zu findende Idee der Generalprävention.[586] Im Bereich der Steuervermeidung kann auf Unternehmen mit Mitteln des Straf- und Ordnungswidrigkeitenrechts keinerlei Einfluss genommen werden. Multinationale Unternehmen sind an dieser Stelle rechtlich unangreifbar.

Hinzu kommt, dass die Veröffentlichungspflicht beim Ertragsteuerinformationsbericht unabhängig davon besteht, ob es überhaupt zu einer Steuervermeidung durch „aggressive“ Steuerplanung gekommen ist. Das Vorhandensein eines steuerlichen Fehlverhaltens ist beim „naming and shaming“ des Ertragsteuerinformationsberichts gerade keine Bedingung für einen allgemeinen Zugang zu Steuerdaten. Beim Ertragsteuerinformationsbericht besteht also die Besonderheit, dass der Hoheitsträger sich nicht klar zum in ihm verkörperten „naming and shaming“ bekennt, sondern ihn „mit Transparenzgedanken verbirgt“[587].

b) Der Einsatz von „naming and shaming“ gegen Steuervermeidung

aa) Öffentlicher Informationszugang zu Steuerdaten und Reaktion der Öffentlichkeit

„Naming and shaming“ kann im Kampf gegen die „aggressive“ Steuerplanung multinationaler Unternehmen nur dann wirksam eingesetzt werden, wenn die Öffentlichkeit spezifisch unternehmenssteuerliche Informationen erhält. Für die Öffentlichkeit muss daher ein Informationszugang geschaffen werden, mit dem sie tatsächlich kontrollieren kann, ob das Unternehmen seine Steuern dort zahlt, wo die Wertschöpfung erfolgte, wie hoch die effektive Steuerlast am Ende ist und ob sie fair ist.[588] Diese Notwendigkeit eines spezifischen Zugangs zu Unternehmensinformationen bedarf eines eigenen Transparenzformats. Dies ist der Ansatzpunkt der Europäischen Kommission für den Ertragsteuerinformationsbericht: „Als

584 *C. Armbrüster/L. Böffel*, ZIP 2019, S. 1885 (1885).
585 Zu Abgrenzungsfragen im Einzelnen *H.-G. Meine*, wistra 1992, S. 81 (81 ff).
586 Zur Generalprävention im Strafrecht ausführlich *C. Roxin*, Strafrecht Allgemeiner Teil, Band I, 4. Auflage 2006, § 3 Rn. 21 ff.
587 In einem anderen Kontext, in der Sache aber dennoch treffend *P. F. Irmscher*, Öffentlichkeit als Sanktion, 2019, S. 214.
588 Vergleiche COM(2016) 198 final.

Antwort auf die von der G20 und andernorts erhobenen Forderungen ist mehr Transparenz auf Seiten der Unternehmen notwendig, um öffentliche Kontrolle darüber zu ermöglichen, ob Steuern dort gezahlt werden, wo Gewinne entstehen.“[589] Die Öffentlichkeit wird hierbei also zugunsten eines politischen Ziels instrumentalisiert.[590]

Die Reaktion der Öffentlichkeit auf das Bekanntwerden von „aggressiver“ Steuerplanung kann sich dabei in verschiedener Weise gestalten.[591] Die Öffentlichkeit kann das hinter den Steuerinformationen stehende Verhalten gutheißen.[592] Die Öffentlichkeit kann die Steuerinformationen jedoch auch gleichgültig aufnehmen. Dies wird etwa im Falle eines „shaming overload“ zu erwarten sein.[593] Wenn immer wieder bekannt wird, dass bestimmte Konzerne „aggressive“ Steuerplanung betreiben, stumpft die Empörung darüber zunehmend ab. Man gewöhnt sich daran. In diesem Kontext ist dann auch zu bedenken, dass ein Unternehmen, das aufgrund von Medienberichterstattung mittlerweile ohnehin schon einen schlechten Ruf wegen seiner „aggressiven“ Steuergestaltungspraktiken erlangt und somit ohnehin schon „shame sanctions“ erlitten hat, durch den Ertragsteuerinformationsbericht nicht mehr sonderlich stark getroffen werden kann.[594] Dies kann vielmehr sogar dazu führen, dass das Unternehmen zukünftig noch „aggressiver“ Steuerplanung betreiben wird, da es nichts mehr zu verlieren hat.[595] Es mag vielleicht etwas paradox erscheinen, aber zu viel „naming and shaming“ führt dazu, dass es seine Wirkung verliert.

Es ist aber auch möglich, dass sich die Öffentlichkeit über die Informationen und das in ihnen ausgedrückte Verhalten empört.[596] Hier ist es dann sehr wahrscheinlich, dass es „[u]nter bestimmten, der Mobilisierung von Empörung günstigen Umständen [...] zu einer massiven Reaktion bis hin zur Gefährdung der

589 COM(2016) 198 final, S. 2.

590 Dass Öffentlichkeit nicht ganz wirkungslos bleibt, zeigt sich in der Causa „Luxemburg-Leaks“. Siehe etwa *A. Olliges*, RIW 2018, S. 135 (136), der von einer „inzwischen weitreichenden Kooperation von Luxemburg mit dem OECD Global Forum und den Institutionen der Europäischen Union“ berichtet und auf die zukünftige „Umsetzung von gemeinsamen Transparenzregeln“ hinweist.

591 Vergleiche *A. Steinegger*, Der Konzern 2016, S. 454 (459 f.).

592 Hierzu *A. Steinegger*, Der Konzern 2016, S. 454 (460).

593 Siehe zum „shaming overload“ *T. M. Massaro*, Michigan Law Review 1991, S. 1880 (1930).

594 Ähnlich *L. Klöhn*/*K. U. Schmolke*, NZG 2015, S. 689 (692): „Ist der Ruf erst ruiniert, lebt sich's gänzlich ungeniert.“

595 *J. D. Blank*, Tax Law Review 2009, S. 539 (575).

596 Vergleiche *A. Steinegger*, Der Konzern 2016, S. 454 (460); *S. Sieber*, DStR 2021, S. 2656 (2662).

wirtschaftlichen oder sozialen Existenz [kommt]".[597] Gerade die heutigen sozialen Medien können einem Mobilmachen der Öffentlichkeit sehr zuträglich sein.[598] Auch wenn es abstrakt betrachtet nicht vorhergesagt werden kann, wie die Öffentlichkeit auf veröffentlichte Informationen und Daten reagiert,[599] ist gerade auf dem Gebiet des Steuerrechts eine negative, der Empörung Ausdruck verleihende Reaktion der Öffentlichkeit auf die veröffentlichten Informationen wahrscheinlicher.[600] Dabei kann öffentliche Kritik an der Steuerpolitik eines Unternehmens wiederum „zu [negativen] Reaktionen in den Märkten [führen], in denen das [multinationale] Unternehmen aktiv ist".[601]

bb) Die Unternehmensreputation als Anknüpfungspunkt

Da Geldstrafen oder Geldbußen aufgrund der Legalität der Gestaltungen nicht möglich sind, brechen den Staaten die regulären rechtlichen Möglichkeiten der Abschreckung und Verhaltenssteuerung weg. Diese Defizite drängen den Staat förmlich in die Effektuierung von „naming and shaming". In diesem Fall, in dem sich staatliche Machtlosigkeit mit gesellschaftlichem Unmut paart, hat „naming and shaming" in der Tat das Potenzial, zu einem „remedy for social and industrial diseases"[602] zu werden.

Multinationale Konzerne sind grundsätzlich international bekannt. Vergleichbar mit natürlichen Personen haben auch sie eine Reputation.[603] Wenn „naming

---

597 *H.-P. Schmieszek/O. Langner*, WM 2014, S. 1893 (1893); *A. Gläßner*, Die Beschränkung des Vertriebs von Finanzprodukten, 2017, S. 318 führt als ein Beispiel für eine „Überreaktion" den „Shitstorm" an. Siehe auch *J. Q. Whitman*, The Yale Law Journal 1998, S. 1055 (1089): „[...] allowing state-encouraged lynching involves a troubling tolerance for ochlocracy [...]".

598 *C. Armbrüster/L. Böffel*, ZIP 2019, S. 1885 (1891): „Es drohen insbesondere in den sozialen Medien massenhafte Reaktionen [...]".

599 Siehe zu diesem Aspekt auch *J. Q. Whitman*, The Yale Law Journal 1998, S. 1055 (1089), der ausführt: „[...] we have far too little control over the way the public exercises its enforcement power – far too little control over the tendency of the public to become either a mob or a collection of petty private prison guards".

600 So auch *A. Christians*, in: Miranda Stewart/Yariv Brauner (Hrsg.), Tax, Law and Development, 2013, S. 288 (297): „There is reason to anticipate that tax transparency would provoke negative public reaction.", die weiter ausführt (300): „[...] the public will likely react with anger to the information disclosed through tax transparency."

601 *U. Schreiber/J. Voget*, StuW 2017, S. 145 (154).

602 Die Formulierung „remedy for social and industrial diseases" wird hier wörtlich nach *P. F. Irmscher*, Öffentlichkeit als Sanktion, 2019, S. 16 zitiert, der seinerseits offenbar wörtlich *Brandeis*, Other People's Money: and How the Bankers Use it, [1914] 2009, S. 92 zitiert.

603 Siehe zur Unternehmensreputation etwa *L. Klöhn/K. U. Schmolke*, NZG 2015, S. 689 (689 ff.).

and shaming“ bei multinationalen Unternehmen erfolgreich sein will, gilt es, diese Reputation zu treffen. Wenn multinationale Unternehmen überhaupt eine Achillesferse haben, dann ist dies ihre Reputation.

(1) Unternehmensreputation als Vermögenswert

Die Unternehmensreputation ist der Ruf, den ein Unternehmen in der Öffentlichkeit genießt.[604] Die Unternehmensreputation betrifft die Außendarstellung des Unternehmens. Das öffentliche Anprangern macht sich diese „sehr äußerliche[...] Ressource Unternehmensreputation“[605] zunutze und trifft insofern mit dem Fokussieren auf Ansehen und Ruf eine durchaus „empfindliche Stelle“ der Unternehmen.[606] Gerade für Unternehmen ist ihre Reputation „eine knappere, prekärere Ressource als Geld“.[607] Ein guter Unternehmensruf steht für Zuverlässigkeit, Glaubwürdigkeit und Verantwortung[608] und ist für das Unternehmen im Wirtschaftsverkehr damit von großer Relevanz. Die Bedeutung der Unternehmensreputation ist nicht zuletzt auch deswegen so hoch, weil sie nicht nur als eigenständiger, sondern auch als der „bedeutendste immaterielle Vermögensgegenstand eines Unternehmens“ angesehen wird.[609] Als zentraler Faktor des Unternehmenswerts ist die Unternehmensreputation eine wirtschaftliche Größe, die in ihrer Bedeutung nahezu nicht zu überschätzen ist. Nicht selten sind Unternehmen „existenziell abhängig von ihrem guten Ruf“.[610] Aufgrund dieser Abhängigkeit hat „naming and shaming“ das Potenzial, die Unternehmensführung eines multinationalen Unternehmens davon abzuhalten, solche Steuervermeidungsstrategien anzuwenden, die öffentliche Empörung auslösen können.[611] Kein Unternehmen ist daran interessiert, in der Öffentlichkeit als „gesellschaftlich verantwortungsloser Steuerzahler“ dazustehen und sich dem allgemeinen Unwillen auszusetzen.[612] Derartige „Reputationswirkungen werden [...] als Unternehmenswertänderungen aufgrund von Verhaltensänderungen in Märkten fassbar“.[613] Bereits die bloße Angst vor einem Reputationsverlust kann also dazu führen, sich steuermoralisch zu verhalten.

---

604 *P. F. Irmscher*, Öffentlichkeit als Sanktion, 2019, S. 68.

605 *F. Reimer*, JöR 58 (2010), S. 275 (287).

606 *F. Reimer*, JöR 58 (2010), S. 275 (286).

607 *F. Reimer*, JöR 58 (2010), S. 275 (286); siehe auch *A. Glos/A. Hildner/F. Glasow*, CCZ 2017, S. 83 (88): „empfindliches wirtschaftliches Gut“.

608 Zur Steigerung der unternehmerischen Verantwortung für ein gerechtes Steuerrecht und Wohlstand siehe etwa COM(2016) 198 final, S. 2, 11, Erwägungsgrund 5.

609 *L. Klöhn/K. U. Schmolke*, NZG 2015, S. 689 (691).

610 *P. F. Irmscher*, Öffentlichkeit als Sanktion, 2019, S. 69.

611 *J. D. Blank*, Tax Law Review 2009, S. 539 (557).

612 Treffend *I. Hardeck*, IStR 2011, S. 933 (938).

613 *U. Schreiber/J. Voget*, StuW 2017, S. 145 (154).

Aus diesem Grund überrascht es wenig, dass die Unternehmensführung drohende nachteilige Auswirkungen der gewinnverlagernden Steuerplanung auf die Unternehmensreputation in der Öffentlichkeit bei Steuergestaltungen berücksichtigt.[614] Die Unternehmensführung wird daher grundsätzlich auch bestrebt sein, einen guten Ruf zu bewahren und einen bestehenden immer weiter zu verbessern.[615] Es gilt: „*Corporate reputation matters!*"[616]

(2) „Aggressive" Steuerplanung als Auslöser für sogenannte „Non-Tax Costs"

Eine negative Reputation kann insbesondere mögliche Investoren[617] oder Kunden abschrecken und Konkurrenzunternehmen einen entscheidenden Wettbewerbsvorteil verschaffen.[618] Die Unternehmensreputation ist jedoch auch ein Wert an sich. Dies bedeutet am Ende dann eben auch, dass ein Reputationsverlust nicht bloß irgendeine diffuse Beeinträchtigung ist, sondern als Reputationsvermögensschaden einen durchaus klar zu beziffernden Schaden für das Unternehmen darstellt, der im wahrsten Sinne des Wortes „zu Buche schlägt".[619] Anders als bei Straftaten oder Ordnungswidrigkeiten besteht beim „naming and shaming" überdies gerade keine Erwartbarkeit bezüglich der Höhe der Sanktion.[620] Werden rechtliches oder gesellschaftliches Fehlverhalten offenkundig, so können die Folgen für das Unternehmen daher durchaus „einschneidend bis ruinös" sein.[621] Eine schlechte Reputation kann langfristig betrachtet also sogar die Rentabilität des gesamten Unternehmens gefährden.[622] Unternehmen besitzen daher also eine „soziale Lizenz", die es zu schützen gilt und deren Entzug durch die Öffentlichkeit

614 Siehe etwa *U. Schreiber/L. M. Fell*, in: FS Dieter Endres, 2016, S. 387 (389).

615 *J. Gallemore/E. L. Maydew/J. R. Thornock*, Contemporary Accounting Research 2014, S. 1103 (1108).

616 *L. Klöhn/K. U. Schmolke*, NZG 2015, S. 689 (697) (auch im Original kursiv).

617 Zum Verhältnis zwischen Steuertransparenz und Investoren ausführlich *S. Sieber*, DStR 2021, S. 2656 (2660 ff.).

618 *A. Steinegger*, Der Konzern 2016, S. 454 (460).

619 Zum Begriff und zur Messung eines Reputationsschadens siehe ausführlich *L. Klöhn/K. U. Schmolke*, NZG 2015, S. 689 (692 ff.).

620 *A. Gläßner*, Die Beschränkung des Vertriebs von Finanzprodukten, 2017, S. 317.

621 *J. Freigang*, Verträge als Instrumente der Privatisierung, Liberalisierung und Regulierung in der Wasserwirt-schaft, 2009, S. 362; siehe auch *J. Q. Whitman*, The Yale Law Journal 1998, S. 1055 (1067): „But shamed merchants are likely to suffer harms from shame sanctions that go beyond the conventional loss of commercial reputation. It may be that merchants value their reputations not only for reasons of economic self-interest, but also because they have an attachment to a kind of bourgeois respectability that shame sanctions peculiarly threaten."

622 *W. Schön*, in: FS Michael Hoffmann-Becking, 2013, S. 1085 (1097).

ernsthafte wirtschaftliche Konsequenzen nach sich ziehen kann.[623] Dies bedeutet, dass Unternehmen neben dem Verlust des öffentlichen Ansehens vor allem mit Umsatz- und Werteinbußen rechnen müssen. So wurde herausgefunden, dass der Aktienkurs eines Unternehmens grundsätzlich jedenfalls temporär sinkt, wenn bekannt wird, dass es mittels Steuergestaltungen seine eigentliche Steuerlast mindert.[624] Nicht zuletzt dieser Umstand ist ein Beleg dafür, dass es mittlerweile „kaum Zweifel an der erheblichen Wirkung von ‚naming and shaming‘ auf die Reputation“ gibt.[625] Hinzukommt, dass eingetretene Reputationsschäden trotz teurer PR-Maßnahmen nahezu irreversibel sind.[626] Die Information der Öffentlichkeit über eine „aggressive“ Steuerplanung eines multinationalen Unternehmens kann insoweit also nicht steuerliche Kosten verursachen.[627]

(3) Unternehmensreputation als Disziplinierungsinstrument – gerade im Steuerrecht

Verletzungen von Verhaltenspflichten können rechtliche Konsequenzen haben. Sie können aber auch außerrechtliche Konsequenzen haben. Letzteres ist vor allem dann der Fall, wenn es keine rechtliche, sondern „nur“ eine soziale oder gesellschaftliche Pflicht zu einem bestimmten Verhalten gibt, die nicht beachtet wurde. Außerrechtliche Konsequenzen können damit zur Beachtung und Befolgung der sozial gebotenen Verhaltensweise beitragen und damit verhaltensbeeinflussend wirken.[628] Dies gilt selbst dann, wenn das Verhalten juristisch betrachtet nicht zu beanstanden ist. Multinationale Unternehmen bewegen sich mit ihren steuerlichen Gestaltungen zwar im Bereich des Legalen, dennoch wird von ihnen erwartet, dass sie eine Steuerlast tragen, die über das hinausgeht, was sie rechtlich zu tragen verpflichtet sind.[629] Steuertransparenz zugunsten der Öffentlichkeit meint dann eben auch, dass sich multinationale Unternehmen an der Meinung und den

---

623 Zum Verhältnis einer einem Unternehmen durch die Öffentlichkeit erteilten „sozialen Lizenz“ und der Steuervermeidung des Unternehmens *A. Christians*, Tax Notes International 2013, S. 637 (637 ff.).

624 *M. Hanlon/J. Slemrod*, Journal of Public Economics 2009, S. 126 (139): „We find that, on average, a company's stock price declines when there is news about its involvement in tax shelters.“; *J. Gallemore/E. L. Maydew/J. R. Thornock*, Contemporary Accounting Research 2014, S. 1103 (1105, 1127).

625 *P. F. Irmscher*, Öffentlichkeit als Sanktion, 2019, S. 76 m. w. N.

626 Vergleiche hierzu *C. Armbrüster/L. Böffel*, ZIP 2019, S. 1885 (1891).

627 Vergleiche *C. Watrin/M. Thomsen/A. Brune*, FR 2017, S. 1029 (1031); *S. Sieber*, DStR 2021, S. 2656 (2662).

628 *D. Poelzig*, Normdurchsetzung durch Privatrecht, 2012, S. 15.

629 Siehe auch *A. Christians*, Tax Notes International 2013, S. 637 (638): „more than mere compliance with the tax laws as written“.

Fairnessvorstellungen der Öffentlichkeit ausrichten und sich insofern der Macht der Öffentlichkeit unterwerfen.[630]

Dieser Umstand ist natürlich gerade dort sehr nützlich, wo es dem Gesetzgeber schon nicht möglich ist, rechtliche Konsequenzen überhaupt zu schaffen. Klassischerweise kann die Reputation also in den Fällen als Druck- und Disziplinierungsinstrument eingesetzt werden, in denen eine der Gesellschaft oder einer bestimmten Gemeinschaft geschuldete Verhaltenspflicht zu beachten ist, die an sich nicht oder jedenfalls nicht sinnvoll in eine gesetzliche Verpflichtung gegossen werden kann. Eine solche der Gesellschaft und der Gemeinschaft der Steuerpflichtigen geschuldete Pflicht besteht etwa in Bezug auf eine angemessene Besteuerung der Gewinne und einen Verzicht auf das (übermäßige) Nutzen von Steuergestaltungen.[631] Rein juristisch hat es wenig Sinn, eine derartige Pflicht zu normieren. Bestünde sie, könnte sie ohne große Schwierigkeiten umgangen werden. Weder kann der Staat wirklich verhindern, dass sich multinationale Unternehmen auf legalem Wege ihrer nahezu gänzlichen Steuerlast entledigen, noch kann er die sittliche Pflicht zum Tragen einer angemessenen Steuerlast verbindlich normieren.[632] Aus diesen Gründen benötigt er hier die Öffentlichkeit als Instrument, um die Unternehmen über eine (drohende) Reputationsbeeinträchtigung zu einem steuerfairen Verhalten zu motivieren. Für das Steuerrecht bedeutet „naming and shaming“ daher vor allem, dass ein legales Verhalten angegangen werden soll, um ein sittliches Verhalten zu realisieren.

Die Reputation der multinationalen Unternehmen kann damit nicht nur, jedoch gerade für das Steuerrecht zu einem außerrechtlichen „Disziplinierungsinstrument“ gemacht werden, das dort seine Stärken hat, „wo das Recht an seine Grenzen stößt“.[633] Nicht von ungefähr nehmen reputationsbezogene Risiken für steuervermeidende multinationale Unternehmen immer mehr zu.[634] Gerade bei kleineren Unternehmen und Familienunternehmen wird „aggressive“ Steuerplanung aus Gründen des Schutzes der Reputation bereits jetzt eher zurückhaltend

---

630 Siehe hierzu auch *A. Christians*, in: Miranda Stewart/Yariv Brauner (Hrsg.), Tax, Law and Development, 2013, S. 288 (295).

631 Siehe zum Verhältnis von Gerechtigkeit und gegenseitiger Schuld auch *J. Stark*, StuW 2019, S. 71 (74).

632 Siehe auch *H. Weber-Grellet*, Steuern im modernen Verfassungsstaat, 2001, S. 24.

633 *L. Klöhn/K. U. Schmolke*, NZG 2015, S. 689 (691 f., 696); siehe hierzu auch *A. Christians*, Tax Notes International 2013, S. 637 (638).

634 Siehe hierzu auch *I. Hardeck*, IStR 2011, S. 933 (938); *M. Hanlon*, Bulletin for International Taxation 2018, S. 209 (211): „But it does seem increasingly the case that firms are concerned about some notion of tax risk, that they are worried about their reputation with respect to tax issues, and that most certainly they want to avoid any possibility of financial accounting restatements or earnings charges with respect to past tax positions.“

betrieben.[635] Sollten die Öffentlichkeit und „naming and shaming“ im Steuerrecht schließlich sogar als feste Kontroll- und Sanktionsinstrumente in entsprechenden Gesetzen verankert werden, so ist davon auszugehen, dass es seitens einiger multinationaler Unternehmen bezüglich ihrer „aggressiven“ Steuerplanungspolitik zu einem grundlegenden Umdenken kommen wird.[636] Der Themenkomplex rund um die Steuerlast und die Steuervermeidung multinationaler Unternehmen ist für diese mittlerweile zu einem ernst zu nehmenden „reputational issue“[637] geworden. Es kommt für ein Unternehmen plötzlich nicht mehr vorrangig darauf an, Steuern zu vermeiden, sondern eine gute Reputation zu bewahren.[638]

(4) Das Kosten-Nutzen-Verhältnis

Öffentliche Transparenz im Steuerrecht lässt es für die Unternehmensführung multinationaler Unternehmen angezeigt erscheinen, den durch eine „aggressive“ Steuerpolitik zu erzielenden höheren Gewinn nach Steuern und die durch eine öffentliche Bloßstellung bedingten Reputationsschäden in ein Kosten-Nutzen-Verhältnis zu setzen. Gemessen an der mit einer sozialen Ächtung verbundenen wirtschaftlichen Beeinträchtigung kann es gut sein, dass die steuerlichen Vorteile einer „aggressiven“ Steuergestaltung im Ergebnis doch als zu gering anzusehen sind.[639] Das bedeutet, dass die potenziellen Folgen für die Unternehmensreputation bei der Ausarbeitung und Umsetzung der unternehmerischen Steuerstrategie zu beachten sind.[640] Der besonderen Bedeutung der Unternehmensreputation ist sich die jeweilige Unternehmensführung grundsätzlich bewusst und berücksichtigt die Gefahr von Reputationsbeeinträchtigungen durchaus schon bei ihren Entscheidungen für oder gegen die Anwendung von Steuerplanungsstrategien.[641] Eine Abwägung der Vor- und Nachteile einer Steuergestaltung findet statt. „Naming and shaming“ hat damit im Kampf gegen „aggressive“ Steuerplanung durchaus Potenzial.

---

635 *U. Schreiber/L. M. Fell*, in: FS Dieter Endres, 2016, S. 387 (389) unter Bezug auf die Studie von *S. Chen/X. Chen/Q. Cheng/T. Shevlin*, Journal of Financial Economics 2010, S. 41 (41 ff.).

636 Wenn auch bezogen auf ein anderes Rechtsgebiet, so der Idee nach doch vergleichbar *A. Glos/A. Hildner/F. Glasow*, CCZ 2017, S. 83 (88).

637 *B. Erle*, in: Wolfgang Schön (Hrsg.), Tax and Corporate Governance, 2008, S. 205 (207).

638 *U. Schreiber/L. M. Fell*, in: FS Dieter Endres, 2016, S. 387 (389).

639 Weitsichtig *W. Schön*, in: FS Michael Hoffmann-Becking, 2013, S. 1085 (1100).

640 *A. Roth*, in: FS Dieter Endres, 2016, S. 313 (314).

641 Siehe hierzu *J. R. Graham/M. Hanlon/T. Shevlin/N. Shroff*, The Accounting Review 2014, S. 991 (1018 f.); so auch *U. Schreiber/L. M. Fell*, in: FS Dieter Endres, 2016, S. 387 (389): „Es zeigt sich, dass das Management negative Konsequenzen der Steuerplanung für das Ansehen der Unternehmung in der Öffentlichkeit als wichtig erachtet und in Rechnung stellt.“

Um einer Reputationsbeeinträchtigung und sonstigen „shame sanctions“ vorzubeugen, ist es für die Steuerpolitik multinationaler Unternehmen sinnvoll, wenn im Ganzen wenigstens versucht wird, das Interesse der Öffentlichkeit an Steuerfairness sowie die eigenen unternehmerischen Gewinnmaximierungsbemühungen in einen angemessenen Ausgleich zu bringen.[642] Multinationale Unternehmen sind daher – gerade auch wirtschaftlich betrachtet – durchaus gut beraten, ihre Steuerpolitik nicht nur an einer Steigerung des Gewinns, sondern auch an einer Steigerung der unternehmerischen Steuergerechtigkeit auszurichten. Neben die Berücksichtigung der geltenden Steuergesetze tritt also auch eine Berücksichtigung der geltenden Gerechtigkeitsstandards, wie sie das Leistungsfähigkeits- und das globale Äquivalenzprinzip aufstellen. Letzteres ist zweifelsohne ein Erfordernis, das weit über das rechtlich Geschuldete hinausgeht, dessen Beachtung sich für multinationale Unternehmen aber positiv auswirken kann.[643] Hierdurch würde das multinationale Unternehmen ferner auch seinen Verpflichtungen aus der „corporate social responsibility“ nachkommen und ein „good corporate citizen“ werden.[644] „Naming and shaming“ hätte das Unternehmen dann nicht mehr zu fürchten.

c) „Naming and shaming“ und soziale Medien

Über soziale Medien und soziale Netzwerke können Meinungen, Inhalte und Themen in kürzester Zeit buchstäblich mit der ganzen Welt geteilt werden. Über politische, soziale, rechtsstaatliche und wirtschaftliche Missstände kann aufgrund des beträchtlichen Verbreitungspotenzials weltweit informiert werden. Soziale Medien ermöglichen es, Kritik frei und beliebig mit einem Millionen-, wenn nicht sogar mit einem Milliardenpublikum zu teilen. Aus diesen Gründen sind die sozialen Medien und Netzwerke auch aus dem Bereich des „naming and shaming“ nicht mehr wegzudenken.[645] Wurden die Menschen im Mittelalter noch in ihrem Dorf an den Pranger gestellt, so vermögen es die sozialen Medien heutzutage, Menschen und Unternehmen weltweit anzuprangern. Mit den sozialen Netzwerken wird also eine ganz andere Dimension des Anprangerns ermöglicht. Soziale Medien schaffen den idealen Raum für anonyme Kritik und bieten damit eine „dankbare Empörungsplattform“.[646] Zu beachten ist dabei auch, dass es für „naming and shaming“ in den sozialen Medien nicht auf staatlicherseits bewusst und gezielt

---

642 Siehe zu diesem Aspekt auch *W. Schön*, in: FS Michael Hoffmann-Becking, 2013, S. 1085 (1098f.).

643 Siehe auch *A. Christians*, Tax Notes International 2013, S. 637 (638), die von einem „beyond-legal-compliance tax requirement“ schreibt.

644 Siehe zur corporate social responsibility *U. Schreiber/J. Voget*, StuW 2017, S. 145 (150). Siehe auch *S. Sieber*, DStR 2021, S. 2656 (2658).

645 Vergleiche *D. John*, BKR 2020, S. 335 (337).

646 *T. Hofmann/B. Fuhlert*, CCZ 2015, S. 237 (237).

lancierte Informationen ankommt. Im Internet und in den sozialen Medien werden „Massenmeinungen [...] nicht mehr von der Presse, sondern von Nutzern selbst gemacht".[647] Die Nutzerinnen und Nutzer der sozialen Medien suchen sich hierfür ihre Informationsquellen im Internet selbst. So wird betont, dass durch das Internet irgendwann ohnehin „nahezu alles ans Tageslicht [komme]" und sodann „öffentlich diskutiert [werde]".[648] Sind Informationen über Privatpersonen oder Unternehmen irgendwo im Internet abrufbar, so werden sie im Zweifelsfall auch gefunden und verwendet. In den sozialen Medien gilt: „There is nowhere to hide anymore".[649]

Gerade für Unternehmen gehen mit dem „hohe[n] Verbreitungsgrad von Inhalten in sozialen Netzwerken" Reputationsrisiken einher.[650] Immer wieder kommt es vor, dass sich aus an Vorgängen im Unternehmen geäußerter Kritik „ein regelrechter Sturm der Entrüstung" entwickelt, „der innerhalb kurzer Zeit unkontrollierbare Ausmaße annehmen kann".[651] Selbst wenn die Kritik am Anfang vielleicht noch begründet und sachlich war, kann sie ihre Sachlichkeit im weiteren Verlauf des „naming and shaming" in den sozialen Medien verlieren und sich zu einem regelrechten „Shitstorm" ausweiten.[652] Charakteristisch für einen „Shitstorm" ist sein „Bezug zu einem sachlichen Kern eines Themas oder einer Diskussion".[653] Ausgehend von einem Tatsachenkern wird der „Shitstorm" dann aber immer weiter mit (ehrverletzenden) Werturteilen angereichert. Das Ziel des „Shitstorms" ist also nicht die sachliche Erörterung eines bestimmten Aspekts, Themas oder Missstands. Seine „Zwecksetzung" besteht darin, die Ehre von Personen oder Unternehmen zu verletzen „und damit deren öffentliches Ansehen zu schädigen".[654] Das Verhalten kann strafrechtlich durchaus relevant sein.[655] Begünstigt durch die Anonymität des Einzelnen in den sozialen Medien werden dem „naming and shaming" dabei immer häufiger auch Verleumdungen, üble Nachreden und Beleidigungen beigemischt. Neben der Frage nach der Strafbarkeit der Nutzer führt dies auch zu der interessanten Frage einer „strafrechtliche[n] Verantwortlichkeit der Betreiber von Social-Media-Plattformen".[656] In Deutschland sind Betreiber nur mit „geringen Strafbarkeitsrisiken"

---

647 *D. Ziegelmayer*, GRUR 2012, S. 761 (764).

648 *J. Klein*, in: Andreas Splittgerber (Hrsg.), Praxishandbuch Rechtsfragen Social Media, 2014, Kapitel 1 Rn. 22.

649 *C. H. Seibt*, BB 2019, S. 2563 (2564).

650 *S. Laoutoumai*, WRP 2018, S. 401 (401).

651 *S. Laoutoumai*, WRP 2018, S. 401 (401). Mit Beispielen *J. Klein*, in: Andreas Splittgerber (Hrsg.), Praxishandbuch Rechtsfragen Social Media, 2014, Kapitel 1 Rn. 21.

652 Vergleiche *S. Laoutoumai*, WRP 2018, S. 401 (401).

653 *F. Voskamp/D.-K. Kipker*, DuD 2013, S. 787 (788).

654 *F. Voskamp/D.-K. Kipker*, DuD 2013, S. 787 (789).

655 *F. Voskamp/D.-K. Kipker*, DuD 2013, S. 787 (789).

656 Hierzu ausführlich *E. Hoven*, ZWH 2018, S. 97 (97 ff.).

konfrontiert.[657]

Im Ganzen fällt auf, dass die Rhetorik in den sozialen Medien „von skandalisierenden Begriffen“ geprägt ist.[658] Mit einer skandalisierenden Mediensprache soll die Aufmerksamkeit der Leserinnen und Leser geweckt werden.[659] Die Arbeit mit plakativer Sprache und das In-Szene-Setzen von Skandalen sind nicht zuletzt auch deshalb gefährlich, weil sich daraus Eigendynamiken entwickeln und soziale Medien zu einem „Krisentreiber“ gemacht werden können.[660]

Angesichts einer plakativen Rhetorik muss auch bedacht werden, dass in den sozialen Medien problemlos mit „Fake News“ gearbeitet werden kann.[661] Wird „naming and shaming“ in den sozialen Medien mit „Fake News“ angereichert, so ergibt das für die Reputation des Opfers eine toxische Mischung. Dies führt zu der problematischen Situation, dass es in den sozialen Medien grundsätzlich keine Kontrolle der Richtigkeit der Sachverhaltsgrundlagen für „naming and shaming“ gibt. Vollkommen beliebige Personen können hier ungehindert „Naming and shaming“-Kampagnen auf der Grundlage von Lügen und „Fake News“ starten. Angesichts der Funktion der sozialen Medien „als Katalysator und Multiplikator“[662] ist dies bedenklich.

Über soziale Medien können „massenhafte Reaktionen“ auf spezielle Informationen hervorgerufen werden.[663] So ist es in der Vergangenheit etwa vorgekommen, dass sich eine unzufriedene Kundin in den sozialen Medien über das Unternehmen *Vodafone* beschwert hatte und binnen weniger Tage von Zehntausenden Zustimmung erhielt.[664] Aufgrund der Offenheit der sozialen Medien können „rasante Themenkarrieren“ erfolgen.[665] Die Unternehmen sehen sich dann urplötzlich einer beachtlichen Zahl von Stimmen in den sozialen Medien ausgesetzt, die Kritik üben. Die Massen, die über die sozialen Medien mobilisiert werden können, sind aber nicht das einzige Problem, mit dem sich die Unternehmen wie aus dem Nichts auseinandersetzen müssen. Das Delikate in der Causa *Vodafone* war nämlich noch, dass sich die kritisierende Kundin hinter einem Pseudonym versteckt hatte und *Vodafone* damit noch nicht einmal Kontakt zu ihr aufnehmen konnte,

657 *E. Hoven*, ZWH 2018, S. 97 (106).
658 *T. Hofmann/B. Fuhlert*, CCZ 2015, S. 237 (237).
659 *T. Hofmann/B. Fuhlert*, CCZ 2015, S. 237 (237).
660 *T. Hofmann/B. Fuhlert*, CCZ 2015, S. 237 (237).
661 *R. Hamm*, NJW 2018, S. 2099 (2103); *D. John*, BKR 2020, S. 335 (337).
662 *T. Hofmann/B. Fuhlert*, CCZ 2015, S. 237 (237); siehe hierzu auch *D. Ziegelmayer*, GRUR 2012, S. 761 (764).
663 *C. Armbrüster/L. Böffel*, ZIP 2019, S. 1885 (1891).
664 Fallbeispiel entnommen aus *J. Klein*, in: Andreas Splittgerber (Hrsg.), Praxishandbuch Rechtsfragen Social Media, 2014, Kapitel 1 Rn. 21.
665 *T. Hofmann/B. Fuhlert*, CCZ 2015, S. 237 (237).

um die Beschwerde zu erörtern.[666] Kritiker verbergen sich in den sozialen Medien in der Anonymität.[667] Für die Unternehmen bedeutet dies, dass sie angegriffen werden, ohne den Angreifer zu kennen. Vielfach werden diese Kritiker aber auch einfach nur pöbeln wollen. Die Grenzen zwischen sachlicher Kritik und unsachlichem Pöbeln verlaufen beim „naming and shaming“ in den sozialen Medien sehr fließend. Vor diesem Hintergrund erweisen sich gerade Bewertungsplattformen als besonders problematisch.[668] Informationen und Meinungen können dort in „exponentieller Geschwindigkeit“ geteilt werden, die Gefahr von „Falschmeldungen und Missverständnissen [ist] besonders hoch“, und schließlich „lassen sich [...] Informationsstränge nicht mehr zuverlässig verfolgen und beseitigen“.[669] Durch das schnelle und unkomplizierte Teilen von Informationen und Daten in den sozialen Medien gestaltet sich eine umfassende Löschung der geteilten Daten als äußerst schwierig.[670] Aus der Anwaltschaft ist etwa zu hören, dass Betroffenen oftmals wohl nichts anderes übrig bleibe, als „die individuellen Akteure ausfindig zu machen und zur Löschung ihrer Meldungen bzw. Richtigstellung aufzufordern“.[671]

Unternehmen sind einem in den sozialen Medien gegen sie schwelenden „naming and shaming“ relativ schutz- und machtlos ausgeliefert.[672] Zweifellos können Straftaten zur Anzeige gebracht werden, und unter Umständen stehen sogar zivilrechtliche Unterlassungsansprüche zur Verfügung. Eine tatsächliche Bestrafung dürfte sich indes ebenso wie eine effektive Durchsetzung eines bestehenden Unterlassungsanspruchs angesichts der Anonymität einer weltweiten Internetöffentlichkeit als eher schwierig erweisen. Medienberater setzen daher zunehmend auf Prävention.[673] Hierbei gibt es eine Vielzahl von Strategien.[674] In einem „Worst Case-Thinking“ werden etwa Szenarien durchdacht, die sich auf der Grundlage bestimmter Informationen entwickeln können.[675] Hierfür bedarf es zunächst der Aufdeckung möglicher „Risikoherde“, die sodann mit einer „Risiko-Matrix“ auf ihre „Eintrittswahrscheinlichkeit“ und ihr Schadensausmaß hin überprüft werden.[676] Mit den darauf aufbauenden Szenarien wird zu antizipieren versucht, was

---

666 *M. Hauck/P. Paukner*, SZ vom 1.8.2012, abrufbar unter: https://www.sueddeutsche.de/digital/shitstorm-gegen-vodafone-und-h-m-beschwerdeformular-facebook-1.1428011 (letzter Aufruf: 31.3.2022).

667 *D. Ziegelmayer*, GRUR 2012, S. 761 (765).

668 Vergleiche *D. John*, BKR 2020, S. 335 (337).

669 *D. John*, BKR 2020, S. 335 (337).

670 Vergleiche *D. John*, BKR 2020, S. 335 (337).

671 *D. John*, BKR 2020, S. 335 (337).

672 Vergleiche *D. Ziegelmayer*, GRUR 2012, S. 761 (764 f.).

673 *J. Claßen/D. Hassel*, IPRB 2020, S. 65 (68).

674 Siehe etwa *T. Hofmann/B. Fuhlert*, CCZ 2015, S. 237 (238 ff.).

675 *T. Hofmann/B. Fuhlert*, CCZ 2015, S. 237 (238).

676 *T. Hofmann/B. Fuhlert*, CCZ 2015, S. 237 (238).

im Einzelnen passieren könnte, wo sich der Schaden bemerkbar machen würde und welche Gegenmaßnahmen zur Verfügung stünden.[677] Überdies raten Medienrechtler gerade Unternehmen dazu, Krisenleitfäden oder Krisenhandbücher zu entwickeln und Kontakt zu Medienrechtlern aufzubauen.[678] Im optimalen Fall geschieht all das vor Eintritt eines Krisenfalls in den sozialen Medien.

d) Versicherungen gegen „naming and shaming"

Die Brisanz von „naming and shaming" im Internet und den sozialen Medien für Unternehmen und die Unternehmensreputation zeigt sich auch an der Möglichkeit, eine „Reputationsschaden-Versicherung"[679] oder „Shitstorm-Versicherung"[680] abzuschließen. Auf dem Versicherungsmarkt werden diese Versicherungen als Haftpflichtversicherungen angeboten.[681] Die Versicherungsgesellschaften wollen über derartige Versicherungsmodelle „Reputationsrisiken abfedern".[682] Eine solche Versicherung umfasst daher regelmäßig vor allem eine „Deckung von Reputationsschäden".[683] Es können aber auch andere Leistungen eingeschlossen sein. So umfassen derartige Versicherungen grundsätzlich auch Beratungs- und Kommunikationskosten „im Krisenfall".[684] Die Unternehmen können sich damit gegen die wirtschaftlichen Folgen von „naming and shaming" versichern. Eine gegebenenfalls notwendige gesellschaftliche Rehabilitierung des Unternehmens geht dabei natürlich nicht mit einher.

Gleichwohl ist bei einer Versicherung gegen „naming and shaming" eine gewisse Vorsicht geboten. Die Versicherungsleistungen gelten „je nach dem konkreten Leistungsversprechen nur in mehr oder minder begrenztem Umfang".[685] Die von der Versicherung getragenen Kosten machen dabei wohl „höchstens einen Teil der gesamten Kosten für den Betroffenen" aus.[686] Die gegenwärtigen Wahrscheinlichkeits- und Prognosemodelle der Versicherungsgesellschaften können wohl vor allem die Folgekosten von „naming and shaming" noch nicht verlässlich kalkulieren.[687] So kann sich aus der Perspektive des versicherten Unternehmens

---

677 *T. Hofmann/B. Fuhlert*, CCZ 2015, S. 237 (238).

678 *T. Hofmann/B. Fuhlert*, CCZ 2015, S. 237 (238); *J. Claßen/D. Hassel*, IPRB 2020, S. 65 (68).

679 *C. Armbrüster/L. Böffel*, ZIP 2019, S. 1885 (1895).

680 *C. Ulbrich/B. S. Frey*, ZUM 2017, S. 31 (40); *R. Hamm*, NJW 2018, S. 2099 (2103).

681 *C. Armbrüster/L. Böffel*, ZIP 2019, S. 1885 (1895).

682 *C. Armbrüster/L. Böffel*, ZIP 2019, S. 1885 (1895).

683 *C. Armbrüster/L. Böffel*, ZIP 2019, S. 1885 (1895).

684 *C. Ulbrich/B. S. Frey*, ZUM 2017, S. 31 (40).

685 *C. Armbrüster/L. Böffel*, ZIP 2019, S. 1885 (1895).

686 *C. Ulbrich/B. S. Frey*, ZUM 2017, S. 31 (40).

687 *C. Ulbrich/B. S. Frey*, ZUM 2017, S. 31 (40); *C. Armbrüster/L. Böffel*, ZIP 2019, S. 1885 (1895).

etwa der „Deckungsumfang insbesondere hinsichtlich eines Gewinn- oder Verdienstausfallschadens [...] als unzureichend erweisen“.[688] Zwar werden vereinzelt Schäden von bis zu 150 Millionen Euro erfasst.[689] Aber selbst diese Summe kann in Einzelfällen zu gering sein. Die Unzulänglichkeiten in Bezug auf die Höhe der Haftungssumme beruhen wohl auch auf dem Umstand, dass selbst für die Versicherungsgesellschaften die Reputations- und Shitstorm-Versicherungen (noch) nicht über jeden Zweifel erhaben sind.[690] Der „Krisenfall“, so wird argumentiert, hänge nämlich von einem „kaum berechenbaren zukünftig auftretenden Zufall ab“.[691] Zusammen mit den Schwierigkeiten der Folgeschadenbewertung sind derartige Versicherungen für Versicherungsgesellschaften gerade im Hinblick auf eine umfangreichere Schadensabdeckung „wenig verlockend“.[692]

Trotz aller Schwierigkeiten zeichnet sich in der Versicherungswirtschaft ein Trend hin zur Abdeckung von „Reputationsrisiken durch Versicherungsschutz“ ab.[693] Die weitere Entwicklung bleibt also abzuwarten.

---

688 *C. Armbrüster/L. Böffel*, ZIP 2019, S. 1885 (1895).
689 *C. Armbrüster/L. Böffel*, ZIP 2019, S. 1885 (1895).
690 Vergleiche *C. Ulbrich/B. S. Frey*, ZUM 2017, S. 31 (40).
691 *C. Ulbrich/B. S. Frey*, ZUM 2017, S. 31 (40).
692 *C. Ulbrich/B. S. Frey*, ZUM 2017, S. 31 (40).
693 *C. Armbrüster/L. Böffel*, ZIP 2019, S. 1885 (1895).

B. Der Ertragsteuerinformationsbericht

Wenn multinationale Unternehmen durch die Öffentlichkeit kontrolliert werden sollen, benötigt diese ein entsprechendes Transparenzformat, das die zur Kontrolle erforderlichen Unternehmensinformationen zur Verfügung stellt. Die benötigten Informationen sollen durch den Ertragsteuerinformationsbericht als erste umfassende öffentliche Transparenzmaßnahme im Unternehmenssteuerrecht bereitgestellt werden.[694] Dem Vorschlag der Europäischen Kommission, einen Ertragsteuerinformationsbericht innerhalb der Europäischen Union einzuführen,[695] sind bereits diverse Überlegungen und Maßnahmen zur Schaffung und Steigerung steuerlicher Transparenz vorausgegangen.[696] Der Ertragsteuerinformationsbericht reiht sich daher in den steuerpolitischen Trend der Transparenzschaffung ein.

I. Das Country-by-Country Reporting der OECD als konzeptionelle Grundlage

Der Ertragsteuerinformationsbericht ist maßgeblich vom Transparenzgedanken und den Entwicklungen des BEPS-Projekts der OECD beeinflusst und fußt inhaltlich und formal auf dem Country-by-Country Reporting.[697] Das Country-by-Country Reporting[698] ist die konzeptionelle Grundlage des Ertragsteuerinformationsberichts.[699] Auf dem Gebiet des Steuerrechts ist das Country-by-Country Reporting

694 Grundlegend COM(2016) 198 final. In der wissenschaftlichen Auseinandersetzung mit dem Ertragsteuerinformationsbericht richtungsweisend *S. Grotherr*, IWB 2016, S. 854 (854 ff.); *S. Grotherr*, IWB 2016, S. 892 (892 ff.).

695 COM(2016) 198 final.

696 Hierzu lesenswert etwa *J. Hey*/*R. Heilmeier*, in: H. David Rosenbloom et al. (Hrsg.), ITP @ 20 [1996 – 2016], 2016, S. 239 (239 ff.); *R. Seer*/*S. Kargitta*, in: Christiana Panayi et al. (Hrsg.), Research Handbook on European Union Taxation Law, 2020, S. 489 (489 ff.).

697 Vergleiche hierzu nur *S. Grotherr*, IWB 2016, S. 854 (854 ff.).

698 Siehe hierzu ausführlich etwa *A. Langer*, Die Grenzen des Country-by-Country Reportings, 2019; *A. Skupien*, Der länderbezogene Bericht des § 138a AO, 2020.

699 Vergleiche *S. Grotherr*/*P. Wittenstein*, in: Patrick Velte et al. (Hrsg.), Rechnungslegung, Steuern, Corporate Governance, Wirtschaftsprüfung und Controlling, 2018, S. 167 (172 f.).

ein „Novum".[700] In anderen Bereichen ist es altbekannt. So muss seit Langem eine länderbezogene Berichterstattung im Bankensektor, in der Mineral gewinnenden Industrie und der Forstwirtschaft erfolgen.[701] Das Country-by-Country Reporting verfolgt für jeden Bereich unterschiedliche Ziele. Im Bankenbereich soll es einen „Vertrauensrückgewinn der Gesellschaft in die Finanzbranche" bewirken und im Rohstoffbereich soll es Korruption und Armut bekämpfen.[702]

1. Anwendungsbereich

a) Persönlicher Anwendungsbereich

Die OECD kommt in ihrem BEPS-Aktionspunkt 13 zu der Empfehlung, dass multinationale Unternehmen mit einem konsolidierten Umsatzerlös von wenigstens 750 Millionen Euro zur Erstellung eines länderbezogenen Berichts verpflichtet werden sollten.[703] Dieser Schwellenwert soll nach Auffassung der OECD derart hoch sein, dass zugunsten von 85 bis 90 % aller multinationalen Unternehmen eine Freistellung von einer länderbezogenen Berichterstattungspflicht greifen soll, wobei gleichzeitig allerdings die 10 bis 15 %, die eine länderbezogene Berichterstattung dann tatsächlich vornehmen müssten, insgesamt circa 90 % der weltweiten Umsatzerlöse erwirtschaften sollen.[704]

Dabei muss grundsätzlich die Konzernobergesellschaft den Bericht erstellen und übermitteln.[705] Wird die Konzernobergesellschaft entgegen den Empfehlungen der OECD aufgrund nationalen Rechts nicht dazu verpflichtet, ein Country-by-Country Reporting zu erstellen und einzureichen oder erfolgt kein automatischer Informationsaustausch mit dem Ansässigkeitsstaat der Konzernobergesellschaft, so kann die Konzernobergesellschaft ein anderes Konzernunternehmen zur Erstellung und Einreichung bestimmen. Man spricht hier von einer „Surrogate Parent

---

700 *A. Frey*, in: Andreas Sinz/Holger Kahle (Hrsg.), Brennpunkt Verrechnungspreise, 2019, S. 52 (57). Siehe zur Entwicklung *S. Rasch*, in: FS Heinz-Klaus Kroppen, 2020, S. 325 (330 ff.).

701 *R. Seer*, GmbHR 2014, S. 505 (510); *S. van der Ham/S. Tomson/M. J. Chwalek*, ISR 2018, S. 26 (31); *P. Velte*, NZG 2022, S. 147 (148).

702 *A. Steinegger*, Der Konzern 2016, S. 545 (545).

703 *OECD*, Verrechnungspreisdokumentation und länderbezogene Berichterstattung, Aktionspunkt 13 – Abschlussbericht 2015, 2016, S. 10, 25.

704 *OECD*, Verrechnungspreisdokumentation und länderbezogene Berichterstattung, Aktionspunkt 13 – Abschlussbericht 2015, 2016, S. 25; siehe hierzu auch *H. Baumhoff*, in: Jürgen Lüdicke (Hrsg.), Internationale Geschäftstätigkeiten in der Nach-BEPS-Welt, 2018, S. 97 (100); *A. Skupien*, Der länderbezogene Bericht des § 138a AO, 2020, S. 39.

705 *A. Skupien*, Der länderbezogene Bericht des § 138a AO, 2020, S. 69 f.

Entity“[706], also der „vertretenden Muttergesellschaft“.[707] Natürlich muss das zur Erstellung und Einreichung bestimmte Konzernunternehmen in einer Steuerjurisdiktion ansässig sein, in der eine gesetzliche Pflicht zur Erstellung eines Country-by-Country Reportings besteht. Am Ende kann aber sogar jede Konzerngesellschaft einer Berichtspflicht unterliegen, sofern es keine berichtspflichtige Konzernobergesellschaft gibt.[708] Damit soll wohl auch unternehmerischen Gestaltungen vorgebeugt werden, die darauf abzielen, die Berichtspflicht zu vermeiden.

b) Sachlicher Anwendungsbereich

Die OECD hat ein steuerliches Country-by-Country Reporting entworfen, das aus drei Tabellen besteht.[709] In Tabelle 1 wird in aggregierter Form die Aufteilung der Erträge, der Steuern sowie der Geschäftstätigkeiten sortiert nach Steuerhoheitsgebieten dargestellt. Unter Nennung des multinationalen Konzerns, des betrachteten Wirtschaftsjahrs und der Währung der angegebenen Beträge sind Steuerhoheitsgebieten folgende Positionen zuzuordnen: die Umsatzerlöse von Fremdunternehmen, von verbundenen Unternehmen und insgesamt, der Vorsteuergewinn und der Vorsteuerverlust, die entrichteten Ertragsteuern auf Kassenbasis, die für das laufende Jahr noch nicht entrichteten Ertragsteuern, das ausgewiesene Kapital, der einbehaltene Gewinn, die Beschäftigtenzahl sowie die materiellen Vermögenswerte ohne flüssige Mittel.

In Tabelle 2[710] werden alle Unternehmenseinheiten des multinationalen Unternehmens für jedes Steuerhoheitsgebiet aufgeführt. Ferner müssen Angaben zum Gründungsstaat oder dem Staat der Handelsregistereintragung für jedes Unternehmen gemacht werden.[711] Von zentraler Bedeutung sind sodann die Angaben zu den wichtigsten Geschäftstätigkeiten der jeweiligen Konzerneinheiten.[712] Ab

---

706 *OECD*, Transfer Pricing Documentation and Country-by-Country Reporting, Action 13 – 2015 Final Report, OECD/G20 Base Erosion and Profit Shifting Project, 2015, S. 40.

707 *OECD*, Verrechnungspreisdokumentation und länderbezogene Berichterstattung, Aktionspunkt 13 – Abschlussbericht 2015, 2016, S. 44.

708 *OECD*, Verrechnungspreisdokumentation und länderbezogene Berichterstattung, Aktionspunkt 13 – Abschlussbericht 2015, 2016, S. 45.

709 *OECD*, Verrechnungspreisdokumentation und länderbezogene Berichterstattung, Aktionspunkt 13 – Abschlussbericht 2015, 2016, S. 33 ff.

710 Anschaulich *S. Grotherr*/*P. Wittenstein*, in: Patrick Velte et al. (Hrsg.), Rechnungslegung, Steuern, Corporate Governance, Wirtschaftsprüfung und Controlling, 2018, S. 167 (171).

711 *S. Grotherr*/*P. Wittenstein*, in: Patrick Velte et al. (Hrsg.), Rechnungslegung, Steuern, Corporate Governance, Wirtschaftsprüfung und Controlling, 2018, S. 167 (171).

712 *S. Grotherr*/*P. Wittenstein*, in: Patrick Velte et al. (Hrsg.), Rechnungslegung, Steuern, Corporate Governance, Wirtschaftsprüfung und Controlling, 2018, S. 167 (171).

wann eine Geschäftstätigkeit eine „wichtigste" sein soll, ist von der OECD allerdings nicht definiert worden. Gerade das Abgrenzen der neutralen und wichtigen von den hier allein interessierenden wichtigsten Geschäftstätigkeiten des Unternehmens „stellt den Berichtspflichtigen vor das Dilemma, nicht zu wissen, wann eine Angabe [...] unterbleiben darf".[713] Weitverbreitet ist die Annahme, dass eine wichtigste Geschäftstätigkeit jedenfalls dann gegeben sein soll, wenn die Geschäftstätigkeit wenigstens 10 % an den Umsatzerlösen oder am Jahresergebnis ausmacht.[714] Tabelle 2 untergliedert die wichtigsten Geschäftstätigkeiten in recht ausdifferenzierter Weise in Rubriken. Insgesamt wurden von der OECD 13 Rubriken entwickelt, die sich wie folgt aufteilen[715]: „Forschung und Entwicklung", „Besitz oder Verwaltung von geistigem Eigentum", „Einkauf oder Beschaffung", „Verarbeitung oder Produktion", „Verkauf, Marketing oder Vertrieb", „Verwaltungs-, Management- oder Supportdienstleistungen", „Erbringung von Dienstleistungen für fremde Dritte", „konzerninterne Finanzierung", „regulierte Finanzdienstleistungen", „Versicherung", „Besitz von Aktien oder anderen Wertpapieren mit Beteiligungscharakter", „Ruhend" und schließlich „Sonstige".[716] Die wichtigsten Geschäftstätigkeiten des jeweiligen Unternehmens sollen durch ein Ankreuzen der einschlägigen Rubriken kenntlich gemacht werden.[717] Weitere Angaben sind in Tabelle 2 nicht zu machen.

Erläuterungen oder andere Einlassungen können sodann in Tabelle 3 gemacht werden. Tabelle 3 eröffnet damit Raum, um Anmerkungen zu Punkten in den Tabellen 1 und 2 zu machen, den einen oder anderen Aspekt näher zu erklären oder ausführlicher darzustellen.[718] Wie das Unternehmen an die erforderlichen Daten für das Country-by-Country Reporting gelangt, ist ihm überlassen. Als mögliche Datenquellen kommen etwa der Konzernabschluss und die Jahresabschlüsse der Konzerneinheiten in Betracht. Die OECD empfiehlt daher, dass in Tabelle 3 insbesondere auch auf die für die Erstellung des länderbezogenen Berichts verwendete

713 *K. van Lück*, BB 2017, S. 2524 (2527).

714 Grundlegend *S. Grotherr*, IStR 2016, S. 991 (1002 f.). Diesem folgend: *M. Kunert/S. Strothenke*, StuB 2017, S. 772 (774); *K.-D. Drüen*, in: Klaus Tipke/Heinrich Wilhelm Kruse (Begr.), AO/FGO, § 138a AO Rn. 28 (April 2020); *C. Engelen/C. Heider*, DStR 2018, S. 1042 (1045); *A. Frey*, in: Andreas Sinz/Holger Kahle (Hrsg.), Brennpunkt Verrechnungspreise, 2019, S. 52 (70).

715 *OECD*, Verrechnungspreisdokumentation und länderbezogene Berichterstattung, Aktionspunkt 13 – Abschlussbericht 2015, 2016, S. 34.

716 Siehe auch *A. Frey*, in: Andreas Sinz/Holger Kahle (Hrsg.), Brennpunkt Verrechnungspreise, 2019, S. 52 (68 f.).

717 *C. Engelen/C. Heider*, DStR 2018, S. 1042 (1045).

718 Vergleiche *S. Grotherr/P. Wittenstein*, in: Patrick Velte et al. (Hrsg.), Rechnungslegung, Steuern, Corporate Governance, Wirtschaftsprüfung und Controlling, 2018, S. 167 (170).

Datengrundlage hingewiesen werden sollte.[719] Alles in allem dient Tabelle 3 also „Verständniszwecken".[720]

2. Der Nutzen einer länderbezogenen Berichterstattung für die Finanzverwaltung

In der Vergangenheit stand der Finanzverwaltung grundsätzlich nur ein „Ausschnitt der globalen Wertschöpfungskette" multinationaler Unternehmen zur Verfügung.[721] Aufgrund des begrenzten Informationsgehalts dieser Ausschnitte war es nahezu unmöglich, die Geschäftstätigkeiten eines multinationalen Unternehmens in ihrer ganzen Breite zu überblicken und zu analysieren. Die Finanzverwaltung konnte vor allem nicht wirklich die Konzernstruktur durchschauen. Besonderheiten einzelner Konzerneinheiten oder Unterschiede zwischen verschiedenen Tochterunternehmen konnten mangels Vergleichsdaten nicht erkannt werden. Insbesondere war es schwierig, die Gewinnaufteilung und vor allem die Gewinnverlagerung innerhalb des internationalen Konzernverbunds nachzuvollziehen. Auch konnten aufgrund fehlender umfassender Konzerndaten die Verrechnungspreispolitik und die damit einhergehenden Verrechnungspreisrisiken nicht effektiv in die Analyse des multinationalen Unternehmens einbezogen werden. Es bestand – und besteht in Teilen wohl nach wie vor – also in vielerlei Hinsicht eine beträchtliche Informationsasymmetrie zulasten der Finanzbehörden.[722] Diese strukturell asymmetrische Informationsverteilung war das „Kernproblem" im Zusammenhang mit der Bekämpfung der „aggressiven" Steuervermeidung multinationaler Unternehmensgruppen.[723]

Diesem Missstand wird durch das Country-by-Country Reporting in großem Umfang abgeholfen. Das Country-by-Country Reporting verpflichtet die Unternehmen dazu, ihre Verrechnungspreispolitik und ihre Verrechnungspreisgestaltungsstrategien gegenüber den Finanzbehörden darzulegen. Die entsprechend involvierten Finanzbehörden werden dank des länderbezogenen Berichts nun in die Lage versetzt, das Unternehmen in seiner Breite zu erfassen.[724] Durch die

---

719 *OECD*, OECD-Verrechnungspreisleitlinien für multinationale Unternehmen und Steuerverwaltungen 2017, 2018, S. 513.

720 *A. Frey*, in: Andreas Sinz/Holger Kahle (Hrsg.), Brennpunkt Verrechnungspreise, 2019, S. 52 (70).

721 *A. Nientimp/N. Holinski/C. Schwarz/S. Stein*, DB 2016, S. 2742 (2742).

722 Dieser Zustand entspricht gerade nicht dem in *K.-D. Drüen*, Die Indienstnahme Privater für den Vollzug von Steuergesetzen, 2012, S. 271 ff. dargestellten „steuerstaatliche[n] Bedürfnis nach administrativer Informationsversorgung".

723 *A. Frey*, in: Andreas Sinz/Holger Kahle (Hrsg.), Brennpunkt Verrechnungspreise, 2019, S. 52 (54).

724 So auch *M. Hanlon*, Bulletin for International Taxation 2018, S. 209 (211).

Zurverfügungstellung verhältnismäßig umfassenden Zahlenmaterials, das jeweils einer konkreten Fallgruppe zugeordnet ist, können die Finanzbehörden die Unternehmensstruktur und die Finanzpolitik nachvollziehen. Die Finanzbehörde kann sich also ein umfassendes Bild vom berichtspflichtigen Unternehmen machen. Darüber hinaus wird der Finanzverwaltung durch die Vielfältigkeit der Fallgruppen und Daten die Möglichkeit eröffnet, zweckmäßige „Kennzahlen" für Unternehmen zu bilden und jene somit entsprechend zu „clustern".[725] Hierbei kann es beispielsweise sinnvoll sein, die wirtschaftliche Substanz und die tatsächliche Steuerquote besonders in den Blick zu nehmen und so Risikogruppen für die einzelnen Unternehmen zu erstellen. Damit können dann steuerliche Auffälligkeiten noch besser identifiziert werden.

Gleichzeitig ist es den Finanzbehörden nun auch möglich, gewisse Relationen zu erkennen. So kann etwa über die Beschäftigtendaten überprüft werden, ob in dem Staat, für den im Country-by-Country Reporting viele Beschäftige angegeben sind, auch die Gewinne versteuert werden. Die enge Verbindung zwischen Beschäftigten und Gewinnversteuerung liegt in dem Umstand, dass die Zahl der Mitarbeiter grundsätzlich der Referenzwert für die wirtschaftliche Substanz und damit also für die Wertschöpfung ist.[726] Der Beschäftigtenzahl kommt hier eine Indikatorfunktion zu.[727] Fallen der Staat mit vielen Beschäftigten und der Staat der Besteuerung auseinander, so kann dies ein erstes Indiz für eine Gewinnverlagerung sein. Hier kann die Finanzbehörde dann durch entsprechende tiefer gehende Prüfungen nachhaken.[728]

Dies heißt aber auch, dass das Country-by-Country Reporting ein langfristiges Projekt sein muss. Seine wirkliche Stärke kann das Country-by-Country Reporting erst dann entfalten, wenn es mit vorherigen länderbezogenen Berichten gemeinsam betrachtet wird. So können auf der Grundlage der immer gleichen Fallgruppen über längere Zeiträume Zusammenhänge und Entwicklungen im multinationalen Unternehmen erkannt werden. Erst wenn Datensätze verschiedener älterer länderbezogener Berichte mit dem „frischen" Datensatz des aktuellen länderbezogenen Berichts verglichen werden können, können Besonderheiten oder Veränderungen in der Unternehmenspolitik identifiziert werden. Dass „fortlaufend, [sic!] wesentliche Finanzzahlen der größten Konzerne"[729] überwacht und verglichen werden können, sind die wahre Stärke und der große Vorteil des länderbezogenen Berichts. Der OECD ist mit dem Country-by-Country Reporting ein Meilenstein steuerlicher Transparenz gelungen.[730]

---

725 *A. Nientimp/N. Holinski/C. Schwarz/S. Stein*, DB 2016, S. 2742 (2743).

726 *A. Nientimp/N. Holinski/C. Schwarz/S. Stein*, DB 2016, S. 2742 (2743).

727 *S. Weinert/C. Schwarz/S. Stein*, DB 2017, S. 737 (738).

728 Vergleiche *U. Andresen*, in: Jürgen Lüdicke (Hrsg.), BEPS – Herausforderungen für die Unternehmen, 2015, S. 87 (100).

729 *A. Nientimp/N. Holinski/C. Schwarz/S. Stein*, DB 2016, S. 2742 (2743).

730 Vergleiche *A. Skupien*, Der länderbezogene Bericht des § 138a AO, 2020, S. 23.

3. Die Umsetzung des BEPS-Aktionspunkts 13 in europäisches und nationales Recht

Der BEPS-Aktionsplan entfaltet in seiner Eigenschaft als bloße Empfehlung und damit als „soft law“[731] noch keine rechtliche Verbindlichkeit. Rechtlich verbindlich wird er erst dann, wenn er in deutsches oder europäisches Recht oder aber in völkerrechtliche Verträge umgesetzt wird.

Seitens der Europäischen Union sind die Vorhaben der OECD nicht nur auf offene Ohren gestoßen, man war sogar bereit, den Überlegungen und inhaltlichen Vorschlägen der OECD im Hinblick auf Bestimmungen eines Regelwerks zur Erstellung eines Country-by-Country Reports im Ganzen zu folgen.[732] Die Europäische Kommission hat sich nach der Bekanntgabe der OECD-Vorschläge rasch um deren koordinierte Umsetzung bemüht.[733] Ihre eigene Initiative für eine mitgliedstaateneinheitliche Umsetzung war beflügelt von der Befürchtung, dass eine unkoordinierte, rein nationale Umsetzung der OECD-Empfehlungen, die aufgrund des Charakters von OECD-Empfehlungen als „soft law“ rechtlich problemlos möglich wäre, zu den mit den BEPS-Aktionspunkten verfolgten Zielen im schlimmsten Fall sogar gegenläufig sein könnte, da ein unkoordiniertes Umsetzen wieder Möglichkeiten für Steuergestaltungen lieferte.[734] Die Europäische Kommission machte sich hier also für eine harmonisierte Steuertransparenz stark. Dabei konnte man sich an dem vorhandenen Regelwerk der OECD „weitgehend“[735] orientieren. Letztlich musste dieses bloß noch unionsrechtlich umgesetzt werden.

---

731 *D. Fehling*, IWB 2016, S. 160 (161); zum Begriff ausführlich *N. Braun Binder*, Rechtsangleichung in der EU im Bereich der direkten Steuern, 2017, S. 114 ff.; *J. Kokott*, Das Steuerrecht der Europäischen Union, 2018, § 1 Rn. 29 ff.

732 Siehe hierzu COM(2016) 23 final, S. 8; *S. Rasch*, IWB 2016, S. 438 (438); *R. Petruzzi/F. Navisotschnigg*, in: Michael Lang/Peter Haunold (Hrsg.), Transparenz und Informationsaustausch, 2017, S. 51 (57 f.).

733 COM(2016) 23 final.

734 Die Europäische Kommission führt in COM(2016) 23 final, S. 3 aus, dass „[e]in einseitiges Handeln der Mitgliedstaaten […] das Problem der aggressiven Steuerplanung nicht angemessen lösen und zu Problemen führen [würde].“ (Hervorhebung im Original). Und weiter benennt sie sodann ganz konkret die Gefahr einer rein nationalstaatlichen Umsetzung: „Unterschiedliche einzelstaatliche Ansätze bei der Lösung dieses grenzüberschreitenden Problems können Schlupflöcher für aggressive Steuerplaner schaffen. Vorschriften in einem Mitgliedstaat können die Wirksamkeit der Vorschriften in anderen Mitgliedstaaten untergraben.“; siehe auch *S. Eilers/F. Oppel*, IStR 2016, S. 312 (313); *M. Meister*, in: FS Dieter Endres, 2016, S. 237 (240).

735 *E. Czakert*, ifst-Schrift Nr. 514 (2017), S. 77.

Im Rahmen des Umsetzungsprozesses erstellte die Europäische Kommission zunächst einen Entwurf zur Ergänzung der Amtshilferichtlinie, der ein Teil des Maßnahmenpakets zur Bekämpfung von Steuervermeidung war.[736] Sodann wurde die Richtlinie zur Änderung der Amtshilferichtlinie 2011/16/EU erlassen.[737]

Mit dem „Gesetz zur Umsetzung der Änderung der EU-Amtshilferichtlinie und von weiteren Maßnahmen gegen Gewinnkürzungen und -verlagerungen“[738] hat die dreistufige Verrechnungspreisdokumentation schließlich Einzug in das deutsche Steuerrecht gehalten.[739] Heute sind der Local und Master File (§ 90 Abs. 3 AO) sowie das steuerliche Country-by-Country Reporting (§ 138a AO) fest im Steuerverfahrensrecht verankert.

4. Aussagekraft, Erhebungsfehler und Fehlinterpretationen

Das Country-by-Country Reporting wurde in der steuerrechtlichen Literatur mittlerweile umfassend rezipiert und eingehend analysiert.[740] Für Einzelheiten sei an

---

736 COM(2016) 25 final.

737 Richtlinie (EU) 2016/881 des Rates vom 25. Mai 2016 zur Änderung der Richtlinie 2011/16/EU bezüglich der Verpflichtung zum automatischen Austausch von Informationen im Bereich der Besteuerung, ABl EU L 146/8 vom 3. Juni 2016. Hier und nachfolgend zitiert als „Richtlinie zur Änderung der EU-Amtshilferichtlinie (EU 2016/881)“. Siehe hierzu auch *S. Rasch*, IWB 2016, S. 438 (438); *A. Dölker*, BB 2017, S. 279 (281).

738 Gesetz zur Umsetzung der Änderung der EU-Amtshilferichtlinie und von weiteren Maßnahmen gegen Gewinnkürzungen und -verlagerungen vom 20.12.2016, BGBl. I 2016, S. 3000 (3000 ff.).

739 Siehe hierzu auch *H. Baumhoff*, in: Jürgen Lüdicke (Hrsg.), Internationale Geschäftstätigkeiten in der Nach-BEPS-Welt, 2018, S. 97 (101); *A. Skupien*, Der länderbezogene Bericht des § 138a AO, 2020, S. 43 f.

740 Siehe im Einzelnen etwa *U. Andresen*, in: Jürgen Lüdicke (Hrsg.), BEPS – Herausforderungen für die Unternehmen, 2015, S. 87 (87 ff.); *S. van der Ham/S. Tomson*, IWB 2015, S. 841 (841 ff.); *X. Ditz/S.-E. Bärsch/C. Engelen*, IStR 2016, S. 840 (840 ff.); *G. Kraft/C. Heider*, DStR 2017, S. 1353 (1353 ff.); *K. van Lück*, BB 2017, S. 2524 (2524 ff.); *A. Langer*, in: Michael Lang/Peter Haunold (Hrsg.), Transparenz und Informationsaustausch, 2017, S. 79 (79 ff.); *K. Mank/P. Salihu*, IWB 2017, S. 902 (902 ff.); *S. Weinert/C. Schwarz/S. Stein*, DB 2017, S. 737 (737 ff.); *H. Baumhoff*, in: Jürgen Lüdicke (Hrsg.), Internationale Geschäftstätigkeiten in der Nach-BEPS-Welt, 2018, S. 97 (97 ff.); *J. Dahlke/J. Würges/S. Erdogan*, BB 2018, S. 1771 (1771 ff.); *X. Ditz/C. Heider*, ISR 2018, S. 399 (399 ff.); *V. Wöhrer*, Data Protection and Taxpayers' Rights: Challenges Created by Automatic Exchange of Information, 2018, S. 98 f., 141 ff.; *J. Dahlke/S. Erdogan-Fischer*, BB 2019, S. 1323 (1323 ff.); *A. Eigelshoven/S. Tomson*, IStR 2019, S. 242 (242 ff.); *A. Langer*, Die Grenzen des Country-by-Country Reportings, 2019;

dieser Stelle daher auf jene verwiesen. Vor diesem Hintergrund ist nachfolgend nur deshalb explizit auf Erhebungsfehler, Fehlinterpretationen und Aspekte der Aussagekraft einzugehen, weil das Country-by-Country Reporting hier Schwächen zeigt, die in ähnlicher Form auch beim Ertragsteuerinformationsbericht zu finden sind.

a) *Die Aggregation von Daten*

Es ist der Finanzverwaltung über die im länderbezogenen Bericht bereitgestellten Daten möglich, Zugang zu „Wertschöpfungsindikatoren" – hierunter fallen etwa Vermögenswerte, Beschäftigtenzahl und Eigenkapital – sowie „Outputdaten" – etwa Gewinnen, gezahlten Steuern oder Umsatzerlösen – zu erlagen.[741] Zu beachten ist hier, dass es bei der Ausfüllung der ersten beiden Tabellen um eine „summenmäßige Darstellung der Kennzahlen pro Land" geht.[742] Am Ende wird also jeder Position eine konkrete Zahl zugeordnet. Das Country-by-Country Reporting ist damit von einer Aggregation von Zahlen geprägt.[743] Dies ist zwar kein Problem, wenn es nur eine Konzerneinheit im jeweiligen Steuerhoheitsgebiet gibt. Das ist aber nicht immer der Fall. Befinden sich mehrere Konzerneinheiten in einem Steuerhoheitsgebiet, so kommt es in Tabelle 1 zu einer Zusammenfassung der Unternehmensdaten für das entsprechende Steuerhoheitsgebiet. Konzerneinheiten werden also nicht separat aufgeschlüsselt dargestellt. Die Folge ist ein „Informationsverwässerungseffekt durch Aggregation".[744] Da die einzelnen Informationskategorien des

K.-D. Drüen, in: Klaus Tipke/Heinrich Wilhelm Kruse (Begr.), AO/FGO, § 138a AO (April 2020); *A. Skupien*, Der länderbezogene Bericht des § 138a AO, 2020.

741 *S. Grotherr*, RIW 2017, S. 1 (2).

742 *K. Mank/P. Salihu*, IWB 2017, S. 902 (907). Siehe auch *S. Rasch*, in: FS Heinz-Klaus Kroppen, 2020, S. 325 (336).

743 *A. Skupien*, Der länderbezogene Bericht des § 138a AO, 2020, S. 97 f.

744 Treffend *S. Grotherr*, Ubg 2016, S. 709 (710); *S. Grotherr*, RIW 2017, S. 1 (15). Siehe hierzu auch *K. Mank/P. Salihu*, IWB 2017, S. 902 (907): „Wenn Unternehmensgruppen in einem Staat verschiedene Gesellschaften mit unterschiedlichen Funktionsprofilen haben (z. B. Holding, Grundstücksverwaltung, Vertriebsunternehmen, Dienstleister) oder sogar völlig unterschiedliche Geschäftszweige (z. B. Geschäftszweig Konsumgüter Produktion und Geschäftszweig Maschinenbau Vertrieb), haben Unternehmen häufig ein Störgefühl, diese Zahlen zu addieren. Ergebnis ist häufig eine sinnlose Addition von Kennzahlen, deren Ergebnis nicht verwertbar ist oder sogar zu Fehlinterpretationen führen kann. Trotzdem sollte für den externen Gebrauch bzw. für die Übermittlung der Daten an die Steuerbehörden die aggregierte Gesamtsumme des Steuerhoheitsgebietes verwendet werden. Dies entspricht den gesetzlichen Anforderungen – weitergehende Daten müssen bei CbCR nicht zur Verfügung gestellt werden."

Country-by-Country Reportings im Zweifel eine aggregierte Datenmenge ausweisen, bleiben sie im Ergebnis größtenteils intransparent.[745]

Wie *Siegfried Grotherr* richtig erkennt, kann es aber selbst dann, wenn es nur eine Konzerneinheit pro Steuerhoheitsgebiet gibt, zu Fehlinterpretationen kommen.[746] Dies ist für ihn vor allem in den Fällen denkbar, in denen eine Konzerneinheit gleichzeitig zwei oder mehr wichtige Geschäftstätigkeiten im Sinne des § 138a Abs. 1 Nr. 2 AO ausübt.[747] Eine wichtige Geschäftstätigkeit liegt jedenfalls dann vor, wenn sie mindestens 10 % des Umsatzerlöses oder des Jahresergebnisses ausmacht.[748] Betreibt ein Unternehmen zwei Geschäftstätigkeiten und macht eine Geschäftstätigkeit 10 %, die andere 90 % des Umsatzerlöses aus, so liegen per definitionem zwar zwei wichtige Geschäftstätigkeiten vor, ihre Relevanz für das Unternehmen ist jedoch höchst ungleichmäßig.[749] Diese Ungleichmäßigkeit kann aber gerade nicht in Tabelle 2 dargestellt werden. In diesen Fällen muss schlicht erkannt werden, dass „keinerlei Gewichtungen" der Geschäftstätigkeiten möglich sind und daher „Umsatzerlöse, Gewinne und gezahlte Ertragsteuern einer einzelnen Geschäftstätigkeit nicht *verursachungsgerecht* zugeordnet werden können".[750] Die genaue – auch örtliche – Zuordnung ist aber für eine Risikoeinschätzung der gesamten Geschäftstätigkeit relevant, da nur dadurch wirklich erkannt werden kann, wo der Schwerpunkt des Unternehmens liegt.[751] Darüber hinaus soll mittels einer „verursachungsgerechten Aufteilung des Besteuerungssubstrats zwischen den Staaten" ja gerade „eine faire Finanzierung der öffentlichen Haushalte sichergestellt werden".[752] Es ist also schon sinnvoll, zu wissen, welche Geschäftstätigkeit in welchem Staat wie viel Gewinn erwirtschaftet hat.

Eine von Ökonomen durchgeführte Untersuchung gelangt zu ähnlichen Erkenntnissen.[753] Sie kommen zu der Einschätzung, dass „der Aussagegehalt des ersten Berichtsteils in zahlreichen Fällen infolge der Aggregation von Finanzzahlen und dem damit einhergehenden Informationsverlust erheblich eingeschränkt [ist]".[754] Vor allem seien auch „unternehmensindividuelle Besonderheiten wie

745 Vergleiche *S. Rasch*, in: FS Heinz-Klaus Kroppen, 2020, S. 325 (336, 345).

746 *S. Grotherr*, Ubg 2016, S. 637 (640); *S. Grotherr*, RIW 2017, S. 1 (15).

747 *S. Grotherr*, Ubg 2016, S. 637 (640); *S. Grotherr*, RIW 2017, S. 1 (15).

748 *K.-D. Drüen*, in: Klaus Tipke/Heinrich Wilhelm Kruse (Begr.), AO/FGO, § 138a AO Rn. 28 (April 2020).

749 Siehe zu diesem Beispiel *S. Grotherr*, Ubg 2016, S. 709 (712).

750 *S. Grotherr*, RIW 2017, S. 1 (15) (auch im Original kursiv); kritisch bereits *S. Grotherr*, Ubg 2016, S. 709 (712).

751 Vergleiche die Ausführungen zur „örtlichen Zuordnung" bei *S. Rasch*, in: FS Heinz-Klaus Kroppen, 2020, S. 325 (336).

752 *S. Weinert/C. Schwarz/S. Stein*, DB 2017, S. 737 (738).

753 *A. Nientimp/N. Holinski/C. Schwarz/S. Stein*, DB 2016, S. 2742 (2748).

754 *A. Nientimp/N. Holinski/C. Schwarz/S. Stein*, DB 2016, S. 2742 (2748).

Branche, Geschäftsmodell oder Einsatz immaterieller Wirtschafsgüter [sic!] zu berücksichtigen, die sich signifikant auf die Profitabilität auswirken können“[755] – diese sind aber durch die Aggregation nicht mehr wirklich erkennbar.[756] Es fehlt damit an ganz zentralen Stellen die für eine Transparenz nötige Trennschärfe.[757]

Bisweilen wird auch der Erfassung der Quellensteuern im länderbezogenen Bericht ein großes Potenzial für Fehlinterpretationen bescheinigt.[758] Quellensteuern werden nicht in dem Steuerhoheitsgebiet ausgewiesen, in dem sie angefallen und einbehalten worden sind. Obwohl die Quellensteuern dem Quellenstaat zugeflossen sind, erfolgt ihre Zuordnung im Ansässigkeitsstaat des Zahlungsempfängers. Die im Quellenstaat einbehaltene Quellensteuer muss also im Country-by-Country Reporting in der Zeile des Ansässigkeitsstaats ausgewiesen werden.[759] Für *Siegfried Grotherr* läuft dieser Umstand den eigentlichen Zielen des länderbezogenen Berichts grundlegend zuwider.[760] Zielt das Country-by-Country Reporting doch eigentlich darauf ab, aufzudecken, ob den Staaten, in denen die Wertschöpfung erfolgte, auch ein angemessener Teil der Steuerzahlungen zukommt, handelt es sich gerade an entscheidender Stelle, nämlich in Bezug auf Quellensteuerzahlungen, um eine „irreführende Informationsdarstellung“.[761] Angesichts all dieser Aspekte überrascht es wenig, dass die OECD mittlerweile ein Handbuch erstellt hat, das als „practical guide“ Anwendungs- und Gebrauchshinweise für das Country-by-Country Reporting gibt.[762]

In Anbetracht all dessen ist es nicht verwunderlich, wenn ausgeführt wird, dass das Country-by-Country Reporting insgesamt „keine detaillierte Prüfung der Angemessenheit von Verrechnungspreisen einzelner Transaktionen“ zu ersetzen vermag.[763] Zur Ehrenrettung des länderbezogenen Berichts muss jedoch auch gesagt sein, dass dies nicht dessen Ziel ist. Der länderbezogene Bericht soll eine Risikoeinschätzung zugunsten der Steuerbehörden ermöglichen und damit unter Umständen den Anstoß für präzisere und detailliertere Einzelfallprüfungen

---

755 *A. Nientimp/N. Holinski/C. Schwarz/S. Stein*, DB 2016, S. 2742 (2748).

756 Vergleiche *A. Nientimp/N. Holinski/C. Schwarz/S. Stein*, DB 2016, S. 2742 (2748); vergleiche auch *S. Rasch*, in: FS Heinz-Klaus Kroppen, 2020, S. 325 (336, 445).

757 Vergleiche *S. Rasch*, in: FS Heinz-Klaus Kroppen, 2020, S. 325 (336, 445).

758 So etwa *S. Grotherr*, RIW 2017, S. 1 (15 f.).

759 *G. Kraft/C. Heider*, DStR 2017, S. 1353 (1358); *C. Engelen/C. Heider*, DStR 2018, S. 2549 (2551).

760 *S. Grotherr*, RIW 2017, S. 1 (16).

761 *S. Grotherr*, RIW 2017, S. 1 (16); a. A. *C. Engelen/C. Heider*, DStR 2018, S. 2549 (2552), für die die gewählte Darstellung und Zuteilung der Quellensteuern „sachgerecht“ sind.

762 *OECD*, Country-by-Country Reporting: Handbook on Effective Tax Risk Assessment, 2017, S. 3.

763 *H. Baumhoff*, in: Jürgen Lüdicke (Hrsg.), Internationale Geschäftstätigkeiten in der Nach-BEPS-Welt, 2018, S. 97 (113).

geben.[764] Das Country-by-Country Reporting soll damit Ansatzpunkte für eine tiefer gehende Prüfung liefern. Darüber sollen die begrenzten Personalressourcen der Finanzverwaltung effizient und intentional auf besonders risikobehaftete Fälle konzentriert werden können.[765] Der derart insinuierte Umstand, das Country-by-Country Reporting trete an die Stelle einer Detailprüfung,[766] muss als in der Sache unbegründet angesehen werden. Es gilt vielmehr, dass der länderbezogene Bericht „ausdrücklich nicht als Substitut für eine ausführliche Prüfung der Verrechnungspreise durch die jeweilige Finanzverwaltung" konzipiert worden ist, sondern vielmehr „ausschließlich der Einschätzung von Verrechnungspreisrisiken dienen [soll]".[767]

b) Besondere Herausforderungen für die Finanzbehörde

Jede Information birgt die Gefahr, falsch verstanden zu werden. Vor dieser Gefahr sind auch die Informationen des länderbezogenen Berichts nicht gefeit. Gerade in Fällen, in denen hochkomplexe Vorgänge und Sachverhalte auf eine einzige Zahl reduziert werden müssen, sind Fehlinterpretationen wahrscheinlich, und der in den Zahlen enthaltenen Aussagekraft ist mit Vorsicht zu begegnen.[768] Die Ermittlung einer Zahl auf der Grundlage und in Kenntnis eines bestimmten Sachverhalts kann sich als schwierig erweisen. Ungleich komplizierter ist es jedoch, wenn man ausgehend von einer Zahl einen ganzen dahinterstehenden Sachverhalt erfassen will. So aber ist der länderbezogene Bericht aufgebaut. Die zuständige Steuerbehörde erhält bestimmten Positionen zugewiesenes Zahlenmaterial. Durch den Konnex von Position und Datum soll die Steuerbehörde sodann in die Lage versetzt werden, eine Risikoeinschätzung vorzunehmen sowie Gewinnverkürzungen und -verlagerungen durch Verrechnungspreisgestaltungen zu erkennen.[769] Für die Finanzbehörde besteht die größte Gefahr dabei jedoch darin, dass irrtümlich „Sachzusammenhänge unterstellt werden, die tatsächlich nicht bestehen".[770] Beim Umgang mit dem Zahlenmaterial ist also Vorsicht geboten.[771]

---

764 Vergleiche *U. Andresen*, in: Jürgen Lüdicke (Hrsg.), BEPS – Herausforderungen für die Unternehmen, 2015, S. 87 (100).

765 *S. Grotherr*, Ubg 2016, S. 637 (638); *E. Czakert*, ifst-Schrift Nr. 514 (2017), S. 78; *A. Skupien*, Der länderbezogene Bericht des § 138a AO, 2020, S. 46 f.

766 So wohl *H. Baumhoff*, in: Jürgen Lüdicke (Hrsg.), Internationale Geschäftstätigkeiten in der Nach-BEPS-Welt, 2018, S. 97 (113).

767 *U. Andresen*, in: Jürgen Lüdicke (Hrsg.), BEPS – Herausforderungen für die Unternehmen, 2015, S. 87 (100).

768 *S. Rasch*, in: FS Heinz-Klaus Kroppen, 2020, S. 325 (336).

769 *H. Baumhoff*, in: Jürgen Lüdicke (Hrsg.), Internationale Geschäftstätigkeiten in der Nach-BEPS-Welt, 2018, S. 97 (99).

770 *S. Grotherr*, RIW 2017, S. 1 (15).

771 Vergleiche *S. Rasch*, in: FS Heinz-Klaus Kroppen, 2020, S. 325 (336).

c) *Besondere Herausforderungen für das aufstellungspflichtige Unternehmen*

Die Gefahr, Fehler zu machen, besteht aber nicht nur für die Steuerbehörden, sondern auch für das aufstellungspflichtige Unternehmen selbst. Liegt die zentrale Gefahr für die Steuerbehörde in möglichen wertungsabhängigen Fehlinterpretationen,[772] so liegt aufseiten der Unternehmen neben einem falschen Verständnis der Fallgruppen die größte Gefahr vor allem in einer fehlerhaften Datengewinnung und -verarbeitung. Wie oben bereits ausgeführt, sind die auszufüllenden Positionen nicht immer eindeutig. Hinzu kommt, dass die Fallgruppen des länderbezogenen Berichts – der Natur der Sache geschuldet – natürlich sehr differenziert sind. Das Unternehmen wird also tendenziell keine Möglichkeit haben, alle relevanten Informationen aus einem einzigen Datenpool, wie einem bereits aufgestellten Konzernabschluss, der internen Rechnungslegung oder einem Einzelabschluss, zu entnehmen, sondern wird sie zwecks Erstellung des länderbezogenen Berichts anderweitig erheben müssen.[773]

Wie und woraus die erforderlichen Daten dann indes zu erheben sind, bleibt mangels internationaler Vorgaben jedem Unternehmen selbst überlassen.[774] Das Erhebungsverfahren gestaltet sich in der Regel als durchaus aufwendig.[775] In der Anwendung und der praktischen Umsetzung der Berichtsvorgaben werden die berichtspflichtigen Unternehmen mit zum Teil erheblichen technischen Herausforderungen konfrontiert.[776] Um den inhaltlichen und technischen Anforderungen, die mit dem Country-by-Country Reporting einhergehen, gerecht zu werden, werden die Abteilungen für Steuern und Controlling eines Unternehmens der Unterstützung einer IT-Abteilung bedürfen.[777] Die große Herausforderung besteht hier in der passgenauen Verknüpfung der steuerlich-fachlichen und der technischen Dimension.[778]

Dass die vorhandenen IT-Systeme der Unternehmen gegenwärtig fähig sind, die erforderlichen Unternehmensdaten selbst zu erzeugen, wird dabei bezweifelt.[779] Vielmehr ist aus der Unternehmenspraxis zu erfahren, dass zwecks

---

772 In diese Richtung wohl *S. Rasch*, in: FS Heinz-Klaus Kroppen, 2020, S. 325 (336).

773 So auch *M. Hanlon*, Bulletin for International Taxation 2018, S. 209 (212): „CbC data would not necessarily, or even typically, be maintained by MNEs prior to CbCR."

774 *S. Rasch*, in: FS Heinz-Klaus Kroppen, 2020, S. 325 (336).

775 *B.-P. Bier*/*T. O. Voß*, IStR 2017, S. 393 (396); *M. Hanlon*, Bulletin for International Taxation 2018, S. 209 (212).

776 Siehe zur informationstechnologischen Dimension der Erstellung des länderbezogenen Berichts ausführlich und sehr instruktiv *S. Henseler*, IWB 2018, S. 183 (183 ff.).

777 *S. Henseler*, IWB 2018, S. 183 (184).

778 Treffend *S. Henseler*, IWB 2018, S. 183 (185).

779 So etwa *A. Frey*, in: Andreas Sinz/Holger Kahle (Hrsg.), Brennpunkt Verrechnungspreise, 2019, S. 52 (101).

Informationsgewinnung neben einem Rückgriff auf Buchführungen und Einzeljahresabschlüsse auch der Einsatz speziell angefertigter Länderabfragebögen und Interviews zum Tragen kommt.[780] Können Zahlen nicht einfach aus dem System übernommen werden, sondern müssen manuell in das Country-by-Country Reporting eingepflegt werden, sei dabei jedoch „eine tendenziell sehr hohe Fehleranfälligkeit zu beobachten".[781] Je weniger automatisiert die Datenerhebung ist, desto größer sind die Dateninkonsistenz und die Datenfehlerhaftigkeit.[782] Dies ist nicht unproblematisch, zumal zum gegenwärtigen Zeitpunkt „sowohl bei der Datengenerierung als auch bei der Datenbefüllung die manuelle Befüllung zu dominieren [scheint]".[783] Die berichtspflichtigen Unternehmen müssen also ein eigenständiges Erhebungssystem entwickeln, um die für den länderbezogenen Bericht erforderlichen Daten zu generieren. Mit Blick auf die Fehleranfälligkeit und die Datenkonsistenz zukünftiger Berichtszeiträume sind personelle Umstrukturierungen an dieser Stelle im berichtspflichtigen Unternehmen natürlich ganz besonders risikoreich.[784] Es wird den Unternehmen hinsichtlich der manuellen Erhebungsvorgänge daher dringend zu empfehlen sein, die unternehmenseigene Erhebungsmethode genau zu verschriftlichen und auf ihre Befolgung unternehmensintern zu achten.

Unabhängig von der Tatsache, dass der Erhebungsprozess damit selbst in beachtlichem Maß fehleranfällig ist, ist die Vergleichbarkeit derartiger Daten aufgrund der nicht standardisierten Erhebungsmethoden lediglich eingeschränkt gegeben.[785] Gerade weil es sich beim Country-by-Country Reporting um eine jährlich wiederkehrende Berichtspflicht handelt, sollten sich die entsprechenden Unternehmen im Ganzen um „eine nachhaltige Datenbeschaffung und -aufbereitung" kümmern.[786] Hier ist es sinnvoll, mittel- bis langfristig zu einer völlig „personenunabhängig[en]" Datengenerierung zu gelangen, die die händische Erhebung der Daten ersetzt.[787] So können Fehler vermieden werden. Die hier für

---

780 *K. Mank/P. Salihu*, IWB 2017, S. 902 (906); *C. Engelen/C. Heider*, DStR 2018, S. 2549 (2552 ff.).

781 *K. Mank/P. Salihu*, IWB 2017, S. 902 (906); siehe zum Problem der Verzerrung der Aussagekraft der Kennzahlen durch händische Datenerhebung auch *S. Grotherr*, Ubg 2016, S. 709 (712).

782 So auch *S. Henseler*, IWB 2018, S. 183 (187).

783 *A. Frey*, in: Andreas Sinz/Holger Kahle (Hrsg.), Brennpunkt Verrechnungspreise, 2019, S. 213 (224).

784 Vergleiche *A. Frey*, in: Andreas Sinz/Holger Kahle (Hrsg.), Brennpunkt Verrechnungspreise, 2019, S. 213 (224).

785 So auch *S. Grotherr*, RIW 2017, S. 1 (15), der indes sogar meint, dass die Daten „in aller Regel nicht vergleichbar" seien. Siehe auch *S. Rasch*, in: FS Heinz-Klaus Kroppen, 2020, S. 325 (336).

786 *S. van der Ham/S. Tomson*, IWB 2015, S. 841 (848); so auch *S. Grotherr*, DB 2017, S. 263 (263).

787 *S. Grotherr*, DB 2017, S. 263 (263).

die Unternehmen entstehenden Kosten sind dabei jedoch nicht absehbar.[788] Ein Nutzen für das eigene Unternehmen wird in der Erstellung des länderbezogenen Berichts nicht gesehen.[789] Insbesondere das gelegentlich angemerkte und doch zu nutzende Potenzial des länderbezogenen Berichts für das unternehmerische Tax-Compliance-System[790] zeigt sich nicht.

II. Die Europäische Kommission und der Ertragsteuerinformationsbericht

Mit dem auf den Vorschlägen der OECD basierenden steuerlichen Country-by-Country Reporting wird ein wesentlicher Schritt in Richtung Transparenz gemacht. Ein Informationszugang für die breite Öffentlichkeit geht damit jedoch nicht einher.[791] Für die Europäische Kommission greift die Transparenz zugunsten der Steuerbehörden im Kampf gegen die Steuervermeidung multinationaler Unternehmen offenbar nicht weit genug.[792] Sie selbst erklärt die Bekämpfung der Steuervermeidung auf europäischer und internationaler Ebene zu ihren „politischen Prioritäten".[793] Aus diesem Grund soll Steuertransparenz nicht nur für die jeweiligen Finanzverwaltungen geschaffen werden, sondern zusätzlich auch für die Öffentlichkeit.[794] Der Öffentlichkeit kommt in diesem Transparenzkonzept die Aufgabe einer Kontrollinstanz zu, die überprüft, ob Gewinne tatsächlich dort versteuert werden, wo sie generiert worden sind.[795] Hier zeigt sich deutlich, dass die Europäische Kommission einen Weg beschreitet, der von der OECD nicht in Betracht gezogen, geschweige denn vorgeschlagen wurde.[796] Die Europäische Kommission geht damit also über die Vorschläge der OECD hinaus.[797]

---

788 Siehe hierzu *S. Grotherr*, IStR 2016, S. 991 (992); *K. van Lück*, BB 2017, S. 2524 (2527).

789 So jedenfalls das Ergebnis der empirischen Analyse von *A. Frey*, in: Andreas Sinz/Holger Kahle (Hrsg.), Brennpunkt Verrechnungspreise, 2019, S. 213 (229).

790 In diese Richtung etwa *J. Dahlke/S. Erdogan-Fischer*, BB 2019, S. 1323 (1323 ff.).

791 *S. Grotherr*, IStR 2016, S. 991 (992); *S. Grotherr/P. Wittenstein*, in: Patrick Velte et al. (Hrsg.), Rechnungslegung, Steuern, Corporate Governance, Wirtschaftsprüfung und Controlling, 2018, S. 167 (172).

792 In diese Richtung auch *S. Grotherr*, IWB 2016, S. 854 (855 f.); *S. Rasch*, in: FS Heinz-Klaus Kroppen, 2020, S. 325 (338); *X. Ditz/C. Heider*, GmbHR 2021, S. R208 (R208).

793 COM(2016) 198 final, S. 2.

794 Vergleiche COM(2016) 198 final.

795 Vergleiche COM(2016) 198 final.

796 *U. Schreiber/J. Voget*, StuW 2017, S. 145 (146); *S. Wakounig*, in: Michael Lang/Peter Haunold (Hrsg.), Transparenz und Informationsaustausch, 2017, S. 29 (33); *S. Tomson*, in: Heinz-Klaus Kroppen/Stephan Rasch (Hrsg.), Handbuch Internationale Verrechnungspreise, Implementierung, Rn. 212 (September 2018).

797 *J. Hey*, FR 2016, S. 554 (560).

Am 12. April 2016 hat die Europäische Kommission einen Vorschlag zur Änderung der EU-Bilanzrichtlinie (2013/34/EU)[798] präsentiert.[799] Der Ertragsteuerinformationsbericht soll nach den Vorstellungen der Europäischen Kommission durch eine Erweiterung der EU-Bilanzrichtlinie (2013/34/EU) um ein Kapitel 10a Bestandteil des bereits geltenden Sekundärrechts werden.[800] Kapitel 10a besteht seinerseits aus Art. 48a bis 48i.[801]

1. Der Ertragsteuerinformationsbericht als Grundlage für öffentliche Kontrolle

Der Ertragsteuerinformationsbericht ist „Teil einer umfassenderen Strategie für eine faire und effiziente Unternehmensbesteuerung" in der Europäischen Union.[802] Dabei fußt er nicht nur auf dem steuerlichen Country-by-Country Reporting, sondern verfolgt auch im Kern die gleichen Ziele wie der länderbezogene Bericht. Beide Berichte wollen letztlich Gewinnverlagerungen bekämpfen und eine gerechte Besteuerung multinationaler Unternehmen fördern. Der Ertragsteuerinformationsbericht setzt dabei indes auf „öffentlichen Druck" und verfolgt insofern andere Ansätze als das Country-by-Country Reporting.[803] Die Europäische Kommission führt aus, dass den Mitgliedstaaten jedes Jahr schätzungsweise 50 bis 70 Milliarden Euro durch steuervermeidende Gestaltungen entgehen.[804]

Während der länderbezogene Bericht vor allem eine Einschätzung etwaiger Risiken im Zusammenhang mit Verrechnungspreisgestaltungen ermöglichen will und damit im Ergebnis auf ein effizientes Einsetzen steuerbehördlicher Ressourcen ausgerichtet ist, dient der Ertragsteuerinformationsbericht – gemäß der Vorstellung der Europäischen Kommission – der Schaffung einer öffentlichen Kontrolle

---

798 Richtlinie 2013/34/EU des Europäischen Parlaments und des Rates vom 26. Juni 2013 über den Jahresabschluss, den konsolidierten Abschluss und damit verbundene Berichte von Unternehmen bestimmter Rechtsformen und zur Änderung der Richtlinie 2006/43/EG des Europäischen Parlaments und des Rates und zur Aufhebung der Richtlinien 78/660/EWG und 83/349/EWG des Rates, ABl EU L 182/19 vom 29. Juni 2013.

799 Vorschlag für eine Richtlinie des Europäischen Parlaments und des Rates zur Änderung der Richtlinie 2013/34/EU im Hinblick auf die Offenlegung von Ertragsteuerinformationen durch bestimmte Unternehmen und Zweigniederlassungen, COM(2016) 198 final vom 12. April 2016.

800 COM(2016) 198 final, S. 14.

801 Artikel ohne nähere Bezeichnung sind im Folgenden solche des Vorschlags für eine Richtlinie zur Änderung der EU-Bilanzrichtlinie.

802 COM(2016) 198 final, S. 2.

803 *S. Grotherr*, IWB 2016, S. 854 (856).

804 SWD(2016) 118 final, S. 2.

der berichtspflichtigen Unternehmen.[805] Die öffentliche Kontrolle bildet den konzeptionellen Kern des Ertragsteuerinformationsberichts.[806] Mit dieser öffentlichen Kontrolle verfolgt die Europäische Kommission verschiedene Ziele.[807] Allem voran soll öffentliche Kontrolle nach der Vorstellung der Europäischen Kommission „sicherstellen helfen, dass Gewinne tatsächlich dort besteuert werden, wo sie entstehen".[808] Öffentliche Kontrolle soll ferner „das Vertrauen der Öffentlichkeit stärken und bewirken, dass Unternehmen mehr soziale Verantwortung übernehmen, indem sie Steuern dort zahlen, wo sie ihre Geschäfte betreiben, und so zum Wohlstand des betreffenden Landes beitragen".[809] Für die Europäische Kommission ist soziale Verantwortung in diesem Kontext offenbar gleichbedeutend mit der Bereitschaft zur Besteuerung der Unternehmensgewinne am Ort der Wertschöpfung.[810] Dies gilt auch und gerade für die Fälle, in denen die Wertschöpfung nicht in einem Niedrigsteuerland erfolgt ist. Soziale Verantwortung heißt dann eben auch, dass das Unternehmen auf die tatsächliche Realisierung eines vorhandenen steuermindernden Gestaltungspotenzials verzichtet, obgleich die Steuervermeidung rechtlich möglich wäre.[811] Und endlich ist die Europäische Kommission der Auffassung, dass „öffentliche Kontrolle auch eine sachkundigere Debatte über mögliche Mängel im Steuerrecht befördern [kann]".[812]

Der von der Europäischen Kommission entwickelte Ertragsteuerinformationsbericht betritt als Instrument einer öffentlichen Kontrolle multinationaler Unternehmen neues Terrain im europäischen Unternehmenssteuerrecht. Mit der Etablierung steuerlicher Transparenz zugunsten der Öffentlichkeit soll eine steuerliche Verhaltenslenkung hin zu mehr Steuergerechtigkeit erfolgen.[813] Der Ertragsteuerinformationsbericht nutzt bewusst die „präventive Wirkung von Reputationseffekten"[814] und zielt damit auf die „Stigmatisierung [der Unternehmen] durch die breite Öffentlichkeit".[815] Es ist genau diese Verflechtung von öffentlicher Kontrolle, möglichen Reputationseffekten und Stigmatisierung, die verrät, dass der Ertragsteuerinformationsbericht von der Idee des „naming and shaming"

805 COM(2016) 198 final, S. 2; siehe auch *S. Grotherr*, IWB 2016, S. 854 (856).

806 COM(2016) 198 final, S. 2.

807 COM(2016) 198 final, S. 2.

808 COM(2016) 198 final, S. 2.

809 COM(2016) 198 final, S. 2.

810 Vergleiche COM(2016) 198 final, S. 2, 4, 11, Erwägungsgrund 4.

811 Vergleiche *S. Grotherr*, IWB 2016, S. 854 (856).

812 COM(2016) 198 final, S. 2; siehe hierzu auch COM(2016) 198 final, S. 11, Erwägungsgrund 5.

813 Vergleiche *V. Dutt/C. Spengel/H. Vay*, FUS 2017, S. 177 (178).

814 BR-Drs. 31/1/19, S. 4.

815 *H. Baumhoff/D. Liebchen*, in: Jörg Manfred Mössner et al. (Hrsg.), Steuerrecht international tätiger Unternehmen, 5. Aufl. 2018, Rn. 4.592.

durchzogen ist.[816] Über den Ertragsteuerinformationsbericht heißt es daher zu Recht: Die „EU droht Unternehmen mit dem Pranger“.[817]

2. Der persönliche und sachliche Anwendungsbereich

a) Persönlicher Anwendungsbereich

Zunächst stellt sich die Frage, ab wann Unternehmen überhaupt berichtspflichtig werden.[818] Der persönliche Anwendungsbereich wird durch Art. 48b festgelegt.[819] Die maßgebliche Grenze für eine Verpflichtung zur Veröffentlichung des Ertragsteuerinformationsberichts liegt – genau wie beim Country-by-Country Reporting – bei einem konsolidierten Nettoumsatzerlös von 750 Millionen Euro.[820] Wird dieser Grenzwert überschritten, so muss der Ertragsteuerinformationsbericht von einem in einem Mitgliedstaat ansässigen obersten Mutternunternehmen (Art. 48b Abs. 1 Alt. 1), von einem in der Europäischen Union ansässigen unverbundenen Unternehmen (Art. 48b Abs. 1 Alt. 2), von mittleren und großen Tochterunternehmen, die von einem in einem Drittstaat ansässigen Mutterunternehmen beherrscht werden (Art. 48b Abs. 3), sowie von Zweigniederlassungen eines nicht in der Europäischen Union ansässigen Stammhauses (Art. 48b Abs. 4) erstellt werden.[821]

b) Sachlicher Anwendungsbereich

Das public Country-by-Country Reporting basiert „in erheblichem Umfang“ auf dem steuerlichen Country-by-Country Reporting und damit im Ergebnis also auch auf den Vorschlägen des BEPS-Aktionspunkts 13 der OECD.[822] So ist nicht nur der von der OECD vorgeschlagene Grenzwert von 750 Millionen Euro konsolidierten Umsatzerlöses für beide Berichte von Bedeutung.[823] Auch die „Informationen [des

---

816 So ausdrücklich auch *F. Oppel*, SteuK 2016, S. 421 (426); *R. Seer/S. Kargitta*, in: Christiana Panayi et al. (Hrsg.), Research Handbook on European Union Taxation Law, 2020, S. 489 (509): „[...] this name and shame approach by the EU [...]“.

817 So der Titel des Beitrags von *C. Staringer/E. Hickl*, Die Presse vom 1.5.2016, abrufbar unter: https://diepresse.com/home/recht/rechtallgemein/4979794/Steuerdaten_EU-droht-Unternehmen-mit-Pranger (letzter Aufruf: 31.3.2022).

818 COM(2016) 198 final, S. 15; siehe auch *S. Grotherr*, IWB 2016, S. 854 (857 ff.); *H. Kleinmanns*, StuB 2016, S. 547 (548 ff.).

819 COM(2016) 198 final, S. 15 f.

820 COM(2016) 198 final, S. 2 f., 15.

821 COM(2016) 198 final, S. 15.

822 *S. Grotherr*, IWB 2016, S. 854 (856).

823 *OECD*, Verrechnungspreisdokumentation und länderbezogene Berichterstattung, Aktionspunkt 13 – Abschlussbericht 2015, 2016, S. 10, 25; COM(2016) 198 final, S. 2 f., 15.

Ertragsteuerinformationsberichts] sollten auf den Berichterstattungsvorschriften des BEPS-Aktionspunkts 13 beruhen".[824] Anders als das steuerliche Country-by-Country Reporting besteht das public Country-by-Country Reporting jedoch nicht aus drei Tabellen.[825] Es handelt sich hier vielmehr um einen eingliedrigen Bericht.[826] Dies bedeutet, dass es im Ertragsteuerinformationsbericht keine Aufschlüsselung der wichtigsten Geschäftstätigkeiten jeder einzelnen Konzerneinheit pro Steuerjurisdiktion gibt, sondern nur eine Angabe aller Geschäftstätigkeiten.[827]

Dessen eingedenk stellt sich nun die zentrale Frage, welche Informationen nach dem Vorschlag für eine Richtlinie zur Änderung der EU-Bilanzrichtlinie überhaupt allgemein zugänglich gemacht werden sollen. Aussagen über die zu veröffentlichenden Daten enthält Art. 48c.[828] Alle Daten beziehen sich ausweislich seines Abs. 1 auf „sämtliche Tätigkeiten des Unternehmens und des obersten Mutterunternehmens, insbesondere auch über die Tätigkeiten aller in den konsolidierten Abschluss für das betreffende Geschäftsjahr eingehenden verbundenen Unternehmen".[829]

Eine detaillierte Aufschlüsselung dieser Daten enthält sodann Art. 48c Abs. 2 Buchst. a bis g.[830] Das aufstellungspflichtige Unternehmen muss seine Tätigkeitsart kurz beschreiben (Buchst. a) und die Beschäftigtenzahl (Buchst. b), „Nettoumsatzerlöse, einschließlich des Umsatzes mit nahestehenden Unternehmen und Personen" (Buchst. c), sowie „den Betrag des Gewinns oder Verlusts vor Ertragsteuern" (Buchst. d) angeben.[831] Darüber hinaus muss das aufstellungspflichtige Unternehmen den Betrag der noch für das laufende Jahr zu zahlenden Ertragsteuern (Buchst. e), „den Betrag der bereits gezahlten Ertragsteuer, die dem Betrag der im betreffenden Geschäftsjahr von Unternehmen und Zweigniederlassungen mit Steuersitz im jeweiligen Steuergebiet entrichteten Ertragsteuern entspricht" (Buchst. f), sowie schließlich noch „den Betrag des einbehaltenen Gewinns" (Buchst. g) preisgeben.[832] Ferner hat gemäß Art. 48c Abs. 4 „auf Gruppenebene eine Gesamtschilderung" zu erfolgen, in der mögliche „wesentliche Diskrepanzen" zwischen den nach Art. 48c Abs. 2 Buchst. e und f preisgegebenen Beträgen – möglicherweise auch unter Bezugnahme auf entsprechendes Zahlenmaterial bereits vorangegangener

824 COM(2016) 198 final, S. 12, Erwägungsgrund 8.

825 Vergleiche COM(2016) 198 final, S. 15 ff.

826 Vergleiche COM(2016) 198 final, S. 15 ff.

827 *S. Grotherr*, IWB 2016, S. 854 (861).

828 COM(2016) 198 final, S. 16 f.; siehe zum Inhalt des Ertragsteuerinformationsberichts auch *A. Langer*, Die Grenzen des Country-by-Country Reportings, 2019, S. 143 ff.

829 COM(2016) 198 final, S. 16.

830 COM(2016) 198 final, S. 16.

831 COM(2016) 198 final, S. 16.

832 COM(2016) 198 final, S. 16. Siehe zu den Informationskategorien auch *F. Oppel*, SteuK 2016, S. 421 (426).

Geschäftsjahre – zu erklären sind.[833] Die von der Berichtspflicht umfassten Informationen sind gemäß Art. 48c Abs. 3 Unterabs. 1 für jeden einzelnen Mitgliedstaat anzugeben.[834] Befinden sich in einem Mitgliedstaat mehrere Konzerneinheiten, so werden die Daten gemäß Abs. 3 Unterabs. 5 pro Konzerngesellschaft summiert,[835] womit im Ergebnis eine „länderbezogene Aggregation“ erfolgt.[836]

Während das steuerliche Country-by-Country Reporting auf die konsolidierten Umsatzerlöse des vorangegangenen Wirtschaftsjahrs abstellt, enthält der Vorschlag für eine Richtlinie zur Änderung der EU-Bilanzrichtlinie keine ausdrücklichen Angaben bezüglich des Zeitraums, auf den sich die Umsatzschwelle bezieht.[837] In diesem Fall ist es jedoch naheliegend, von einer zeitlichen Einteilung in Berichtsgeschäftsjahre auszugehen.[838]

3. Formelle Besonderheiten des Ertragsteuerinformationsberichts

a) Veröffentlichung

Der Ertragsteuerinformationsbericht muss allgemein zugänglich gemacht werden.[839] Nach den Plänen der Europäischen Kommission reicht es hierbei nicht aus, den Bericht in einem Unternehmensregister zu veröffentlichen, vielmehr muss er auch auf der jeweiligen Website des Unternehmens zur Verfügung gestellt werden und so für alle Interessierten jederzeit einsehbar sein.[840] Die Veröffentlichung auf der Internetpräsenz ist für die Europäische Kommission von ganz wesentlicher Bedeutung und bildet die eigentlich tragende Säule einer öffentlichen Kontrolle.[841] Der Ertragsteuerinformationsbericht muss in mindestens einer Amtssprache der Europäischen Union abgefasst werden.[842] Gemäß Art. Art. 48b Abs. 3 Unterabs.

---

833 COM(2016) 198 final, S. 17.

834 COM(2016) 198 final, S. 16.

835 COM(2016) 198 final, S. 17.

836 *S. Grotherr*, IWB 2016, S. 854 (860).

837 *H. Kleinmanns*, StuB 2016, S. 547 (549 Fn. 8).

838 *S. Grotherr*, IWB 2016, S. 854 (857 f.).

839 Siehe hierzu im Einzelnen Art. 48b Abs. 1, 3 sowie Abs. 4 in Verbindung mit Abs. 5 Vorschlag für eine Richtlinie zur Änderung der EU-Bilanzrichtlinie.

840 COM(2016) 198 final, S. 9.

841 Dies zeigt sich deutlich an der Formulierung der Europäischen Kommission in COM(2016) 198 final, S. 9: „Der konsolidierte Ertragsteuerinformationsbericht wird in einem Unternehmensregister veröffentlicht, um Gewissheit und Verfügbarkeit über längere Zeit sicherzustellen. Da das Ziel dieser Initiative darin besteht, öffentliche Kontrolle zu ermöglichen, werden diese Berichte darüber hinaus auch über die Websites der Unternehmen der Öffentlichkeit zugänglich gemacht.“

842 COM(2016) 198 final, S. 17.

2 „wird [der Ertragsteuerinformationsbericht] der Öffentlichkeit am Tag seiner Veröffentlichung auf der Website des Tochterunternehmens oder auf der Website eines verbundenen Unternehmens zugänglich gemacht".[843]

Damit „über längere Zeit Vergleiche" gezogen werden können, sind die Ertragsteuerinformationsberichte gemäß Art. 48d Abs. 2 zwingend für eine Zeitspanne von fünf aufeinanderfolgenden Jahren auf den Internetpräsenzen der jeweiligen berichtspflichtigen Unternehmen zugänglich zu machen.[844] Wie schon für das Country-by-Country Reporting gilt auch hier, dass wirtschaftliche Zusammenhänge und Vorgänge erst durch eine mehrere Perioden umfassende Betrachtung nachvollzogen und erkannt werden können. Eine wichtige Ausnahme von der Veröffentlichungspflicht enthält Art. 48b Abs. 6.[845] In diesen Fällen wird von einer Veröffentlichung des Ertragsteuerinformationsberichts auf der Internetpräsenz des in einem Mitgliedstaat ansässigen Tochterunternehmens oder der in einem Mitgliedstaat ansässigen Zweigniederlassung eines obersten, in einem Drittstaat ansässigen Mutterunternehmens abgesehen. Etwaigen Versuchen, die öffentliche Berichtspflicht durch Gestaltungen zu umgehen, soll abschließend Art. 48b Abs. 7 vorbeugen.[846]

b) Abschlussprüfer und Prüfgesellschaft

Gemäß Art. 48f hat der Mitgliedstaat zu gewährleisten, dass das aufstellungspflichtige Unternehmen von mindestens einem Abschlussprüfer oder einer Prüfgesellschaft einer unabhängigen Prüfung unterzogen wird.[847] Der Prüfer hat zu kontrollieren, ob ein Ertragsteuerinformationsbericht aufgestellt wurde und ob dieser den inhaltlichen Voraussetzungen genügt.[848] Ganz zentral ist die Überprüfung der tatsächlichen Veröffentlichung des Ertragsteuerinformationsberichts.[849] Die Prüfung erstreckt sich inhaltlich dabei auf die Art. 48b, c und d.[850] Da der Abschlussprüfer eine fehlende allgemeine Zugänglichkeit in einem von ihm zu erstellenden Bestätigungsvermerk angibt, sollte seine Autorität nicht unterschätzt werden.[851] Zu Recht wird betont, dass einer Erwähnung von Mängeln im

---

843 COM(2016) 198 final, S. 15.

844 COM(2016) 198 final, S. 9, 18.

845 COM(2016) 198 final, S. 16. Siehe hierzu auch *S. Tomson*, in: Heinz-Klaus Kroppen/Stephan Rasch (Hrsg.), Handbuch Internationale Verrechnungspreise, Implementierung, Rn. 212 (September 2018).

846 COM(2016) 198 final, S. 16.

847 COM(2016) 198 final, S. 18.

848 *S. Grotherr*, IWB 2016, S. 892 (893).

849 *S. Grotherr*, IWB 2016, S. 892 (893).

850 COM(2016) 198 final, S. 18.

851 Vergleiche *S. Grotherr*, IWB 2016, S. 892 (893).

Bestätigungsvermerk auch das Potenzial zukommt, an der Glaubwürdigkeit und Verlässlichkeit des Unternehmens im privaten Rechtsverkehr zu rühren.[852]

Die Überlegung, mit dem Abschlussprüfer eine Kontrolleinrichtung zu schaffen, die die Veröffentlichung überprüft, ist generell durchaus nachvollziehbar. In der konkreten, von der Europäischen Kommission in ihrem Vorhaben ausgearbeiteten Verfahrensweise ist ein Abschlussprüfer jedoch nur bedingt sinnvoll. Der Abschlussprüfer kontrolliert nämlich gerade nicht, ob die im Ertragsteuerinformationsbericht angegebenen Informationen auch in der Sache richtig sind.[853] Das bedeutet, dass ein veröffentlichter Bericht, der zwar die formalen inhaltlichen Fallgruppen aufführt, diese jedoch mit vollkommen falschem und in sich widersprüchlichem Zahlenmaterial versieht, nicht zu beanstanden ist. Es erfolgt also weder eine Prüfung des Inhalts noch eine Prüfung der Stimmigkeit der Daten.[854] Damit können die Unternehmen quasi angeben, was immer sie wollen. Eine Kontrolle der Richtigkeit der Daten erfolgt nicht. Während die Finanzverwaltung die Falschheit der veröffentlichten Daten erkennen kann, weil sie immer noch über das steuerliche Country-by-Country Reporting und zusätzlich über den Master File und den Local File verfügt, kann die Öffentlichkeit dies gerade nicht.

Im Ganzen zeigen sich hier deutliche Parallelen zu der Problematik, die aus dem deutschen Steuerordnungswidrigkeitenrecht im Hinblick auf vollständige, aber fehlerhafte Angaben im Country-by-Country Reporting bekannt ist[855]: „Inhaltlich fehlerhafte Berichte sind [...] nicht sanktionsfähig“[856]. Wenn die Steuerdaten als Grundlage für ernsthafte finanzbehördliche Risikoabschätzungen beziehungsweise für öffentliche Kontrollen herhalten sollen, sollten auch Prüfungen im Hinblick auf eine sachliche Richtigkeit erfolgen.

4. Eine besondere Herausforderung: der Umgang mit Drittstaaten

Der öffentliche Ertragsteuerinformationsbericht ist ein Projekt der Europäischen Kommission, das sich innerhalb der Grenzen der Europäischen Union bewegt. Drittstaaten sind von diesem Projekt nicht betroffen. Auf den ersten Blick scheint dies irrelevant. Tatsächlich bringt der Ertragsteuerinformationsbericht jedoch gerade in Bezug auf die Informationssymmetrie zwischen Mitglied- und Drittstaaten

---

852 So etwa *S. Grotherr*, IWB 2016, S. 892 (893).

853 Vergleiche *S. Grotherr*, IWB 2016, S. 892 (893).

854 Siehe hierzu *S. Grotherr*, IWB 2016, S. 892 (893).

855 Siehe dazu etwa *X. Ditz/S.-E. Bärsch/C. Engelen*, IStR 2016, S. 840 (849); *H. Baumhoff*, in: Jürgen Lüdicke (Hrsg.), Internationale Geschäftstätigkeiten in der Nach-BEPS-Welt, 2018, S. 97 (109).

856 *K.-D. Drüen*, in: Klaus Tipke/Heinrich Wilhelm Kruse (Begr.), AO/FGO, § 379 AO Rn. 63 (Juni 2020).

große Herausforderungen mit sich.[857] Ausgelöst werden diese durch den Umstand, dass mit dem Vorhaben der Europäischen Kommission gewisse Staaten – nämlich die Mitgliedstaaten – Informationen veröffentlichen müssen, während die übrigen Staaten – die Drittstaaten – dies nicht müssen.

a) *Drittstaaten ohne Steueroasen-Status*

Art. 48c Abs. 3 Unterabs. 3 ist bezüglich des Umgangs mit Drittstaaten von großer Bedeutung. Er normiert, dass die Daten des Ertragsteuerinformationsberichts für andere Steuergebiete nur in aggregierter Form preiszugeben sind.[858] Mit diesen „anderen" Steuergebieten sind hier Drittstaaten gemeint.[859] Der große Unterschied zum länderbezogenen Bericht besteht also in dem Umstand, dass Informationen „nicht für jeden einzelnen Drittstaat getrennt aufgeführt [werden]"[860] und „länderbezogene Angaben [...] für Drittstaaten insoweit nicht mehr vor[liegen]".[861] Diese Vorgehensweise ist notwendig, um das System des automatischen Informationsaustauschs nicht zu gefährden. Das steuerliche Country-by-Country Reporting wird letztlich nur deshalb auch an Drittstaaten übermittelt, um auch von diesen Staaten länderbezogene Berichte zu erhalten. Der zentrale „Eckpfeiler für das tatsächliche Funktionieren dieses steuerlichen automatischen Informationsaustausches ist [damit also] die Gegenseitigkeit".[862] Dieses austarierte Gefüge einer wechselseitigen Informationsverschaffung würde jedoch beeinträchtigt, wenn der Ertragsteuerinformationsbericht, der in vielen Aspekten dem Country-by-Country Reporting entspricht, nun von allen Mitgliedstaaten der Europäischen Union veröffentlicht werden muss. Damit würden wichtige Informationen aus dem Country-by-Country Reporting nunmehr auch den Drittstaaten allgemein zugänglich gemacht. Es bestünde für den seinerseits gerade nicht von einer Veröffentlichungspflicht betroffenen Drittstaat damit keinerlei Anreiz mehr, weiterhin am Informationsaustausch über das Country-by-Country Reporting zu partizipieren. Die Informationen, die zu erhalten er am Austauschverfahren teilnahm, erhielte er jetzt ganz ohne Gegenleistung. Hier zeigt sich die Verzahnung von Country-by-Country Reporting und Ertragsteuerinformationsbericht sehr deutlich.

Damit bestünde zum einen auf staatlicher Ebene ein Informationsgefälle zugunsten der Drittstaaten. Zum anderen hätten in Drittstaaten ansässige Konzernmuttergesellschaften einen nicht zu unterschätzenden „Wettbewerbsvorteil".[863]

---

857 Siehe hierzu *S. Grotherr*, IWB 2016, S. 854 (864f.).

858 COM(2016) 198 final, S. 17; siehe hierzu auch COM(2016) 198 final, S. 5, 6, 9, 12, Erwägungsgrund 9.

859 *S. Grotherr*, IWB 2016, S. 854 (860); *H. Kleinmanns*, StuB 2016, S. 547 (550).

860 *S. Grotherr*, IWB 2016, S. 854 (864).

861 *S. Grotherr*, IWB 2016, S. 854 (860).

862 *S. Grotherr*, IWB 2016, S. 854 (864).

863 *S. Grotherr*, IWB 2016, S. 854 (865).

b) Drittstaaten mit Steueroasen-Status

Ein besonderes Augenmerk legt die Europäische Kommission darüber hinaus auf Drittstaaten, „die die internationalen Standards für verantwortungsvolles Handeln im Steuerbereich nicht einhalten".[864] Da diese Staaten nach Auffassung der Europäischen Kommission vor „besondere steuerliche Herausforderungen" stellen, sei es hier ratsam, Daten und Informationen über die dort tätigen Unternehmen entsprechend den gesteigerten Herausforderungen „mit großer Detailtiefe" zu erfassen.[865] Aus diesem Grund wird hier trotz des Status als Drittstaat von einer Aggregation der Daten Abstand genommen. Die Informationen werden gemäß Art. 48c Abs. 3 Unterabs. 2 vielmehr separat pro Steuerjurisdiktion angegeben, sofern sich eben diese Steuerjurisdiktion auf einer gemäß Art. 48g erstellten Unionsliste befindet.[866] Auf dieser Unionsliste sollen sich nach den Vorschlägen der Europäischen Kommission solche Steuerstaaten befinden, die sich Transparenzmaßnahmen und einem Informationsaustausch verweigern, die einem unfairen Steuerwettbewerb Vorschub leisten und die die internationalen Standards zur Bekämpfung von BEPS oder ähnliche Standards wie etwa ein angemessenes Besteuerungsniveau nicht umgesetzt haben.[867] Damit wird hier maßgeblich der Einsatz einer „Schwarzen Liste" forciert.[868]

5. Unterschiede zwischen dem steuerlichen und dem public Country-by-Country Reporting

a) Konzernunverbundene Unternehmen

Bezogen auf den persönlichen Anwendungsbereich unterscheiden sich das steuerliche und das public Country-by-Country Reporting in der Behandlung konzernunverbundener Unternehmen. Anders als das steuerliche Country-by-Country Reporting muss der Ertragsteuerinformationsbericht auch von diesen konzernunverbundenen Unternehmen erstellt werden.[869]

b) Multinationale Unternehmen im Bankensektor

Multinationale Unternehmen im Bankensektor müssen zwar einen länderbezogenen Bericht, jedoch gerade keinen Ertragsteuerinformationsbericht aufstellen.[870]

---

864 COM(2016) 198 final, S. 2.

865 COM(2016) 198 final, S. 8.

866 COM(2016) 198 final, S. 17 ff.; siehe auch *S. Wakounig*, in: Michael Lang/Peter Haunold (Hrsg.), Transparenz und Informationsaustausch, 2017, S. 29 (33).

867 COM(2016) 198 final, S. 19; *S. Grotherr*, IWB 2016, S. 854 (865 f.).

868 Siehe zur „Schwarzen Liste" auch *S. Grotherr*, IWB 2016, S. 854 (865 f.).

869 *S. Grotherr*, IWB 2016, S. 854 (858).

870 Vergleiche *S. Rasch*, in: FS Heinz-Klaus Kroppen, 2020, S. 325 (332 f.).

Derartige multinationale Unternehmen sind bereits gemäß Art. 89 der Richtlinie 2013/36/EU des Europäischen Parlaments und des Rats verpflichtet, einen länderspezifischen Bericht zu erstellen und offenzulegen.[871] Aus diesem Grund werden multinationale Unternehmen „von der Pflicht zur Berichterstattung über die Ertragsteuer befreit, sofern der Bericht [...] auch die Tätigkeiten des obersten Mutterunternehmens in der EU und all seiner verbundenen Unternehmen beinhaltet".[872]

c) *Inhalt der Berichte*

Ein Vergleich des Inhalts des länderbezogenen Berichts mit dem des Ertragsteuerinformationsberichts ergibt, dass der Ertragsteuerinformationsbericht im Ganzen weniger Informationen bereitstellt.[873]

Anders als das steuerliche Country-by-Country Reporting differenziert das public Country-by-Country Reporting nicht zwischen Umsatzerlösen und Erträgen mit fremden und solchen mit konzernverbundenen Unternehmen.[874] Indem Art. 48c Abs. 2 Buchst. c lediglich „den Betrag der Nettoumsatzerlöse, einschließlich des Umsatzes mit nahestehenden Unternehmen und Personen", aufführt,[875] bestehen an dieser Stelle weniger Trennschärfe und damit auch weniger Aussagekraft.

Auf das „ausgewiesene Kapital"[876] oder das „Eigenkapital"[877] ist im Ertragsteuerinformationsbericht gar nicht einzugehen.[878] Hier kommt es zu einem „gänzlich[en] Informationsverlust".[879]

Ausführungen zu den Punkten „Materielle Vermögenswerte (ohne flüssige Mittel)"[880], „Im Steuerhoheitsgebiet ansässigen Konzernunternehmen"[881]

---

871 *S. Rasch*, in: FS Heinz-Klaus Kroppen, 2020, S. 325 (332 f.).

872 COM(2016) 198 final, S. 8.

873 Zum Ganzen ausführlich *S. Grotherr*, IWB 2016, S. 854 (860 ff.); *S. Grotherr/P. Wittenstein*, in: Patrick Velte et al. (Hrsg.), Rechnungslegung, Steuern, Corporate Governance, Wirtschaftsprüfung und Controlling, 2018, S. 167 (173).

874 *S. Grotherr*, IWB 2016, S. 854 (861).

875 COM(2016) 198 final, S. 16.

876 *OECD*, Verrechnungspreisdokumentation und länderbezogene Berichterstattung, Aktionspunkt 13 – Abschluss-bericht 2015, 2016, S. 33; Richtlinie zur Änderung der EU-Amtshilferichtlinie (EU 2016/881), L 146/17.

877 § 138a Abs. 2 Nr. 1 Buchst. g AO.

878 *S. Grotherr*, IWB 2016, S. 854 (861).

879 *S. Grotherr/P. Wittenstein*, in: Patrick Velte et al. (Hrsg.), Rechnungslegung, Steuern, Corporate Governance, Wirtschaftsprüfung und Controlling, 2018, S. 167 (173).

880 *OECD*, Verrechnungspreisdokumentation und länderbezogene Berichterstattung, Aktionspunkt 13 – Abschlussbericht 2015, 2016, S. 33; Richtlinie zur Änderung der EU-Amtshilferichtlinie (EU 2016/881), L 146/17.

881 *OECD*, Verrechnungspreisdokumentation und länderbezogene Berichterstattung, Aktionspunkt 13 – Abschlussbericht 2015, 2016, S. 34; Richtlinie zur Änderung der

fehlen im Ertragsteuerinformationsbericht ebenso wie Angaben zum „Gründungsstaat oder Staat der Handelsregistereintragung, falls abweichend vom Ansässigkeitsstaat“[882].[883]

Ganz objektiv betrachtet ist der Ertragsteuerinformationsbericht, der einer Kontrolle und Überwachung multinationaler Unternehmen durch die Öffentlichkeit dienen soll, damit „weniger detailliert“ als das steuerliche Country-by-Country Reporting und weist strukturelle „Informationsdefizite“ auf.[884] Streng genommen ist es jedoch für die Effektivität des Ertragsteuerinformationsberichts notwendig, dass die Detailtiefe des länderbezogenen Berichts gerade nicht geschaffen wird.[885] Wenn man sich nämlich an die Öffentlichkeit wenden will, dann muss sie auch in der Lage sein, die Informationen zu verstehen.[886] Die Steuerinformationen müssen also in Umfang und Tiefe adressatengerecht zugeschnitten sein.[887]

Allerdings muss auch erkannt werden, dass der Ertragsteuerinformationsbericht eine Fallgruppe enthält, die seinem steuerlichen Pendant fehlt.[888] Gemäß Art. 48c Abs. 4 besteht der Ertragsteuerinformationsbericht noch aus einer „Gesamtschilderung“.[889] Hier sollen nach der Vorstellung der Europäischen Kommission „etwaige wesentliche Diskrepanzen“ unter dem nach Art. 48c Abs. 2 Buchst. e und f angegebenen Zahlenmaterial „gegebenenfalls unter Berücksichtigung der entsprechenden Beträge für vorangehende Geschäftsjahre erläutert werden“.[890] Dies ähnelt Tabelle 3 des steuerlichen Country-by-Country Reportings.

Ferner kennt das steuerliche Country-by-Country Reporting keine dem Abschlussprüfer vergleichbare Kontrollinstanz.

EU-Amtshilferichtlinie (EU 2016/881), L 146/18: „Im Steuerhoheitsgebiet ansässige Geschäftseinheiten“.

882 *OECD*, Verrechnungspreisdokumentation und länderbezogene Berichterstattung, Aktionspunkt 13 – Abschlussbericht 2015, 2016, S. 34; Richtlinie zur Änderung der EU-Amtshilferichtlinie (EU 2016/881), L 146/18.

883 *S. Grotherr/P. Wittenstein*, in: Patrick Velte et al. (Hrsg.), Rechnungslegung, Steuern, Corporate Governance, Wirtschaftsprüfung und Controlling, 2018, S. 167 (173).

884 Treffend *S. Grotherr*, IWB 2016, S. 854 (861 f.).

885 Dies ist die hier gezogene Konsequenz aus der Skepsis und Kritik von *R. Kirchdörfer*, EuZW 2017, S. 705 (706).

886 Vergleiche *R. Kirchdörfer*, EuZW 2017, S. 705 (706).

887 Siehe hierzu *G. R. Dowling*, Journal of Business Ethics 2014, S. 173 (177 f.).

888 *S. Grotherr/P. Wittenstein*, in: Patrick Velte et al. (Hrsg.), Rechnungslegung, Steuern, Corporate Governance, Wirtschaftsprüfung und Controlling, 2018, S. 167 (173).

889 COM(2016) 198 final, S. 17.

890 COM(2016) 198 final, S. 17.

6. Fehlinterpretationen

Eine öffentliche Version des Country-by-Country Reportings geht mit einem erheblichen Potenzial für Fehlinterpretationen einher.[891] Die inhaltliche Komplexität mancher Fallgruppen und die im Ganzen wohl nach wie vor bestehende beachtliche steuerliche Detailtiefe des gesamten Ertragsteuerinformationsberichts machen es der breiten, steuerrechtlich im Allgemeinen doch unkundigen Öffentlichkeit nahezu unmöglich, zu verstehen, ob das Unternehmen im entsprechenden Wirtschaftsjahr eine faire Steuerlast tragen musste.[892] Dies liegt vor allem daran, dass zwischen den einzelnen Fallgruppen mangels Verständnis in der Regel keine sinnvollen Zusammenhänge hergestellt werden können. Daraus resultiert die große Gefahr, dass die Öffentlichkeit willkürlich „Sachzusammenhänge" annimmt, die so „tatsächlich nicht bestehen".[893] Forciert wird diese Gefahr durch den Umstand, dass die Adressaten des öffentlichen Ertragsteuerinformationsberichts auf die zusätzlichen, erläuternden Informationen aus dem Master File und dem Local File verzichten müssen.[894] Aus all diesen Gründen mehren sich die Stimmen, die eine Erläuterung der zu veröffentlichenden Steuerdaten fordern.[895] Hinzu kommt, dass auch beim Ertragsteuerinformationsbericht eine Aggregation der Daten erfolgt und so eine „Informationsverwässerung" eintritt.[896] Hier kann eine fehlende Differenzierung dann dazu führen, dass die Öffentlichkeit Unternehmensabläufe nicht richtig nachvollziehen kann. Auch weiß die Öffentlichkeit nicht, wie die Daten eigentlich erhoben wurden, die sie im Ertragsteuerinformationsbericht kontrollieren soll.[897] Aus all diesen Gründen steht es zu befürchten, dass es in Bezug auf „aggressive" Steuerplanung und Steuerunfairness zu vielen sogenannten „falsch Positiven" kommen wird.[898] Mithin werden Unternehmen unfaire „aggressive" Steuergestaltungen vorgeworfen, die sich tatsächlich noch im Rahmen der Steuerfairness bewegen. Weist der Ertragsteuerinformationsbericht etwa eine geringe Steuerlast aus, so muss dies seinen Grund mitnichten in einer „aggressiven" Steuerplanung oder einer bewussten Gewinnverlagerung haben.[899] Die geringe Steuerlast kann von einer ganz harmlosen Verlustverrechnung, speziellen Abschreibungen oder aber schlicht einer Abweichung der steuerlichen von

891 Siehe etwa *S. Grotherr*, IWB 2016, S. 892 (900 ff.); siehe auch *M. Hanlon*, Bulletin for International Taxation 2018, S. 209 (215).

892 Siehe auch *M. Hanlon*, Bulletin for International Taxation 2018, S. 209 (215).

893 *S. Grotherr*, IWB 2016, S. 892 (901).

894 *S. Grotherr*, IWB 2016, S. 892 (901).

895 *M. Hanlon*, Bulletin for International Taxation 2018, S. 209 (215, Fn. 33).

896 *S. Grotherr*, IWB 2016, S. 892 (901).

897 *S. Grotherr*, IWB 2016, S. 892 (901): „Datenquellen [...] nicht offen gelegt".

898 *M. Hanlon*, Bulletin for International Taxation 2018, S. 209 (215).

899 Vergleiche *S. Grotherr*, IWB 2016, S. 892 (901).

der handelsrechtlichen Gewinnermittlung herrühren.[900] In diesen Fällen ist die niedrige Steuerlast ganz sicher nicht unfair. Dies wird die Öffentlichkeit aber nicht verstehen. Sie wird eine niedrige Steuerlast schlicht mit einer unfairen Steuerlast gleichsetzen und dem Unternehmen den Stempel der Steuerunfairness aufdrücken. Die im Rahmen des länderbezogenen Berichts gemachten Ausführungen zur Aussagekraft und Fehlinterpretation gelten also auch für den öffentlichen Ertragsteuerinformationsbericht. Insbesondere ändert sich für die berichtspflichtigen Unternehmen beim Ertragsteuerinformationsbericht nichts an ihren Datenerhebungsschwierigkeiten. Auch für den Ertragsteuerinformationsbericht fehlen internationale Vorgaben zur (manuellen) Datenerhebung.[901]

III. Die Richtlinie (EU) 2021/2101

Die Europäische Kommission wollte den Ertragsteuerinformationsbericht über den Richtlinienvorschlag zur Änderung der EU-Bilanzrichtlinie aus dem Jahr 2016 als Sekundärrecht einführen.[902] Ungefähr fünf Jahre nach diesem ersten Aufschlag wurde die „Richtlinie (EU) 2021/2101 des Europäischen Parlaments und des Rates vom 24. November 2021 zur Änderung der Richtlinie 2013/34/EU im Hinblick auf die Offenlegung von Ertragsteuerinformationen durch bestimmte Unternehmen und Zweigniederlassungen“ im Dezember 2021 im Amtsblatt der Europäischen Union veröffentlicht.[903] Sie trat am 21. Dezember 2021 in Kraft.[904] Mit der Verabschiedung der Richtlinie (EU) 2021/2101 konnte mithin das langwierige Richtlinienverfahren zur Einführung eines Ertragsteuerinformationsberichts beendet werden.[905] Bereits am 4. Juli 2017 hat das Europäische Parlament dem Vorschlag zur Einführung des Ertragsteuerinformationsberichts in seiner ersten Lesung mit einer beachtlichen Mehrheit von 534 zu 98 Stimmen bei 62 Enthaltungen zugestimmt.[906] In der am

900 Treffend *S. Grotherr*, IWB 2016, S. 892 (901); siehe auch *C. von der Hellen*, DB 2019, S. M4 (M5); *S. Sieber*, DStR 2021, S. 2656 (2658).

901 Vergleiche *S. Grotherr*, IWB 2016, S. 892 (901 f.).

902 COM(2016) 198 final.

903 Richtlinie (EU) 2021/2101 des Europäischen Parlaments und des Rates vom 24. November 2021 zur Änderung der Richtlinie 2013/34/EU im Hinblick auf die Offenlegung von Ertragsteuerinformationen durch bestimmte Unternehmen und Zweigniederlassungen, ABl EU L 429 vom 1. Dezember 2021. Nachfolgend zitiert als „Richtlinie (EU) 2021/2101“. Siehe auch *T. Hoppe/J. Müller/A. Weinrich/K. Wittek*, IStR 2021, S. 925 (926); *G. Lanfermann/M. Götze*, BB 2022, S. 235 (236).

904 Richtlinie (EU) 2021/2101, ABl EU L 429/1.

905 *W. Schön*, ZHR 2021, S. 781 (781); *P. Velte*, NZG 2022, S. 147 (148).

906 Siehe hierzu ausführlich http://www.europarl.europa.eu/news/en/press-room/20170629IPR78639/multinationals-should-disclose-tax-information-in-each-country-they-operate (letzter Aufruf: 31.3.2022); siehe auch *R. Seer/S. Kargitta*,

28. September 2021 durchgeführten Abstimmung im Rat wurde die Richtlinie mit einer qualifizierten Mehrheit bei lediglich zwei Gegenstimmen – von Schweden und Zypern – und vier Enthaltungen – von Irland, Luxemburg, Malta und Tschechien – verabschiedet.[907] Gemäß Art. 2 Abs. 1 Satz 1 der Richtlinie (EU) 2021/2101 „setzen [die Mitgliedstaaten] die Rechts- und Verwaltungsvorschriften in Kraft, die erforderlich sind, um dieser Richtlinie bis zum 22. Juni 2023 nachzukommen".[908]

1. Die Kompetenzfrage

Neben der grundsätzlichen Frage, wieviel öffentliche Steuertransparenz man multinationalen Unternehmen zumuten kann und will, ging es bei der Einführung des Ertragsteuerinformationsberichts stets auch um die Frage der Richtlinienkompetenz.[909] Von jeher problematisch war dabei, auf welcher Rechtsgrundlage die Einführung eines öffentlichen länderbezogenen Berichts überhaupt erfolgen kann.[910] Zurecht wird hierin der „wirkliche Grund für die mehrjährige Verzögerung" des Richtlinienvorhabens gesehen.[911] Dabei hat die Europäische Kommission bereits in ihrem Richtlinienvorschlag aus dem Jahr 2016 keinen Zweifel daran aufkommen lassen, dass sie den Ertragsteuerinformationsbericht auf Art. 50 Abs. 1, 2 Buchst. g) AEUV stützen will.[912] Insbesondere der Juristische Dienst des Rates vertrat demgegenüber die Ansicht, dass das Vorhaben auf Art. 115 AEUV gestützt werden müsste.[913] Kritik und Zweifel[914] an der von der Europäischen Kommission zugrundegelegten Kompetenznorm gab es auch in der deutschen steuerrechtlichen Literatur.[915] Die Richtlinie (EU) 2021/2101 wurde letztlich dennoch auf Art. 50 Abs. 1, 2 Buchst. g) AEUV gestützt.[916]

Damit stellt sich die Frage nach der „richtigen Kompetenzgrundlage".[917] Virulent wird diese Frage nicht zuletzt deshalb, weil sich an die in Rede stehenden

---

in: Christiana Panayi et al. (Hrsg.), Research Handbook on European Union Taxation Law, 2020, S. 489 (509).

907 Rat der Europäischen Union, Interinstitutionelles Dossier: 2016/0107(COD), 12146/21, Brüssel, den 28. September 2021, S. 2. Siehe auch *G. Geberth/M. Bartelt*, GmbHR 2021, S. R326 (R326), die in ihren Ausführungen aber vom „28.10.2021" ausgehen.

908 Richtlinie (EU) 2021/2101, ABl EU L 429/13.

909 Vergleiche *W. Schön*, ZHR 2021, S. 781 (782).

910 Siehe hierzu bereits ausführlich *A. Langer*, Die Grenzen des Country-by-Country Reportings, 2019, S. 149 ff.

911 *W. Schön*, ZHR 2021, S. 781 (782).

912 COM(2016) 198 final, S. 4, 10, 13, Erwägungsgrund 12.

913 Council of the European Union, Interinstitutional File: 2016/0107 (COD), Opinion of the Legal Service, 14384/16 Limite, Brussels, 11.11.2016, S. 15.

914 Vergleiche *G. Geberth/M. Bartelt*, GmbHR 2021, S. R326 (R326).

915 Siehe etwa *J. Hey*, FR 2016, S. 554 (560).

916 Richtlinie (EU) 2021/2101, ABl EU L 429/1, 5 f., Erwägungsgrund 22.

917 *W. Schön*, ZHR 2021, S. 781 (782).

Normen unterschiedliche Gesetzgebungsverfahren anschließen, die ihrerseits eng mit Aspekten der mitgliedstaatlichen Souveränität verknüpft sind.[918]

a) *Das ordentliche Gesetzgebungsverfahren*

Um Richtlinien auf Art. 50 AEUV stützen zu können, muss unter anderem dem „ordentlichen Gesetzgebungsverfahren" Genüge getan werden.[919] Das ordentliche Gesetzgebungsverfahren richtet sich nach Art. 289 Abs. 1 AEUV in Verbindung mit Art. 294 AEUV.[920] In allen möglichen Verfahrensstadien dieses Gesetzgebungsprozesses für den europäischen Binnenmarkt kommt es für eine Billigung des Kommissionsvorschlags oder etwaiger Änderungen durch das Europäische Parlament im Rat lediglich auf eine qualifizierte Mehrheit i.S.d. Art. 16 Abs. 3 AEUV an.[921] Wann eine solche qualifizierte Ratsmehrheit gegeben ist, legt Art. 16 Abs. 4 EUV fest. Eine qualifizierte Mehrheit liegt ausweislich des Art. 16 Abs. 4 EUV seit dem 1. November 2014 dann vor, wenn mindestens 55 % der Ratsmitglieder, die sich aus wenigstens 15 Mitgliedern zusammensetzen und die von diesen repräsentierten Mitgliedstaaten summiert 65 % der Unionsbevölkerung ausmachen, einem Antrag zustimmen.[922] Das Europäische Parlament kann sogar mit einfacher Mehrheit entscheiden. Einstimmigkeit, wie sie Art. 115 AEUV fordert, bedarf es im Falle des Art. 50 Abs. 1 AEUV also gerade nicht.[923] Für den Erlass von Normen zur Rechnungslegung und zum Bilanzrecht gilt das ordentliche Gesetzgebungsverfahren.[924]

b) *Das Einstimmigkeitserfordernis*

Dem ordentlichen Gesetzgebungsverfahren steht das besondere Gesetzgebungsverfahren gegenüber, das ein Einstimmigkeitserfordernis gerade verlangt.[925] Gesetze können hier nur einstimmig erlassen werden. Da für direkte Steuen lediglich eine Kompetenz zur Rechtsangleichung nach Art. 115 AEUV besteht, ist die Einstimmigkeit also erforderlich.[926] Dies wird mit Blick auf die grundsätzliche

---

918 *K. von Brocke/F. S. Zawodsky*, SAM 2021, S. 105 (107).

919 *S. Korte*, in: Christian Calliess/Matthias Ruffert (Hrsg.), EUV/AEUV, 6. Auflage 2022, AEUV Art. 50 Rn. 2.

920 *S. Rasch*, in: FS Heinz-Klaus Kroppen, 2020, S. 325 (338).

921 *S. Tomson*, in: Heinz-Klaus Kroppen/Stephan Rasch (Hrsg.), Handbuch Internationale Verrechnungspreise, Implementierung, Rn. 212 (September 2018); *S. Rasch*, in: FS Heinz-Klaus Kroppen, 2020, S. 325 (338); *W. Schön*, ZHR 2021, S. 781 (782).

922 Siehe hierzu auch *F. Oppel*, SteuK 2016, S. 421 (425); *S. Rasch*, in: FS Heinz-Klaus Kroppen, 2020, S. 325 (338, Fn. 62).

923 Vergleiche *W. Schön*, ZHR 2021, S. 781 (782).

924 *G. Lanfermann/M. Götze*, BB 2022, S. 235 (236).

925 Vergleiche *W. Schön*, ZHR 2021, S. 781 (782).

926 *T. Oppermann/C. D. Classen/M. Nettesheim*, Europarecht, 9. Auflage 2021, § 35 Rn. 57.

Wahrung der Souveränität der Mitgliedstaaten in (direkt-)steuerlichen Belangen verständlich.[927] Die Steuerhoheit gehört nach wie vor zu den „Kernbereichen mitgliedstaatlicher Souveränität".[928] Nichtsdestoweniger widmet sich der AEUV auch der steuerrechtlichen Gesetzgebungskompetenz der Europäischen Union.[929] Zwar ermöglicht das Unionsrecht über Art. 113 AEUV eine Harmonisierung der indirekten Steuern.[930] Selbst diese Harmonisierung muss jedoch „für die Errichtung und das Funktionieren des Binnenmarktes und die Vermeidung von Wettbewerbsverzerrungen notwendig [sein]".[931] Auf die direkten Steuern geht der AEUV demgegenüber nicht ausdrücklich ein. Sie verbleiben daher in der mitgliedstaatlichen Zuständigkeit, was im Ergebnis auch von Art. 114 Abs. 2 AEUV, der Bereichsausnahmen normiert, unterstrichen wird.[932] Abgesehen von einer Harmonisierung durch bestimmte Richtlinien und Entscheidungen des EuGH unterfallen die direkten Steuern der nationalen Steuerrechtssouveränität.[933] Eine solche Harmonisierung kann auf der Grundlage des Art. 115 AEUV erfolgen.[934] Sowohl bei Art. 113 AEUV als auch bei Art. 115 AEUV ist dann aber zu beachten, dass die Rechtsangleichungsrichtlinien vom Rat nach Anhörung des Europäischen Parlaments und des Wirtschafts- und Sozialausschusses eben dem Einstimmigkeitserfordernis genügen müssen.[935] Dabei gilt: „Diese Hürde ist schwer zu nehmen".[936]

---

927 *T. Oppermann/C. D. Classen/M. Nettesheim*, Europarecht, 9. Auflage 2021, § 35 Rn. 42 ff.

928 *T. Oppermann/C. D. Classen/M. Nettesheim*, Europarecht, 9. Auflage 2021, § 35 Rn. 1.

929 Siehe zur Steuergesetzgebungskompetenz der Europäischen Union ausführlich *H. Schaumburg*, in: Harald Schaumburg/Joachim Englisch (Hrsg.), Europäisches Steuerrecht, 2. Auflage 2020, Rn. 11.1 ff.

930 *A. Langer*, Die Grenzen des Country-by-Country Reportings, 2019, S. 149.

931 *H. Schaumburg*, in: Harald Schaumburg/Joachim Englisch (Hrsg.), Europäisches Steuerrecht, 2. Auflage 2020, Rn. 11.22.

932 *S. Korte*, in: Christian Calliess/Matthias Ruffert (Hrsg.), EUV/AEUV, 6. Auflage 2022, AEUV Art. 114 Rn. 14 ff.; *H. Weber-Grellet*, Europäisches Steuerrecht, 2. Auflage 2016, § 1 Rn. 3.

933 Siehe hierzu im Einzelnen *H. Weber-Grellet*, Europäisches Steuerrecht, 2. Auflage 2016, § 17 Rn. 1, 7 ff.; *N. Braun Binder*, Rechtsangleichung in der EU im Bereich der direkten Steuern, 2017, S. 71 ff.; *J. Kokott*, Das Steuerrecht der Europäischen Union, 2018, § 1 Rn. 28; *D. Fehling*, in: Harald Schaumburg/Joachim Englisch (Hrsg.), Europäisches Steuerrecht, 2. Auflage 2020, Rn. 10.20 ff.

934 *J. Englisch*, in: Klaus Tipke/Joachim Lang (Begr.), Steuerrecht, 24. Auflage 2021, Rn. 4.68; *A. Langer*, Die Grenzen des Country-by-Country Reportings, 2019, S. 149.

935 *J. Englisch*, in: Klaus Tipke/Joachim Lang (Begr.), Steuerrecht, 24. Auflage 2021, Rn. 4.68 f.; *S. Korte*, in: Christian Calliess/Matthias Ruffert (Hrsg.), EUV/AEUV, 6. Auflage 2022, AEUV Art. 115 Rn. 17.

936 *S. Korte*, in: Christian Calliess/Matthias Ruffert (Hrsg.), EUV/AEUV, 6. Auflage 2022, AEUV Art. 115 Rn. 17.

c) Die Richtlinie zur Änderung der EU-Amtshilferichtlinie und die EU-Bilanzrichtlinie

Gleichwohl wurde die Einstimmigkeitshürde im Falle des länderbezogenen Berichts erfolgreich überwunden. Das Country-by-Country Reporting konnte über Art. 115 AEUV in die EU-Amtshilferichtlinie implementiert werden.[937] Die Europäische Kommission hat sich in ihrem Vorschlag für eine Richtlinie zur Änderung der EU-Amtshilferichtlinie auf Art. 115 AEUV als Rechtsgrundlage gestützt.[938] Für die Änderung der EU-Amtshilferichtlinie gelte „dieselbe Rechtsgrundlage wie für die Richtlinie 2011/16/EU".[939] Die Rechtsgrundlage für das Country-by-Country Reporting ist also Art. 115 AEUV.

Die EU-Bilanzrichtlinie (2013/34/EU) fußt demgegenüber nicht auf Art. 115 AEUV, sondern auf Art. 50 Abs. 1 AEUV.[940]

d) Die politische Brisanz der Kompetenzfrage

Vor dem Hintergund der obigen Ausführungen wird die politische Brisanz der Kompetenzfrage deutlich.[941] Wenn das Richtlinienvorhaben zur Einführung eines Ertragsteuerinformationsberichts auf Art. 50 AEUV und nicht auf Art. 115 AEUV gestützt wird, sind ganz andere Mehrheiten erforderlich.[942] Wenn der Ertragsteuerinformationsbericht auf Art. 50 AEUV gestützt werden kann, dann kann er politisch sehr viel einfacher realisiert werden, als wenn er auf Art. 115 AEUV gestützt werden müsste.[943] Auf ein „in Art. 115 AEUV verankertes Vetorecht"[944] der einzelnen Mitgliedstaaten kommt es dann nämlich gerade nicht mehr an.[945] Das eine solche Beschneidung mitgliedstaatlicher Rechte von diesen nicht goutiert würde,

---

937 Richtlinie zur Änderung der EU-Amtshilferichtlinie (EU 2016/881), ABl EU L 146/8; *S. Wakounig*, in: Michael Lang/Peter Haunold (Hrsg.), Transparenz und Informationsaustausch, 2017, S. 29 (46); *A. Langer*, Die Grenzen des Country-by-Country Reportings, 2019, S. 149 f.

938 COM(2016) 25 final, S. 5.

939 COM(2016) 25 final, S. 5.

940 EU-Bilanzrichtlinie (2013/34/EU), ABl EU L 182/19: „gestützt auf den Vertrag über die Arbeitsweise der Europäischen Union, insbesondere auf Artikel 50 Absatz 1".

941 *H. Baumhoff*, in: Jürgen Lüdicke (Hrsg.), Internationale Geschäftstätigkeiten in der Nach-BEPS-Welt, 2018, S. 97 (110).

942 Vergleiche *W. Schön*, ZHR 2021, S. 781 (783).

943 Vergleiche *H. Baumhoff*, in: Jürgen Lüdicke (Hrsg.), Internationale Geschäftstätigkeiten in der Nach-BEPS-Welt, 2018, S. 97 (110); *W. Schön*, ZHR 2021, S. 781 (783).

944 *W. Schön*, ZHR 2021, S. 781 (783).

945 Vergleiche *H. Baumhoff*, in: Jürgen Lüdicke (Hrsg.), Internationale Geschäftstätigkeiten in der Nach-BEPS-Welt, 2018, S. 97 (110).

wäre keine Überraschung.[946] Durch die Nichtanwendung des besonderen Gesetzgebungsverfahrens des Art. 115 AEUV könnte vorliegend die mitgliedstaatliche Steuersouveränität beschnitten worden sein.[947] Es muss mithin erörtert werden, ob es sich bei der Regelungsmaterie der Richtlinie (EU) 2021/2101 um „Bestimmungen über die Steuern“ gemäß Art. 114 Abs. 2 AEUV handelt, oder aber, ob die Regelungsmaterie der Richtlinie (EU) 2021/2101 derart gesellschaftsrechtlich geprägt ist, dass sie dem Anwendungsbereich des Art. 50 AEUV unterfällt.[948]

e) Die Begründungen und Ausführungen der Europäischen Kommission

Hierfür bietet es sich in einem ersten Schritt an, die Begründung der Europäischen Kommission für den Weg über Art. 50 AEUV zu betrachten. Im Hinblick auf die richtige Rechtsgrundlage für die Einführung des Ertragsteuerinformationsberichts führt die Europäische Kommission aus, dass „Artikel 50 Absatz 1 AEUV [...] für diese Initiative als geeignete Rechtsgrundlage befunden [wurde], da es um die Änderung einer auf dem genannten Artikel basierenden bestehenden Richtlinie geht“.[949] Weiter führt die Europäische Kommission aus, dass es „Ziel dieser Richtlinie ist [...], die Transparenz und öffentliche Kontrolle der Ertragsteuer von Unternehmen zu erhöhen, indem der bestehende Rechtsrahmen für die Publizitätspflichten von Gesellschaften und anderen Unternehmen im Interesse der Gesellschafter sowie Dritter im Sinne von Artikel 50 Absatz 2 Buchstabe g AEUV angepasst wird.“[950] In Anbetracht „der Rechtsgrundlage und des engen Zusammenhangs der Initiative mit der Berichterstattung der Unternehmen, einschließlich der nichtfinanziellen Berichterstattung“, sei im Ergebnis nur die „Änderung der Rechnungslegungsrichtlinie“ adäquat.[951]

Dabei ist der gesamte Richtlinienvorschlag der Europäischen Kommission von dem Ziel der Stärkung einer fairen Besteuerung und der Bekämpfung der Steuervermeidung durchdrungen.[952] Es besteht sowohl inhaltlich als auch terminologisch ein klarer Bezug zum Steuerrecht.[953]

---

946 Vergleiche *K. von Brocke/F. S. Zawodsky*, SAM 2021, S. 105 (108); *W. Schön*, ZHR 2021, S. 781 (783).
947 Vergleiche *K. von Brocke/F. S. Zawodsky*, SAM 2021, S. 105 (108).
948 Vergleiche *W. Schön*, ZHR 2021, S. 781 (782 f.).
949 COM(2016) 198 final, S. 4, 10.
950 COM(2016) 198 final, S. 13, Erwägungsgrund 12.
951 COM(2016) 198 final, S. 4.
952 COM(2016) 198 final, passim.
953 COM(2016) 198 final, passim.

Damit kann festgehalten werden, dass sich der Richtlinienvorschlag auf Art. 50 AEUV als einschlägige Rechtsgrundlage beruft und der Richtlinienvorschlag zugleich einen ausgeprägten steuerrechtlichen Inahlt hat.

f) Die Begründungen und Ausführungen in der Richtlinie (EU)2021/ 2101

In der Richtlinie (EU) 2021/2101 selbst finden sich hinsichtlich der einschlägigen Rechtsgrundlage nahezu die gleichen Ausführungen, die auch in dem Kommissionsvorschlag angeführt wurden.[954] Bei der Lektüre der Richtlinie (EU) 2021/ 2101 hat es indes den Anschein, als sei der steuerrechtliche Geist, der den Richtlinienvorschlag noch so umfassend durchdrungen hat, im Zuge des Entstehungsprozesses der Richtlinie (EU) 2021/2101 verloren gegangen.[955] Besonders deutlich wird dies bereits zu Beginn der Richtlinie. So heißt es etwa in der Richtlinie (EU) 2021/2101 im Erwägungsgrund 1: „Für das reibungslose Funktionieren des Binnenmarkts ist Transparenz wesentlich. [...] Es ist von wesentlicher Bedeutung, dass bei den Bemühungen um mehr Transparenz die Gegenseitigkeit zwischen Mitbewerbern berücksichtigt wird."[956]

Der Kommissionsvorschlag begann demgegenüber mit folgender Begründung: „Ein gesunder Binnenmarkt erfordert eine faire, effiziente und wachstumsfreundliche Unternehmensbesteuerung, die auf dem Grundsatz fußt, dass Unternehmen Steuern in dem Land entrichten sollten, in dem sie ihre Gewinne erwirtschaften. Durch aggressive Steuerplanung wird dieser Grundsatz unterlaufen. Die meisten Unternehmen betreiben keine aggressive Steuerplanung und erleiden dadurch im Wettbewerb mit Unternehmen, die dies tun, einen Nachteil. Dadurch werden vor allem kleine und mittlere Unternehmen benachteiligt."[957]

Begrifflich scheint sich die Richtlinie (EU) 2021/2101 vom Steuerrecht emanzipiert und dem Unternehmensrecht zugewandt zu haben.[958] *Wolfgang Schön* stellt sehr anschaulich dar, wie aus einem steuerrechtsbezogenen Richtlinienvorschlag am Ende eine Richtlinie wird, die prima vista ihren Steuerbezug abgelegt hat und als Binnenmarkt- und Unternehmensrichtlinie daherkommen will.[959]

So heißt es in der Richtlinie (EU) 2021/2101 etwa: „Die öffentliche länderspezifische Berichterstattung ist ein wirksames und geeignetes Hilfsmittel, um die Transparenz der Tätigkeiten multinationaler Unternehmen zu erhöhen und der Öffentlichkeit zu ermöglichen, die Auswirkungen dieser Tätigkeiten auf die

954 Richtlinie (EU) 2021/2101, ABl EU L 429/5 f., Erwägungsgrund 22.
955 So schon *W. Schön*, ZHR 2021, S. 781 (787 ff.).
956 Richtlinie (EU) 2021/2101, ABl EU L 429/1, Erwägungsgrund 1.
957 COM(2016) 198 final, S. 1. Siehe auch *G. Lanfermann/M. Götze*, BB 2022, S. 235 (235).
958 Vergleiche *W. Schön*, ZHR 2021, S. 781 (787).
959 *W. Schön*, ZHR 2021, S. 781 (787 ff.).

Realwirtschaft zu beurteilen. Sie verbessert auch die Fähigkeit der Aktionäre, die von Unternehmen eingegangenen Risiken zutreffend einzuschätzen, führt zu Anlagestrategien, die auf genauen Informationen beruhen, und verbessert die Fähigkeit von Entscheidungsträgern, die Effizienz und die Auswirkungen nationaler Rechtsvorschriften zu bewerten. [...]“[960] Von der fairen Unternehmensbesteuerung, auf die es der Europäischen Kommission so maßgeblich ankam,[961] liest man hier nichts. Und so hat man bei der Richtlinie (EU) 2021/2101 stellenweise durchaus den Eindruck, man habe ein „Lehrbuch der Kapitalmarktinformation“[962] vor sich, während man bei der Lektüre des Richtlinienvorschlags noch mit Ideen zur Verwirklichung einer europäischen, wenn nicht gar einer internationalen Unternehmenssteuergerechtigkeit konfrontiert war.

Damit kann festgehalten werden, dass sich die Richtlinie (EU) 2021/2101 auf Art. 50 AEUV als einschlägige Rechtsgrundlage beruft und zugleich – und darin liegt nun der große Unterschied zum Kommissionsvorschlag – keinen wirklich steuerrechtlichen, sondern vielmehr einen ausgeprägten *unternehmensrechtlichen* Inahlt hat.

g) Die Umgehung der Einstimmigkeit

Die Frage nach der Rechtsgrundlage ist zwingend eine juristische. Möglicherweise wird die Antwort auf diese Frage aber derart von politischen Erwägungen beeinflusst, dass juristische Richtigkeit nebensächlich wird. Die Argumentation und Darstellung der Europäischen Kommission und auch die Ausführungen in der Richtlinie (EU) 2021/2101 scheinen den eigentlichen Grund für den Gang über Art. 50 AEUV verbergen zu wollen. *Johanna Hey* hat den wohl wirklichen Grund für diese Vorgehensweise bereits 2016 erkannt. Ihrer Meinung nach geht es einzig um die „Umgehung des Einstimmigkeitsprinzips“.[963] „Rechtspolitisch verständlich“ sei es daher, wenn die Europäische Kommission die Einführung des Ertragsteuerinformationsberichts auf Art. 50 AEUV stützen möchte.[964] Der Versuch des Ausmanövrierens der hohen Hürde, die im Einstimmigkeitserfordernis des Rats für Art. 115 AEUV begründet liegt, macht den Ertragsteuerinformationsbericht „politisch brisant“.[965] Das „Veto“ eines einzelnen Mitgliedstaats gegen die Einführung

---

960 Richtlinie (EU) 2021/2101, ABl EU L 429/2, Erwägungsgrund 3.

961 COM(2016) 198 final, S. 2.

962 *W. Schön*, ZHR 2021, S. 781 (788).

963 *J. Hey*, FR 2016, S. 554 (560).

964 *A. Langer*, Die Grenzen des Country-by-Country Reportings, 2019, S. 151.

965 *H. Baumhoff*, in: Jürgen Lüdicke (Hrsg.), Internationale Geschäftstätigkeiten in der Nach-BEPS-Welt, 2018, S. 97 (110).

eines öffentlichen länderbezogenen Berichts ist wirkungslos, solange „sich nicht weitere Mitgliedstaaten ebenfalls gegen die Veröffentlichung aussprechen“.[966]

Ohnehin zeigt sich, dass die Europäische Kommission das Einstimmigkeitsgebot in der Steuerpolitik aufheben will. Hierzu hat sie in einer Mitteilung vom 15. Januar 2019 einen ersten Aufschlag gemacht.[967]

h) Die richtige Rechtsgrundlage: Art. 115 AEUV

Lässt man die politische Dimension dieser Volte außer Betracht, so verbleibt die juristische Frage nach der richtigen Rechtsgrundlage. Zu erörtern ist, ob das Vorhaben der Europäischen Kommission überhaupt auf Art. 50 Abs. 1 AEUV gestützt werden kann. Die Entscheidung für eine Rechtsgrundlage muss sich auf „objektive, gerichtlich nachprüfbare Umstände“ beziehen, wobei hier vor allem „das Ziel und der Inhalt des Rechtsaktes“ maßgeblich sind.[968] Der Vorschlag für eine Richtlinie und die Richtlinie selbst sind schließlich kein Selbstzweck, sondern ein Mittel zur Erreichung eines ganz bestimmten Ziels. Es geht mithin um die Frage, welches eigentliche Ziel hier verfolgt wird.[969] Mit Blick auf den Kommissionsvorschlag lässt sich diese Frage noch relativ leicht beantworten: Das Ziel ist die Schaffung von Fairness im Steuerrecht durch öffentliche Kontrolle.[970] Der Vorschlag bezieht sich also ganz eindeutig auf das Steuerrecht.

Mit Blick auf die Richtlinie (EU) 2021/2101 ist dies bei weitem nicht mehr so einfach. Dies liegt daran, dass die Richtlinie inhaltlich nunmehr starke unternehmensrechtliche Bezüge aufweist und damit durchaus in den Anwendungsbereich des Art. 50 AEUV fallen kann.[971]

Gemäß Art. 50 Abs. 2 Buchst. g AEUV müssen das Europäische Parlament, der Rat und die Europäische Kommission erforderlichenfalls solche „Schutzbestimmungen koordinieren, die in den Mitgliedstaaten den Gesellschaften im Sinne des Artikels 54 Absatz 2 [AEUV] im Interesse der Gesellschafter sowie Dritter vorgeschrieben sind, um diese Bestimmungen gleichwertig zu gestalten“. Innerhalb „des Wettbewerbs der nationalen Gesellschaftsrechtsordnungen“ geht es dabei neben Vereinfachungsaspekten möglicher Niederlassungen in anderen Mitgliedstaaten

966 *H. Baumhoff*, in: Jürgen Lüdicke (Hrsg.), Internationale Geschäftstätigkeiten in der Nach-BEPS-Welt, 2018, S. 97 (110); siehe hierzu auch *A. Skupien*, Der länderbezogene Bericht des § 138a AO, 2020, S. 38.

967 COM(2019) 8 final.

968 *K.-D. Borchardt*, Die rechtlichen Grundlagen der Europäischen Union, 7. Auflage 2020, Rn. 486.

969 So auch *W. Schön*, ZHR 2021, S. 781 (786).

970 COM(2016) 198 final, S. 2, 11, Erwägungsgrund 5; siehe auch *H. Kleinmanns*, StuB 2016, S. 547 (551); *S. Wakounig*, in: Michael Lang/Peter Haunold (Hrsg.), Transparenz und Informationsaustausch, 2017, S. 29 (30).

971 Vergleiche *W. Schön*, ZHR 2021, S. 781 (788).

vor allem um „ein Mindestmaß an Schutz“ der Interessen der Gesellschafter und Dritter.[972]

Diesen Aspekt intendiert die Europäische Kommission mit ihrem Vorschlag für eine Richtlinie zur Änderung der EU-Bilanzrichtlinie jedoch nicht einmal im Ansatz.[973] Öffentliche Ertragsteuerinformationsberichte sind ein Mittel, um Steuerunfairness zu bekämpfen, und haben mit dem Schutzinteresse des Art. 50 Abs. 2 Buchst. g AEUV nichts gemein.[974] Der Ertragsteuerinformationsbericht beruht auf einer „rein steuerliche[n] Motivation“.[975] Hinzukommt, dass die an Steuerdaten interessierte Öffentlichkeit gerade nicht in den Schutzbereich dieser Norm fällt.[976]

Zwar ist der Anwendungsbereich des Art. 50 Abs. 2 Buchst. g AEUV über die Merkmale „erforderlich“ und „Dritter“ bisweilen weit ausgelegt worden.[977] Allerdings ist man sich heute wohl einig, dass zumindest „eine spürbare Förderung der Niederlassungsfreiheit“ vorhanden sein muss.[978] Eine solche Spürbarkeit liegt hier jedoch nicht vor. Der Europäischen Kommission ist es hier offenbar relativ gleichgültig, wo sich die Unternehmen in der Europäischen Union niederlassen. Die Europäische Kommission macht jedenfalls nicht deutlich, inwieweit die

---

972 *S. Korte*, in: Christian Calliess/Matthias Ruffert (Hrsg.), EUV/AEUV, 6. Auflage 2022, AEUV Art. 50 Rn. 23. Siehe hierzu auch *A. Langer*, Die Grenzen des Country-by-Country Reportings, 2019, S. 156 ff.

973 So auch Council of the European Union, Interinstitutional File: 2016/0107 (COD), Opinion of the Legal Service, 14384/16 Limite, Brussels, 11.11.2016, S. 8: „Although the proposal is presented as amending Directive 2013/34/EU, the protection of the interests of members and others is not preponderant, neither as the aim nor as the content of the proposal. The proposal makes no mention of what specific threat to the interests of the general public posed by MNEs would require its access to the relevant tax information for the protection of such interests.“; siehe auch *A. Langer*, Die Grenzen des Country-by-Country Reportings, 2019, S. 168.

974 Council of the European Union, Interinstitutional File: 2016/0107 (COD), Opinion of the Legal Service, 14384/16 Limite, Brussels, 11.11.2016, S. 9; siehe auch *S. Wakounig*, in: Michael Lang/Peter Haunold (Hrsg.), Transparenz und Informationsaustausch, 2017, S. 29 (49); *A. Langer*, Die Grenzen des Country-by-Country Reportings, 2019, S. 168.

975 *F. Oppel*, SteuK 2016, S. 421 (425).

976 Vergleiche *W. Schön*, ZHR 2021, S. 781 (785).

977 Vergleiche *S. Korte*, in: Christian Calliess/Matthias Ruffert (Hrsg.), EUV/AEUV, 6. Auflage 2022, AEUV Art. 50 Rn. 24 f.; siehe auch *A. Langer*, Die Grenzen des Country-by-Country Reportings, 2019, S. 161 ff.

978 *S. Korte*, in: Christian Calliess/Matthias Ruffert (Hrsg.), EUV/AEUV, 6. Auflage 2022, AEUV Art. 50 Rn. 25; siehe auch *P. Jung*, in: Ulrich Becker/Armin Hatje/Johann Schoo/Jürgen Schwarze (Hrsg.), EU-Kommentar, 4. Auflage 2019, AEUV Art. 50 Rn. 15 f.

Niederlassungsfreiheit im Zusammenhang mit dem Ertragsteuerinformationsbericht überhaupt in Bezug genommen wird respektive werden soll.[979] Es kommt im Vorschlag für eine Richtlinie zur Änderung der EU-Bilanzrichtlinie weder darauf an, welcher Mitgliedstaat der Ansässigkeitsstaat ist, noch, ob es Niederlassungserschwernisse gibt, die abgebaut werden sollen. Es kommt vielmehr darauf an, dass der Wertschöpfungsstaat einen angemessenen Besteuerungsanteil erhält und Gewinne damit dort versteuert werden, wo sie generiert wurden.[980] Mit Blick auf den Kommissionsvorschlag kann also konstatiert werden, dass dieser nicht auf Art. 50 AEUV gestützt werden kann.

Für die Richtlinie (EU) 2021/2101 kann dies nicht mit der gleichen Argumentation angenommen werden. Der Grund, weshalb sich die Bestimmung der richtigen Kompetenzgrundlage der Richtlinie (EU) 2021/2101 als relativ schwierig erweist, liegt neben den terminologischen Unterschieden zum Kommissionsvorschlag und dem ausgeprägten unternehmensrechtlichen Bezug letztlich auch in dem Umstand, dass die Richtlinie (EU) 2021/2101 bestrebt ist, „den Kreis der privaten Informationsinteressenten möglichst breit zu definieren".[981] Damit erweitert sie den Anwendungsbereich des Art. 50 Abs. 2 Buchst. g AEUV. Schutzbedürfig sind hiernach allen voran Gläubiger der Gesellschaft.[982] Genau diese Schutzbestimmungen werden von der Richtlinie (EU) 2021/2101 nun ausgedehnt, in dem diese auch „der breiten Öffentlichkeit" neben den anderen schutzbedürftigen Gruppen ein schutzwürdiges Interesse an Transparenz zubilligt.[983] Die Richtlinie (EU) 2021/2101 nimmt ferner explizit auch Arbeitnehmerinteressen auf.[984] So soll „[e]ine öffentliche länderspezifische Berichterstattung [...] zudem wahrscheinlich positive Auswirkungen auf die Rechte der Arbeitnehmer auf Information und Konsultation [...] sowie [...] auf die Qualität des Dialogs, der innerhalb der Unternehmen stattfindet[, haben]."[985]

In der Konsequenz fokussiert die Richtlinie (EU) 2021/2101 Art. 50 AEUV und greift alljene Aspekte des Kommissionsvorschlags, die für Art. 115 AEUV sprechen würden, nicht ausdrücklich auf.[986] Allein angesichts der erklärten Ziele und der terminologischen Ausgestaltung der Richtlinie (EU) 2021/2101 kann Art. 115 AEUV wohl kaum noch vertretbar als richtige Rechtsgrundlage angesehen werden.[987]

---

979 So auch *A. Langer*, Die Grenzen des Country-by-Country Reportings, 2019, S. 164.

980 COM(2016) 198 final, S. 2.

981 *W. Schön*, ZHR 2021, S. 781 (788).

982 Vergleiche *W. Schön*, ZHR 2021, S. 781 (785).

983 Richtlinie (EU) 2021/2101, ABl EU L 429/5, Erwägungsgrund 19.

984 Richtlinie (EU) 2021/2101, ABl EU L 429/2, Erwägungsgrund 4.

985 Richtlinie (EU) 2021/2101, ABl EU L 429/2, Erwägungsgrund 4.

986 Vergleiche *W. Schön*, ZHR 2021, S. 781 (787 ff.).

987 Vergleiche *W. Schön*, ZHR 2021, S. 781 (788): „Um ganz sicher im Feld des Art. 50 Abs. 2 lit. g) AEUV zu landen [...]".

Aufschlussreich ist dann aber der in der Richtlinie (EU) 2021/2101 enthaltene Ertragsteuerinformationsbericht.[988] Hier finden sich nämlich (überraschenderweise) die formalen und inhaltlichen Anforderungen wieder, die sich schon im Kommissionsvorschlag haben finden lassen.[989] Es zeigt sich, dass es sich bei der Richtlinie (EU) 2021/2101 in der Sache eben doch um Steuerrecht handelt.[990] Die Formulierung „Etikettenschwindel im Europäischen Bilanzrecht"[991] ist damit überaus trefflich gewählt.

Damit ist die Richtlinie (EU) 2021/2101 also nicht von einer Niederlassungs- oder Unternehmensrelevanz, sondern von einer klaren Steuerrelevanz durchdrungen.[992] In der Sache geht es letztlich um „einen Beitrag zur Durchsetzung von Steuerforderungen und zur Bekämpfung von Steuergestaltungen".[993] Es ist bisweilen zwar durchaus möglich, dass Richtlinien mit Steuerrelevanz auch einen gesellschaftsrechtlichen oder niederlassungsfreiheitlichen Bezug aufweisen, dennoch laufen sie dann über den insofern „näher liegenden" Art. 115 AEUV.[994] Die Frage, ob der Vorschlag der Europäischen Kommission und die Richtlinie (EU) 2021/2101 auf Art. 50 Abs. 1 und 2 Buchst. g AEUV gestützt werden können, muss daher verneint werden.[995] Die im Kommissionsvorschlag und in der Richtlinie (EU) 2021/2101 angeführte Begründung für die Rechtsgrundlage kann in der Sache nicht überzeugen.[996] Die richtige Rechtsgrundlage für die Einführung des Ertragsteuerinformationsberichts ist Art. 115 AEUV.[997] Einstimmigkeit ist damit notwendig.[998] Daran ändert sich auch dann nichts, wenn in der Richtlinie (EU) 2021/2101 im Ganzen besehen ihre „steuerpolitische Motivation [...] textlich heruntergespielt [wird]".[999]

988 Richtlinie (EU) 2021/2101, ABl EU L 429/7 ff.

989 Vergleiche *W. Schön*, ZHR 2021, S. 781 (789).

990 So auch *W. Schön*, ZHR 2021, S. 781 (789 f.).

991 So der Titel des Aufsatzes von *W. Schön*, ZHR 2021, S. 781 (781 ff.).

992 Vergleiche *W. Schön*, ZHR 2021, S. 781 (786).

993 *W. Schön*, ZHR 2021, S. 781 (786).

994 *P. Jung*, in: Ulrich Becker/Armin Hatje/Johann Schoo/Jürgen Schwarze (Hrsg.), EU-Kommentar, 4. Auflage 2019, AEUV Art. 50 Rn. 46.

995 So letztlich auch https://www.dstv.de/interessenvertretung/rechnungslegung/stellungnahmen-rechnungslegung/b-05-16-country-by-counry-reporting (letzter Aufruf: 31.3.2022); *A. Langer*, Die Grenzen des Country-by-Country Reportings, 2019, S. 168.

996 Vergleiche hinsichtlich des Kommissionsvorschlags *F. Oppel*, SteuK 2016, S. 421 (425).

997 So im Ergebnis auch *A. Langer*, Die Grenzen des Country-by-Country Reportings, 2019, S. 379; *H. Weggenmann*, DB 2021, S. M4 (M5).

998 *A. Langer*, Die Grenzen des Country-by-Country Reportings, 2019, S. 379.

999 *W. Schön*, ZHR 2021, S. 781 (787).

Da der Ertragsteuerinformationsbericht der Richtlinie (EU) 2021/2101 damit juristisch betrachtet zumindest doch „auf zweifelhafter Ermächtigungsgrundlage" beruht,[1000] sollten sich allen voran die Mitgliedstaaten, die gegen dessen Einführung gestimmt haben, überlegen, ob sie eine Nichtigkeitsklage erheben, um darüber die Unionsrechtskonformität der Richtlinie (EU) 2021/2101 prüfen zu lassen.[1001]

2. Der Ertragsteuerinformationsbericht der Richtlinie (EU) 2021/2101

Der Ertragsteuerinformationsbericht der Richtlinie (EU) 2021/2101 wird über das neue Kapitel 10a in die Richtlinie (EU) 2013/34 eingefügt.[1002] Der Ertragsteuerinformationsbericht wird dabei die Art. 48a bis 48h umfassen.[1003] Inhaltlich[1004] entspricht er im Wesentlichen dem des Kommissionsvorschlags,[1005] sodass auf die obigen Ausführungen (Teil 3, B, II) Bezug genommen werden kann.

Neu ist die in Art. 48c Abs. 2 Buchst. a der Richtlinie (EU) 2021/2101 enthaltene explizite Regelung zur „EU-Liste nicht kooperativer Länder und Gebiete".[1006]

Unterschiede gibt es ferner mit Blick auf zeitliche Aspekte.[1007] So sah der Kommissionsvorschlag in Art. 48b Abs. 1 vor, dass berichtspflichtige Unternehmen „alljährlich einen Ertragsteuerinformationsbericht zu erstellen und zu veröffentlichen" haben.[1008] In Art. 48b Abs. 1 der Richtlinie (EU) 2021/2101 heißt es nun: „Die Mitgliedstaaten verpflichten die ihren nationalen Rechtsvorschriften unterliegenden obersten Mutterunternehmen, sofern die konsolidierten Umsatzerlöse am Bilanzstichtag ausweislich ihrer konsolidierten Abschlüsse für jedes der beiden letzten aufeinander folgenden Geschäftsjahre einen Betrag von 750 000 000 EUR übersteigen, einen Ertragsteuerinformationsbericht über das spätere dieser beiden letzten aufeinander folgenden Geschäftsjahre zu erstellen, offenzulegen und zugänglich zu machen."[1009]

1000 *W. Schön*, IStR 2022, S. 181 (184).

1001 Vergleiche *W. Schön*, ZHR 2021, S. 781 (791). In diese Richtung explizit für Schweden etwa *G. Geberth/M. Bartelt*, GmbHR 2021, S. R326 (R326).

1002 Richtlinie (EU) 2021/2101, ABl EU L 429/7.

1003 Richtlinie (EU) 2021/2101, ABl EU L 429/7 ff.

1004 Zum Anwendungsbereich und zum Inhalt ausführlich *G. Lanfermann/M. Götze*, BB 2022, S. 235 (236 ff.).

1005 *W. Schön*, ZHR 2021, S. 781 (789): „Der neue Art. 48c der Bilanz-RL weicht in der Beschreibung der materiellen Berichtsinhalte so gut wie überhaupt nicht von seinem Wortlaut im ursprünglichen Richtlinienvorschlag ab."

1006 Richtlinie (EU) 2021/2101, ABl EU L 429/9.

1007 Vergleiche *K. von Brocke/F. S. Zawodsky*, SAM 2021, S. 105 (108).

1008 COM(2016) 198 final, S. 15.

1009 Richtlinie (EU) 2021/2101, ABl EU L 429/7.

Die Beschäftigtenzahl muss gemäß Art. 48c Abs. 2 Buchst. c der Richtlinie (EU) 2021/2101 nunmehr in Vollzeitäquivalenten angegeben werden.[1010]

Neu ist ferner eine detaillierte Aufschlüsselung der Erträge gemäß Art 48c Abs. 2 Buchst. d der Richtlinie (EU) 2021/2101.[1011] Hier sollte insbesondere der Satz „Für die Zwecke von Buchstabe d umfassen die Erträge Transaktionen mit nahestehenden Unternehmen und Personen."[1012] beachtet werden.

Die Angaben zur noch zu zahlenden und zur bereits gezahlten Ertragsteuer wurden leicht verändert. So heißt es unter Art. 48c Abs. 2 Buchst. f der Richtlinie (EU) 2021/2101: „den Betrag der noch zu zahlenden Ertragsteuer für das betreffende Geschäftsjahr, der auf Grundlage der laufenden Steueraufwendungen auf zu versteuernde Gewinne oder Verluste im betreffenden Geschäftsjahr von Unternehmen und Zweigniederlassungen im jeweiligen Steuerhoheitsgebiet berechnet wird".[1013] Und unter Art. 48c Abs. 2 Buchst. g der Richtlinie (EU) 2021/2101 heißt es nun: „den Betrag der gezahlten Ertragsteuer auf Kassenbasis, der auf Grundlage des Betrags der im betreffenden Geschäftsjahr von Unternehmen und Zweigniederlassungen im jeweiligen Steuerhoheitsgebiet entrichteten Ertragsteuern berechnet wird".[1014]

Die Richtlinie (EU) 2021/2101 geht dabei hinsichtlich der Berichtszeit vom Geschäftsjahr aus.[1015]

Besondere Beachtung verdient ferner Art. 48g der Richtlinie (EU) 2021/2101, der den „Beginn der Ertragsteuerberichterstattung" regelt.[1016] Hiernach haben die Mitgliedstaaten sicherzustellen, „dass die Rechts- und Verwaltungsvorschriften zur Umsetzung der Artikel 48a bis 48f spätestens ab Beginn des ersten am oder nach dem 22. Juni 2024 beginnenden Geschäftsjahres gelten".[1017] Die ersten Berichte sind also ab Mitte 2024 zu erstellen.[1018]

Bemerkenswert ist ferner, dass Informationen über Zuschüsse von öffentlichen Stellen und Spenden an politische Vereinigungen ersichtlich keinen Einzug in den Ertragsteuerinformationsbericht der Richtlinie (EU) 2021/2101gehalten haben.[1019] Die Einführung einer Pflicht zur Offenlegung auch derartiger Informationen war diskutiert worden.[1020]

1010 Richtlinie (EU) 2021/2101, ABl EU L 429/9.
1011 Richtlinie (EU) 2021/2101, ABl EU L 429/10.
1012 Richtlinie (EU) 2021/2101, ABl EU L 429/10.
1013 Richtlinie (EU) 2021/2101, ABl EU L 429/10.
1014 Richtlinie (EU) 2021/2101, ABl EU L 429/10.
1015 Richtlinie (EU) 2021/2101, ABl EU L 429/10.
1016 Richtlinie (EU) 2021/2101, ABl EU L 429/12.
1017 Richtlinie (EU) 2021/2101, ABl EU L 429/12.
1018 Vergleiche *K. von Brocke/F. S. Zawodsky*, SAM 2021, S. 105 (109).
1019 Vergleiche *K. von Brocke/F. S. Zawodsky*, SAM 2021, S. 105 (109).
1020 Siehe hierzu *V. Wöhrer*, Data Protection and Taxpayers' Rights: Challenges Created by Automatic Exchange of Information, 2018, S. 152 f. sowie *A. Langer*, Die

Die Richtlinie (EU) 2021/2101 selbst macht keine konkreten Angaben zu Sanktionen.[1021] Es heißt lediglich: „Die Verpflichtung der Mitgliedstaaten, Sanktionen vorzusehen und alle erforderlichen Maßnahmen zu ergreifen, um sicherzustellen, dass diese Sanktionen gemäß der Richtlinie 2013/34/EU durchgesetzt werden, gilt für Verstöße gegen die gemäß der vorliegenden Richtlinie erlassenen nationalen Bestimmungen über die Offenlegung von Ertragsteuerinformationen durch bestimmte Unternehmen und Zweigniederlassungen."[1022]
Zu beachten ist schließlich Art. 48h der Richtlinie (EU) 2021/2101, der eine „Überprüfungsklausel" enthält.[1023] Hierüber wird der Europäischen Kommission auferlegt, bis zum 22. Juni 2027 „einen Bericht über die Einhaltung und die Auswirkungen der in den Artikeln 48a bis 48f festgelegten Berichtspflichten" zu erstellen und vorzulegen.[1024] Unter anderem „überprüft und bewertet [die Europäische Kommission], ob es zweckmäßig wäre, die Verpflichtung zur Berichterstattung über Ertragsteuerinformationen gemäß Artikel 48b auf große Unternehmen und große Gruppen im Sinne von Artikel 3 Absatz 4 und 7 auszudehnen und den Inhalt des Ertragsteuerinformationsberichts gemäß Artikel 48c um zusätzliche Elemente zu erweitern."[1025] Es besteht mithin durchaus die Möglichkeit, dass weitere Inhalte hinzukommen.

Grenzen des Country-by-Country Reportings, 2019, S. 144 f. mit jeweils weiteren Nachweisen.

1021 Vergleiche *G. Lanfermann/M. Götze*, BB 2022, S. 235 (238).

1022 Richtlinie (EU) 2021/2101, ABl EU L 429/5, Erwägungsgrund 21.

1023 Richtlinie (EU) 2021/2101, ABl EU L 429/13.

1024 Richtlinie (EU) 2021/2101, ABl EU L 429/13.

1025 Richtlinie (EU) 2021/2101, ABl EU L 429/13.

Teil 4: Die grundrechtliche Dimension öffentlicher Kontrollen und Sanktionen im Steuerrecht

A. Grundrechtsschutz multinationaler Unternehmen

Damit stellt sich nun die Frage, mithilfe welcher Rechte sich multinationale Unternehmen gegen eine staatlich auferlegte Veröffentlichungspflicht wehren können. Als klassische Abwehrrechte gegen hoheitliches Handeln treten hier die Grundrechte auf den Plan. Es ist damit zu erörtern, ob der Ertragsteuerinformationsbericht überhaupt mit den Grundrechten vereinbar ist.[1026]

I. Verschiedene Grundrechtskataloge und ihre Maßgeblichkeit

Dafür ist in einem ersten Schritt zu klären, welche Grundrechte auf eine Richtlinie zur Einführung eines öffentlichen Ertragsteuerinformationsberichts und auf ein entsprechendes nationales Umsetzungsgesetz überhaupt anwendbar sind.[1027] Da Richtlinien in nationales Recht umgesetzt werden müssen, muss herausgearbeitet werden, an welchen Grundrechten die Richtlinie und an welchen Grundrechten das Umsetzungsgesetz zu messen sind. In Betracht kommen die Grundrechte der GRCh sowie die Grundrechtskataloge der einzelnen Mitgliedstaaten. Überdies wartet auch die EMRK mit einem eigenständigen Grundrechtskatalog auf. Damit bestehen im europäischen „Mehrebenensystem" verschiedene Grundrechtsregime.[1028]

II. Anwendungsbereich der europäischen Grundrechte

Die GRCh ist mit dem Vertrag von Lissabon über Art. 6 Abs. 1 Unterabs. 1 EUV zum verbindlichen Bestandteil des primären Unionsrechts erklärt worden.[1029] Sie wurde in die Verträge inkorporiert. Seit diesem Zeitpunkt bildet die GRCh die maßgebliche Rechtsquelle für Unionsgrundrechte.

1026 So auch *G. Kofler*, DStJG 41 (2018), S. 125 (182).

1027 Siehe zur Bedeutung der Grundrechte für das Steuerrecht allgemein *L. Ohlendorf*, Grundrechte als Maßstab des Steuerrechts in der Europäischen Union, 2015.

1028 Aus steuerrechtlicher Perspektive lesenswert *F. Engler*, Steuerverfassungsrecht im Mehrebenensystem, 2014. Ausführlich zur „Entwicklung des Grundrechtsschutzes in der Union" *G. Kofler*, DStJG 41 (2018), S. 125 (125 ff.).

1029 *L. Ohlendorf*, Grundrechte als Maßstab des Steuerrechts in der Europäischen Union, 2015, S. 59; *M. Weber*, Die Zusage im Umsatzsteuerrecht, 2019, S. 65.

Die GRCh ist gemäß Art. 51 Abs. 1 Satz 1 GRCh „für die Organe, Einrichtungen und sonstigen Stellen der Union“ verbindlich.[1030] Daraus folgt, dass sämtliche Hoheitsträger der Europäischen Union den Grundrechten der GRCh unterworfen und sämtliche Hoheitsakte der Europäischen Union an der GRCh zu messen sind.[1031] Die GRCh bildet damit den „Gültigkeitsmaßstab“ für Verordnungen, Richtlinien und sonstiges Sekundärrecht.[1032] Auf europäische Richtlinien und Verordnungen selbst sind daher nur die Unionsgrundrechte anwendbar.[1033]

Wie sich weiter aus Art. 51 Abs. 1 Satz 1 GRCh ergibt, gilt die GRCh auch für die Mitgliedstaaten, für diese jedoch „ausschließlich bei der Durchführung des Rechts der Union“.[1034] Zu fragen ist dabei, ob mit einer nationalen Regelung „eine Durchführung einer Bestimmung des Unionsrechts bezweckt wird“.[1035] Es kann damit gerade nicht „jeder sachliche Bezug einer [nationalen] Regelung zum bloß abstrakten Anwendungsbereich des [Europarechts]“ genügen.[1036] Auf dieser Linie bewegt sich auch der EuGH. Ihm zufolge bedarf es eines „Zusammenhangs zwischen einem Unionsrechtsakt und der fraglichen nationalen Maßnahme“, der in sachlicher Hinsicht insbesondere über bloß „mittelbare Auswirkungen“ aufeinander hinausgeht.[1037] Mit dem EuGH ist also ein unionsrechtlicher Fallbezug zu fordern.[1038]

Spätestens seit der Rechtssache *Åkerberg Fransson*[1039] ist klar, dass der EuGH keine allzu hohen Anforderungen an diesen unionsrechtlichen Bezug für eine Bindung an Unionsgrundrechte stellt. In der besagten Rechtssache ging es vor dem Hintergrund von Umsatzsteuerrecht, einem schwedischen Steuerstrafverfahren sowie dem Grundsatz „ne bis in idem“ um die Frage der Geltung der Unionsgrundrechte bei steuerlichen beziehungsweise steuerstrafrechtlichen Sanktionen im

---

1030 Zum Adressatenkreis *L. Ohlendorf*, Grundrechte als Maßstab des Steuerrechts in der Europäischen Union, 2015, S. 65 ff.

1031 *F. Engler*, Steuerverfassungsrecht im Mehrebenensystem, 2014, S. 72; vergleiche *H. D. Jarass*, GRCh, 4. Auflage 2021, Art. 51 Rn. 15 ff.

1032 *J. Kokott*, Das Steuerrecht der Europäischen Union, 2018, § 3 Rn. 4.

1033 *N. Matz-Lück*, in: Nele Matz-Lück/Mathias Hong (Hrsg.), Grundrechte und Grundfreiheiten im Mehrebenensystem, 2012, S. 161 (171).

1034 Siehe hierzu *H. D. Jarass*, NVwZ 2012, S. 457 (458 ff.); *M. Lehner*, IStR 2016, S. 265 (267 f.); *G. Kofler*, DStJG 41 (2018), S. 125 (142).

1035 EuGH v. 6.3.2014, C-206/13, ECLI:EU:C:2014:126, Rn. 25 – Siragusa.

1036 BVerfGE 133, 277 (Rn. 91); *J. Kokott*, Das Steuerrecht der Europäischen Union, 2018, § 3 Rn. 5.

1037 EuGH v. 10.7.2014, C-198/13, ECLI:EU:C:2014:2055, Rn. 34 – Hernández.

1038 EuGH v. 26.2.2013, C-617/10, ECLI:EU:C:2013:105, Rn. 19 – Åkerberg Fransson.

1039 EuGH v. 26.2.2013, C-617/10, ECLI:EU:C:2013:105 – Åkerberg Fransson; siehe hierzu ausführlich *G. Kofler*, DStJG 41 (2018), S. 125 (162 ff.); *M. Weber*, Die Zusage im Umsatzsteuerrecht, 2019, S. 77 ff.

mitgliedstaatlichen Recht. Während das Umsatzsteuerrecht unionsrechtlich harmonisiert ist, liegen das Steuerverfahrensrecht und das Steuerstrafrecht nach wie vor in der mitgliedstaatlichen Kompetenz. Dass im Falle von auf schwedischem Steuerrecht basierenden Sanktionen, mithin also einem nationalen Sachverhalt, das Recht der Europäischen Union und hier namentlich die GRCh maßgeblich sein soll, ist also nicht gerade naheliegend.[1040] Dass sich der EuGH dann dennoch als für den Fall zuständig und die Unionsgrundrechte für maßgeblich gehalten hat, liegt unter anderem daran, dass die „festgesetzten steuerlichen Sanktionen und das [...] eingeleitete Strafverfahren teilweise im Zusammenhang mit der Nichteinhaltung von Mitteilungspflichten auf dem Gebiet der Mehrwertsteuer stehen".[1041] Konkreter Bezugspunkt war hierbei die Mehrwertsteuersystemrichtlinie. Die Mehrwertsteuersystemrichtlinie verpflichtet die Mitgliedstaaten zur Erhebung der Umsatzsteuer und untersagt anders gewendet also das Unterlassen der Mehrwertsteuererhebung.[1042] Sofern man mit dem EuGH nun die Umsatzsteuer als eine europäische Steuer ansieht, „dürfte verständlich sein, dass die gesamte Verwaltung der Umsatzsteuer einschließlich der damit zusammenhängenden Sanktionen Durchführung von Unionsrecht darstellt und damit den Bindungen der EU-Grundrechte unterliegt".[1043]

Damit zeigt die Rechtssache *Åkerberg Fransson* unmissverständlich, dass für den EuGH ein unionsrechtlicher Fallbezug bereits bei irgendwie vorhandenem und zu beachtendem Sekundärrecht stets gegeben ist. Die Unionsgrundrechte müssen insofern also zwingend auch bei der nationalen Anwendung von Verordnungen und Richtlinien beachtet werden.[1044]

III. Verhältnis zum deutschen Verfassungsrecht

Es würde die europäische Integration hemmen, wenn jede unionale Maßnahme zunächst eine Prüfung hinsichtlich der Konformität mit den einzelnen Grundrechtsregimen der Mitgliedstaaten bestehen müsste.[1045] Der EuGH hat sich daher generell und unabhängig von der GRCh bereits frühzeitig für eine allgemeine Vorrangstellung des Europarechts gegenüber nationalem Recht ausgesprochen.[1046]

1040 So in der Sache auch *W. Widmann*, UR 2014, S. 5 (6).

1041 EuGH v. 26.2.2013, C-617/10, ECLI:EU:C:2013:105, Rn. 24 – Åkerberg Fransson.

1042 *L. Dobratz*, UR 2014, S. 425 (427).

1043 Treffend *L. Dobratz*, UR 2014, S. 425 (427).

1044 *F. Wollenschläger*, AöR 135 (2010), S. 363 (378): „ausschließlich an den Unionsgrundrechten zu messen"; *H. D. Jarass*, NVwZ 2012, S. 457 (459).

1045 *N. Petersen*, Deutsches und Europäisches Verfassungsrecht II, 2. Auflage 2022, § 10 Rn. 3.

1046 Grundlegend etwa EuGH v. 5.2.1963, C-26/62, ECLI:EU:C:1963:1 – van Gend & Loos; EuGH v. 15.7.1964, C-6/64, ECLI:EU:C:1964:66 – Costa/ENEL.

Der unionsrechtliche Anwendungsvorrang soll sich nach Auffassung des EuGH dabei gerade nicht nur auf das Verhältnis von Unionsrecht und einfachem Recht erstrecken, sondern vielmehr auch in Bezug auf das nationale Verfassungsrecht gelten.[1047]

Das BVerfG und der EuGH durchlebten im Hinblick auf die Maßgeblichkeit der verschiedenen Grundrechtsregime einen durchaus wendungsreichen Kompetenzkonflikt.[1048] In der *Solange I*-Entscheidung ging das BVerfG noch davon aus, dass allein die deutschen Grundrechte der Maßstab für das Unionsrecht seien, solange das Unionsrecht keinen dem GG vergleichbaren Grundrechtskatalog enthalte.[1049] Die vom EuGH postulierte unionsrechtliche Vorrangstellung war zum damaligen Zeitpunkt unter dem Gesichtspunkt eines umfassenden Grundrechtsschutzes nicht zuletzt auch deshalb so problematisch, weil die Verträge „ursprünglich [...] keine expliziten Grundrechtsgarantien" enthielten.[1050] Dass es aufgrund der vom EuGH eingeräumten Vorrangstellung des Europarechts bei einem gleichzeitigen Mangel an europarechtlich kodifizierten Grundrechtsgarantien zu grundrechtsfreien Räumen kommen konnte, war also alles andere als ausgeschlossen.[1051]

Nachdem der EuGH den defizitären Grundrechtsschutz im Gemeinschaftsrecht erkannt und diverse Grundrechte als allgemeine Rechtsgrundsätze nicht nur hergeleitet, sondern auch gemeinschaftsrechtlich verdichtet hatte,[1052] entschied das

---

1047 EuGH v. 17.12.1970, C-11/70, ECLI:EU:C:1970:114, Rn. 3 – Internationale Handelsgesellschaft: „Die einheitliche Geltung des Gemeinschaftsrechts würde beeinträchtigt, wenn bei der Entscheidung über die Gültigkeit von Handlungen der Gemeinschaftsorgane Normen oder Grundsätze des nationalen Rechts herangezogen würden. Die Gültigkeit solcher Handlungen kann nur nach dem Gemeinschaftsrecht beurteilt werden, denn dem vom Vertrag geschaffenen, somit aus einer autonomen Rechtsquelle fließenden Recht können wegen seiner Eigenständigkeit keine wie immer gearteten innerstaatlichen Rechtsvorschriften vorgehen, wenn ihm nicht sein Charakter als Gemeinschaftsrecht aberkannt und wenn nicht die Rechtsgrundlage der Gemeinschaft selbst in Frage gestellt werden soll. Daher kann es die Gültigkeit einer Gemeinschaftshandlung oder deren Geltung in einem Mitgliedstaat nicht berühren, wenn geltend gemacht wird, die Grundrechte in der ihnen von der Verfassung dieses Staates gegebenen Gestalt oder die Strukturprinzipien der nationalen Verfassung seien verletzt."

1048 Siehe hierzu ausführlich *H. Schaumburg*, in: Harald Schaumburg/Joachim Englisch (Hrsg.), Europäisches Steuerrecht, 2. Auflage 2020, Rn. 4.21 ff.

1049 BVerfGE 37, 271 (285).

1050 *N. Petersen*, Deutsches und Europäisches Verfassungsrecht II, 2. Auflage 2022, § 10 Rn. 4; siehe zu diesem Aspekt auch *J. Englisch*, in: Wolfgang Schön/Karin E. M. Beck (Hrsg.), Zukunftsfragen des deutschen Steuerrechts, 2009, S. 39 (41).

1051 *N. Petersen*, Deutsches und Europäisches Verfassungsrecht II, 2. Auflage 2022, § 10 Rn. 4.

1052 Siehe hierzu *G. Kofler*, DStJG 41 (2018), S. 125 (127 ff.).

BVerfG, dass es unionsrechtliche Rechtsakte und ihre nationalen Umsetzungen nicht mehr am deutschen Verfassungsrecht prüft, „[s]olange die Europäischen Gemeinschaften, insbesondere die Rechtsprechung des Gerichtshofs der Gemeinschaften einen wirksamen Schutz der Grundrechte gegenüber der Hoheitsgewalt der Gemeinschaften generell gewährleisten, der dem vom Grundgesetz als unabdingbar gebotenen Grundrechtsschutz im wesentlichen gleichzuachten ist“ und insbesondere auch „den Wesensgehalt der Grundrechte generell verbürgt“.[1053] In diesem *Solange II*-Beschluss anerkannte das BVerfG also, dass das Unionsrecht und das Verfassungsrecht einen gleich ausgeprägten Grundrechtsschutz garantieren. An dieser Anerkennung hat sich bis heute nichts grundlegend geändert.[1054] Vielmehr „übt das Bundesverfassungsgericht seine Gerichtsbarkeit über die Anwendbarkeit von [...] Unionsrecht, das als Grundlage für ein Verhalten deutscher Gerichte und Behörden im Hoheitsbereich der Bundesrepublik Deutschland in Anspruch genommen wird, [nach wie vor] grundsätzlich nicht aus und überprüft dieses Recht nicht am Maßstab der Grundrechte des Grundgesetzes [...]“.[1055] Die deutschen Grundrechte sind bei der Überprüfung von Unionsrechtsakten damit letztlich nicht mehr maßgeblich.[1056]

1. Die Richtlinie mit determiniertem und nicht-determiniertem Teil

Fraglich ist jedoch, ob der Anwendungsvorrang der Unionsgrundrechte uneingeschränkt auch für Richtlinien gilt. Die Besonderheit einer Richtlinie besteht in dem Umstand, dass sie anders als die Verordnung erst noch in nationales Recht umgesetzt werden muss. In Art. 288 Abs. 3 AEUV heißt es ausdrücklich, dass die Richtlinie zwar „für jeden Mitgliedstaat, an den sie gerichtet wird, hinsichtlich des zu erreichenden Ziels verbindlich [ist]“, im Übrigen dann allerdings „den innerstaatlichen Stellen die Wahl der Form und der Mittel [überlässt]“. Es bedarf also eines Umsetzungsakts. Die Richtlinie gilt damit grundsätzlich nur mittelbar. Dies ist deshalb so wichtig, weil hierbei „[d]ie Rechtmäßigkeit der Richtlinie, die nur am Maßstab des Unionsrechts überprüft werden kann [sic!] und die Rechtmäßigkeit des Umsetzungsakts, dessen umfassende Unterwerfung unter die Grundrechtsordnung der EU gerade fraglich ist, [...] strikt voneinander zu trennen [sind]“.[1057]

1053 BVerfGE 73, 339 (387).

1054 *G. Kofler*, DStJG 41 (2018), S. 125 (130); *H. Schaumburg*, in: Harald Schaumburg/Joachim Englisch (Hrsg.), Europäisches Steuerrecht, 2. Auflage 2020, Rn. 4.22.

1055 BVerfGE 125, 260 (306).

1056 Siehe zur Folgerechtsprechung *H. Sauer*, Staatsrecht III, 5. Auflage 2018, S. 192 ff.

1057 *N. Matz-Lück*, in: Nele Matz-Lück/Mathias Hong (Hrsg.), Grundrechte und Grundfreiheiten im Mehrebenensystem, 2012, S. 161 (174).

Es stellt sich damit also die Frage, ob der nationale Grundrechtskatalog auch dann noch zurücktritt, wenn die Grundrechtskonformität nationaler Hoheitsakte geprüft wird, die lediglich „ihren Ursprung im Unionsrecht haben".[1058] Oder aber, ob für den nationalen Umsetzungsakt am Ende dann doch das nationale Verfassungsrecht maßgebend ist und das Unionsrecht verdrängt.

a) *Die Haltung des EuGH*

Der EuGH vertritt den klaren Standpunkt, dass die Mitgliedstaaten umfassend an die europäischen Grundrechte gebunden sind.[1059] Hatte sich die Bindung an die europäischen Grundrechte in dem grundlegenden Urteil in der Rechtssache *Wachauf*[1060] noch auf den Vollzug von Verordnungen bezogen, verdeutlichte der EuGH in der Rechtssache *ERT*, dass die Mitgliedstaaten stets an die europäischen Grundrechte gebunden seien, sofern sie im Anwendungsbereich des Unionsrechts agierten.[1061] Der EuGH baute somit die Wirkkraft der europäischen Grundrechte aus. Spätestens mit seiner Entscheidung in der Rechtssache *Familienzusammenführungsrichtlinie* erstreckte der EuGH die Geltung der Unionsgrundrechte auch auf Richtlinien und die mitgliedstaatliche Richtlinienumsetzung.[1062] Hier betonte der EuGH richtungsweisend, dass sogar „der Umstand, dass [...] Bestimmungen der Richtlinie den Mitgliedstaaten einen gewissen Beurteilungsspielraum einräumen und es ihnen erlauben, unter bestimmten Umständen nationale Rechtsvorschriften anzuwenden, die von den mit der Richtlinie vorgegebenen Grundsatzregelungen abweichen, nicht dazu führen kann, dass diese Bestimmungen der Überprüfung ihrer Rechtmäßigkeit durch den Gerichtshof [...] entzogen werden".[1063] Selbst für in einer Richtlinie eingeräumte Ermessensspielräume sind die europäischen Grundrechte damit in letzter Instanz maßgebend.[1064] Es erfolgt letztlich keine Differenzierung zwischen einem determinierten und nicht-determinierten Teil der

---

1058 *N. Matz-Lück*, in: Nele Matz-Lück/Mathias Hong (Hrsg.), Grundrechte und Grundfreiheiten im Mehrebenensystem, 2012, S. 161 (162); hierzu ausführlich *F. Engler*, Steuerverfassungsrecht im Mehrebenensystem, 2014, S. 77 ff.

1059 EuGH v. 13.7.1989, C-5/88, ECLI:EU:C:1989:321, Rn. 19 – Wachauf; EuGH v. 18.6.1991, C-260/89, ECLI:EU:C:1991:254, Rn. 42 – ERT.

1060 EuGH v. 13.7.1989, C-5/88, ECLI:EU:C:1989:321 – Wachauf.

1061 EuGH v. 18.6.1991, C-260/89, ECLI:EU:C:1991:254, Rn. 42 – ERT.

1062 EuGH v. 27.6.2006, C-540/03, ECLI:EU:C:2006:429, Rn. 22 – Familienzusammenführungsrichtlinie.

1063 EuGH v. 27.6.2006, C-540/03, ECLI:EU:C:2006:429, Rn. 22 – Familienzusammenführungsrichtlinie.

1064 Vergleiche *T. Kingreen*, in: Christian Calliess/Matthias Ruffert (Hrsg.), EUV/AEUV, 6. Auflage 2022, GRCh Art. 51 Rn. 10.

Richtlinie.[1065] Die „unionalen Grundrechtsstandards“ sind von Mitgliedstaaten folglich auch umfassend bei der Umsetzung von Richtlinien zu beachten und gelten damit gerade auch für das nationale Umsetzungsgesetz.[1066]

b) Die Haltung des BVerfG

Für das BVerfG ist der umfassende Geltungsanspruch der Unionsgrundrechte im Falle von Richtlinien bei Weitem nicht so selbstverständlich wie für den EuGH. Zwar anerkennt das BVerfG, dass bei nationalen Maßnahmen der Richtlinienumsetzung eine Bindung der Mitgliedstaaten an die Unionsgrundrechte besteht.[1067] Dass diese Bindung jedoch auch in den Fällen bestehen soll, in denen dem Mitgliedstaat von der Richtlinie ein Umsetzungsspielraum eingeräumt wird, lehnt das BVerfG ab.[1068] In den Fällen, in denen „der nationale Gesetzgeber Spielraum bei der Umsetzung von sekundärem Gemeinschaftsrecht hat, ist er [...] an die Vorgaben des Grundgesetzes gebunden und unterliegt insoweit in vollem Umfang der verfassungsgerichtlichen Überprüfung“.[1069] Daraus folgt, dass in Fällen, in denen Richtlinien Ermessen bei der Umsetzung einräumen, die deutschen Grundrechte den Prüfungsmaßstab bilden und das BVerfG insofern eine Bindung an die GRCh ausschließt.[1070] Enthält eine Richtlinie demgegenüber jedoch verbindliche Vorgaben, so findet „auf der Basis dieser Rechtsprechung keine Überprüfung am Maßstab nationaler Grundrechte statt“.[1071]

c) Der Meinungsstand in der Literatur

In der rechtswissenschaftlichen Literatur wird hinsichtlich einer Bindung an Unionsgrundrechte bei der Umsetzung von Richtlinien „alles vertreten“.[1072] Die verschiedenen Meinungen sind dabei im Einzelnen sehr nuanciert und haben in ihrer

---

1065 Siehe hierzu *T. Kingreen*, in: Christian Calliess/Matthias Ruffert (Hrsg.), EUV/AEUV, 6. Auflage 2022, GRCh Art. 51 Rn. 10.

1066 *F. Engler*, Steuerverfassungsrecht im Mehrebenensystem, 2014, S. 79.

1067 BVerfGE 118, 79 (95).

1068 BVerfG v. 9.1.2001 – 1 BvR 1036/99, NJW 2001, S. 1267 (1268).

1069 BVerfG v. 9.1.2001 – 1 BvR 1036/99, NJW 2001, S. 1267 (1268).

1070 BVerfGE 118, 79 (95); BVerfGE 121, 1 (15). Siehe zur Rechtsprechung des BVerfG in diesem Kontext ferner *T. Kingreen*, in: Christian Calliess/Matthias Ruffert (Hrsg.), EUV/AEUV, 6. Auflage 2022, GRCh Art. 51 Rn. 11 f.

1071 *F. Engler*, Steuerverfassungsrecht im Mehrebenensystem, 2014, S. 80. Siehe zum Ganzen auch BVerfGE 118, 79 (95 f.); BVerfGE 121, 1 (15); BVerfGE 125, 260 (306); BVerfGE 133, 267 (316); *T. Kingreen*, in: Christian Calliess/Matthias Ruffert (Hrsg.), EUV/AEUV, 6. Auflage 2022, GRCh Art. 51 Rn. 11 f.

1072 *N. Matz-Lück*, in: Nele Matz-Lück/Mathias Hong (Hrsg.), Grundrechte und Grundfreiheiten im Mehrebenensystem, 2012, S. 161 (185).

„Vielzahl“[1073] ein mittlerweile nahezu nicht mehr überschaubares Ausmaß angenommen.[1074] Gleichwohl wird eingeräumt, dass die wohl herrschende Meinung auf dem Standpunkt steht, dass die Unionsgrundrechte nicht nur für die Richtlinie als solche, sondern „zusätzlich auch für den Umsetzungsakt selbst [gelten]“.[1075] Dass sämtliche Umsetzungsakte am Maßstab der Unionsgrundrechte gemessen werden, sei „überzeugend und nach dem System des Grundrechtsschutzes in Europa zwingend“.[1076] Die GRCh ist also selbst dann noch der allein maßgebliche Grundrechtskatalog, wenn es sich um eine nationale Norm handelt, die lediglich auf eine Richtlinie zurückzuführen ist.[1077]

2. Keine Anwendung der deutschen Grundrechte und des § 30 AO

Für die vorliegende Arbeit kann die Frage nach der Maßgeblichkeit der Unionsgrundrechte bei Richtlinien mit Ermessensspielräumen dahinstehen, da die Richtlinie zur Einführung eines öffentlichen Ertragsteuerinformationsberichts jedenfalls nach dem aktuellen Vorschlag der Europäischen Kommission den Mitgliedstaaten keine Ermessens- oder Gestaltungsspielräume bei der Umsetzung einräumt. Dies ist in der Sache wenig überraschend, würden Gestaltungsspielräume doch dem gesamten Transparenzvorhaben, das essenziell auf flächendeckende Einheitlichkeit angewiesen ist, zuwiderlaufen. Das Ziel der Richtlinie könne nach Auffassung der Europäischen Kommission daher gerade „auf Ebene der Mitgliedstaaten nicht ausreichend verwirklicht werden“ und sei „besser auf Unionsebene zu verwirklichen“.[1078] Mangels eines von der Richtlinie eingeräumten Gestaltungsspielraums

1073 *F. Engler*, Steuerverfassungsrecht im Mehrebenensystem, 2014, S. 81.

1074 Siehe mit zahlreichen Nachweisen *N. Matz-Lück*, in: Nele Matz-Lück/Mathias Hong (Hrsg.), Grundrechte und Grundfreiheiten im Mehrebenensystem, 2012, S. 161 (184 f.).

1075 *A. Funke*, Umsetzungsrecht, 2010, S. 208, der seinerseits indes gerade der Auffassung ist, die Unionsgrundrechte griffen „nur für die Richtlinie“. Siehe auch die Nachweise bei *N. Matz-Lück*, in: Nele Matz-Lück/Mathias Hong (Hrsg.), Grundrechte und Grundfreiheiten im Mehrebenensystem, 2012, S. 161 (185).

1076 *J. F. Lindner*, EuZW 2007, S. 71 (75).

1077 *S. Wakounig*, in: Michael Lang/Peter Haunold (Hrsg.), Transparenz und Informationsaustausch, 2017, S. 29 (38); *H. Weber-Grellet*, in: Andreas Musil/Heinrich Weber-Grellet (Hrsg.), Europäisches Steuerrecht, 2019, Art. 6 EUV Rn. 29; *H. D. Jarass*, GRCh, 4. Auflage 2021, Art. 51 Rn. 26; *N. Petersen*, Deutsches und Europäisches Verfassungsrecht II, 2. Auflage 2022, § 10 Rn. 20.

1078 COM(2016) 198 final, S. 13, Erwägungsgrund 14.

kann es hier auch zu keiner parallelen Anwendung von Unionsgrundrechten und nationalen Grundrechten kommen.[1079]

Die GRCh ist damit hier sogar noch allein maßgeblich, nachdem die einzelnen Mitgliedstaaten die Richtlinie zur Einführung eines Ertragsteuerinformationsberichts in nationales Recht umgesetzt haben. Nationales Recht wird bei einer Richtlinie – und nach herrschender Auffassung sogar bei einer Richtlinie mit Umsetzungsspielraum – vollständig verdrängt.[1080]

Dieser Umstand ist natürlich gerade in den Fällen besonders misslich, in denen das nationale Verfassungsrecht oder sogar das einfache Recht ein „höheres Schutzniveau" garantiert als die Unionsgrundrechte.[1081] Nichtsdestoweniger kommt es für Deutschland beim Ertragsteuerinformationsbericht nicht auf die Grundrechte des GG und schon gar nicht auf die der Landesverfassungen an. Auch einfachem nationalen Recht kommt im vorliegenden Fall keine Maßstabsfunktion für den Ertragsteuerinformationsbericht zu. Dies gilt insbesondere für das in Deutschland vergleichsweise mächtige[1082] Steuergeheimnis in § 30 AO. Dass sich trotz dieses letztlich unzweifelhaften Anwendungsvorrangs der GRCh auf den Ertragsteuerinformationsbericht in der steuerlichen Literatur immer wieder Ausführungen zur Kompatibilität mit dem nationalen Verfassungsrecht und sogar mit dem einfachgesetzlichen Steuergeheimnis finden, kann angesichts dessen nicht wirklich überzeugen.[1083] Erschwerend kommt dabei noch hinzu, dass der tatsächlich maßgebliche Grundrechtskatalog der GRCh anscheinend überhaupt keine Maßstabsfunktion für den Ertragsteuerinformationsbericht haben soll.[1084] Ausführliche Erwähnung findet die GRCh jedenfalls in den seltensten

---

1079 Vergleiche *J. Englisch*, in: Wolfgang Schön/Karin E. M. Beck (Hrsg.), Zukunftsfragen des deutschen Steuerrechts, 2009, S. 39 (51): „Nur insoweit dem mitgliedstaatlichen Gesetzgeber ein Gestaltungsermessen eingeräumt ist, bleibt es bei einem parallelen bzw. ‚kumulativen' Grundrechtsschutz anhand europarechtlicher wie national-verfassungsrechtlicher Standards."

1080 Siehe zur Verdrängung des nationalen Rechts durchaus kritisch *J. Englisch*, in: Wolfgang Schön/Karin E. M. Beck (Hrsg.), Zukunftsfragen des deutschen Steuerrechts, 2009, S. 39 (51 ff.).

1081 *G. Kofler*, DStJG 41 (2018), S. 125 (147).

1082 In diese Richtung im Ganzen wohl *J. Lüdicke*, in: FS Jürgen Lüdicke, 2019, S. 451 (451 ff.).

1083 Exemplarisch etwa *S. Grotherr*, IWB 2016, S. 892 (896 f.); *J. Lüdicke/F. Salewski*, ISR 2017, S. 99 (101).

1084 So gehen etwa auf die GRCh trotz kritischer Bezugnahme auf den Ertragsteuerinformationsbericht nicht ein: *S. Grotherr*, IWB 2016, S. 892 (892 ff.); *J. Lüdicke/F. Salewski*, ISR 2017, S. 99 (99 ff.); *H. Baumhoff*, in: Jürgen Lüdicke (Hrsg.), Internationale Geschäftstätigkeiten in der Nach-BEPS-Welt, 2018, S. 97 (110).

Fällen.[1085]

Aus alldem folgt, dass die Mitgliedstaaten zur Umsetzung der Richtlinie (EU) 2021/2101 somit auch dann noch verpflichtet sind, wenn das nationale Verfassungsrecht oder das nationale einfache Recht, etwa § 30 AO, der Richtlinie entgegensteht.[1086] Mit Blick auf den Ertragsteuerinformationsbericht sind dabei sowohl für die Richtlinie als auch für nationale Umsetzungsgesetze ausschließlich die Unionsgrundrechte maßgeblich. In Deutschland können die Unionsgrundrechte über eine Verfassungsbeschwerde geltend gemacht werden.[1087]

IV. Verhältnis zur EMRK

Damit verbleibt die Frage, in welchem Verhältnis die Grundrechte der GRCh zu den Grundrechten der EMRK stehen.[1088] Genau wie beim GG geht es auch hier um die Normenhierarchie.[1089] Solange die Europäische Union der EMRK jedoch noch nicht beigetreten ist,[1090] stellt sie „kein Rechtsinstrument dar, das formell in die Unionsrechtsordnung übernommen worden ist".[1091] Eine Grundrechtsprüfung hat daher ausschließlich anhand der in der GRCh verbürgten Grundrechte zu erfolgen.[1092] Damit ist nur die GRCh die „alleinmaßgebliche Grundrechtsordnung für den primären Grundrechtsschutz" in der Europäischen Union.[1093]

V. Die GRCh als Maßstab

Damit kann festgehalten werden, dass weder die Grundrechte der einzelnen Mitgliedstaaten noch die Grundrechte der EMRK als Maßstab für den öffentlichen

1085 Anders aber *S. Wakounig*, in: Michael Lang/Peter Haunold (Hrsg.), Transparenz und Informationsaustausch, 2017, S. 29 (38 ff.); *V. Wöhrer*, SWI 2017, S. 25 (31); *V. Wöhrer*, TPI 2017, S. 1 (1 ff.).

1086 *V. Wöhrer*, TPI 2017, S. 1 (7).

1087 Grundlegend BVerfGE 152, 216 (216 ff.). Ausführlich hierzu *J. M. Hoffmann*, NVwZ 2020, S. 33 (33 ff.); *M. Wendel*, JZ 2020, S. 157 (157 ff.); *H. Wendt*, DVBl 2020, S. 549 (549 ff.).

1088 Siehe hierzu ausführlich *B. Schneiders*, Die Grundrechte der EU und die EMRK, 2010; *L. Ohlendorf*, Grundrechte als Maßstab des Steuerrechts in der Europäischen Union, 2015, S. 62 ff.; *M. Weber*, Die Zusage im Umsatzsteuerrecht, 2019, S. 67.

1089 *D. Engel*, Der Beitritt der Europäischen Union zur EMRK, 2015, S. 23.

1090 *W. Heintschel von Heinegg/R. Frau*, in: Volker Epping/Christian Hillgruber (Hrsg.), BeckOK Grundgesetz, 49. Ed. 15.11.2021, Art. 23 Rn. 19.

1091 EuGH v. 26.2.2013, C-617/10, ECLI:EU:C:2013:105, Rn. 44 – Åkerberg Fransson; *J. Kokott*, Das Steuerrecht der Europäischen Union, 2018, § 4 Rn. 2.

1092 *J. Kokott*, Das Steuerrecht der Europäischen Union, 2018, § 4 Rn. 2.

1093 *T. Schmitz*, EuR 2004, S. 691 (697).

Ertragsteuerinformationsbericht in Betracht kommen. Insbesondere auch das deutsche Steuergeheimnis in § 30 AO findet auf den auf einer Richtlinie beruhenden Ertragsteuerinformationsbericht keine Anwendung. Für eine entsprechende Richtlinie zur Einführung eines Ertragsteuerinformationsberichts sind ausschließlich die Grundrechte der GRCh maßgeblich. Sie allein bilden daher den Gegenstand der kommenden Grundrechtsprüfung.[1094]

Die Europäische Kommission hat mit Blick auf den Ertragsteuerinformationsbericht einen Richtlinienvorschlag unterbreitet.[1095] Richtlinienvorschlägen kommt keine „normative Geltung“ zu.[1096] Erst die Richtlinie (EU) 2021/2101 ist Sekundärrecht und kann an der GRCh gemessen werden.[1097] Der Ertragsteuerinformationsbericht wurde bisher in noch keinem Mitgliedstaat der Europäischen Union eingeführt.[1098]

1094 Siehe hierzu auch *G. Kofler*, DStJG 41 (2018), S. 125 (182) mit Verweis auf *V. Wöhrer*, SWI 2017, S. 25 (25 ff.) und *V. Wöhrer*, TPI 2017, S. 1 (1 ff.).

1095 COM(2016) 198 final.

1096 *M. Ruffert*, in: Christian Calliess/Matthias Ruffert (Hrsg.), EUV/AEUV, 6. Auflage 2022, Art. 288 AEUV Rn. 25.

1097 Vergleiche *F. Engler*, Steuerverfassungsrecht im Mehrebenensystem, 2014, S. 72.

1098 *J. Hey*, in: Funda Başaran Yavaşlar/Johanna Hey (Hrsg.), Tax Transparency, 2019, S. 193 (207).

B. Steuerliche Veröffentlichungspflichten als Grundrechtseingriff

Auf der Grundlage der vorangegangenen Ausführungen gilt es nun, zu überlegen, welche Grundrechte der GRCh die Interessen der berichtspflichtigen Unternehmen schützen beziehungsweise in welche Grundrechte eine Veröffentlichungspflicht von Steuerdaten eingreift.[1099] Dafür muss zunächst untersucht werden, welchen schutzwürdigen Interessen und Rechten der berichtspflichtigen multinationalen Unternehmen der Ertragsteuerinformationsbericht zuwiderlaufen kann.

I. Geheimhaltungsinteresse an Steuer- und Geschäftsdaten

Allem voran kann eine verpflichtende allgemeine Zugänglichkeit zu Steuerdaten mit einem Geheimhaltungsinteresse an ebendiesen Steuerdaten kollidieren. Das Interesse an einer Geheimhaltung der Steuerdaten ist dann besonders groß, wenn es sich bei den zu veröffentlichenden Steuerdaten um Unternehmensgeheimnisse handelt. Unternehmerische Geheimhaltungsinteressen spielen beim öffentlichen Ertragsteuerinformationsbericht nicht zuletzt auch deshalb eine so entscheidende Rolle, weil durch die von ihm erstrebte allgemeine Zugänglichkeit zu Unternehmensdaten etwaig bestehende Geheimnisse „unwiederbringlich zerstört“[1100] werden können. Geheimnisse können gegenüber der Öffentlichkeit nämlich „entweder [ausschließlich] geheim oder [aber] offenbar sein“.[1101]

1. Der Schutz der unternehmerischen Geheimsphäre

Für die unternehmerische Geheimnissphäre haben sich heute unterschiedliche Wendungen etabliert.[1102] So finden sich etwa Wirtschafts-, Unternehmens-, Gesellschafts- oder Gewerbegeheimnisse. Mal ist von „Betriebs- und Geschäftsgeheimnissen“[1103] und dann wieder von „Betriebs- oder

1099 Vergleiche hierzu etwa *J. Lüdicke/F. Salewski*, ISR 2017, S. 99 (99 ff.); *V. Wöhrer*, SWI 2017, S. 25 (25 ff.); *V. Wöhrer*, TPI 2017, S. 1 (1 ff.).

1100 *L. Rudkowski*, Transparenzpflichten zur Kontrolle von Finanzdienstleistungsunternehmen, 2016, S. 171.

1101 Treffend *L. Rudkowski*, Transparenzpflichten zur Kontrolle von Finanzdienstleistungsunternehmen, 2016, S. 171.

1102 Siehe hierzu *H. Beyerbach*, Die geheime Unternehmensinformation, 2012, S. 68.

1103 *S. Polenz*, DÖV 2010, S. 350 (350 ff.).

Geschäftsgeheimnissen"[1104] die Rede. Hierbei wird von einem Geschäftsgeheimnis in der Regel in einem kaufmännischen Zusammenhang gesprochen, während das Betriebsgeheimnis sich tendenziell eher im technischen Kontext findet.[1105]

Trotz dieser Begriffsvielfalt ergeben sich in der Sache grundsätzlich keine Unterschiede.[1106] All diesen Begriffen ist gemein, dass sie vertrauliche unternehmensbezogene Informationen erfassen. Eine abschließende gesetzliche Definition gibt es jedoch nicht.[1107] Definitionsansätze werden durch die Literatur und die Rechtsprechung geschaffen.[1108] So versteht etwa das BVerfG im Kontext der Art. 12 und 14 GG „als Betriebs- und Geschäftsgeheimnisse [...] alle auf ein Unternehmen bezogene[n] Tatsachen, Umstände und Vorgänge [...], die nicht offenkundig, sondern nur einem begrenzten Personenkreis zugänglich sind und an deren Nichtverbreitung der Rechtsträger ein berechtigtes Interesse hat".[1109] Demgegenüber anerkennt das OECD-MA in Art. 26 Abs. 3 ein schutzwürdiges Geheimhaltungsbedürfnis für sämtliche Informationen, „die ein Handels-, Industrie-, Gewerbe- oder Berufsgeheimnis oder ein Geschäftsverfahren preisgeben würden". In der Praxis bedeutet dies, dass das Objekt des Geheimnisses „denkbar weit" ist und inhaltlich gerade „keine sachliche Beschränkung" besteht.[1110] Es zeigt sich, dass die Schutzbedürftigkeit im Hinblick auf Geschäftsgeheimnisse vor allem juristisch interessiert und ein Geschäftsgeheimnisschutz normativ verankert ist.[1111]

Voraussetzung eines Geschäftsgeheimnisses ist ein Wille zur Geheimhaltung.[1112] Der Geheimnisträger muss überdies ein berechtigtes wirtschaftliches Interesse an

1104 *H. Rothfuchs*, UPR 2006, S. 343 (343 f.)

1105 *F. Winzer*, Der Schutz von Geschäftsgeheimnissen im Zivilprozess, 2018, S. 7.

1106 *H. Beyerbach*, Die geheime Unternehmensinformation, 2012, S. 68.

1107 *F. Winzer*, Der Schutz von Geschäftsgeheimnissen im Zivilprozess, 2018, S. 13.

1108 Siehe hierzu *S. Hillenbrand*, Der Begriff des Betriebs- und Geschäftsgeheimnisses, 2017, S. 27 (m. w. N.).

1109 BVerfGE 115, 205 (230); siehe auch *C. Alber*, in: Walter Hübschmann/Ernst Hepp/Armin Spitaler (Begr.), AO/FGO, § 30 AO Rn. 91 (Juni 2004); *K.-D. Drüen*, in: Klaus Tipke/Heinrich Wilhelm Kruse (Begr.), AO/FGO, § 30 AO Rn. 26 (Oktober 2019).

1110 *S. Hillenbrand*, Der Begriff des Betriebs- und Geschäftsgeheimnisses, 2017, S. 29.

1111 *C. Enders*, in: Detlef Merten/Hans-Jürgen Papier (Hrsg.), Handbuch der Grundrechte in Deutschland und Europa, 2011, § 89 Rn. 76: „Rechtsförmiger staatlicher Zwang, Betriebs- und Geschäftsgeheimnisse zu offenbaren oder aber die Kenntnisnahme von solchen Daten, ihre Verbreitung oder sonstige Verwendung zu dulden, muß sich vor Art. 2 Abs. 1 GG rechtfertigen und dabei vor allem dem strafrechtlich statuierten und durch Art. 2 Abs. 1 GG inkorporierten Vertraulichkeits- und Geheimnisschutz Rechnung tragen[...]."; siehe auch *L. Rudkowski*, Transparenzpflichten zur Kontrolle von Finanzdienstleistungsunternehmen, 2016, S. 23 ff.

1112 Siehe hierzu *H. Beyerbach*, Die geheime Unternehmensinformation, 2012, S. 96; siehe auch *C. Alber*, in: Walter Hübschmann/Ernst Hepp/Armin Spitaler (Begr.), AO/FGO, § 30 AO Rn. 91 (Juni 2004); *J. Brammsen*, BB 2016, S. 3034 (3035); *K.-D.*

der Geheimhaltung haben. Es bedarf also eines „objektiv nachprüfbaren Geheimhaltungsbedürfnisses".[1113] An das Geheimhaltungsinteresse sind jedoch keine strengen Anforderungen zu stellen. So ist ein Geheimhaltungsinteresse bereits stets dann gegeben, wenn die Geheimhaltung für die Wettbewerbsfähigkeit des Unternehmens von Relevanz ist.[1114]

Wettbewerbsrelevant sind geheim gehaltene Informationen dann, wenn eine Offenbarung wirtschaftlichen Schaden mit sich bringen oder aber das Unternehmen im Wettbewerb schwächen kann. Dabei muss sich das Geheimhaltungsinteresse nicht zwingend auf einzelne Informationsdaten beziehen. Das Geheimhaltungsinteresse ist auch dann berührt, wenn unternehmensrelevante Informationen erst durch eine zusammenhängende Betrachtung verschiedener Einzeldaten preisgegeben werden.[1115] Das Geheimhaltungsinteresse kann damit also auch das „big picture" des Unternehmens erfassen. Gerade eine Zusammenschau aus verschiedenen kleinen, für sich besehen wenig relevanten Informationen kann einen umfassenden Einblick in das Unternehmen ermöglichen.[1116] Es können Zusammenhänge gesehen und Schlussfolgerungen gemacht werden, die bei der isolierten Betrachtung des Einzeldatums, an dem man ein Geheimhaltungsinteresse unter Umständen sogar verneint hat, nicht einmal ansatzweise gesehen und gemacht werden können.[1117] Die große Gefahr, die in einer Preisgabe verschiedener Einzeldaten liegt, besteht dabei nicht zuletzt auch in deren beliebiger Verknüpfung und Zusammensetzung und den dadurch geschaffenen neuen Informationen.[1118] Insofern gibt es auch hier keine belanglosen Daten.[1119] Eine derartige Datenverknüpfung kann die Wettbewerbsfähigkeit des Unternehmens erheblich beeinträchtigen. Insofern hat ein Rechtsträger durchaus auch ein berechtigtes Interesse an der Nichtverbreitung von kleinen, auf den ersten Blick eher belanglosen Daten.

Die Information, an der ein Geheimhaltungswille und -interesse besteht, darf überdies nicht offenkundig sein. Offenkundigkeit ist dann gegeben, wenn das Unternehmen bezogen auf die konkrete Information „keine Kontrolle mehr über die Kennenden hat" und die Kenntniserlangung „einem unbestimmten Personenkreis

---

Drüen, in: Klaus Tipke/Heinrich Wilhelm Kruse (Begr.), AO/FGO, § 30 AO Rn. 26 (Oktober 2019).

1113 *M. A. Mayer*, GRUR 2011, S. 884 (887).

1114 *T. Frank*, Der Schutz von Unternehmensgeheimnissen im Öffentlichen Recht, 2009, S. 43; *M. A. Mayer*, GRUR 2011, S. 884 (887); vergleiche auch *J. Brammsen*, BB 2016, S. 3034 (3036).

1115 Vergleiche *S. Rasch*, in: FS Heinz-Klaus Kroppen, 2020, S. 325 (342 f.).

1116 Vergleiche *S. Rasch*, in: FS Heinz-Klaus Kroppen, 2020, S. 325 (342 f., 346).

1117 Vergleiche *S. Rasch*, in: FS Heinz-Klaus Kroppen, 2020, S. 325 (342 f.).

1118 Vergleiche *S. Rasch*, in: FS Heinz-Klaus Kroppen, 2020, S. 325 (342 f.).

1119 Vergleiche BVerfGE 65, 1 (45).

möglich ist".[1120] Die Information darf also gerade nicht allgemein zugänglich sein. Sie muss ein Unternehmensinternum sein. Heutzutage ist eine Information jedenfalls dann offenkundig, wenn sie von jedermann problemlos im Internet abgerufen werden kann.[1121] Daraus folgt, dass, „[s]obald ein Gesetz die Offenlegung bestimmter Informationen anordnet, [...] diese von der Rechtsordnung zur Kenntnisnahme durch die Öffentlichkeit preisgegeben [sind] und [...] daher nicht mehr geheim sein [können]".[1122] Auf eine tatsächliche Kenntnisnahme, Auswertung oder Verarbeitung der Information kommt es nicht an. Ein Geschäftsgeheimnis ist damit bereits dann zerstört, wenn es allgemein zugänglich ist.[1123]

2. Daten des Ertragsteuerinformationsberichts als Geschäftsgeheimnisse

Zu fragen ist damit jedoch, ob es sich bei den Daten, die im öffentlichen Ertragsteuerinformationsbericht veröffentlicht werden müssen, um Geschäftsgeheimnisse handelt.[1124] In der steuerlichen Literatur wird allgemein die Gefahr gesehen, dass der öffentliche Ertragsteuerinformationsbericht Geschäftsgeheimnisse publik macht.[1125] Im Folgenden werden die einzelnen Informationskategorien daher isoliert auf ihren Status als Geschäftsgeheimnis hin analysiert. Sodann gilt es, zu untersuchen, ob auch das sich aus einer Zusammenschau der einzelnen Informationskategorien ergebende Informationsgeflecht des öffentlichen Ertragsteuerinformationsberichts als schutzwürdiges Geschäftsgeheimnis anzuerkennen ist.

Vorab sei in Erinnerung gerufen, dass sämtliche nachfolgenden Informationskategorien „für jeden Mitgliedstaat getrennt ausgewiesen" werden müssen.[1126] Man kann die Informationskategorien des Ertragsteuerinformationsberichts dabei in genuine und nicht genuine Steuerinformationen unterteilen.

1120 *T. Frank*, Der Schutz von Unternehmensgeheimnissen im Öffentlichen Recht, 2009, S. 41.

1121 *S. Hillenbrand*, Der Begriff des Betriebs- und Geschäftsgeheimnisses, 2017, S. 56; *F. Winzer*, Der Schutz von Geschäftsgeheimnissen im Zivilprozess, 2018, S. 15; siehe auch *A.-V. Malmström*, Schutz von Betriebs- und Geschäftsgeheimnissen im Zivilprozess, 2013, S. 41 ff.

1122 Schön *H. Beyerbach*, Die geheime Unternehmensinformation, 2012, S. 94.

1123 Vergleiche *L. Rudkowski*, Transparenzpflichten zur Kontrolle von Finanzdienstleistungsunternehmen, 2016, S. 171.

1124 Vergleiche *V. Wöhrer*, SWI 2017, S. 25 (32).

1125 So etwa *B.-P. Bier*/*T. O. Voß*, IStR 2017, S. 393 (399); *S. Wakounig*, in: Michael Lang/Peter Haunold (Hrsg.), Transparenz und Informationsaustausch, 2017, S. 29 (43); *V. Wöhrer*, SWI 2017, S. 25 (31 f.)

1126 COM(2016) 198 final, S. 16.

a) *Nicht genuine Steuerinformationen*

Informationen, die nicht im eigentlichen Sinne steuerliche sind, sind die kurze Beschreibung der Art der unternehmerischen Tätigkeit sowie die Zahl der Beschäftigten.

aa) *Kurze Beschreibung der Art der Tätigkeit*

Zunächst hat eine kurze Beschreibung der Art der Tätigkeit zu erfolgen. Gemeint ist damit die Angabe der Geschäftstätigkeiten aller Konzerneinheiten in einem Steuerhoheitsgebiet.[1127] Gemäß den Vorstellungen der Europäischen Kommission kann sie „auf der Kategorisierung in Kapitel V Anhang III Tabelle 2 der von der OECD ausgegebenen ‚Leitlinien zur Verrechnungspreisdokumentation' beruhen".[1128] Von einer „kurze[n] Beschreibung"[1129] kann dabei aber nicht mehr die Rede sein. Die einzelnen in Tabelle 2 des länderbezogenen Berichts enthaltenen Geschäftstätigkeiten sind, wie oben dargestellt, äußerst ausdifferenziert.[1130] Hier finden sich die unterschiedlichsten Geschäftstätigkeiten. Es ist gerade diese Aufschlüsselung der einzelnen Geschäftstätigkeiten pro Steuerhoheitsgebiet, die einen tief gehenden Einblick in die unternehmerische Tätigkeit ermöglicht. Wenn Unternehmen tatsächlich am Maßstab der Tabelle 2 des steuerlichen Country-by-Country Reports ihre Geschäftstätigkeiten für jeden Mitgliedstaat separat öffentlich darstellen müssten, wären sämtliche Tätigkeitsfelder der gesamten Unternehmensgruppe für jedermann einsehbar. Diesen Einblick wird ein Unternehmen Konkurrenten nicht gewähren wollen.

Es käme dann auch gar nicht mehr darauf an, dass es sich im Zweifel pro Steuerhoheitsgebiet um aggregierte Daten handelt,[1131] da es für diese Informationskategorie allein auf den Informationszugang zu sämtlichen unternehmerischen Tätigkeiten ankommt. Die Tätigkeiten geben Aufschluss über Geschäftsmodelle und Unternehmensstrategien. Ist die Unternehmensstrategie jedoch erkennbar, so können Wettbewerber „dieses Wissen zum Nachteil des offenlegenden Unternehmens nutzen".[1132] Die so unscheinbar daherkommende „kurze" Beschreibung der Art der unternehmerischen Tätigkeit entpuppt sich als beachtliche Informationsquelle, die sich auf den Wettbewerb auswirken kann.

1127 *S. Grotherr*, IWB 2016, S. 854 (861 f.).

1128 COM(2016) 198 final, S. 12, Erwägungsgrund 8.

1129 COM(2016) 198 final, S. 12, Erwägungsgrund 8.

1130 Vergleiche *OECD*, Leitlinien zur Verrechnungspreisdokumentation und länderbezogenen Berichterstattung, 2015, S. 48.

1131 *S. Grotherr*, IWB 2016, S. 854 (860).

1132 *U. Schreiber/J. Voget*, StuW 2017, S. 145 (153).

bb) Beschäftigtenzahl

Ein Unternehmen wird nicht daran interessiert sein, öffentlich preiszugeben, in welchem Steuerhoheitsgebiet wie viele Mitarbeiter beschäftigt sind. Es darf nicht vergessen werden, dass die Mitarbeiter ein Indiz für die wirtschaftliche Wertschöpfung sind.[1133] Wird für einen Staat also eine hohe Mitarbeiterzahl und für einen anderen Staat ein hoher Gewinn ausgewiesen, so ist dies angesichts des Umstands, dass eine Besteuerung vor allem dann als gerecht angesehen wird, wenn sie am Ort der Wertschöpfung erfolgt, durchaus auffällig. Derartige Informationen möchte ein Unternehmen sicherlich nicht allgemein zugänglich wissen.

Streng genommen handelt es sich dabei jedoch schon um eine aus zwei Informationskategorien bestehende Information. Die Beschäftigtenzahl allein sagt nichts über eine etwaige Gewinnverlagerung aus. Nicht zuletzt auch aus diesem Grund wird durchaus zu Recht ausgeführt, dass die Information, wie viele Mitarbeiter ein Unternehmen beschäftigt, zwar „unzweifelhaft eine Tatsache [ist], die nicht offenkundig ist und an der der Unternehmensinhaber Geheimhaltungswillen hat", an der dann jedoch ein berechtigtes Geheimhaltungsinteresse gerade fehle.[1134] Die alleinige Information darüber, wie viele Beschäftigte ein Unternehmen hat, führt nicht zu einer Verbesserung der Wettbewerbsposition von Konkurrenzunternehmen.[1135] Damit fehlt es dieser Informationskategorie gerade an der für ein Geschäftsgeheimnis erforderlichen Wettbewerbsrelevanz.

b) Genuine Steuerinformationen

Genuine Steuerinformationen des öffentlichen Ertragsteuerinformationsberichts sind die nach Steuerhoheitsgebieten aufgeschlüsselten Angaben über den Umsatz, sämtliche Auskünfte über die Ertragsteuern des Unternehmens sowie Informationen über den Gewinn. Diese unterschiedlichen Informationskategorien können hier zusammen betrachtet werden, da sie allesamt ausschließlich Informationen über die steuerlichen Verhältnisse eines Unternehmens sind.

In der Rechtsprechung und der Literatur ist man sich einig, dass sämtliche Daten über die steuerlichen Verhältnisse eines Unternehmens ohne Weiteres als Geschäftsgeheimnisse anzuerkennen sind.[1136] Auf eine Differenzierung etwa

---

1133 Siehe etwa *S. Weinert/C. Schwarz/S. Stein*, DB 2017, S. 737 (738): „In Bezug auf die BEPS-Zielsetzung ist für die Referenzgröße ‚Anzahl der Mitarbeiter' grds. anzuerkennen, dass diese als Indikator für die wirtschaftliche Aktivität bzw. Substanz und Wertschöpfung geeignet ist."

1134 *M. A. Mayer*, GRUR 2011, S. 884 (887).

1135 Vergleiche *M. A. Mayer*, GRUR 2011, S. 884 (887).

1136 Siehe etwa LG Konstanz, NJW 1992, S. 1241 (1242); *H. Beyerbach*, Die geheime Unternehmensinformation, 2012, S. 92; *I. Hardeck/P. Wittenstein/L. Yoganathan*, BFuP 2015, S. 397 (406); *U. Krömker*, in: Otto-Gerd Lippross/Wolfgang Seibel (Hrsg.), Basiskommentar Steuerrecht, § 30 AO Rn. 6 (April 2016); *M. Gercke*,

zwischen Umsatz, Ertrag, Steuerlast oder Gewinn kommt es für die Annahme eines Geschäftsgeheimnisses nicht mehr an. Das Vorliegen eines steuerrechtlichen Bezugs zum Unternehmen genügt. Insbesondere besteht bei steuerlichen Daten stets auch eine Wettbewerbsrelevanz, da es sich um Daten handelt, die umfassende Einblicke in die wirtschaftliche Leistungsfähigkeit eines Unternehmens geben und somit wirtschaftlich hochsensibel sind.

Bisweilen werden allenfalls einzelne steuerliche Aspekte eines Unternehmens separat aufgegriffen, und ihr Informationsgehalt als notwendig zu schützendes Geschäftsgeheimnis wird noch einmal individuell betont. So wurde etwa entschieden, dass sämtliche unternehmerischen Informationen über die ertragsteuerliche Situation dem Geheimnisschutz des Unternehmens unterfallen.[1137] Des Weiteren ist anerkannt, dass bei allgemeinen Informationen über den Umsatz ein generelles Geheimhaltungsinteresse besteht und somit konkrete Umsatzzahlen umfassend als Geschäftsgeheimnisse zu bewerten sind.[1138]

Dass im öffentlichen Ertragsteuerinformationsbericht die Nettoumsatzerlöse inklusive des Umsatzes mit nahestehenden Unternehmen und Personen angegeben und Informationen zum Gewinn und Verlust vor sowie der gezahlten oder noch zu zahlenden Ertragsteuern veröffentlicht werden müssen, berührt damit ganz unmittelbar die unternehmerische Geheimsphäre. Die genuinen Steuerinformationen des Ertragsteuerinformationsberichts stellen also Geschäftsgeheimnisse dar.

c) *Gesamtschau aller Informationskategorien*

Für schutzwürdige Geschäftsgeheimnisse des berichtspflichtigen Unternehmens stellt letztlich aber vor allem die Gesamtschau aller Informationskategorien des Ertragsteuerinformationsberichts eine Gefahr dar.[1139] Bei der Gesamtschau handelt es sich um eine Mischung der nicht genuinen und der genuinen Steuerinformationen. Aus der jeweiligen Zusammenstellung verschiedener Einzeldaten können sich viele neue, nicht vorhersehbare Informationen ergeben.[1140] Der hierdurch geschaffene Informationsgehalt geht dabei weit über den Informationsgehalt der jeweiligen einzelnen Informationskategorie hinaus.[1141] Aus der Verbindung von Mitarbeiterzahl, Umsätzen, Ertragsteuersituation und Gewinn pro

---

in: Robert Esser/Markus Rübenstahl/Frank Saliger/Michael Tsambikakis (Hrsg.), Wirtschaftsstrafrecht, 2017, § 203 StGB Rn. 11; *J. Eisele*, in: Adolf Schönke/Horst Schröder (Begr.), StGB, 30. Auflage 2019, § 203 Rn. 11.

1137 Vergleiche BVerfGE 115, 205 (231), das von „Ertragslagen“ spricht.

1138 *R. Rengier*, in: Karl-Heinz Fezer/Wolfgang Büscher/Eva Inés Obergfell (Hrsg.), Lauterkeitsrecht, 3. Auflage 2016, § 17 UWG Rn. 23; siehe auch BVerfGE 115, 205 (231).

1139 Angelehnt an *S. Rasch*, in: FS Heinz-Klaus Kroppen, 2020, S. 325 (342 f., 346).

1140 Vergleiche *S. Rasch*, in: FS Heinz-Klaus Kroppen, 2020, S. 325 (343).

1141 Vergleiche *S. Weinert/C. Schwarz/S. Stein*, DB 2017, S. 737 (738); *S. Rasch*, in: FS Heinz-Klaus Kroppen, 2020, S. 325 (342 f.).

Steuerhoheitsgebiet werden beispielsweise Anhaltspunkte dafür gegeben, ob eine Besteuerung am Ort der Wertschöpfung erfolgt oder nicht.[1142] War die Zahl der Beschäftigten als einzelne Informationskategorie für sich betrachtet bisher noch kein Geschäftsgeheimnis,[1143] so erlangt die preiszugebende Beschäftigtenzahl in einer Gesamtschau nun sehr wohl den Rang eines Geschäftsgeheimnisses. Die Bandbreite der einzelnen Informationskategorien des Ertragsteuerinformationsberichts sowie ihre beliebigen Verknüpfungen, Zusammenstellungen und Verarbeitungen verschaffen der Öffentlichkeit ein detailliertes Bild der steuerlichen und wirtschaftlichen Verhältnisse der berichtspflichtigen Unternehmensgruppe.[1144]

Es wiegt unter dem Gesichtspunkt des Schutzes der unternehmerischen Geheimnissphäre besonders schwer, dass die Unternehmensdaten als zusammenhängende Einheit zu präsentieren sind und sich die Relationen von Gewinn, Umsatz und Steuerlast direkt aufdrängen. Erschwerend kommt hinzu, dass der Ertragsteuerinformationsbericht fünf Jahre[1145] veröffentlicht werden muss. Wenn man nun davon ausgeht, dass jedes Jahr ein weiterer Bericht veröffentlicht wird, kann die Öffentlichkeit verschiedene Berichte vergleichen und Entwicklungen beziehungsweise Veränderungen im multinationalen Unternehmen nachvollziehen.[1146] Dabei ist der Zugang zu den Daten des Ertragsteuerinformationsberichts vollkommen mühelos über das Internet möglich.[1147]

Unter Aspekten der Verknüpfung und Auswertung der Einzeldaten des Ertragsteuerinformationsberichts ist auch die Informationskategorie „Gesamtschilderung auf Gruppenebene“[1148] im Hinblick auf den Schutz von Geschäftsgeheimnissen bedenklich. In dieser Gesamtschilderung sollen „etwaige wesentliche Diskrepanzen zwischen den noch zu zahlenden und den bereits gezahlten Steuern auf Gruppenebene unter Berücksichtigung der entsprechenden Beträge für vorangehende Geschäftsjahre erläutert werden“.[1149] Hier muss sich das Unternehmen der Natur der Sache geschuldet öffentlich zu internen Wirtschaftsprozessen äußern und steuerliche Zusammenhänge sogar noch erklären. Dies geht der Europäischen Kommission bezogen auf die Informationsfülle des Ertragsteuerinformationsberichts offenbar aber noch nicht weit genug, denn sie führt aus, dass „[b]esides, nothing

1142 Vergleiche *S. Weinert/C. Schwarz/S. Stein*, DB 2017, S. 737 (738).

1143 Vergleiche *M. A. Mayer*, GRUR 2011, S. 884 (887).

1144 Vergleiche *S. Rasch*, in: FS Heinz-Klaus Kroppen, 2020, S. 325 (343, 346).

1145 COM(2016) 198 final, S. 9, 18; *S. Grotherr*, IWB 2016, S. 892 (895).

1146 In diese Richtung auch *S. Grotherr*, IWB 2016, S. 892 (895).

1147 COM(2016) 198 final, S. 9: „im Internet zur Verfügung gestellt“; *H. Kleinmanns*, StuB 2016, S. 547 (549).

1148 Siehe hierzu *S. Grotherr*, IWB 2016, S. 854 (862).

1149 COM(2016) 198 final, S. 12, Erwägungsgrund 8.

would prevent multinational companies from providing additional information to complement these figures."[1150]

Die Gesamtschau ermöglicht damit tief gehende Einblicke in Geschäftsgeheimnisse.[1151]

3. Offenlegung von Jahresabschlüssen

Bisweilen findet sich im steuerrechtlichen Schrifttum die Meinung, es sei alles in allem wohl nicht zu befürchten, dass der Ertragsteuerinformationsbericht „tiefe Einblicke in die Geschäftsstruktur eines Unternehmens geben" könne.[1152] Hierzu wird näher ausgeführt, dass die Daten des Ertragsteuerinformationsberichts „in vielen Fällen [...] nicht wesentlich über die bereits ohnehin in den Einzel- und Konzernabschlüssen der multinationalen Unternehmensgruppen veröffentlichten Informationen hinausgehen".[1153] Die steuerlichen Informationen fußten auf den Daten der Jahresabschlüsse der Unternehmen, die jedoch sowieso in Unternehmensregistern zu veröffentlichen seien.[1154] Die Daten des Ertragsteuerinformationsberichts seien also „im Grundsatz nur eine tabellarische Zusammenfassung von ohnehin bereits öffentlich zugänglichen Unternehmensdaten".[1155]

Fraglich ist, ob dieser Standpunkt wirklich stichhaltig ist. Es will nicht überzeugen, wenn man meint, der Ertragsteuerinformationsbericht ermögliche keine tief gehenden Einblicke in die Unternehmensstruktur, nur weil die Daten des Ertragsteuerinformationsberichts im Grundsatz auch in anderen steuerlichen und unternehmensbezogenen Veröffentlichungsformaten enthalten seien.[1156] Der Ertragsteuerinformationsbericht geht in seiner ertragsteuerlichen Detailtiefe weit über die des Jahresabschlusses hinaus.[1157] Insbesondere erfolgt im Jahresabschluss keine Auflistung nach Steuerhoheitsgebieten. Der Jahresabschluss und der Ertragsteuerinformationsbericht unterscheiden sich inhaltlich.[1158]

Darüber hinaus überzeugt auch das Argument bezüglich der Daten der ohnehin veröffentlichten Jahresabschlüsse aus einem anderen Grund nicht wirklich. Aus der unternehmerischen Praxis ist zu erfahren, dass die Erstellung des

---

1150 https://ec.europa.eu/commission/presscorner/detail/de/MEMO_16_1351 (letzter Aufruf: 31.3.2022).

1151 So wohl auch *S. Rasch*, in: FS Heinz-Klaus Kroppen, 2020, S. 325 (343).

1152 *V. Wöhrer* SWI 2017, S. 25 (32).

1153 *V. Wöhrer* SWI 2017, S. 25 (32).

1154 COM(2016) 198 final, S. 6.

1155 *S. Grotherr*, IWB 2016, S. 892 (897 f.).

1156 So aber wohl *S. Grotherr*, IWB 2016, S. 892 (897 f.); *V. Wöhrer* SWI 2017, S. 25 (32).

1157 *A. Rust/D. W. Blum*, Grundrechteschutz im Steuerrecht, 2018, S. 87; *A. Langer*, Die Grenzen des Country-by-Country Reportings, 2019, S. 282.

1158 Vergleiche hierzu *A. Rust/D. W. Blum*, Grundrechteschutz im Steuerrecht, 2018, S. 87; *A. Langer*, Die Grenzen des Country-by-Country Reportings, 2019, S. 282.

Country-by-Country Reports große Probleme in der Datenerhebung mit sich bringt.[1159] Es kann nicht ganz nachvollzogen werden, wie es dann aber sein kann, dass es derartige Erhebungsprobleme gibt, wo doch die Daten des Ertragsteuerinformationsberichts – und damit letztlich auch die Daten des Country-by-Country Reportings, auf denen der Ertragsteuerinformationsbericht konzeptionell beruht – „nicht wesentlich" über das hinausgehen sollen, was ohnehin in den Jahresabschlüssen veröffentlicht wird.[1160] Die Praxis hat gezeigt, dass nicht einfach auf die Jahresabschlüsse zurückgegriffen werden kann, um das Datenmaterial für das Country-by-Country Reporting zu erhalten.[1161] Die Daten unterscheiden sich und müssen extra für das Country-by-Country Reporting erhoben werden.[1162] So meint etwa auch die Ökonomin *Michelle Hanlon*: „CbC data would not necessarily, or even typically, be maintained by MNEs prior to CbCR."[1163]

Und in der Tat ist es so, dass der Jahresabschluss im Gegensatz zum Ertragsteuerinformationsbericht nicht die Informationstiefe hinsichtlich der Umsatz- und der Ertragsteuersituation des Unternehmens aufweist. Der Informationsgehalt des Ertragsteuerinformationsberichts geht also an entscheidenden Stellen „sowohl qualitativ als auch quantitativ" über den des Jahresabschlusses hinaus.[1164] Vor allem aber kennt der Jahresabschluss keine Aufschlüsselung nach Steuerhoheitsgebieten. In dieser Aufschlüsselung liegt jedoch der eigentliche „zusätzliche Informationsgehalt" des Ertragsteuerinformationsberichts.[1165] Anders als der Jahresabschluss, der im Ganzen doch recht sperrig zu lesen und nur mit Mühe auszuwerten ist,[1166] sind die Steuerdaten des Ertragsteuerinformationsberichts überdies „übersichtlich zusammengefasst".[1167] Bei den Daten des Ertragsteuerinformationsberichts handelt es sich um speziell aufgearbeitete und zusammengestellte Informationen,

---

1159 *B.-P. Bier/T. O. Voß*, IStR 2017, S. 393 (396); *K. Mank/P. Salihu*, IWB 2017, S. 902 (902 ff.); *S. Henseler*, IWB 2018, S. 183 (183 ff.); *A. Frey*, in: Andreas Sinz/Holger Kahle (Hrsg.), Brennpunkt Verrechnungspreise, 2019, S. 213 (224).

1160 *V. Wöhrer* SWI 2017, S. 25 (32).

1161 Vergleiche nur *K. Mank/P. Salihu*, IWB 2017, S. 902 (906); *C. Engelen/C. Heider*, DStR 2018, S. 2549 (2552 ff.).

1162 *K. Mank/P. Salihu*, IWB 2017, S. 902 (906); *C. Engelen/C. Heider*, DStR 2018, S. 2549 (2552 ff.).

1163 *M. Hanlon*, Bulletin for International Taxation 2018, S. 209 (212).

1164 *A. Rust/D. W. Blum*, Grundrechteschutz im Steuerrecht, 2018, S. 87; so auch *S. Wakounig*, in: Michael Lang/Peter Haunold (Hrsg.), Transparenz und Informationsaustausch, 2017, S. 29 (42).

1165 Treffend *V. Wöhrer*, SWI 2017, S. 25 (33).

1166 Siehe zu diesem Aspekt auch *G. R. Dowling*, Journal of Business Ethics 2014, S. 173 (177 f.).

1167 *S. Wakounig*, in: Michael Lang/Peter Haunold (Hrsg.), Transparenz und Informationsaustausch, 2017, S. 29 (42).

die vor allem die ertragsteuerliche Lage eines Unternehmensverbunds abbilden. Durch diese punktuelle und konzentrierte Darstellung von speziell aufbereiteten Steuerdaten kann die Öffentlichkeit die ertragsteuerliche Unternehmenslage sehr genau in den Blick nehmen. Es erfolgt quasi eine ertragsteuerliche Betrachtung des Unternehmens unter einem Brennglas. Dieses Transparenzniveau und diese Transparenzschärfe bietet ein Jahresabschluss für das Ertragsteuerrecht nicht.[1168]

Hinzu kommt, dass sich die Öffentlichkeit nicht erst Zugang zu bestimmten Unternehmensregistern verschaffen muss, um Steuerdaten über ein bestimmtes Unternehmen zu erhalten, sondern ganz einfach und bequem die Internetseite des jeweiligen Unternehmens aufrufen kann, auf der der Ertragsteuerinformationsbericht fünf Jahre lang angezeigt werden muss.[1169] Natürlich muss hier bedacht werden, dass nicht alle Unternehmen, die einen Jahresabschluss aufstellen müssen, auch einen Ertragsteuerinformationsbericht erstellen müssen. Insofern haben Jahresabschlüsse durchaus eine andere steuerinformatorische Breitenwirkung.

Damit kann alles in allem jedoch festgehalten werden, dass die Existenz von zu veröffentlichenden Jahresabschlüssen nichts an der Gefahr einer Preisgabe von Geschäftsgeheimnissen ändert, die von einem Ertragsteuerinformationsbericht für die berichtspflichtigen Unternehmen ausgeht.[1170]

4. Die einschlägigen Unionsgrundrechte

Vor diesem Hintergrund ist aus unionsgrundrechtlicher Sicht der Steuerdatenschutz von zentraler Bedeutung.[1171] Geschäftsgeheimnisse, die sich aus Steuerdaten ergeben, dürfen nicht an Wettbewerber weitergegeben werden.[1172] Sie sind besonders schutzwürdig.

a) Unionsrechtlicher Steuerdatenschutz

In der GRCh wird Datenschutz sowohl durch Art. 7 GRCh als auch durch Art. 8 GRCh garantiert.[1173] Während Art. 7 GRCh das Privat- und Familienleben des Grundrechtsträgers schützt, schützt Art. 8 GRCh dessen personenbezogene

---

1168 Vergleiche *A. Rust/D. W. Blum*, Grundrechteschutz im Steuerrecht, 2018, S. 87; *A. Langer*, Die Grenzen des Country-by-Country Reportings, 2019, S. 282.

1169 Vergleiche COM(2016) 198 final, S. 9, 18; *S. Grotherr*, IWB 2016, S. 892 (895).

1170 So wohl auch schon *B.-P. Bier/T. O. Voß*, IStR 2017, S. 393 (399).

1171 Zum Steuerdatenschutz ausführlich etwa *P. Kirchhof*, in: FS Klaus Tipke, 1995, S. 27 (27 ff.); *R. Seer*, in: FS Wienand Meilicke, 2010, S. 687 (687 ff.); *J. Lüdicke*, in: FS Jürgen Lüdicke, 2019, S. 451 (451 ff.). Siehe auch *V. Wöhrer*, Data Protection and Taxpayers' Rights: Challenges Created by Automatic Exchange of Information, 2018.

1172 *J. Kokott*, Das Steuerrecht der Europäischen Union, 2018, § 4 Rn. 20.

1173 *V. Wöhrer*, TPI 2017, S. 1 (4); siehe ausführlich zum unionsgrundrechtlichen Datenschutz *R. Seer*, DStJG 42 (2019), S. 247 (253 ff.).

Daten.[1174] Der EuGH nimmt zwischen beiden Artikeln offenbar Idealkonkurrenz[1175] an und prüft in Datenschutzfragen sowohl Art. 7 GRCh als auch Art. 8 GRCh.[1176] Handelt es sich um personenbezogene Daten, die einen Bezug zum Privat- oder Familienleben aufweisen, so wird man in der Tat von einer Idealkonkurrenz[1177] ausgehen können. Die Privatsphäre des Art. 7 GRCh und die Personenbezogenheit des Art. 8 GRCh verstärken sich dann gegenseitig.[1178] Zu Recht wird dabei jedoch angemerkt, dass diese Verstärkung nur bei einem Bezug zum besonders schutzwürdigen Privatleben des Grundrechtsträgers angezeigt sein kann.[1179] Grundsätzlich ist bei personenbezogenen Daten nämlich allein Art. 8 GRCh maßgeblich. Art. 8 GRCh ist damit das eigentliche und umfassende Datenschutzgrundrecht der GRCh. In der Literatur wird Art. 8 GRCh deshalb in datenschutzrechtlichen Fällen auch generell als lex specialis zu Art. 7 GRCh angesehen.[1180] Da unter personenbezogenen Daten alle Daten über eine bestimmte Person zu verstehen sind, werden auch Steuerdaten und sonstige unternehmensbezogene Daten umfassend von Art. 8 GRCh geschützt.[1181]

Vom Ertragsteuerinformationsbericht werden ausschließlich steuerrelevante Daten von Unternehmen erfasst. Unzweifelhaft sind diese Daten daher von Art. 8 GRCh geschützt.[1182] Fraglich ist jedoch, ob die Daten auch von Art. 7 GRCh geschützt werden. Im steuerrechtlichen Schrifttum wird dies bisweilen unter Zuhilfenahme einer weiten Auslegung des Begriffs des Privatlebens bejaht.[1183] Dies kann jedoch aus systematischer Sicht nicht überzeugen. Wenn nämlich tatsächlich auch berufliche und steuerliche Daten von Art. 7 GRCh erfasst würden, gäbe es für Art. 8 GRCh keinen eigenen Anwendungsbereich mehr.

Überdies verfolgt Art. 7 GRCh mit den Schutzgütern Familien- und Privatleben, Wohnung und Kommunikation eine andere Stoßrichtung als Art. 8 GRCh, der

---

1174 *A. Skupien*, Der länderbezogene Bericht des § 138a AO, 2020, S. 131.

1175 *S. Hunzinger/T. Sassenberg*, CR 2019, S. 188 (191).

1176 EuGH v. 9.11.2010, C-92/09, C-93/09, ECLI:EU:C:2010:662, Rn. 47, 52 – Schecke/Eifert; EuGH v. 8.4.2014, C-293/12 und C-594/12, ECLI:EU:C:2014:238, Rn. 29 – Digital Rights Ireland Ltd/Seitlinger.

1177 *S. Hunzinger/T. Sassenberg*, CR 2019, S. 188 (191).

1178 Vergleiche *H. D. Jarass*, GRCh, 4. Auflage 2021, Art. 8 Rn. 4.

1179 *H. D. Jarass*, GRCh, 4. Auflage 2021, Art. 8 Rn. 4.

1180 So etwa *N. Bernsdorff*, in: Jürgen Meyer/Sven Hölscheidt (Hrsg.), Charta der Grundrechte der EU, 5. Auflage 2019, Art. 8 Rn. 13; *H. A. Wolff*, in: Matthias Pechstein/Carsten Nowak/Ulrich Häde (Hrsg.), Frankfurter Kommentar, 2017, Art. 8 GRCh Rn. 3; *J. Kokott*, Das Steuerrecht der Europäischen Union, 2018, § 4 Rn. 17.

1181 *J. Kokott*, Das Steuerrecht der Europäischen Union, 2018, § 4 Rn. 20.

1182 Vergleiche *V. Wöhrer*, SWI 2017, S. 25 (31).

1183 So etwa *S. Wakounig*, in: Michael Lang/Peter Haunold (Hrsg.), Transparenz und Informationsaustausch, 2017, S. 29 (44).

seinerseits ausdrücklich und ausschließlich personenbezogene Daten schützt. Dem Schutzbereich des Art. 7 GRCh können also über eine weite Auslegung des Privatlebens nicht zusätzlich noch sämtliche (steuerliche) Daten zugeordnet werden.[1184] Selbstverständlich ist Art. 7 GRCh im Besteuerungsverfahren zu beachten. So wird treffend ausgeführt, dass Ermittlungsmaßnahmen der Steuerbehörden etwa den Schutz der Wohnung und der Privatsphäre verletzen können.[1185] Art. 7 GRCh bietet damit unter Umständen zwar Schutz vor einer willkürlichen Datensammlung im Besteuerungsverfahren, nicht jedoch für die Steuerdaten als solche.[1186] Steuerdaten als solche schützt allein Art. 8 GRCh.[1187] Daher sind die im Ertragsteuerinformationsbericht preiszugebenden Daten nicht von Art. 7 GRCh geschützt.

Allein Art. 8 GRCh schützt den Steuerpflichtigen vor einer Verarbeitung seiner Steuerdaten. Der Begriff der Verarbeitung ist weit zu verstehen und erfasst klassischerweise Fälle, in denen die Daten erhoben, gespeichert, verarbeitet oder verwendet werden.[1188] Dessen ungeachtet ist eine Verarbeitung aber auch dann gegeben, wenn Daten im Internet veröffentlicht werden.[1189] Eine Veröffentlichung steuerlicher Daten „in Druckerzeugnissen, elektronisch, auch im Rahmen eines Kurzmitteilungsdienstes ist daher ‚Verarbeitung personenbezogener Daten'" im Sinne des Art. 8 Abs. 2 GRCh.[1190] Der Ertragsteuerinformationsbericht sieht eine solche Veröffentlichung von Steuerdaten im Internet vor.

Das Besondere am Ertragsteuerinformationsbericht ist jedoch, dass es die berichtspflichtigen Unternehmen selbst sind, die die Daten ihres Ertragsteuerinformationsberichts auf ihrer eigenen Homepage veröffentlichen müssen.[1191] Die Veröffentlichung erfolgt damit gerade nicht unmittelbar durch einen Hoheitsträger. Nicht zuletzt auch aus diesem Grund ist etwa auch das internationale Steuergeheimnis aus Art. 26 Abs. 2 OECD-MA nicht einschlägig.[1192] Für einen Eingriff in Art. 8 GRCh kann es jedoch keinen Unterschied machen, ob einer Behörde eine Ermächtigungsgrundlage zur Veröffentlichung von Steuerdaten eingeräumt wird oder aber ob bestimmte Steuerpflichtige „aufgrund einer sie dazu verpflichtenden

---

1184 So wohl auch *J. Kokott*, Das Steuerrecht der Europäischen Union, 2018, § 4 Rn. 17.

1185 *J. Kokott*, Das Steuerrecht der Europäischen Union, 2018, § 4 Rn. 10.

1186 Vergleiche *J. Kokott*, Das Steuerrecht der Europäischen Union, 2018, § 4 Rn. 9ff.

1187 Vergleiche *J. Kokott*, Das Steuerrecht der Europäischen Union, 2018, § 4 Rn. 13, 20, 23f.

1188 Vergleiche *J. Kokott*, Das Steuerrecht der Europäischen Union, 2018, § 4 Rn. 22.

1189 *H. D. Jarass*, GRCh, 4. Auflage 2021, Art. 8 Rn. 9.

1190 *J. Kokott*, Das Steuerrecht der Europäischen Union, 2018, § 4 Rn. 24.

1191 *H. Kleinmanns*, StuB 2016, S. 547 (549).

1192 Siehe zum internationalen Steuergeheimnis im Kontext des länderbezogenen Berichts *A. Langer*, Die Grenzen des Country-by-Country Reportings, 2019, S. 109ff.

Rechtsgrundlage" Steuerdaten veröffentlichen müssen.[1193] In Art. 8 GRCh wird generell eingegriffen, „wenn den Grundrechtsträger belastende Regelungen zu persönlichen Daten erlassen werden".[1194] Die mit dem Ertragsteuerinformationsbericht einhergehende Veröffentlichungspflicht von Steuerdaten stellt damit einen unmittelbaren Eingriff in Art. 8 GRCh dar.[1195]

b) Unionsrechtlicher Geschäftsgeheimnisschutz

Wie oben dargelegt, kommt Daten eines Unternehmens über dessen steuerliche Verhältnisse überdies die Besonderheit zu, dass sie schutzwürdige Geschäftsgeheimnisse darstellen.[1196] Steuerdaten sind also nicht bloß personenbezogene Daten im Sinne des Art. 8 GRCh.[1197] Geschäftsgeheimnisse werden von der in Art. 17 GRCh enthaltenen Eigentumsfreiheit geschützt.[1198] Dabei muss beachtet werden, dass Art. 17 GRCh gerade nicht – und insofern anders als Art. 8 GRCh – die Daten als solche schützt, sondern nur das in den Daten enthaltene Geschäftsgeheimnis. Weil mit der Preisgabe der Unternehmens- und Steuerdaten des Ertragsteuerinformationsberichts automatisch auch Geschäftsgeheimnisse preisgegeben werden müssen, greift der Ertragsteuerinformationsbericht auch unmittelbar in die Eigentumsfreiheit des Art. 17 GRCh ein.[1199]

Auch Art. 16 GRCh kann Geschäftsgeheimnisse schützen.[1200] Erst kürzlich hat der EuGH in der Rechtssache *Kommission/Deutschland* eine Offenlegungspflicht von Gewinnmargen gegenüber Kunden auch an Art. 16 GRCh gemessen.[1201] In der konkreten Rechtssache wurde vom EuGH zwar insgesamt keine Verletzung des Grundrechts angenommen. Der EuGH zog gleichwohl in Betracht, dass bereits

1193 Treffend *S. Wakounig*, in: Michael Lang/Peter Haunold (Hrsg.), Transparenz und Informationsaustausch, 2017, S. 29 (45).

1194 *H. D. Jarass/M. Kment*, EU-Grundrechte, 2. Auflage 2019, § 13 Rn. 7 (Hervorhebung im Original).

1195 Vergleiche *A. Langer*, Die Grenzen des Country-by-Country Reportings, 2019, S. 232 ff.

1196 Vergleiche *U. Krömker*, in: Otto-Gerd Lippross/Wolfgang Seibel (Hrsg.), Basiskommentar Steuerrecht, § 30 AO Rn. 6 (April 2016).

1197 Siehe zum Verhältnis von Steuerdaten und Geschäftsgeheimnissen *J. Kokott*, Das Steuerrecht der Europäischen Union, 2018, § 4 Rn. 20.

1198 *H. D. Jarass*, GRCh, 4. Auflage 2021, Art. 17 Rn. 10.

1199 So wohl auch *S. Wakounig*, in: Michael Lang/Peter Haunold (Hrsg.), Transparenz und Informationsaustausch, 2017, S. 29 (43); *V. Wöhrer*, TPI 2017, S. 1 (5). Vergleiche auch *A. Langer*, Die Grenzen des Country-by-Country Reportings, 2019, S. 237.

1200 *F. Wollenschläger*, in: Hans von der Groeben/Jürgen Schwarze/Armin Hatje (Hrsg.), Europäisches Unionsrecht, 7. Auflage 2015, Art. 16 GRCh Rn. 8.

1201 EuGH v. 8.2.2018, C-380/16, ECLI:EU:C:2018:76, Rn. 62 ff. – Kommission/Deutschland.

die Veröffentlichung gegenüber den letztlich überschaubaren Kunden eines Reisebüros einen Eingriff in Art. 16 GRCh darstellte.[1202] Zu Recht wird im steuerrechtlichen Schrifttum darauf hingewiesen, dass angesichts dessen „umso mehr bei Veröffentlichung umfassender Umsatzangaben sowie zu zahlender oder gezahlter Steuern gegenüber der breiten Öffentlichkeit von einem Eingriff in den Schutzbereich der unternehmerischen Freiheit [...] auszugehen [ist]".[1203] Ein Eingriff in Art. 16 GRCh liegt damit vor.

II. Der Schutz vor Wettbewerbsnachteilen

Eine mögliche Folge der öffentlichen Zugänglichkeit zu sensiblen Unternehmensinformationen können Wettbewerbsnachteile der berichtspflichtigen Unternehmen sein.[1204]

1. Wettbewerbsnachteile im Verhältnis zu Konkurrenten

Gerade bei einer allgemeinen Zugänglichkeit zu an sich geheimen Unternehmensinformationen besteht die Gefahr, dass sich die Wettbewerbsposition der Konkurrenz verbessert,[1205] da sie die Informationen bei ihrer eigenen wirtschaftlichen Planung berücksichtigen und eingedenk eines Geheimnisses eines Konkurrenten neue Wettbewerbsstrategien ausarbeiten kann. Ein Unternehmen, das öffentlich Steuerdaten und andere Geschäftsgeheimnisse preisgeben muss, wird im Wettbewerb mit anderen Unternehmen daher grundsätzlich wirtschaftliche Nachteile erleiden.[1206] Die größte Gefahr für Wettbewerbsnachteile der berichtspflichtigen Unternehmensgruppen besteht in dem Umstand, dass Wettbewerber auf der Grundlage der tabellarischen Darstellung der einzelnen Informationskategorien des Ertragsteuerinformationsberichts die Unternehmensstruktur der Unternehmensgruppe nachvollziehen können.[1207] Es ist gerade das Geflecht aus den pro

1202 EuGH v. 8.2.2018, C-380/16, ECLI:EU:C:2018:76, Rn. 66 – Kommission/Deutschland.

1203 *A. Langer*, Die Grenzen des Country-by-Country Reportings, 2019, S. 239.

1204 *V. Dutt/C. Spengel/H. Vay*, Der EU-Vorschlag zum Country-by-Country Reporting im Internet: Kosten, Nutzen, Konsequenzen, 2017, S. 20 ff.; siehe auch *J. Kokott*, Das Steuerrecht der Europäischen Union, 2018, § 4 Rn. 20: „Geschäftsgeheimnisse, die aus den Steuerdaten ableitbar sind, dürfen nicht an Konkurrenten geraten".

1205 *M. A. Mayer*, GRUR 2011, S. 884 (887).

1206 Vergleiche *H. Kleinmanns*, StuB 2016, S. 547 (552); *H. Baumhoff*, in: Jürgen Lüdicke (Hrsg.), Internationale Geschäftstätigkeiten in der Nach-BEPS-Welt, 2018, S. 97 (110); siehe auch *D. Lenter/J. Slemrod/D. Shackelford*, National Tax Journal 2003, S. 803 (823).

1207 Vergleiche *I. Hardeck/P. Wittenstein/L. Yoganathan*, BFuP 2015, S. 397 (406); *H. Weggenmann*, DB 2021, S. M4 (M5).

Steuerhoheitsgebiet anzugebenden Informationen über die Art der Tätigkeiten, den Umsatz und die ertragsteuerliche Situation, das Wettbewerber in die Lage versetzt, die Gewinnspannen der Unternehmensgruppe jedenfalls „überschlägig abschätzen" zu können.[1208] Darauf aufbauend können Konkurrenten dann eine Bewertung der Profitabilität und Rentabilität nicht nur der einzelnen Standorte, sondern gerade auch der Unternehmensgruppe als Ganzes vornehmen.[1209] Überdies können Profitabilität und Rentabilität unterschiedlicher Steuerhoheitsgebiete in Bezug auf bestimmte Geschäftstätigkeiten verglichen werden.

Auch können wirtschaftliche Relationen im Unternehmensverbund erkannt werden. So kann etwa allgemein nachvollzogen werden, in welchem Verhältnis Steuerlast und Gewinn, Geschäftstätigkeit und Mitarbeiterzahl pro Steuerhoheitsgebiet zum gesamten Unternehmensverbund stehen. Die Unternehmensgruppe kann darüber ganz systematisch analysiert werden.

Es wird für Konkurrenzunternehmen dabei vor allem interessant sein, zu erfahren, in welchen Steuerhoheitsgebieten welche Geschäftstätigkeit ausgeübt und wie viel Umsatz beziehungsweise wie viel Gewinn dadurch erwirtschaftet worden ist. Hierbei ist dann auch die tatsächliche Steuerlast von großem Interesse. Damit kann man nicht nur die einzelnen Geschäftstätigkeiten der Unternehmensgruppe pro Steuerhoheitsgebiet einer Kosten-Nutzen-Analyse zuführen, sondern zugleich auch Informationen über „Produktionsprozesse" erhalten.[1210] Hier besteht für das zur Veröffentlichung verpflichtete Unternehmen die große Gefahr, dass dessen Wirtschaftsstruktur und dessen Wertschöpfungsketten von Wettbewerbern nachgemacht werden können.[1211]

Es ist dabei nicht ausgeschlossen, dass von Wettbewerbern beauftragte große Steuerberatungs- und Wirtschaftsprüfungsgesellschaften die Steuerstrategien eines zur Veröffentlichung verpflichteten Unternehmens analysieren und für das Konkurrenzunternehmen fruchtbar machen. Durch den Ertragsteuerinformationsbericht werden also durchaus auch das wirtschaftliche und das steuerliche Interesse der berichtspflichtigen Unternehmensgruppe, Steuergestaltungen zu entwickeln sowie deren steuerliche Vorteile ausschließlich selbst nutzen zu können, berührt.[1212]

1208 *S. Grotherr*, DB 2017, S. 330 (335).

1209 *I. Hardeck/P. Wittenstein/L. Yoganathan*, BFuP 2015, S. 397 (406 f.); *S.-E. Bärsch/C. Engelen/N. Färber*, DB 2016, S. 972 (976); *S. Grotherr*, DB 2017, S. 330 (335); *V. Wöhrer*, SWI 2017, S. 25 (34); vergleiche auch *A. Langer*, Die Grenzen des Country-by-Country Reportings, 2019, S. 147 f.

1210 *V. Dutt/C. Spengel/H. Vay*, Der EU-Vorschlag zum Country-by-Country Reporting im Internet: Kosten, Nutzen, Konsequenzen, 2017, S. 20.

1211 *R. Kirchdörfer*, EuZW 2017, S. 705 (706); *U. Schreiber/J. Voget*, StuW 2017, S. 145 (153).

1212 Siehe hierzu auch SWD(2016) 117 final, S. 116.

Insbesondere ermöglicht der Ertragsteuerinformationsbericht auch eine Einschätzung der „Markterschließungspotentiale".[1213] Konkurrenten können aus wirtschaftlichen Fehlern und Misserfolgen des berichtspflichtigen Unternehmens lernen. Erleichtert wird dies durch die fünfjährige Veröffentlichungspflicht der Ertragsteuerinformationsberichte. Darüber können Konkurrenten steuerliche und wirtschaftliche Entwicklungen nachverfolgen sowie Erfolge und Misserfolge vergleichsweise gut ausmachen und auswerten. Wettbewerber können also aus wirtschaftlichen Schwächen und Stärken des berichtspflichtigen Unternehmens lernen und ihre eigene Unternehmenspolitik daran anpassen. Dabei können in der Vergangenheit gemachte wirtschaftliche Fehler vermieden werden.

Wenn man dem Ertragsteuerinformationsbericht beispielsweise die Information entnehmen könnte, „dass eine Unternehmensgruppe in einem Land hauptsächlich im Bereich der Forschung und Entwicklung tätig ist, 50 Mitarbeiter beschäftigt und einen jährlichen Gewinn iHv 100.000 Euro erwirtschaftet"[1214], so können Konkurrenten daraus Schlüsse für die eigene unternehmerische Tätigkeit ziehen und ihre eigene Forschungs- und Entwicklungstätigkeit genauso oder aber auch anders aufstellen. Entscheidend ist, dass den Konkurrenzunternehmen über den Ertragsteuerinformationsbericht steuerliche und wirtschaftliche Referenzgrößen der Konkurrenz zur Verfügung gestellt werden, anhand derer sie ihr eigenes Wirtschaften ausrichten und messen können. Dabei sind die Schlüsse aus dem öffentlichen Ertragsteuerinformationsbericht natürlich umso genauer, je weniger aggregiert die Daten sind.[1215] Die Erkenntnisse des Ertragsteuerinformationsberichts des Konkurrenten werden in jeglicher Beziehung zur Steigerung der eigenen unternehmerischen Effizienz genutzt.[1216]

Aufgrund all dieser Umstände ist die Preisgabe von Geschäftsgeheimnissen gerade mit Blick auf das Interesse an unternehmerischer Freiheit nicht unproblematisch.[1217] Das rein eigennützige Ziehen von wirtschaftlichen Vorteilen aus der Veröffentlichungspflicht von Konkurrenzunternehmen ist unter dem Gesichtspunkt eines unbeeinflussten globalen Wettbewerbs das eigentliche Problem.[1218]

Letztlich ist die Wettbewerbsverzerrung aber bereits im Kern des öffentlichen Ertragsteuerinformationsberichts angelegt. Zum einen werden über den Schwellenwert nur bestimmte Unternehmen in die Veröffentlichungspflicht genommen, zum

---

1213 *V. Dutt/C. Spengel/H. Vay*, FUS 2017, S. 177 (178).

1214 Fallbeispiel entnommen aus *V. Wöhrer*, SWI 2017, S. 25 (33).

1215 Vergleiche *V. Wöhrer*, Data Protection and Taxpayers' Rights: Challenges Created by Automatic Exchange of Information, 2018, S. 158.

1216 *V. Dutt/C. Spengel/H. Vay*, Der EU-Vorschlag zum Country-by-Country Reporting im Internet: Kosten, Nutzen, Konsequenzen, 2017, S. 20.

1217 Das räumt selbst die Europäische Kommission ein: SWD(2016) 117 final, S. 116.

1218 Siehe zu diesem Aspekt auch *M. Hasegawa/J. L. Hoopes/R. Ishida/J. Slemrod*, National Tax Journal 2013, S. 571 (574).

anderen – und das ist das eigentliche Problem – ist die Verpflichtung zur Erstellung des Ertragsteuerinformationsberichts auf die Europäische Union beschränkt.[1219] Die Wettbewerbsverzerrung beruht im Grunde also schon auf dem Umstand, dass „nur bestimmte Unternehmen" ausschließlich „in bestimmten Staaten" ihre Steuerdaten veröffentlichen müssen.[1220] Bereits „dies führt zu Wettbewerbsnachteilen gegenüber Unternehmen, die diesen erhöhten Offenlegungspflichten [...] nicht unterliegen".[1221] Daraus folgt, dass – sofern ein Ertragsteuerinformationsbericht als Richtlinie nur in der Europäischen Union eingeführt wird – die in der Europäischen Union ansässigen und also von dieser Richtlinie betroffenen Unternehmen Wettbewerbsnachteile in Beziehung zu allen ausschließlich in Drittstaaten ansässigen Unternehmen erleiden.[1222] Gewisse Konkurrenzunternehmen werden also von der Berichtspflicht verschont.[1223] Die Ansässigkeit in der Europäischen Union wird damit zu einem wirtschaftlichen Makel. Dies kann auf einer ganz anderen Wettbewerbsebene „Standortnachteile für die [Europäische Union] als Wirtschaftsraum" mit sich bringen.[1224]

Unabhängig von Fällen, in denen Konkurrenzunternehmen ausschließlich in Drittstaaten ansässig sind, können sich Wettbewerbsnachteile auch in den Fällen ergeben, in denen gerade nicht die Muttergesellschaft, sondern lediglich eine Unternehmenstochter in der Europäischen Union ansässig ist. Der Vorschlag der Europäischen Kommission sieht für diese Fälle zwar vor, dass das Tochterunternehmen den Ertragsteuerinformationsbericht des im EU-Ausland ansässigen Mutterunternehmens veröffentlicht.[1225] Wie aber ein Tochterunternehmen die

---

1219 Siehe hierzu etwa *H. Kleinmanns*, StuB 2016, S. 547 (552); *V. Dutt/C. Spengel/H. Vay*, FUS 2017, S. 177 (178); *V. Dutt/C. Spengel/H. Vay*, Der EU-Vorschlag zum Country-by-Country Reporting im Internet: Kosten, Nutzen, Konsequenzen, 2017, S. 23.

1220 So der Idee nach auch *I. Schlie/C. Malke*, DB 2013, S. 2467 (2469); siehe auch *D. Lenter/J. Slemrod/D. Shackelford*, National Tax Journal 2003, S. 803 (827).

1221 *I. Schlie/C. Malke*, DB 2013, S. 2467 (2469).

1222 *V. Dutt/C. Spengel/H. Vay*, Der EU-Vorschlag zum Country-by-Country Reporting im Internet: Kosten, Nutzen, Konsequenzen, 2017, S. 22; *V. Dutt/C. Spengel/H. Vay*, FUS 2017, S. 177 (178).

1223 So auch *J. Lüdicke/F. Salewski*, ISR 2017, S. 99 (101).

1224 Hellsichtig und ausführlich *V. Dutt/C. Spengel/H. Vay*, Der EU-Vorschlag zum Country-by-Country Reporting im Internet: Kosten, Nutzen, Konsequenzen, 2017, S. 23; siehe hierzu auch *H. Kleinmanns*, StuB 2016, S. 547 (552); *V. Dutt/C. Spengel/H. Vay*, FUS 2017, S. 177 (178).

1225 COM(2016) 198 final, S. 15: „Die Mitgliedstaaten verpflichten die in Artikel 3 Absätze 3 und 4 genannten mittleren und großen Tochterunternehmen, die ihren jeweiligen nationalen Rechtsvorschriften unterliegen und von einem obersten Mutterunternehmen kontrolliert werden, das konsolidierte Nettoumsatzerlöse von über 750 000 000 EUR aufweist und nicht den Rechtsvorschriften eines

benötigten Steuerdaten des gesamten Unternehmensverbunds erhalten soll, bleibt unklar.[1226] Dass etwa ein in Deutschland oder Frankreich ansässiges Tochterunternehmen einer amerikanischen oder chinesischen Muttergesellschaft Zugriff auf die Steuerdaten des Konzerns erhält, ist unwahrscheinlich.[1227] Im Zweifel ist doch eher davon auszugehen, dass sich Muttergesellschaften in Drittstaaten oder sogar in Steueroasen nicht sonderlich für europäische Unternehmens- und Steuertransparenz interessieren.[1228] In diesen Fällen steht es zu erwarten, dass der von der Tochter zu erstellende Ertragsteuerinformationsbericht ungenauer oder unvollständig ausfällt oder aber sich die Datensammlung des Tochterunternehmens über den Veröffentlichungsstichtag verschleppt. Ist hingegen eine Muttergesellschaft in der Europäischen Union ansässig, stellen sich diese Datenerhebungsprobleme nicht.[1229]

Wettbewerbsverzerrungen können nun eintreten, wenn aufgrund der Datenerhebung „Nicht-EU-Konzerne die Ertragsteuerinformationen den berichtspflichtigen EU-ansässigen Konzernuntereinheiten vorenthalten, selbst jedoch durch die Offenlegung der Ertragsteuerinformationen der EU-Konzerne einen Einblick in deren Geschäftstätigkeiten und in die Outputdaten [...] erhalten".[1230] Die Ansässigkeit der Muttergesellschaft in der Europäischen Union ist damit vor diesem Hintergrund ein Wettbewerbsnachteil.

2. Die schwellenwertabhängige Veröffentlichungspflicht als Wettbewerbsfaktor

Gerade in den Fällen, in denen Veröffentlichungspflichten schwellenwertabhängig[1231] sind, spitzt sich der Wettbewerb zwischen Unternehmen zu. Hier werden veröffentlichungspflichtige Unternehmen doppelt herausgefordert: Zum einen müssen sie sich im ohnehin schon bestehenden und fortdauernden Wettbewerb

---

Mitgliedstaats unterliegt, alljährlich den Ertragsteuerinformationsbericht dieses obersten Mutterunternehmens zu veröffentlichen."

1226 Vergleiche *A. Steinegger*, Der Konzern 2016, S. 454 (458 f.); *S. Grotherr*, IWB 2016, S. 892 (898); *A. Skupien*, Der länderbezogene Bericht des § 138a AO, 2020, S. 75 ff.

1227 Angelehnt an *W. Schön*, IStR 2022, S. 181 (184).

1228 Vergleiche *W. Schön*, IStR 2022, S. 181 (184): „Die Europäische Union mutet ihren Unternehmen damit steuerbezogene Offenlegungspflichten zu, die in den USA, in der Schweiz, im Vereinigten Königreich oder in der Volksrepublik China niemand kennt."

1229 Vergleiche zum Ganzen *A. Skupien*, Der länderbezogene Bericht des § 138a AO, 2020, S. 75 ff.

1230 *S. Grotherr*, IWB 2016, S. 892 (898).

1231 Zur Ermittlung des Schwellenwerts *A. Skupien*, Der länderbezogene Bericht des § 138a AO, 2020, S. 95 ff.

mit den Konkurrenten behaupten, liefern nun aber aufgrund der Veröffentlichungen wichtige Unternehmensinformationen an die Konkurrenten. Zum anderen müssen die berichtspflichtigen Unternehmen nun auch mit Kontrollen und Sanktionen der Öffentlichkeit rechnen. Diese Doppelbelastung haben Unternehmen, die sich keiner öffentlichen Kontrolle aussetzen müssen, nicht.

Vor diesem Hintergrund verwundert es nicht, dass sich mittlerweile auf der Grundlage einer empirischen Untersuchung am Beispiel Japans belegen lässt, dass sich Unternehmen im Falle einer schwellenwertabhängigen Veröffentlichungspflicht von Steuerdaten unter Einsatz der verschiedensten Strategien unterhalb dieses Schwellenwerts bewegen wollen.[1232] Für Unternehmen gilt es daher, das Hineinrutschen in eine Melde-, Transparenz- oder Veröffentlichungspflicht nach Möglichkeit zu verhindern.[1233]

Keinesfalls sollte man sich dabei von dem Schwellenwert des Ertragsteuerinformationsberichts über die Größe der berichtspflichtigen Unternehmen täuschen lassen. In Deutschland liegen etwa „fast ausschließlich mittelständische Unternehmen in dem Bereich um einen Konzernumsatz von 750 Millionen Euro".[1234] Der Ertragsteuerinformationsbericht adressiert also mitnichten nur die milliardenschweren Konzerne.

Besonders verzerrt ist der Wettbewerb wegen des Schwellenwerts in Konstellationen, in denen Unternehmen nur knapp über, ihre direkten Konkurrenzunternehmen jedoch nur knapp unter dem Schwellenwert liegen.[1235] In diesem Fall sind die Unternehmen nicht nur „im selben Wirtschaftsraum ansässig", sondern auch „als Konkurrenten auf denselben Märkten tätig" und unterfallen „sogar einer vergleichbaren Größenklasse".[1236] Gleichwohl sind sie trotz aller Ähnlichkeiten und Gemeinsamkeiten gerade nicht beide der öffentlichen Kontrolle und dem öffentlichen Druck ausgesetzt.[1237] Der mittelständische Unternehmensverbund, der knapp

---

1232 *M. Hasegawa/J. L. Hoopes/R. Ishida/J. Slemrod*, National Tax Journal 2013, S. 571 (602): „Our analysis of data from the Japanese disclosure regime suggests that, when there is a threshold for disclosure, a non-trivial number of both individual and corporate taxpayers whose tax liability would otherwise be close to the threshold will under-report so as to avoid disclosure [...]." Siehe hierzu auch *S. Grotherr/P. Wittenstein*, in: Patrick Velte et al. (Hrsg.), Rechnungslegung, Steuern, Corporate Governance, Wirtschaftsprüfung und Controlling, 2018, S. 167 (179).

1233 Vergleiche *J. Lüdicke*, in: FS Jürgen Lüdicke, 2019, S. 451 (465).

1234 *V. Dutt/C. Spengel/H. Vay*, Der EU-Vorschlag zum Country-by-Country Reporting im Internet: Kosten, Nutzen, Konsequenzen, 2017, S. 21.

1235 So auch *V. Dutt/C. Spengel/H. Vay*, FUS 2017, S. 177 (178).

1236 *V. Dutt/C. Spengel/H. Vay*, Der EU-Vorschlag zum Country-by-Country Reporting im Internet: Kosten, Nutzen, Konsequenzen, 2017, S. 21.

1237 Siehe einmal mehr *J. Lüdicke/F. Salewski*, ISR 2017, S. 99 (101): „Die Wettbewerbsfreiheit kann betroffen sein, zumal wenn die Pflicht sich nur auf bestimmte Unternehmen erstreckt, Konkurrenzunternehmen jedoch verschont bleiben."

über der Berichtsgrenze liegt, wird damit höchstwahrscheinlich die größten Wettbewerbsnachteile erleiden.

Und schließlich steht zu erwarten, dass die mit der Veröffentlichungspflicht einhergehende Gefahr der öffentlichen Kontrolle die Unternehmen auch deshalb nicht gleich stark treffen wird, weil sich die Öffentlichkeit aller Voraussicht nach vorrangig auf die Unternehmen konzentrieren wird, die sie kennt.[1238] Da die Öffentlichkeit oftmals Kunde von Dienstleistungen, Waren und Produkten bestimmter Konzerne ist, wird eine Kontrolle dieser Konzerne intensiver ausfallen als bei Unternehmen, die die Öffentlichkeit aus ihrem Alltag gar nicht kennt und zu denen sie keinerlei Bezug hat.[1239] Gerade solche Unternehmen, deren Kundenstamm ausschließlich aus anderen Unternehmen besteht, die also auf einem reinen B2B-Markt tätig sind, müssen im Falle einer öffentlichen Kontrolle der Unternehmensbesteuerung wohl „kein größeres Misstrauen ihrer Kunden befürchten" und dürften damit letztlich einer geringeren Kontrollintensität ausgesetzt sein.[1240] Wettbewerbsnachteile aufgrund einer öffentlichen Steuerkontrolle drohen daher vor allem den Unternehmen, die auf B2C-Märkten tätig sind.[1241]

Die mit einer Veröffentlichungspflicht von Steuerdaten einhergehenden Wettbewerbsnachteile lassen sich nur vermeiden, „wenn die Offenlegung weltweit und für alle [multinationalen Unternehmen] gilt" – oder aber natürlich für kein einziges.[1242] Festgehalten werden kann damit auf jeden Fall, dass schwellenwertabhängige Veröffentlichungspflichten ein Wettbewerbsfaktor sind.

3. Die einschlägigen Unionsgrundrechte

Mit dem Ertragsteuerinformationsbericht kann damit auch eine Beeinträchtigung der unternehmerischen Freiheit einhergehen, wie sie von Art. 16 GRCh geschützt wird.[1243] Als Abwehrrecht schützt Art. 16 GRCh die „individuelle ökonomische Entfaltung sowie den freien Wettbewerb vor unverhältnismäßigen Eingriffen der öffentlichen Hand".[1244] Der Staat darf also grundsätzlich keine Hoheitsakte erlassen, die in unverhältnismäßiger Weise die Freiheit der wirtschaftlichen Betätigung beeinträchtigen oder aus denen sich in unverhältnismäßiger Weise für

1238 *V. Wöhrer*, SWI 2017, S. 25 (35).

1239 *V. Wöhrer*, SWI 2017, S. 25 (35).

1240 *V. Wöhrer*, SWI 2017, S. 25 (35); siehe auch *R. Pinkernell*, ifst-Schrift Nr. 494 (2014), S. 156.

1241 *R. Pinkernell*, ifst-Schrift Nr. 494 (2014), S. 156.

1242 *I. Schlie/C. Malke* DB 2013, S. 2467 (2469).

1243 *V. Wöhrer*, TPI 2017, S. 1 (4).

1244 *F. Wollenschläger*, EuZW 2015, S. 285 (285).

gewisse Marktteilnehmer gegenüber ihren Konkurrenten Wettbewerbsnachteile ergeben.[1245]

Der EuGH stellt keine gesteigerten Anforderungen an einen Eingriff in die unternehmerische Freiheit. In ständiger Rechtsprechung reicht es dem EuGH für die Annahme eines Eingriffs aus, wenn eine Vorschrift ihrem Adressaten „einen Zwang auf[erlegt], der die freie Nutzung der ihm zur Verfügung stehenden Ressourcen einschränkt, da sie ihn verpflichtet, Maßnahmen zu ergreifen, die für ihn unter Umständen mit erheblichen Kosten verbunden sind, beträchtliche Auswirkungen auf die Ausgestaltung seiner Tätigkeiten haben oder schwierige und komplexe technische Lösungen erfordern".[1246] Art. 16 GRCh kann also „einer Vielzahl von Eingriffen der öffentlichen Gewalt unterworfen werden, die im allgemeinen Interesse die Ausübung der wirtschaftlichen Tätigkeit beschränken können".[1247]

a) Unmittelbare Grundrechtseingriffe

aa) Berichtspflicht

Hier muss zunächst gesehen werden, dass es aufgrund der Veröffentlichungspflicht steuererheblicher Daten zu einer zwangsläufigen Verwendung von finanziellen, wirtschaftlichen und personellen Unternehmensressourcen kommt.[1248] Der Ertragsteuerinformationsbericht muss schließlich irgendwie und von irgendjemandem erstellt und veröffentlicht werden. Ob die Erstellung unternehmensintern erfolgt oder outgesourct wird, ist mit Blick auf die durch die Erstellungs- und Veröffentlichungspflicht des Ertragsteuerinformationsberichts zusätzlich geschaffene unternehmerische Belastung irrelevant. Wird der Ertragsteuerinformationsbericht konzernintern erstellt, so müssen dafür personelle Ressourcen abgestellt werden, die in dieser Zeit nichts anderes machen können, als für den Ertragsteuerinformationsbericht zu arbeiten, gleichwohl natürlich bezahlt werden müssen und also auch finanzielle Ressourcen des Konzerns verbrauchen. Wird die Erstellung outgesourct, fallen später Kosten für den fertigen Bericht an, die wiederum die finanziellen Ressourcen belasten. Mit der Erstellung des Ertragsteuerinformationsberichts geht daher in jedem Fall eine Belastung der unternehmerischen Ressourcen einher.

1245 Ausführlich zur unternehmerischen Freiheit *A. Rust/D. W. Blum*, Grundrechteschutz im Steuerrecht, 2018, S. 55 ff.

1246 EuGH v. 27.3.2014, C-314/12, ECLI:EU:C:2014:192, Rn. 50 – UPC Telekabel Wien GmbH; EuGH v. 30.6.2016, C-134/15, ECLI:EU:C:2016:498, Rn. 29 – Lidl GmbH & Co. KG.

1247 EuGH v. 17.10.2013, C-101/12, ECLI:EU:C:2013:661, Rn. 28 – Herbert Schaible.

1248 So auch *S. Wakounig*, in: Michael Lang/Peter Haunold (Hrsg.), Transparenz und Informationsaustausch, 2017, S. 29 (39); *A. Langer*, Die Grenzen des Country-by-Country Reportings, 2019, S. 237.

Die Belastungen der personellen und finanziellen Ressourcen werden dabei hoch sein. Dies wird daran liegen, dass die mit der Erstellung des länderbezogenen Berichts einhergehenden technischen Schwierigkeiten und Datenerhebungsprobleme[1249] aller Wahrscheinlichkeit nach auch bei der Erstellung des Ertragsteuerinformationsberichts auftreten werden. Zwar „dürfte davon auszugehen sein, dass bei den im Ertragsteuerinformationsbericht auszuweisenden Unternehmensdaten im Wesentlichen auf dieselben Daten wie im steuerlichen länderbezogenen Bericht zurückgegriffen werden kann, was für die berichtspflichtigen Konzernunternehmen mit gewissen Vereinfachungsaspekten verbunden wäre“.[1250] Gleichwohl sind die einzelnen Informationskategorien der beiden Berichte unterschiedlich zugeschnitten.[1251] So mag man vielleicht auf dieselben Rohdaten zugreifen, muss sie aber entsprechend den einzelnen Informationskategorien anders zusammenstellen. Dies gilt etwa für die Daten zu den Umsatzerlösen. Spätestens jedoch bei der Gesamtschilderung auf Gruppenebene im Ertragsteuerinformationsbericht kann nicht mehr auf die Daten des steuerlichen Berichts zurückgegriffen werden. Diese Informationskategorie fehlt im steuerlichen Country-by-Country Reporting nämlich.[1252] Hier müssen ganz eigene Erhebungsformen für die entsprechenden Daten entwickelt werden. Überdies sind „[d]ie berichtspflichtigen Konzernunternehmen [...] beim öffentlichen [...] und steuerlichen Country-by-Country Reporting nicht immer dieselben“.[1253] Eine pauschale Bezugnahme auf das steuerliche Country-by-Country Reporting verbietet sich daher für die Erstellung des Ertragsteuerinformationsberichts. Vielmehr bedarf eine Bezugnahme einer Einzelfallprüfung, die wiederum Ressourcen bindet.

Zu beachten ist generell auch, dass es sich beim Erstellen eines Ertragsteuerinformationsberichts nicht um eine bloß einmalige, sondern vielmehr um eine grundsätzlich alljährlich wiederkehrende Verpflichtung handelt.[1254] Unternehmensressourcen müssen also dauerhaft für die Erstellungspflicht frei gemacht oder geschaffen werden und werden dementsprechend auch dauerhaft gebunden. Dies

---

1249 Hierzu etwa *S. van der Ham/S. Tomson*, IWB 2015, S. 841 (848); *K. Mank/P. Salihu*, IWB 2017, S. 902 (906); siehe zum Problem der Verzerrung der Aussagekraft der Kennzahlen durch händische Datenerhebung auch *S. Grotherr*, Ubg 2016, S. 709 (712); *S. Grotherr*, DB 2017, S. 263 (263); *S. Henseler*, IWB 2018, S. 183 (187); *A. Frey*, in: Andreas Sinz/Holger Kahle (Hrsg.), Brennpunkt Verrechnungspreise, 2019, S. 213 (224).

1250 *S. Grotherr*, IWB 2016, S. 892 (903).

1251 Siehe die tabellarische Gegenüberstellung bei *S. Grotherr*, IWB 2016, S. 854 (861).

1252 Vergleiche *S. Grotherr*, IWB 2016, S. 854 (861).

1253 *S. Grotherr*, IWB 2016, S. 892 (903).

1254 Vergleiche die Ausführungen bei *S. Grotherr*, IWB 2016, S. 854 (857 f.) und hier insbesondere: „das abgelaufene Berichtsgeschäftsjahr“; siehe auch *S. Grotherr*, IWB 2016, S. 892 (895).

gilt nicht zuletzt auch für die Pflege der Internetseite, auf der der Ertragsteuerinformationsbericht veröffentlicht werden muss.

Weil die berichtspflichtigen Unternehmen einen Teil ihrer Ressourcen zwecks Erfüllung der Berichtspflicht zur Verfügung stellen müssen und diese Ressourcen damit nicht mehr frei für beliebige unternehmerische Aktivitäten eingesetzt werden können, führt bereits die bloße Erstellungspflicht des Ertragsteuerinformationsberichts zu einem Eingriff in die unternehmerische Freiheit.[1255]

All diese mit der Erstellungspflicht einhergehenden Beeinträchtigungen sind derart offensichtlich und greifbar, dass selbst die Europäische Kommission nicht umhinkommt, einzuräumen, dass mit der Berichtspflicht eine finanzielle und administrative Last einhergeht, die einen Eingriff in Art. 16 GRCh darstellt.[1256] Aufgrund der Tatsache, dass die Erstellungs- und Veröffentlichungspflicht des Ertragsteuerinformationsberichts die Freiheit, ein Unternehmen nach Belieben zu führen und über finanzielle, personelle und wirtschaftliche Ressourcen frei zu verfügen, direkt adressiert und einschränkt, handelt es sich um einen unmittelbaren Grundrechtseingriff in Art. 16 GRCh.[1257]

bb) Veröffentlichungspflicht und öffentliche Kontrolle

Als unmittelbare Grundrechtseingriffe gestalten sich auch die Veröffentlichungspflicht und die mit ihr erstrebte öffentliche Kontrolle. Wenn man weiß, dass man kontrolliert und überwacht wird, verhält man sich anders. Berichtspflichtige Unternehmen müssen nunmehr im Bewusstsein einer ständigen öffentlichen Kontrolle agieren. Unternehmerische Entscheidungen werden weniger frei und in gewissen Fällen wohl auch ganz anders als ursprünglich geplant getroffen werden. Vor allem kleinere berichtspflichtige Unternehmen werden ihre Steuerpolitik verstärkt nach dem Wohlwollen der kontrollierenden Öffentlichkeit ausrichten.[1258] Damit wird vor allem die von der unternehmerischen Freiheit erfasste Möglichkeit, Steuergestaltungen zu entwickeln und anzuwenden, beschnitten. Der darin liegende Eingriff in Art. 16 GRCh wird auch von der Europäischen Kommission gesehen.[1259]

1255 In diese Richtung wohl auch *A. Langer*, Die Grenzen des Country-by-Country Reportings, 2019, S. 237 f.

1256 SWD(2016) 117 final, S. 116.

1257 So auch *A. Langer*, Die Grenzen des Country-by-Country Reportings, 2019, S. 238.

1258 Vergleiche *U. Schreiber/L. M. Fell*, in: FS Dieter Endres, 2016, S. 387 (389) unter Bezug auf die Studie von *S. Chen/X. Chen/Q. Cheng/T. Shevlin*, Journal of Financial Economics 2010, S. 41 (41 ff.).

1259 SWD(2016) 117 final, S. 116.

b) Mittelbare Grundrechtseingriffe

In Bezug auf den Ertragsteuerinformationsbericht bereitet die genaue Bestimmung der in den Wettbewerbsnachteilen und den „shame sanctions“ enthaltenen Eingriffsart Schwierigkeiten. Dies liegt daran, dass der Ertragsteuerinformationsbericht an sich gar keinen Einfluss auf die unternehmerische Freiheit und den Wettbewerb nehmen will. Der Ertragsteuerinformationsbericht möchte als steuerliches Kontrollformat eine Kontrolle durch die Öffentlichkeit in der Unternehmensbesteuerung ermöglichen und für eine gerechte Besteuerung sorgen.[1260] Die Wettbewerbsnachteile, „naming and shaming“ sowie die damit einhergehende Beeinträchtigung der unternehmerischen Freiheit sind lediglich Folgen der Veröffentlichungspflicht. Sie sind nicht unmittelbar rechtlich bezweckt, sondern wirken faktisch. Sie sind der Veröffentlichungspflicht nachgelagerte Beeinträchtigungen.

aa) Zum mittelbaren Grundrechtseingriff im Unionsrecht

Die Behandlung des mittelbaren Grundrechtseingriffs in Art. 16 GRCh ist im europarechtlichen Schrifttum umstritten. Während einerseits vertreten wird, dass „ein weiter Eingriffsbegriff zugrunde zu legen [ist], der sowohl unmittelbare als auch mittelbare Eingriffe erfasst“,[1261] wird andererseits vertreten, dass bloß mittelbare beziehungsweise faktische Beeinträchtigungen keine Eingriffe seien.[1262]

Beide Haltungen sind zu kategorisch.[1263] Es kann nicht pauschal jede irgendwie geartete, noch so fernliegende nachteilige Auswirkung einer hoheitlichen Regelung auf die wirtschaftliche Freiheit als mittelbarer Grundrechtseingriff angesehen werden.[1264] Allein die Wettbewerbsintensivierung stellt noch keinen Grundrechtseingriff dar.[1265] In Fällen, in denen Nachteile für den Grundrechtsträger eher auf einer negativen wirtschaftlichen Entwicklung basieren und weniger auf dem eigentlichen hoheitlichen Verhalten eines Grundrechtsverpflichteten, verneint der EuGH daher entsprechende Grundrechtseingriffe.[1266]

1260 Vergleiche COM(2016) 198 final, S. 2.

1261 *J. Kühling*, in: Matthias Pechstein/Carsten Nowak/Ulrich Häde (Hrsg.), Frankfurter Kommentar, 2017, Art. 16 GRCh Rn. 12; siehe auch *L. Ohlendorf*, Grundrechte als Maßstab des Steuerrechts in der Europäischen Union, 2015, S. 87 f.

1262 So etwa *L. Shmatenko*, ZfRV 2014, S. 4 (13).

1263 In diese Richtung auch *F. Wollenschläger*, in: Hans von der Groeben/Jürgen Schwarze/Armin Hatje (Hrsg.), Europäisches Unionsrecht, 7. Auflage 2015, Art. 15 GRCh Rn. 28 f.

1264 Vergleiche *H. D. Jarass*, GRCh, 4. Auflage 2021, Art. 16 Rn. 14.

1265 *H. D. Jarass*, GRCh, 4. Auflage 2021, Art. 16 Rn. 14.

1266 Vergleiche EuGH v. 14.5.1974, C-4/73, ECLI:EU:C:1974:51, Rn. 15 – Nold; EuGH v. 6.12.1984, C-59/83, ECLI:EU:C:1984:380 Rn. 22 – Biovilac. Siehe auch *H. D. Jarass*, GRCh, 4. Auflage 2021, Art. 16 Rn. 14.

Zu fordern ist damit im Mindesten eine Beeinträchtigung, die kausal[1267] auf den Grundrechtsadressaten zurückzuführen und ihm als solchem auch zuzurechnen ist.[1268] Liegen Kausalität und Zurechnung vor, so kann auch eine mittelbare und rein faktische Beeinträchtigung einen Grundrechtseingriff darstellen.[1269] Dabei liegt ein mittelbarer Eingriff etwa dann vor, wenn die Auswirkungen der faktischen Beeinträchtigung von einem gewissen Gewicht sind.[1270]

Mit Bezug auf die Berufsfreiheit ist für den EuGH hierbei maßgeblich, ob eine „hinreichend direkte und bedeutsame Auswirkung" vorliegt.[1271] Diesen Maßstab wird man jedoch auch für die unternehmerische Freiheit zugrunde legen können.[1272] Um einen mittelbaren oder faktischen Eingriff handelt es sich auch dann, wenn sich die Beeinträchtigung durch Dritte am Ende als Notwendigkeit und System darstellt.[1273] So genügt es für die Annahme einer mittelbaren Beeinträchtigung, „wenn das Verhalten des grundrechtsgebundenen Hoheitsträgers nur über weitere Zwischenursachen, z. B. das Verhalten Dritter, zu einer Verkürzung des Schutzbereichs führt".[1274] Dies ist klassischerweise bei Informationstätigkeiten des Hoheitsträgers gegeben. Dass die Informationen nicht vom Hoheitsträger selbst bereitgestellt werden, schadet dabei nicht. Handelt es sich bei den Dritten um Private, so erfolgt die Beschränkung rein faktisch. Damit ist ein mittelbar-faktischer Grundrechtseingriff dann gegeben, wenn der ursprüngliche Hoheitsakt „nicht rechtsförmlich, sondern ‚kooperativ', ‚weich'" beziehungsweise „‚sanft' steuernd auf das Verhalten einer bestimmten Person oder Personengruppe oder Dritter einzuwirken trachtet".[1275]

1267 Hierzu etwa *F. Wollenschläger*, in: Hans von der Groeben/Jürgen Schwarze/Armin Hatje (Hrsg.), Europäisches Unionsrecht, 7. Auflage 2015, Art. 15 GRCh Rn. 29.

1268 Vergleiche *H. D. Jarass*, GRCh, 4. Auflage 2021, Art. 16 Rn. 14.

1269 Vergleiche *H. D. Jarass*, GRCh, 4. Auflage 2021, Art. 16 Rn. 14.

1270 *H. D. Jarass/M. Kment*, EU-Grundrechte, 2. Auflage 2019, § 6 Rn. 14; *H. D. Jarass*, GRCh, 4. Auflage 2021, Art. 52 Rn. 13.

1271 EuGH v. 23.9.2004, C-435/02 und C-103/03, ECLI:EU:C:2004:552, Rn. 49 – Axel Springer AG.

1272 Vergleiche etwa *F. Wollenschläger*, in: Hans von der Groeben/Jürgen Schwarze/Armin Hatje (Hrsg.), Europäisches Unionsrecht, 7. Auflage 2015, Art. 16 GRCh Rn. 10: „Aufgrund des einheitlichen Schutzes der beruflichen und unternehmerischen Betätigung gilt hinsichtlich Einschränkung und Rechtfertigung das zur Berufsfreiheit Ausgeführte."

1273 EuGH v. 28.4.1998, C-200/96, ECLI:EU:C:1998:172, Rn. 28 – Metronome Music/Music Point Hokamp.

1274 *P. Szczekalla*, in: F. Sebastian M. Heselhaus/Carsten Nowak (Hrsg.), Handbuch der Europäischen Grundrechte, 2006, § 7 Rn. 23 (Hervorhebung im Original).

1275 *P. Szczekalla*, in: F. Sebastian M. Heselhaus/Carsten Nowak (Hrsg.), Handbuch der Europäischen Grundrechte, 2006, § 7 Rn. 23 (Hervorhebung im Original).

bb) Wettbewerbsverzerrung

Wie oben gezeigt, hat eine Veröffentlichung von Steuerdaten in einem ganz beachtlichen Umfang das Potenzial, zu Wettbewerbsverzerrungen zu führen. Wettbewerbsnachteile können sich dabei direkt im Verhältnis zu Konkurrenzunternehmen ergeben. In der Rechtsprechung des EuGH findet sich gegenwärtig zwar noch keine Entscheidung bezüglich der Konformität einer Veröffentlichung von Steuerdaten mit Art. 16 GRCh. Allerdings hat das französische Verfassungsgericht, der *Conseil Constitutionnel*, bereits eine dem Ertragsteuerinformationsbericht vergleichbare französische Vorschrift, die unabhängig vom Vorschlag der Europäischen Kommission steuerliche Veröffentlichungen vorsah, als Eingriff in die unternehmerische Freiheit angesehen.[1276] Dabei hat es zwar die französischen Grundrechte zugrunde gelegt und keinen Bezug zu Art. 16 GRCh hergestellt. Nichtsdestoweniger begründet das französische Verfassungsgericht einen Eingriff in die Unternehmensfreiheit damit, dass Konkurrenten detaillierte Unternehmens- und Steuerdaten des zur Veröffentlichung verpflichteten Unternehmens erhalten und unternehmerische Strategien nachvollziehen können.[1277] Damit wird das berichtspflichtige Unternehmen, wie bereits oben ausgeführt, durch eine Veröffentlichungspflicht von Steuerdaten gegenüber Konkurrenten im Wettbewerb ganz erheblich geschwächt. Vor diesem Hintergrund scheint der Ertragsteuerinformationsbericht für die Industrie „völlig kontraproduktiv“.[1278] Die Wettbewerbsverzerrungen und Wettbewerbsnachteile stellen eine „hinreichend direkte und bedeutsame Auswirkung“[1279] des Ertragsteuerinformationsberichts auf die unternehmerische Freiheit dar.

Diese wirtschaftlichen Beeinträchtigungen sind der eigentlichen Veröffentlichungspflicht nachgelagert und gerade keine unmittelbaren Folgen. Vor diesem Hintergrund liegt daher lediglich ein mittelbarer Eingriff in Art. 16 GRCh vor.

cc) „Naming and shaming“

Schwieriger ist die Frage zu beantworten, ob auch „naming and shaming“ als mittelbarer Grundrechtseingriff angesehen werden kann. Auf den ersten Blick mag die Zurechenbarkeit von „naming and shaming“ zum Ertragsteuerinformationsbericht zweifelhaft sein. Der Ertragsteuerinformationsbericht wirkt von „naming and shaming“ abgekoppelt. Boykotte, Demonstrationen und Reputationsverluste von Unternehmen scheinen vom Ertragsteuerinformationsbericht nicht angedacht zu sein. Beim „naming and shaming“ könnte es sich also um eine dem Grundrechtsadressaten nicht mehr zurechenbare negative wirtschaftliche Entwicklung handeln.

1276 Conseil Constitutionnel Décision n° 2016-741 DC du 8.12.2016.

1277 Conseil Constitutionnel Décision n° 2016-741 DC du 8.12.2016, Rn. 103.

1278 *C. von der Hellen*, DB 2019, S. M4 (M5).

1279 EuGH v. 23.9.2004, C-435/02 und C-103/03, ECLI:EU:C:2004:552, Rn. 49 – Axel Springer AG.

Tatsächlich jedoch sind beide auf das Engste miteinander verbunden. Der Ertragsteuerinformationsbericht ermöglicht eine öffentliche Kontrolle und bereitet damit den Boden für öffentliches Sanktionieren in Form von Reputationseffekten, Stigmatisierungen und sonstigen „shame sanctions". Dadurch soll das unternehmerische Verhalten gelenkt werden.[1280] Wie bereits mehrfach betont, geht es bei der Veröffentlichung von Steuerdaten stets um eine Verhaltensbeeinflussung hin zu einem (vermeintlich) steuerfairen Verhalten. Die durch die öffentliche Kontrolle zu erwartende unternehmerische Verhaltensanpassung basiert gerade darauf, dass jeder Kontrolle entsprechende Sanktionen nachgelagert sind.

Der Ertragsteuerinformationsbericht reiht sich in das große Ziel der „Bekämpfung von Steuervermeidung und aggressiver Steuerplanung" der Europäischen Kommission ein.[1281] Diese Bekämpfung kann aber nur effektiv sein, wenn der Kontrolle Sanktionsmechanismen folgen. Die drohenden Sanktionen der Öffentlichkeit sind eine Notwendigkeit, um der öffentlichen Kontrolle überhaupt ihren Kontrollcharakter zu verleihen. Eine Kontrolle ohne die Möglichkeit zur Sanktion wird nicht ernst genommen. Bei genauerer Betrachtung nutzt der Ertragsteuerinformationsbericht die „präventive Wirkung von Reputationseffekten"[1282] und bedient sich damit der „Stigmatisierung [der Unternehmen] durch die breite Öffentlichkeit".[1283] Darin kann ein „faktischer Sanktionscharakter"[1284] gesehen werden.

Die in Form von „naming and shaming" auftretenden mittelbaren Beeinträchtigungen sind dem Grundrechtsadressaten zurechenbar. Da die mit der Kontrolle einhergehenden Beeinträchtigungen jedoch nicht unmittelbar mit der Veröffentlichungspflicht einhergehen, sondern vielmehr mögliche Folgen der Veröffentlichungspflicht sind, handelt es sich um einen mittelbaren Eingriff in Art. 16 GRCh.

c) Zwischenergebnis

Dass der Ertragsteuerinformationsbericht als Eingriff in die unternehmerische Freiheit anzusehen ist, ist daher zu Recht unbestritten.[1285]

1280 *V. Dutt/C. Spengel/H. Vay*, FUS 2017, S. 177 (178).

1281 COM(2016) 198 final, S. 2.

1282 BR-Drs. 31/1/19, S. 4; vergleiche *D. Lenter/J. Slemrod/D. Shackelford*, National Tax Journal 2003, S. 803 (827).

1283 *H. Baumhoff/D. Liebchen*, in: Jörg Manfred Mössner et al. (Hrsg.), Steuerrecht international tätiger Unternehmen, 5. Aufl. 2018, Rn. 4.592.

1284 *A. Gläßner*, Die Beschränkung des Vertriebs von Finanzprodukten, 2017, S. 317.

1285 *S. Wakounig*, in: Michael Lang/Peter Haunold (Hrsg.), Transparenz und Informationsaustausch, 2017, S. 29 (39); *V. Wöhrer*, TPI 2017, S. 1 (4); Siehe auch *H. Baumhoff*, in: Jürgen Lüdicke (Hrsg.), Internationale Geschäftstätigkeiten in der Nach-BEPS-Welt, 2018, S. 97 (110).

III. Die EU-Grundrechtsberechtigung der berichtspflichtigen Unternehmen

Bisher ist ungeklärt geblieben, ob die berichtspflichtigen Unternehmen überhaupt Träger dieser Grundrechte sein können. Berichtspflichtig können oberste Mutterunternehmen, konzernunverbundene Unternehmen, mittelgroße und große Tochterunternehmen sowie Zweigniederlassungen eines nicht in der Europäischen Union ansässigen Stammhauses sein.[1286] Für die Berichtspflicht ist damit der Unternehmenssitz in der Europäischen Union Voraussetzung.

Der Richtlinienvorschlag zur Einführung eines Ertragsteuerinformationsberichts und die Richtlinie (EU) 2021/2101 sprechen allgemein von Unternehmen. Grundsätzlich können sich Unternehmen rechtsformunabhängig auf die Grundrechte der GRCh berufen.[1287] Die GRCh ist also nicht bereits a priori für Unternehmen gesperrt. Auf welches Grundrecht sich ein Unternehmen letztlich jedoch im Einzelnen berufen kann, muss für jedes Grundrecht separat geprüft werden. Natürliche Personen können sich klassischerweise auf die Grundrechte der GRCh berufen.[1288] Hier muss im Einzelnen nicht zwischen den Grundrechten der GRCh differenziert werden.

1. Juristische Personen und Wirtschaftsgrundrechte

Ganz anders sieht es hingegen bei der Grundrechtsberechtigung juristischer Personen und anderer Personenvereinigungen aus. Hier ist im Einzelnen vieles umstritten. Dies liegt nicht zuletzt auch daran, dass der GRCh eine Art. 19 Abs. 3 GG vergleichbare Norm fehlt.[1289] Ähnlich wie in der deutschen Grundrechtsdogmatik[1290] ist aber auch in der Grundrechtsdogmatik der GRCh für eine Grundrechtsberechtigung juristischer Personen und Personenvereinigungen maßgeblich, ob das entsprechende Grundrecht seinem Wesen nach auf diese anwendbar ist.[1291] Insbesondere bei Unionsgrundrechten, die einen Bezug zur Menschenwürde aufweisen, ist eine Grundrechtsberechtigung juristischer Personen oder anderer

---

1286 COM(2016) 198 final, S. 15.

1287 *H. D. Jarass/M. Kment*, EU-Grundrechte, 2. Auflage 2019, § 4 Rn. 36; *H. D. Jarass*, GRCh, 4. Auflage 2021, Art. 51 Rn. 56.

1288 *H. D. Jarass/M. Kment*, EU-Grundrechte, 2. Auflage 2019, § 4 Rn. 29.

1289 *J. Schwarze*, EuZW 2001, S. 517 (518); *C. Nowak*, in: F. Sebastian M. Heselhaus/Carsten Nowak (Hrsg.), Handbuch der Europäischen Grundrechte, 2006, § 6 Rn. 13; *J. Kokott*, Das Steuerrecht der Europäischen Union, 2018, § 4 Rn. 5; *A. Skupien*, Der länderbezogene Bericht des § 138a AO, 2020, S. 131.

1290 Vergleiche *S. Rasch*, in: FS Heinz-Klaus Kroppen, 2020, S. 325 (341).

1291 *E. Pache*, in: Matthias Pechstein/Carsten Nowak/Ulrich Häde (Hrsg.), Frankfurter Kommentar, 2017, Art. 51 GRCh Rn. 8; *H. D. Jarass/M. Kment*, EU-Grundrechte, 2. Auflage 2019, § 4 Rn. 38.

Personenvereinigungen daher zu verneinen.[1292] Anders verhält es sich demgegenüber bei den Wirtschaftsgrundrechten der GRCh. Die Berufsfreiheit in Art. 15 GRCh, die unternehmerische Freiheit in Art. 16 GRCh und die Eigentumsfreiheit in Art. 17 GRCh gelten unzweifelhaft auch für juristische Personen und andere Personenvereinigungen.[1293] Die von der Erstellung eines Ertragsteuerinformationsberichts betroffenen Unternehmen sind also Träger der in Art. 16 und 17 GRCh niedergelegten europäischen Grundrechte.

2. Juristische Personen und der Schutz personenbezogener Daten

Grundlegend umstritten ist jedoch, ob sich juristische Personen und andere Personenvereinigungen auch auf den in Art. 8 GRCh enthaltenen Schutz personenbezogener Daten berufen können.[1294] In der Literatur wird von einer umfassenden Annahme bis zu einer kategorischen Ablehnung der Grundrechtsträgerschaft juristischer Personen beim Schutz personenbezogener Daten alles vertreten.[1295] Nach Auffassung des EuGH kommt es darauf an, ob „der Name der juristischen Person eine oder mehrere natürliche Personen bestimmt".[1296] Daraus folgt, dass eine Grundrechtsberechtigung nur dann vorliegt, wenn der Name der juristischen Person wenigstens teilweise auch der Name der dahinterstehenden natürlichen Person ist.[1297] Der Idee nach wird also durch die juristische Person auf die dahinterstehende natürliche Person zugegriffen. Gemäß dieser Rechtsprechung könnte sich etwa der Automobilhersteller *BMW* nicht auf Art. 8 GRCh berufen, wohl aber der Automobilhersteller *Porsche*.[1298] Dies liegt daran, dass die Firma *Porsche* auf eine natürliche Person, nämlich *Ferdinand Porsche*, zurückgeführt werden kann.

Daran offenbart sich, dass der EuGH am Ende nicht die juristische Person als solche, sondern allein die natürliche, namensgebende Person schützen möchte. Die juristische Person als solche ist für den EuGH nicht besonders schutzwürdig. Nicht

1292 Vergleiche *H. D. Jarass*, GRCh, 4. Auflage 2021, Art. 51 Rn. 58.

1293 *J. Schwarze*, EuZW 2001, S. 517 (519); *C. Nowak*, in: F. Sebastian M. Heselhaus/Carsten Nowak (Hrsg.), Handbuch der Europäischen Grundrechte, 2006, § 6 Rn. 16; *E. Pache*, in: Matthias Pechstein/Carsten Nowak/Ulrich Häde (Hrsg.), Frankfurter Kommentar, 2017, Art. 51 GRCh Rn. 8; *A. Hatje*, in: Ulrich Becker/Armin Hatje/Johann Schoo/Jürgen Schwarze (Hrsg.), EU-Kommentar, 4. Auflage 2019, Art. 51 GRCh Rn. 6.

1294 Siehe zu Art. 8 GRCh *F. Wollenschläger*, AöR 135 (2010), S. 363 (379 ff.).

1295 Siehe zum Meinungsstand *G. Heißl*, EuR 2017, S. 561 (563).

1296 EuGH v. 9.11.2010, C-92/09, C-93/09, ECLI:EU:C:2010:662, Rn. 53 – Schecke/Eifert.

1297 *H. A. Wolff*, in: Matthias Pechstein/Carsten Nowak/Ulrich Häde (Hrsg.), Frankfurter Kommentar, 2017, Art. 8 GRCh Rn. 10.

1298 Anschaulich *G. Heißl*, EuR 2017, S. 561 (563).

nur hat „[d]ie Verletzung des Rechts auf Schutz der personenbezogenen Daten [...] bei juristischen Personen ein anderes Gewicht als bei natürlichen Personen".[1299] Juristische Personen unterfallen ferner schon einer generell „erweiterten Verpflichtung zur Veröffentlichung ihrer Daten".[1300] Die Annahme eines nur eingeschränkten Datenschutzes für juristische Personen durch den EuGH ist nicht ganz fernliegend. So knüpft etwa der Datenschutz in Art. 16 Abs. 2 AEUV ausschließlich an natürliche Personen an.

a) Auslegung

Ein eingeschränkter Datenschutz für juristische Personen überzeugt jedoch bereits vom Wortlaut her nicht. Art. 8 GRCh spricht von „Person" und nicht von „Mensch".[1301] Eine Beschränkung auf natürliche und also rein menschliche Personen ist im Wortlaut damit nicht angelegt. Der Begriff der „Person" ist „offen".[1302] Insofern legt der Begriff „Person" eine Grundrechtsberechtigung von natürlichen und juristischen Personen nahe.[1303]

Und auch die historische Auslegung des Art. 8 GRCh offenbart, dass eine Grundrechtsberechtigung juristischer Personen anzunehmen ist. Ursprünglich wurde in Art. 8 GRCh nämlich tatsächlich nur ein Bezug zu natürlichen Personen hergestellt.[1304] Dass diese Restriktion nicht mehr in Art. 8 GRCh enthalten ist, „stellt wiederum ein Indiz auf eine Öffnung für juristische Personen dar".[1305]

Auch in systematischer Hinsicht überzeugt eine Beschränkung juristischer Personen nicht. Genau wie Art. 8 GRCh sprechen nämlich auch Art. 11 oder 17 GRCh nur von „Person". Bei Art. 11 und 17 GRCh besteht jedoch kein erkennbarer Zweifel daran, dass sowohl natürliche als auch juristische Personen vom persönlichen Schutzbereich erfasst sind.[1306]

1299 EuGH v. 9.11.2010, C-92/09, C-93/09, ECLI:EU:C:2010:662, Rn. 87 – Schecke/Eifert.

1300 EuGH v. 9.11.2010, C-92/09, C-93/09, ECLI:EU:C:2010:662, Rn. 87 – Schecke/Eifert.

1301 *H. A. Wolff*, in: Matthias Pechstein/Carsten Nowak/Ulrich Häde (Hrsg.), Frankfurter Kommentar, 2017, Art. 8 GRCh Rn. 11.

1302 Treffend *G. Heißl*, EuR 2017, S. 561 (564).

1303 So auch *H. A. Wolff*, in: Matthias Pechstein/Carsten Nowak/Ulrich Häde (Hrsg.), Frankfurter Kommentar, 2017, Art. 8 GRCh Rn. 11; *H. D. Jarass*/*M. Kment*, EU-Grundrechte, 2. Auflage 2019, § 13 Rn. 6; *M. Knecht*, in: Ulrich Becker/Armin Hatje/Johann Schoo/Jürgen Schwarze (Hrsg.), EU-Kommentar, 4. Auflage 2019, Art. 8 GRCh Rn. 3; *H. D. Jarass*, GRCh, 4. Auflage 2021, Art. 8 Rn. 8.

1304 Siehe *N. Bernsdorff*, in: Jürgen Meyer/Sven Hölscheidt (Hrsg.), Charta der Grundrechte der EU, 5. Auflage 2019, Art. 8 Rn. 6.

1305 *G. Heißl*, EuR 2017, S. 561 (565).

1306 Siehe etwa *S. Augsberg*, in: Hans von der Groeben/Jürgen Schwarze/Armin Hatje (Hrsg.), Europäisches Unionsrecht, 7. Auflage 2015, Art. 11 GRCh Rn. 10; *F.*

b) Sachliche Erwägungen

Letztlich überzeugt eine Engführung des Art. 8 GRCh auf natürliche Personen aber auch aus sachlichen Gründen nicht. Juristische Personen können genau wie natürliche Personen Daten haben, die vor einem staatlichen Zugriff oder gar einer Veröffentlichung geschützt werden müssen.[1307] Wie oben ausführlich dargelegt, haben Unternehmen ein existenzielles Interesse daran, dass gewisse Daten geheim gehalten werden. Gerade in Bezug auf Steuerdaten ist „ein Schutz von juristischen Personen zur Wahrung der Wettbewerbsgleichheit notwendig“.[1308] Auch juristische Personen haben ein Interesse daran, dass Gewinne und Verluste nicht öffentlich bekannt gemacht werden. Steuerdaten juristischer Personen als solche sind also nicht weniger schutzwürdig als solche natürlicher Personen.[1309] Steuerdaten juristischer Personen sind damit auch personenbezogene Daten im Sinne des Art. 8 GRCh. Weshalb dennoch vertreten wird, dass „das Grundrecht auf Datenschutz nur natürlichen Personen zusteht“,[1310] will angesichts all dessen nicht einleuchten.

Die berichtspflichtigen Unternehmen sind damit auch Träger des Grundrechts auf Schutz personenbezogener Daten.

c) Zwischenergebnis

Unabhängig davon, ob es sich bei den berichtspflichtigen Unternehmen am Ende um natürliche oder juristische Personen oder aber um Personenvereinigungen handelt, sind sie alle Träger der in Art. 8, 16 und 17 GRCh enthaltenen europäischen Grundrechte.

Wollenschläger, in: Hans von der Groeben/Jürgen Schwarze/Armin Hatje (Hrsg.), Europäisches Unionsrecht, 7. Auflage 2015, Art. 17 GRCh Rn. 8.

1307 Vergleiche *R. Seer*, in: FS Wienand Meilicke, 2010, S. 687 (690); *R. Seer*, DStJG 42 (2019), S. 247 (251).

1308 Treffend *R. Seer*, in: FS Wienand Meilicke, 2010, S. 687 (690).

1309 *R. Seer*, in: FS Wienand Meilicke, 2010, S. 687 (690).

1310 *J. Kokott*, Das Steuerrecht der Europäischen Union, 2018, § 4 Rn. 39.

C. Die Unionsrechtskonformität des Ertragsteuerinformationsberichts

I. Die Prüfung der Verhältnismäßigkeit

Der Ertragsteuerinformationsbericht greift in Grundrechte ein, auf die sich die berichtspflichtigen Unternehmen berufen können. Nicht jeder Grundrechtseingriff stellt jedoch auch automatisch eine Verletzung des Grundrechts dar und führt zur Unionsrechtswidrigkeit der entsprechenden hoheitlichen Maßnahme. Vielmehr sind Einschränkungen der unionsgrundrechtlich gewährleisteten Schutzbereiche bis auf wenige Ausnahmen generell möglich.[1311] Bisweilen sind die Grundrechtsschranken sogar in den Grundrechtstexten selbst angelegt. So ermöglicht etwa Art. 8 Abs. 2 Satz 1 Alt. 2 GRCh ausdrücklich eine Datenverarbeitung auf einer „gesetzlich geregelten legitimen Grundlage". Insbesondere, wenn sich der Grundrechtseingriff in den von Art. 52 Abs. 1 Satz 2 GRCh aufgestellten allgemeinen Grenzen der Verhältnismäßigkeit bewegt, liegt keine Grundrechtsverletzung vor. Eine verhältnismäßige Beeinträchtigung ist unionsrechtlich zulässig.[1312]

Wie das deutsche Recht geht auch das Unionsrecht in der Sache von einer vierstufigen Prüfung der Verhältnismäßigkeit aus.[1313] Der Unionsrechtsakt muss ein legitimes Ziel verfolgen, zur Erreichung dieses Ziels geeignet und erforderlich und schließlich auch angemessen sein.[1314]

1. Die Legitimität

In ihrem Vorschlag zur Einführung eines Ertragsteuerinformationsberichts führt die Europäische Kommission aus, dass „mehr Transparenz auf Seiten der Unternehmen notwendig [ist], um öffentliche Kontrolle darüber zu ermöglichen, ob Steuern dort gezahlt werden, wo Gewinne entstehen".[1315] Öffentliche Transparenz

---

1311 *A. Schwerdtfeger*, in: Jürgen Meyer/Sven Hölscheidt (Hrsg.), Charta der Grundrechte der Europäischen Union, GRCh, 5. Auflage 2019, Art. 52 Rn. 27ff.

1312 *J. Kokott*, Das Steuerrecht der Europäischen Union, 2018, § 2 Rn. 62.

1313 *L. Ohlendorf*, Grundrechte als Maßstab des Steuerrechts in der Europäischen Union, 2015, S. 91 f.; *A. Schwerdtfeger*, in: Jürgen Meyer/Sven Hölscheidt (Hrsg.), Charta der Grundrechte der Europäischen Union, GRCh, 5. Auflage 2019, Art. 52 Rn. 37 ff.; *T. Kingreen*, in: Christian Calliess/Matthias Ruffert (Hrsg.), EUV/AEUV, 6. Auflage 2022, GRCh Art. 52 Rn. 65ff.

1314 *L. Ohlendorf*, Grundrechte als Maßstab des Steuerrechts in der Europäischen Union, 2015, S. 91f.

1315 COM(2016) 198 final, S. 2.

soll damit allem voran öffentliche Kontrolle ermöglichen. Damit ist zu untersuchen, ob öffentliche Transparenz im Steuerrecht von sich aus ein Ziel sein kann, dessentwegen in Grundrechte eingegriffen werden kann.[1316] Einschränkungen der Grundrechte müssen vor allem den in Art. 52 Abs. 1 Satz 2 Alt. 1 GRCh verankerten, „von der Union anerkannten dem Gemeinwohl dienenden Zielsetzungen" entsprechen. Mit dem Gemeinwohl sind „Interessen der Allgemeinheit" beziehungsweise öffentliche Interessen gemeint.[1317] Welche Interessen solche der Allgemeinheit und welche Ziele legitim sind, entscheidet letztlich der EuGH. Für die Ermittlung eines legitimen Ziels ist es daher angezeigt, sich zunächst an seiner Rechtsprechung zu orientieren. Eine Entscheidung des EuGH zur öffentlichen Transparenz und öffentlichen Kontrolle im Steuerrecht ist bisher jedoch noch nicht ergangen. Ob öffentliche Kontrolle im Steuerrecht ein legitimes Ziel verfolgt, wurde von EuGH damit noch nicht festgestellt.

a) Bezüge zur verbundenen Rechtssache Schecke/Eifert

Der EuGH hat jedoch in der thematisch ganz ähnlich gelagerten Rechtssache *Schecke/Eifert* angenommen, dass eine öffentliche Nennung der Bezieher von Agrarbeihilfen zwecks Steigerung der europäischen Transparenz im öffentlichen Interesse stehe.[1318] Weiter führte der EuGH aus, dass „[s]olche den Bürgern zur Verfügung gestellten Informationen [...] die öffentliche Kontrolle der Verwendung der betreffenden Beträge [stärken]" sowie „einen Beitrag zur bestmöglichen Verwendung öffentlicher Mittel [leisten]".[1319]

Gleichwohl ist bei der Bezugnahme auf die Rechtssache *Schecke/Eifert* für diese Arbeit Zurückhaltung geboten. Für die Legitimität der Zielsetzungen nimmt der EuGH nämlich ausdrücklich Bezug auf das unionsrechtliche Transparenzgebot.[1320] Mit dem Transparenzgebot sollen „eine bessere Beteiligung der Bürger am Entscheidungsprozess und [...] eine größere Legitimität, Effizienz und Verantwortung der Verwaltung gegenüber dem Bürger in einem demokratischen System [ermöglicht und gewährleistet werden]".[1321] Dadurch, dass „die Veröffentlichung, die in den Bestimmungen vorgeschrieben ist, [...] die öffentliche Kontrolle der Verwendung der [...] verausgabten Beträge stärkt, trägt sie zur angemessenen Verwendung

---

1316 Vergleiche hierzu allgemein *F. Wollenschläger*, AöR 135 (2010), S. 363 (363 ff.).

1317 *H. D. Jarass*, GRCh, 4. Auflage 2021, Art. 52 Rn. 31.

1318 EuGH v. 9.11.2010, C-92/09, C-93/09, ECLI:EU:C:2010:662, Rn. 67 ff. – Schecke/Eifert; siehe zur Legitimität von Transparenz auch *F. Wollenschläger*, AöR 135 (2010), S. 363 (389).

1319 EuGH v. 9.11.2010, C-92/09, C-93/09, ECLI:EU:C:2010:662, Rn. 75 – Schecke/Eifert.

1320 EuGH v. 9.11.2010, C-92/09, C-93/09, ECLI:EU:C:2010:662, Rn. 68 – Schecke/Eifert; ausführlich zum Transparenzgebot *S. Heselhaus*, in: Matthias Pechstein/Carsten Nowak/Ulrich Häde (Hrsg.), Frankfurter Kommentar, 2017, Art. 10 EUV Rn. 35 ff.

1321 EuGH v. 9.11.2010, C-92/09, C-93/09, ECLI:EU:C:2010:662, Rn. 68 – Schecke/Eifert.

öffentlicher Mittel durch die Verwaltung bei".[1322] Zwar anerkannte der EuGH hier die Legitimität öffentlicher Kontrolle. Das legitime Ziel der Veröffentlichung der Empfänger der Agrarbeihilfen liegt hier jedoch gerade nicht in der Kontrolle der Beihilfeempfänger, sondern in der Kontrolle der Mittelverwendung.[1323] Kontrolliert werden letztlich also Organe der Europäischen Union und ihre Arbeitsweise. Von zentraler Bedeutung ist jedoch, dass die öffentliche Kontrolle hierbei gerade kein Selbstzweck sein sollte. Das legitime Ziel der öffentlichen Kontrolle der Mittelverwendung ist also nicht schon die öffentliche Kontrolle als solche, sondern „die Sicherstellung einer ordnungsgemäßen Verwendung öffentlicher Gelder".[1324]

Der Ertragsteuerinformationsbericht hat demgegenüber zwar einen anderen Kontrollfokus; hier sollen nicht Hoheitsträger, sondern Unternehmen und damit Private kontrolliert werden. Auf der Grundlage der Rechtssache *Schecke/Eifert* wird man aber gleichwohl auch für den Ertragsteuerinformationsbericht sagen können, dass die Kontrolle von Privaten durch Private als solche generell nicht schon als legitimes Ziel anerkannt werden kann. Wenn nämlich schon die Kontrolle von demokratisch legitimierten Hoheitsträgern nicht an sich im öffentlichen Interesse steht, sondern nur Mittel zum Zweck ist, so muss dies erst recht gelten, wenn ein Privater kontrolliert wird. Die öffentliche Steuerkontrolle von Unternehmen ist damit von sich heraus noch kein legitimer Zweck.

b) Öffentliche Kontrolle als Mittel zur Förderung der Steuergerechtigkeit

Da eine öffentliche Kontrolle von sich heraus nicht im öffentlichen Interesse steht, muss nun untersucht werden, ob die mit dem Ertragsteuerinformationsbericht verfolgten Ziele legitim sind. Die mit dem Ertragsteuerinformationsbericht verfolgte öffentliche Steuerkontrolle ist „Teil einer umfassenderen Strategie für eine faire und effiziente Unternehmensbesteuerung" in der Europäischen Union.[1325]

Die Europäische Kommission sieht in der öffentlichen Kontrolle der ertragsteuerlichen Situation bestimmter Unternehmen das Potenzial zu einer grundlegenden Steigerung der Fairness des Steuerrechts.[1326] Öffentliche Transparenz soll öffentliche Kontrolle darüber ermöglichen, „ob Steuern dort gezahlt werden, wo Gewinne entstehen".[1327] Dazu führt sie näher aus, dass öffentliche Kontrolle letztlich dazu beitragen kann, dass Gewinne am Ort ihrer tatsächlichen Wertschöpfung versteuert werden.[1328] Werden Steuern dort gezahlt, wo die Unternehmen ihrer operativen

1322 EuGH v. 9.11.2010, C-92/09, C-93/09, ECLI:EU:C:2010:662, Rn. 69 – Schecke/Eifert.
1323 *V. Wöhrer*, TPI 2017, S. 1 (5).
1324 *A. Langer*, Die Grenzen des Country-by-Country Reportings, 2019, S. 284.
1325 COM(2016) 198 final, S. 2.
1326 COM(2016) 198 final, S. 2.
1327 COM(2016) 198 final, S. 2.
1328 COM(2016) 198 final, S. 2.

Tätigkeit nachgehen, können sie „zum Wohlstand des betreffenden Landes beitragen".[1329] Indem der Ertragsteuerinformationsbericht „dafür sorgt, dass mehr Informationen in leichter zugänglicher Form zur Verfügung stehen",[1330] kann er „auch dazu beitragen, das Vertrauen der Öffentlichkeit in die Fairness der Steuersysteme zu erhöhen".[1331] Und schließlich soll es öffentliche Kontrolle vermögen, „durch eine sachkundigere öffentliche Debatte einen faireren Steuerwettbewerb in der Union zu fördern".[1332]

Insgesamt verfolgt der Ertragsteuerinformationsbericht damit verschiedene Ziele, die in direkte und indirekte Ziele unterteilt werden können.[1333] Ganz direkt zielt er auf öffentliche Transparenz und öffentliche Kontrolle von Unternehmen, um zu überprüfen, ob sie ihren an sich geschuldeten ertragsteuerlichen Verpflichtungen nachgekommen sind.[1334] Letztlich wird hiermit geprüft, ob multinationale Unternehmen eine faire Steuerlast tragen, die dem Leistungsfähigkeits- und dem Äquivalenzprinzip entspricht. Durch die öffentliche Kontrolle soll steuerpolitischer Druck auf die berichtspflichtigen Unternehmen ausgeübt werden.[1335] Der Ertragsteuerinformationsbericht zielt damit unmittelbar auf die Bekämpfung von steuervermeidenden Gewinnverlagerungen.[1336] Wenn Unternehmen dazu gebracht werden können, auf „aggressive" Steuerplanung zu verzichten, fördert dies zweifelsohne die Steuergleichheit. Dies ist im Hinblick auf die Akzeptanz und Rechtfertigung der Steuerbelastung der übrigen Steuerpflichtigen wichtig.[1337] Die Steuer als Eingriff ist am Ende nämlich nur dann zu rechtfertigen, wenn sich die gleichmäßige Heranziehung aller Steuerpflichtigen zur Finanzierung des Steuerstaats als „Nachbargleichheit" darstellt, bei der der steuerpflichtige Nachbar genauso schwer von der steuerlichen Last betroffen ist wie man selbst.[1338] Dies ist zwar zweifelsohne relativ zu sehen, die Formel verdeutlicht dennoch das menschliche wie auch staatliche Bedürfnis nach steuerlicher Gleichbelastung sehr anschaulich.[1339]

1329 COM(2016) 198 final, S. 2, 11, Erwägungsgrund 5.

1330 COM(2016) 198 final, S. 6.

1331 COM(2016) 198 final, S. 6, 11, Erwägungsgrund 5.

1332 COM(2016) 198 final, S. 11, Erwägungsgrund 5.

1333 So auch *Deutscher Bundestag*, PE 6: Fachbereich Europa, Unionsrechtliche Pflicht zur Veröffentlichung von Ertragssteuerinformationen, PE 6-3000-111/16, S. 10.

1334 *Deutscher Bundestag*, PE 6: Fachbereich Europa, Unionsrechtliche Pflicht zur Veröffentlichung von Ertragssteuerinformationen, PE 6-3000-111/16, S. 10.

1335 Vergleiche etwa *S. Grotherr*, IWB 2016, S. 854 (856); *V. Wöhrer*, SWI 2017, S. 25 (35).

1336 Zu den Zielen COM(2016) 198 final, S. 2.Vergleiche auch *V. Wöhrer*, SWI 2017, S. 25 (35).

1337 Vergleiche *U. Schreiber/L. M. Fell*, in: FS Dieter Endres, 2016, S. 387 (390).

1338 Siehe zur „Nachbargleichheit" *A. Hensel*, in: Festgabe Ernst Zitelmann, 1923, S. 217 (220).

1339 Vergleiche *K.-D. Drüen*, Die Indienstnahme Privater für den Vollzug von Steuergesetzen, 2012, S. 268 ff.

Die Förderung der steuerlichen Gleichbehandlung und der Kampf gegen Steuervermeidung und „aggressive“ Steuerplanung sind somit auch die eigentlichen Ziele des Ertragsteuerinformationsberichts. Die Veröffentlichungspflicht und die damit einhergehende öffentliche Kontrolle sind lediglich Mittel zur Erreichung dieser Ziele.[1340] „Naming and shaming“ ist in diesem Kontext also ein Mittel zum Zweck und gerade kein Zweck an sich.

Die Steigerung des Vertrauens in das Steuerrecht und die Fairness der Steuersysteme sowie die Förderung eines fairen Steuerwettbewerbs durch eine sachkundige öffentliche Debatte sind demgegenüber Ziele, die vom Ertragsteuerinformationsbericht nur indirekt und mittelbar fokussiert werden.[1341] Beide sind gleichwohl legitime Ziele. Zum einen ist die Aufhebung von Wettbewerbshemmnissen ein Beitrag zur Stärkung des europäischen Binnenmarkts.[1342] Die Errichtung und Aufrechterhaltung eines europäischen Binnenmarkts sind eine Verpflichtung, die sich schon aus Art. 3 Abs. 3 EUV sowie aus Art. 26 AEUV ergibt.[1343] Zum anderen erlaubt eine öffentliche Debatte über einen fairen Steuerwettbewerb eine allgemeine und grundsätzliche Auseinandersetzung mit den Themen Steuergerechtigkeit, Steuervermeidung, „aggressive“ Steuerplanung und Steuerakzeptanz. All dies sind Themen, die von öffentlichem Interesse sind.[1344]

Fasst man alle Ziele zusammen, so wird deutlich, dass der Ertragsteuerinformationsbericht auf die Bekämpfung der Gewinnverlagerung und der „aggressiven“ Steuerplanung ausgerichtet ist. Damit wird eine Stärkung der Steuergleichheit, des fairen Steuerwettbewerbs und damit letztlich der Steuergerechtigkeit innerhalb der Europäischen Union bezweckt. Steuergerechtigkeit stellt bereits als solche einen hochrangigen „Gemeinwohlwert“ dar.[1345]

Damit ist der Ertragsteuerinformationsbericht alles in allem trotz der in der Literatur geäußerten erheblichen Kritik[1346] am öffentlichen Steuerkontrollsystem

---

1340 Vergleiche *M. Valta*, Das Internationale Steuerrecht zwischen Effizienz, Gerechtigkeit und Entwicklungshilfe, 2014, S. 179f.

1341 *Deutscher Bundestag*, PE 6: Fachbereich Europa, Unionsrechtliche Pflicht zur Veröffentlichung von Ertragssteuerinformationen, PE 6-3000-111/16, S. 10.

1342 *Deutscher Bundestag*, PE 6: Fachbereich Europa, Unionsrechtliche Pflicht zur Veröffentlichung von Ertragssteuerinformationen, PE 6-3000-111/16, S. 11.

1343 *Deutscher Bundestag*, PE 6: Fachbereich Europa, Unionsrechtliche Pflicht zur Veröffentlichung von Ertragssteuerinformationen, PE 6-3000-111/16, S. 11.

1344 Treffend *A. Langer*, Die Grenzen des Country-by-Country Reportings, 2019, S. 261.

1345 *K. Tipke*, Die Steuerrechtsordnung, Band 1, 2. Auflage, 2000, S. 307 (Hervorhebung im Original).

1346 So etwa *H. Kleinmanns*, StuB 2016, S. 547 (551 f.); *J. Lüdicke*/*F. Salewski*, ISR 2017, S. 99 (99 ff.); *H. Baumhoff*, in: Jürgen Lüdicke (Hrsg.), Internationale Geschäftstätigkeiten in der Nach-BEPS-Welt, 2018, S. 97 (109f.).

von dem Gemeinwohl dienenden Zielsetzungen durchdrungen.[1347] Der Ertragsteuerinformationsbericht verfolgt legitime Ziele.

2. Die Geeignetheit

Der Ertragsteuerinformationsbericht muss jedoch auch geeignet sein, seine legitimen Ziele zu erreichen.[1348] Art. 52 Abs. 1 Satz 2 GRCh verlangt, dass der Hoheitsakt dem Grundrechtseingriff „tatsächlich entsprechen" und also dienen muss. Der Rechtsprechung des EuGH lässt sich entnehmen, dass dieser daran wohl keine allzu großen Anforderungen stellt und dem Gesetzgeber einen recht weiten Ermessensspielraum einräumt.[1349] Letztlich prüft der EuGH nur, ob die Maßnahme zur Erreichung ihrer Ziele offensichtlich ungeeignet ist.[1350] Werden von einer Maßnahme mehrere Ziele verfolgt, so prüft der EuGH zwar grundsätzlich die Geeignetheit in Bezug auf jedes einzelne Ziel, am Ende genügt es für die Annahme der Geeignetheit der Maßnahme jedoch, wenn sie nur im Hinblick auf ein einziges Ziel bejaht werden kann.[1351]

a) Erhöhung der Transparenz und Fairness in der Unternehmensbesteuerung

Es steht für den EuGH offenbar außer Frage, dass mit einer Veröffentlichung von Daten im Internet eine Steigerung der Transparenz einhergeht, die wiederum eine öffentliche Kontrolle ermöglicht.[1352] Soll eine öffentliche Kontrolle eines

---

1347 So auch *Deutscher Bundestag*, PE 6: Fachbereich Europa, Unionsrechtliche Pflicht zur Veröffentlichung von Ertragssteuerinformationen, PE 6-3000-111/16, S. 11; *S. Wakounig*, in: Michael Lang/Peter Haunold (Hrsg.), Transparenz und Informationsaustausch, 2017, S. 29 (41); *V. Wöhrer*, TPI 2017, S. 1 (5); *A. Langer*, Die Grenzen des Country-by-Country Reportings, 2019, S. 260.

1348 Vergleiche *S. Sieber*, DStR 2021, S. 2656 (2658): „Allerdings ist [...] umstritten, ob die durch das EU-CbCR bereitgestellten Daten die gewünschte Bewertung des Steuerverhaltens des Unternehmens durch breite Bevölkerungsgruppen überhaupt zulassen."

1349 So ausdrücklich etwa EuGH v. 5.10.1994, C-280/93, ECLI:EU:C:1994:367, Rn. 89 – Deutschland/Rat: „Insoweit ist daran zu erinnern, daß der Gemeinschaftsgesetzgeber [...] über ein weites Ermessen verfügt [...]".

1350 EuGH v. 11.7.1989, C-265/87, ECLI:EU:C:1989:303, Rn 22 – Schräder/Hauptzollamt Gronau; EuGH v. 5.10.1994, C-280/93, ECLI:EU:C:1994:367, Rn. 90 – Deutschland/Rat.

1351 EuGH v. 29.2.1996, C-296/93, C-307/93, ECLI:EU:C:1996:65, Rn. 36 ff. – Frankreich und Irland/Kommission; *E. Pache*, in: Matthias Pechstein/Carsten Nowak/Ulrich Häde (Hrsg.), Frankfurter Kommentar, 2017, Art. 52 GRCh Rn. 26; *H. D. Jarass*/*M. Kment*, EU-Grundrechte, 2. Auflage 2019, § 6 Rn. 35.

1352 EuGH v. 9.11.2010, C-92/09, C-93/09, ECLI:EU:C:2010:662, Rn. 75 – Schecke/Eifert.

bestimmten Sachverhalts erfolgen, so ist die Schaffung öffentlicher Transparenz ganz generell ein hierfür geeignetes Mittel.

Mit der Einführung des Ertragsteuerinformationsberichts wird ein öffentliches Transparenzformat geschaffen, das es der Allgemeinheit ermöglicht, Einblick in die ertragsteuerliche Situation bestimmter Unternehmen zu nehmen und diese damit zu kontrollieren und zu überwachen.[1353] Angelehnt an die Rechtsprechung des EuGH ginge also mit der Veröffentlichung von unternehmerischen Ertragsteuerdaten eine Steigerung der Transparenz und Kontrolle in der Unternehmensbesteuerung einher. In der Literatur wird sogar die Auffassung vertreten, die Veröffentlichungspflicht des Ertragsteuerinformationsberichts sei „wohl ohne Zweifel" für eine öffentliche Kontrolle geeignet.[1354] Über den mit der öffentlichen Kontrolle ausgeübten öffentlichen Druck und das „naming and shaming" können die berichtspflichtigen Unternehmen gezwungen werden, eine bestimmte unternehmenssteuerliche Mindestbelastung zu tragen.[1355] Dies fördert Steuergerechtigkeit.

Auch sei es „nicht ausgeschlossen", dass öffentliche Kontrolle mittelbar zu einem faireren Steuerwettbewerb und einem gestärkten Vertrauen in die Steuersysteme beitragen kann.[1356] In der Verpflichtung zur Veröffentlichung von Steuerdaten wird daher von einigen Stimmen eine „geeignete Maßnahme" für eine öffentliche Kontrolle und eine Steigerung der Steuergerechtigkeit gesehen.[1357]

b) Bedenken gegen die Geeignetheit des Ertragsteuerinformationsberichts

Gegen die Geeignetheit des Ertragsteuerinformationsberichts, diese öffentliche Kontrolle zu ermöglichen und im Ergebnis Steuergerechtigkeit zu fördern, können jedoch auch Bedenken erhoben werden. Es stellt sich nämlich die Frage, ob mit dem Ertragsteuerinformationsbericht tatsächlich überhaupt kontrolliert werden kann, „ob Steuern dort gezahlt werden, wo Gewinne entstehen"[1358].[1359] Die

---

1353 COM(2016) 198 final.

1354 *S. Wakounig*, in: Michael Lang/Peter Haunold (Hrsg.), Transparenz und Informationsaustausch, 2017, S. 29 (42).

1355 *M. Valta*, Das Internationale Steuerrecht zwischen Effizienz, Gerechtigkeit und Entwicklungshilfe, 2014, S. 179 f.; *V. Wöhrer*, SWI 2017, S. 25 (35).

1356 *Deutscher Bundestag*, PE 6: Fachbereich Europa, Unionsrechtliche Pflicht zur Veröffentlichung von Ertragssteuerinformationen, PE 6-3000-111/16, S. 12.

1357 *V. Wöhrer*, TPI 2017, S. 1 (5); so auch *Deutscher Bundestag*, PE 6: Fachbereich Europa, Unionsrechtliche Pflicht zur Veröffentlichung von Ertragssteuerinformationen, PE 6-3000-111/16, S. 12; *S. Wakounig*, in: Michael Lang/Peter Haunold (Hrsg.), Transparenz und Informationsaustausch, 2017, S. 29 (42).

1358 COM(2016) 198 final, S. 2.

1359 Vergleiche *S. Sieber*, DStR 2021, S. 2656 (2658).

Veröffentlichung von Steuerinformationen zwecks Kontrolle kann „nur dann sinnvoll sein, wenn die Adressaten, an welche die Informationen gerichtet sind, diese auch sinnvoll interpretieren können".[1360] Dies erfordert zum einen eine gewisse Sachkunde des Kontrollierenden. Zum anderen müssen aber auch die Daten eine Kontrolle ermöglichen. Die Informationskategorien müssen also so zusammengestellt werden, dass eine Kontrolle durchgeführt werden und zu sicheren Ergebnissen führen kann. Die Daten müssen im Ganzen „sachgerecht" ausgewertet werden können.[1361] Der Ertragsteuerinformationsbericht wäre also zur Erreichung der Kommissionsziele dann nicht geeignet, wenn seine Informationen schon keine sinnvolle öffentliche Kontrolle der ertragsteuerlichen Situation der berichtspflichtigen Unternehmen ermöglichten.[1362]

aa) Verständlichkeit der Informationskategorien

Dafür ist es zunächst wichtig, dass der Ertragsteuerinformationsbericht Informationskategorien enthält, deren Bedeutung jedermann ohne große Schwierigkeiten erfassen kann.[1363] Die Informationskategorien des Ertragsteuerinformationsberichts setzen für ihr inhaltliches Verständnis keine vertieften steuerrechtlichen Kenntnisse voraus. Es handelt sich um ganz basale Informationen. Viele der Informationskategorien werden sogar im täglichen Leben verwendet. Umsatz, Gewinn und Steuer sind Alltagsbegriffe. Hinzu kommt, dass der überwiegende Teil der Öffentlichkeit selbst steuerpflichtig ist oder dies zumindest einmal war. Damit haben Steuerpflichtige gerade in Bezug auf die Informationskategorien zur ertragsteuerlichen Situation des berichtspflichtigen multinationalen Unternehmens eine Referenzgröße – nämlich sich selbst und ihre ganz eigene ertragsteuerliche Situation. Sollte die Bedeutung der einen oder anderen Informationskategorie dennoch unbekannt sein, so kann sie grundsätzlich relativ problemlos in Erfahrung gebracht werden. Hierbei bedarf es in der Regel jedenfalls für die Erlangung eines Grundverständnisses keines nennenswerten Aufwands. Die einzelnen Informationskategorien als solche können von der Öffentlichkeit alles in allem verstanden werden. Es ist von einem mündigen Steuerbürger auszugehen.[1364]

1360 *J. Lüdicke/F. Salewski*, ISR 2017, S. 99 (105).

1361 *S. Grotherr*, IWB 2016, S. 892 (899).

1362 Vergleiche *S. Sieber*, DStR 2021, S. 2656 (2658).

1363 Zum Inhalt *A. Langer*, Die Grenzen des Country-by-Country Reportings, 2019, S. 143 ff.

1364 Zur Mündigkeit des Bürgers im Kontext von Datenverständnis siehe auch *F. Wollenschläger*, AöR 135 (2010), S. 363 (390).

bb) Notwendigkeit einer fachkundigen Auswertung von Steuerinformationen

Es fragt sich indes, welche Anforderungen an eine sinnvolle öffentliche Kontrolle im Unternehmenssteuerrecht überhaupt zu stellen sind. An eine Kontrolle durch die Öffentlichkeit wird man sicherlich nicht den Maßstab anlegen können, den man an eine Kontrolle durch Steuerexperten anlegt. Wie die Wirtschaftsprüferkammer gleichwohl richtig betont, ist es für eine öffentliche Kontrolle und sachkundige Debatten auf der Grundlage des Ertragsteuerinformationsberichts nichtsdestoweniger erforderlich, „dass die Adressaten die von den Unternehmen gemachten Angaben vor dem jeweiligen Hintergrund des nationalen Steuerrechts verstehen und einzuordnen wissen“.[1365]

Für eine öffentliche Kontrolle in der Unternehmensbesteuerung genügt es also nicht, dass die einzelnen Informationskategorien bloß verstanden werden. Vielmehr müssen die Steuerdaten im Ganzen auch sachgerecht ausgewertet werden können. An einer sachgerechten Auswertung des Ertragsteuerinformationsberichts durch die Öffentlichkeit bestehen erhebliche Zweifel.[1366]

Diese Zweifel beruhen zu einem Großteil auf der Daten- und Informationsaggregation im Ertragsteuerinformationsbericht.[1367] Sämtliche Unternehmensdaten des Ertragsteuerinformationsberichts müssen Steuerhoheitsgebieten zugeordnet werden.[1368] Unterhält ein multinationales Unternehmen in einem Steuerhoheitsgebiet jedoch mehrere Unternehmenseinheiten, so kommt es beim Ertragsteuerinformationsbericht zu einer Zusammenfassung der Unternehmensdaten der einzelnen Unternehmenseinheiten pro Steuerhoheitsgebiet.[1369] Dadurch wird nicht deutlich, wie viele Konzerneinheiten überhaupt in dem Steuerhoheitsgebiet ansässig sind. Darüber hinaus verlieren sich die steuerlichen Informationen der einzelnen Unternehmenseinheiten in dieser Zusammenfassung. Pro Steuerhoheitsgebiet wird damit letztlich ein Informationskonvolut ausgewiesen, dem jegliche Differenzierung und damit Datenqualität fehlen.[1370] Bezweifelt wird damit also die Aussagekraft der Daten.[1371] Es wäre daher sinnvoller, die Unternehmensdaten pro Konzerneinheit anzugeben.[1372]

1365 So ausdrücklich https://www.wpk.de/uploads/tx_news/WPK-Stellungnahme_13-05-2016_01.pdf, S. 2 (letzter Aufruf: 31.3.2022).

1366 Vergleiche etwa *S. Grotherr*, IWB 2016, S. 892 (900 ff.), der auf das Risiko von Fehlinterpretationen hinweist.

1367 Vergleiche *S. Grotherr*, IWB 2016, S. 854 (860); *S. Grotherr*, IWB 2016, S. 892 (901).

1368 *S. Grotherr*, IWB 2016, S. 854 (860).

1369 *S. Grotherr*, IWB 2016, S. 854 (860).

1370 Siehe zu etwaigen Bedenken hinsichtlich der Qualität von zu veröffentlichenden Steuerdaten auch *E. J. Meise*, Steuerpublizität bei natürlichen Personen, 2019, S. 118.

1371 Vergleiche dazu *F. Wollenschläger*, AöR 135 (2010), S. 363 (389 f.).

1372 Vergleiche *S. Grotherr*, IWB 2016, S. 892 (901).

Ähnlich problematisch ist, dass mit dem Ertragsteuerinformationsbericht selbst in den Fällen, in denen nur eine einzige Unternehmenseinheit in einem Steuerhoheitsgebiet ansässig ist, dort aber mehrere Geschäftstätigkeiten ausübt, nicht erkannt werden kann, wie sich Umsatz, Gewinn und gezahlte respektive geschuldete Ertragsteuern auf die einzelnen ausgeübten Geschäftstätigkeiten verteilen.[1373] Dieses Problem verschärft sich, wenn mehrere Konzerneinheiten in einem Steuerhoheitsgebiet ansässig sind. Durch die Datenaggregation sowie die fehlende Zuordnung kommt es zu einer „Informationsverwässerung".[1374] Die Öffentlichkeit weiß dadurch nicht genau, wie sich die Informationen und Daten, die sie auswerten soll, zusammensetzen. Die Aggregation und die fehlende Differenzierung führen dazu, dass die Öffentlichkeit steuerliche Unternehmensvorgänge nicht richtig nachvollziehen kann. In letzter Konsequenz bedeutet das, dass die Öffentlichkeit überhaupt nicht weiß, was sie da eigentlich kontrolliert.

Insbesondere kann das konzerninterne Leistungsgeflecht nicht ansatzweise durchschaut werden. Aber selbst wenn die Öffentlichkeit auch noch Zugang zum Master File und zum Local File hätte, wäre es eher unwahrscheinlich, dass sie konzerninterne Vorgänge besser verstünde.[1375] Dies liegt daran, dass mit einer Steigerung der unternehmerischen und steuerlichen Transparenz eine Steigerung der Komplexität und Detailliertheit der Unternehmensinformationen einhergeht, die schließlich in eine „Informationsüberfrachtung"[1376] münden kann. So wird etwa von der Wirtschaftsprüferkammer betont, dass „[e]in Zuviel an Informationen [...] die erwartete öffentliche Kontrolle und sachkundigere Debatte [...] auch beeinträchtigen [kann]".[1377] Informationsdefizite des Ertragsteuerinformationsberichts lassen sich also nicht durch ein Mehr an Steuerinformationen kompensieren. Ganz im Gegenteil können mehr und mehr Informationen den eigentlich gewollten Kontrollprozess auch lähmen, weil das Kontrollorgan schlicht überfordert wird.[1378] Im steuerrechtlichen Schrifttum steht man der „sachkundigen Debatte" wohl ohnehin skeptisch gegenüber.[1379]

Die Gefahr, dass die Daten nicht richtig verstanden werden, besteht auch bei einer im Ertragsteuerinformationsbericht ausgewiesenen geringen Steuerlast.[1380]

1373 *S. Grotherr*, IWB 2016, S. 892 (901).

1374 *S. Grotherr*, IWB 2016, S. 892 (901).

1375 So wohl auch *V. Wöhrer*, SWI 2017, S. 25 (34).

1376 So ausdrücklich https://www.wpk.de/uploads/tx_news/WPK-Stellungnahme_13-05-2016_01.pdf, S. 2 (letzter Aufruf: 31.3.2022).

1377 Treffend https://www.wpk.de/uploads/tx_news/WPK-Stellungnahme_13-05-2016_01.pdf, S. 2 (letzter Aufruf: 31.3.2022).

1378 Vergleiche *L. Rudkowski*, Transparenzpflichten zur Kontrolle von Finanzdienstleistungsunternehmen, 2016, S. 185.

1379 Siehe etwa *F. Oppel*, SteuK 2016, S. 421 (426).

1380 Siehe hierzu *S. Grotherr*, IWB 2016, S. 892 (901).

Die Höhe der Steuerlast in einem Steuerhoheitsgebiet wird man wohl als die wichtigste und zentrale Information für die Überprüfung der Steuerfairness eines Unternehmens ansehen können. Weist ein Unternehmen eine geringe Steuerlast aus, besteht die große Gefahr, dass die Öffentlichkeit pauschal von einer „aggressiven" Steuerplanung ausgeht.[1381] Wird eine geringe Steuerlast ausgewiesen, so muss dies seinen Grund jedoch mitnichten in einer „aggressiven" Steuerplanung oder einer bewussten Gewinnverlagerung haben. Die geringe Steuerlast kann von einer Verlustverrechnung, speziellen Abschreibungen oder aber schlicht von Unterschieden in der steuerrechtlichen und der handelsrechtlichen Gewinnermittlung und sonstigen Abweichungen in Rechnungslegungsansätzen herrühren.[1382] In all diesen Fällen ist die niedrige Steuerlast ganz sicher nicht unfair. Diese Möglichkeiten wird die Öffentlichkeit aber wahrscheinlich nicht sehen. Sie wird eine niedrige Steuerlast schlicht mit einer unfairen Steuerlast gleichsetzen und dem Unternehmen den Stempel der Steuerunfairness aufdrücken.

Die eigentliche Schwäche des Ertragsteuerinformationsberichts besteht aber darin, dass er die Informationen, die die Öffentlichkeit nun bräuchte, um zu überprüfen, warum das Unternehmen lediglich eine geringe Steuerlast tragen musste, gerade nicht liefert. Wenn man sich vergegenwärtigt, dass „aggressive" Steuerplanung multinationaler Unternehmen zu einem ganz entscheidenden Teil über konzerninterne Leistungs- und Lieferbeziehungen erfolgt, so verwundert es, dass der Ertragsteuerinformationsbericht konzerninterne Lizenzgebühren, Umsatzerlöse oder Zinsaufwände nicht gesondert ausweist.[1383] Die Öffentlichkeit kann das konzerninterne Leistungsgeflecht gar nicht einsehen.[1384] Sie kann mithin kaum nachvollziehen, wie sich Gewinne, Verluste und Umsatzerlöse zusammensetzen. Für eine sinnvolle Kontrolle wäre dies indes wichtig. Zu Recht wird daher betont, dass „anhand der im Ertragsteuerinformationsbericht auszuweisenden Unternehmensdaten kaum Rückschlüsse darüber angestellt werden können, inwieweit die in einem bestimmten Steuergebiet ansässigen Konzerneinheiten möglicherweise für steuergestalterische Zwecke [...] eingesetzt werden".[1385] Aus dem bloßen Nebeneinander von Nettoumsatzerlösen und ertragsteuerlichen Daten pro Steuerhoheitsgebiet ergibt sich kaum wirklich verlässlich, ob Gewinne nun tatsächlich dort besteuert werden, wo sie erwirtschaftet wurden. Die doch beachtliche Anfälligkeit für Fehlinterpretation, der sich die Daten des Ertragsteuerinformationsberichts „ohne weitergehende Erläuterungen" ausgesetzt sehen, erschwert eine wirklich

---

1381 Vergleiche *S. Grotherr*, IWB 2016, S. 892 (901).

1382 Treffend *S. Grotherr*, IWB 2016, S. 892 (901); *J. Lüdicke/F. Salewski*, ISR 2017, S. 99 (104); *S. Sieber*, DStR 2021, S. 2656 (2658).

1383 In diese Richtung auch *S. Grotherr*, IWB 2016, S. 892 (902).

1384 Vergleiche *S. Grotherr*, IWB 2016, S. 892 (902).

1385 *S. Grotherr*, IWB 2016, S. 892 (902).

sinnvolle und effektive Kontrolle.[1386] Aus all diesen Gründen steht zu befürchten, dass es in Bezug auf „aggressive" Steuerplanung und Steuerunfairness zu vielen sogenannten „falsch Positiven" kommen wird.[1387] Mithin steht zu befürchten, dass Unternehmen unfaire „aggressive" Steuergestaltungen vorgeworfen werden, die sich tatsächlich noch im Rahmen des Fairen bewegen.

Wie die Öffentlichkeit das Unternehmen angesichts dessen sinnvoll auf die Einhaltung allgemeiner ertragsteuerlicher Fairness hin kontrollieren können soll, ist nicht ersichtlich. Eine Bewertung der geringen Steuerlast kann somit nicht wirklich verlässlich erfolgen. Fehlinterpretationen und Missverständnissen ist hier Tür und Tor geöffnet.[1388]

Dass nicht erkannt werden wird, dass eine niedrige Steuerlast nicht zwangsläufig Folge einer „aggressiven" Steuerplanung sein muss und für sich besehen nichts über die Steuerfairness eines multinationalen Unternehmens aussagt, beruht auf dem alles in allem doch fehlenden Verständnis der Öffentlichkeit für steuerrechtliche Zusammenhänge.[1389] So ist in der Tat davon auszugehen, dass der Großteil der Öffentlichkeit „fachlich nicht ausreichend in der Lage ist, die zur Verfügung gestellten Informationen hinreichend differenziert zu würdigen".[1390] Die steuerrechtliche Detailtiefe, die sich hinter der Zusammenschau aller Fallgruppen auftut, und die damit wohl nach wie vor bestehende beachtliche inhaltliche Komplexität des gesamten Ertragsteuerinformationsberichts werden es der breiten, steuerrechtlich unkundigen Öffentlichkeit nahezu unmöglich machen, sinnvoll zu kontrollieren, ob das Unternehmen im entsprechenden Wirtschaftsjahr eine faire Steuerlast tragen musste.[1391] Hier reihen sich schließlich auch erneut Bedenken im Hinblick auf eine Informationsüberfrachtung durch ebendiese Detailtiefe des Ertragsteuerinformationsberichts ein.

Doch selbst Steuerexperten werden Schwierigkeiten damit haben, auf der Grundlage des Ertragsteuerinformationsberichts zu kontrollieren, ob sich das multinationale Unternehmen fair besteuern lässt.[1392] Wenn jedoch schon Steuerexperten aus

---

1386 *S. Grotherr*, IWB 2016, S. 892 (901); vergleiche auch *R. Kirchdörfer*, EuZW 2017, S. 705 (706).

1387 *M. Hanlon*, Bulletin for International Taxation 2018, S. 209 (215).

1388 Vergleiche *A. Langer*, Die Grenzen des Country-by-Country Reportings, 2019, S. 147; siehe auch *D. Lenter/J. Slemrod/D. Shackelford*, National Tax Journal 2003, S. 803 (824).

1389 Vergleiche hierzu https://www.dstv.de/interessenvertretung/rechnungslegung/stellungnahmen-rechnungslegung/b-05-16-country-by-counry-reporting (letzter Aufruf: 31.3.2022).

1390 Treffend https://www.dstv.de/interessenvertretung/rechnungslegung/stellungnahmen-rechnungslegung/b-05-16-country-by-counry-reporting (letzter Aufruf: 31.3.2022).

1391 Siehe auch *M. Hanlon*, Bulletin for International Taxation 2018, S. 209 (215).

1392 In diese Richtung auch *J. Lüdicke/F. Salewski*, ISR 2017, S. 99 (105).

den Steuerdaten nicht mit Gewissheit Urteile über die unternehmerische Steuerehrlichkeit fällen können, kann „eine zutreffende Interpretation von der Öffentlichkeit erst recht nicht erwartet werden".[1393] Problematisch ist überdies, dass die Öffentlichkeit gar nicht weiß, wie die Daten eigentlich erhoben wurden, die sie im Ertragsteuerinformationsbericht kontrollieren soll. So besteht die Gefahr, dass sie Unternehmen kontrolliert und vergleicht, die verschiedene Erhebungsmethoden und vor allem verschiedene Datengrundlagen[1394] für den Ertragsteuerinformationsbericht zugrunde gelegt haben. Einen „internationalen Konsens" darüber, wie die oftmals noch manuelle Datenerhebung erfolgen muss, gibt es nicht.[1395]

Überdies wird in der Literatur bezweifelt, dass mit der Veröffentlichung von Ertragsteuerinformationsberichten überhaupt eine sachkundigere Debatte, ein fairer Steuerwettbewerb und insgesamt eine Stärkung des Vertrauens in die Steuersysteme geschaffen werden könnten.[1396] Es sei gerade nicht davon auszugehen, dass „die interessierte Öffentlichkeit die komplexen Ertragsteuerinformationen versteht und in der Lage ist, daraus sinnvolle Schlüsse abzuleiten".[1397] Für eine Vertrauensbildung in die Steuersysteme sei eine Veröffentlichungspflicht von Steuerdaten nicht „notwendig", vielmehr müsse „eine für den Laien nachvollziehbare Erläuterung des BEPS-Prozesses" erfolgen.[1398]

Im steuerlichen Schrifttum wird daher die Auffassung vertreten, dass der von der Europäischen Kommission vorgeschlagene Ertragsteuerinformationsbericht aufgrund von „Unzulänglichkeiten"[1399] im Ganzen für öffentliche Kontrolle und die Förderung der gerechten Besteuerung von Unternehmen ungeeignet sei.[1400]

cc) „Naming and shaming" als Automatismus?

Die Überlegung, dass Steuergerechtigkeit geschaffen werden kann, indem mit „naming and shaming" die Betreibung „aggressiver" Steuerplanung bekämpft wird, ist attraktiv. Es fördert die gleichmäßige Steuerbelastung, wenn mithilfe der Öffentlichkeit ein Umdenken in der Unternehmensführung erzeugt werden kann, diese sodann Abstand von Steuervermeidung nimmt, ihre Unternehmenseinheiten einer fairen Besteuerung unterwirft und einen angemessenen Beitrag zum Gemeinwesen leistet. Im Fall der Kaffeehauskette *Starbucks* gab es diesen

---

1393 *J. Lüdicke/F. Salewski*, ISR 2017, S. 99 (105).

1394 Vergleiche hierzu *S. Grotherr*, IWB 2016, S. 892 (901 f.).

1395 *S. Grotherr*, IWB 2016, S. 892 (902).

1396 Vergleiche *R. Kirchdörfer*, EuZW 2017, S. 705 (706).

1397 *R. Kirchdörfer*, EuZW 2017, S. 705 (706).

1398 *R. Kirchdörfer*, EuZW 2017, S. 705 (706).

1399 *H. Kleinmanns*, StuB 2016, S. 547 (551).

1400 So etwa *H. Kleinmanns*, StuB 2016, S. 547 (551); *J. Lüdicke/F. Salewski*, ISR 2017, S. 99 (108); *X. Ditz/C. Heider*, GmbHR 2021, S. R208 (R209).

Erfolg.[1401] Hier wurde gerade auf der Grundlage öffentlichen Drucks eine Abgabe an den Staat geleistet und die Steuerpolitik anders ausgerichtet.[1402]

Dieser Erfolg ist jedoch nicht selbstverständlich. In diesem einen Fall mag es zwar ein steuerpolitisches Umdenken aufgrund von „naming and shaming“ gegeben haben. Nichtsdestoweniger ist weder ein öffentlicher Boykott noch ein Reputationsverlust ein zwangsläufiger Automatismus, wenn allgemein bekannt wird, dass ein multinationales Unternehmen Steuern vermeidet.[1403] Ganz im Gegenteil konnten amerikanische Ökonomen in einer aktuelleren Studie gerade nicht bestätigen, dass das Bekanntwerden von Steuervermeidung mit gravierenden negativen Reputationseffekten einhergeht.[1404] Sieht man einmal vom Fall der Kaffeehauskette *Starbucks* ab, so sahen sich „aggressiv“ steuervermeidende multinationale Unternehmen auch keinen ungewöhnlich starken Anfeindungen ausgesetzt.[1405] Es mag vielleicht innere Vorbehalte gegen das Unternehmen geben, dessen Produkte werden gleichwohl bereitwillig konsumiert.[1406] Auch kommt es nicht zu einem dauerhaften Wertverlust der Unternehmen. Zwar sinkt der Kurs des Unternehmens in der Regel, wenn öffentlich bekannt wird, dass es Steuern vermeidet.[1407] Innerhalb von 30 Tagen nach Bekanntwerden der Steuervermeidung hat sich der Kurs jedoch wieder erholt und befindet sich sogar auf dem Niveau, das er vor dem Bekanntwerden hatte.[1408] Der Aktienkurs des steuervermeidenden Unternehmens ist damit

---

1401 Vergleiche *A. Steinegger*, Der Konzern 2016, S. 454 (460).

1402 Vergleiche *A. Christians*, Tax Notes International 2013, S. 637 (637 ff.); *R. Pinkernell*, ifst-Schrift Nr. 494 (2014), S. 156; *A. Steinegger*, Der Konzern 2016, S. 454 (460).

1403 *J. Lüdicke/F. Salewski*, ISR 2017, S. 99 (106).

1404 *J. Gallemore/E. L. Maydew/J. R. Thornock*, Contemporary Accounting Research 2014, S. 1103 (1105, 1127): „ Across a multititude of tests, we do not find evidence that firms or their top executives face significant reputational costs from tax shelter involvment."

1405 Vergleiche *J. D. Blank*, Tax Law Review 2009, S. 539 (559).

1406 Treffend *I. Kummert*, FR 2018, S. 425 (425 f.): „Interessanterweise orientiert sich auch das Käuferverhalten nicht daran, wer Steuern gezahlt hat und wer nicht: Die Schlangen vor den Apple Stores sind nicht kürzer geworden, seit wir wissen, dass wir auf die Steuereinnahmen verzichten müssen.“

1407 *M. Hanlon/J. Slemrod*, Journal of Public Economics 2009, S. 126 (139): „We find that, on average, a company's stock price declines when there is news about its involvement in tax shelters."

1408 *J. Gallemore/E. L. Maydew/J. R. Thornock*, Contemporary Accounting Research 2014, S. 1103 (1105, 1127) „In the short window surrounding the revelation date, we find that the stocks publicly revealed to have tax shelters exhibit significantly negative abnormal returns [...]. We then expand the event period to 30 days past the revelation date to test whether the short-window effects on stock price are permanent or temporary. We find evidence that, although the immediate stock price response around the tax shelter is negative, in the days that follow, the stock

zwar ein verlässlicher Seismograf für Reputationsverluste, bleibt alles in allem aber doch stabil.[1409] Bisweilen steigt der Aktienkurs sogar noch an.[1410]

Aus diesem Grund wird bisweilen auch die Auffassung vertreten, eine „Stimmungsmache" mittels Öffentlichkeit gegen steuervermeidende multinationale Unternehmen sei als staatlich eingesetztes Korrektiv im Steuerrecht schlicht und einfach „ungeeignet".[1411] Darüber hinaus ist die „vorhandene empirische Evidenz" bezogen darauf, „ob und in welchem Umfang Unternehmen wegen zu erwartender Reputationskosten auf Steuerplanung verzichten", nach wie vor unzureichend.[1412] Empirisch kann ferner nicht generell verlässlich belegt werden, dass „aggressive" Steuerplanung zu Reputationsbeeinträchtigungen führt.[1413] Umgekehrt kann empirisch dabei gerade auch nicht bestätigt werden, dass ein besonders steuerfaires Verhalten zu Reputationsgewinnen führt.[1414] „Shame sanctions" in Form von Boykotten, Reputationsbeeinträchtigungen oder Wertverlusten im Falle eines Bekanntwerdens von „aggressiver" Steuervermeidung sind damit gerade nicht zwingend.

Es kann daher nicht verallgemeinernd gesagt werden, ob und in welchem Umfang ein öffentliches Bekanntwerden von „aggressiver" Steuerplanung der Auslöser für Reputationsbeeinträchtigungen und „non-tax costs"[1415] ist. Damit steht nichts Geringeres als die Effektivität von „naming and shaming" im Kampf gegen die Steuergestaltungen multinationaler Unternehmen infrage. Öffentliche Transparenz kann zwar durchaus ein verhaltenslenkendes Potenzial haben, muss es jedoch nicht. Zum gegenwärtigen Zeitpunkt und auf der Grundlage empirischer Studien muss konstatiert werden, dass öffentliche Kontrolle, öffentlicher Druck und öffentliche Sanktionierung „nicht lenkbar und zuverlässig einsetzbar" sind.[1416] Dauerhafte Wertverluste aufgrund „aggressiver" Steuerplanung bleiben aus.

---

price systematically reverses back to its pre-event levels. Thus, we confirm that the [...] short-window effect on stock price is a robust result and at the same time, we also find that it is a temporary effect that reverses within 30 days."; siehe hierzu auch *T. Hoppe/J. Müller/A. Weinrich/K. Wittek*, IStR 2021, S. 925 (931).

1409 *J. Lüdicke/F. Salewski*, ISR 2017, S. 99 (106).

1410 Siehe hierzu *J. D. Blank*, Tax Law Review 2009, S. 539 (561 m. w. N.).

1411 *J. Lüdicke/F. Salewski*, ISR 2017, S. 99 (106).

1412 *U. Schreiber/L. M. Fell*, in: FS Dieter Endres, 2016, S. 387 (389).

1413 *J. D. Blank*, Tax Law Review 2009, S. 539 (560).

1414 *U. Schreiber/L. M. Fell*, in: FS Dieter Endres, 2016, S. 387 (389).

1415 Siehe hierzu *C. Watrin/M. Thomsen/A. Brune*, FR 2017, S. 1029 (1031).

1416 *J. Lüdicke/F. Salewski*, ISR 2017, S. 99 (106). In diese Richtung auch *J. Q. Whitman*, The Yale Law Journal 1998, S. 1055 (1088): „It is here, I think, that we begin to approach the heart of what is troubling about shame sanctions: They involve a dangerous willingness, on the part of the government, to delegate part of its enforcement power to a fickle and uncontrolled general populace."; *D. John*, BKR 2020, S. 335 (337).

c) *Für eine Steuerkontrolle nicht offensichtlich ungeeignet*

In der Tat wäre der Ertragsteuerinformationsbericht für eine öffentliche Kontrolle dann ungeeignet, wenn seine Informationskategorien und Steuerdaten so beschaffen wären, dass auf ihrer Grundlage keine öffentliche Kontrolle durchgeführt werden könnte. Weil öffentliche Transparenz gerade kein Selbstzweck ist,[1417] sondern ein Mittel zum Zweck, wäre der Ertragsteuerinformationsbericht insofern als Mittel zur Förderung einer gerechten Besteuerung ungeeignet. Die mit den Fehlinterpretationen, der Informationsüberfrachtung und der Informationsverwässerung einhergehenden Zweifel an der Geeignetheit des Ertragsteuerinformationsberichts zur Ermöglichung öffentlicher Kontrolle zwingen zwar dazu, seine Geeignetheit im Ganzen doch kritischer zu hinterfragen, als es manche Stimme in der Literatur tut.[1418] Die geäußerte Kritik ist dabei zweifelsohne nicht unbegründet. Trotz aller gegen ihn vorgebrachten Bedenken ist der Ertragsteuerinformationsbericht letztlich aber für eine öffentliche Kontrolle jedenfalls nicht offensichtlich ungeeignet.[1419] Allein auf die offensichtliche Ungeeignetheit einer Maßnahme kommt es am Ende jedoch an.

aa) *Möglichkeit einer grundlegenden Kontrolle*

Zwar sind dem Ertragsteuerinformationsbericht ein durchaus beachtliches Potenzial für Fehlinterpretationen und ernst zu nehmende Gefahren im Hinblick auf Informationsüberfrachtung und Informationsverwässerung immanent, all dies bedeuten indes nicht, „dass der Ertragsteuerinformationsbericht gar keinen Informationswert für die Berichtsadressaten hat".[1420] Der Öffentlichkeit werden durchaus „gewisse Einblicke in die globale Steuerstrategie einer multinationalen Unternehmensgruppe ermöglicht".[1421]

Öffentliche Kontrolle ist ein relativer Begriff. Eine Kontrolle kann detailliert oder oberflächlich erfolgen. Die Detailtiefe der Steuerdaten sowie die Möglichkeit, komplexe steuerliche Zusammenhänge erkennen und nachvollziehen zu können, sind ebenso wie die Fehleranfälligkeit der Datenauswertung qualitative Fragen einer öffentlichen Kontrolle. Sie setzen jedoch allesamt als kleinsten gemeinsamen

---

1417 Vergleiche *H. Weggenmann*, DB 2021, S. M4 (M4).

1418 So etwa *S. Wakounig*, in: Michael Lang/Peter Haunold (Hrsg.), Transparenz und Informationsaustausch, 2017, S. 29 (42): „Die Veröffentlichung der Ertragsteuerberichte ist wohl ohne Zweifel zu einer öffentlichen Kontrolle von multinationalen Unternehmen geeignet."

1419 Vergleiche in diese Richtung auch *S. Grotherr*, IWB 2016, S. 892 (902).

1420 *S. Grotherr*, IWB 2016, S. 892 (902).

1421 *S. Grotherr*, IWB 2016, S. 892 (902); siehe auch *V. Wöhrer*, Data Protection and Taxpayers' Rights: Challenges Created by Automatic Exchange of Information, 2018, S. 160.

Nenner voraus, dass öffentliche Kontrolle in einem Mindestmaß überhaupt möglich ist – und eine solche Kontrolle ist möglich.

Zu einem gewissen Grad wird öffentliche Kontrolle durch den Ertragsteuerinformationsbericht bereits dadurch ermöglicht, dass die Öffentlichkeit überhaupt Zugang zu nach Steuerhoheitsgebieten aufgeschlüsselten Umsatz- und Ertragsteuerzahlen hat. Darüber kann sie jedenfalls in einem gewissen Maße nachvollziehen, „wie sich die Gewinne und Steuerbelastungen eines Konzerns in unterschiedlichen Ländern zusammensetzen".[1422] Die Öffentlichkeit kann sich selbst davon überzeugen, welches Unternehmen in welchen Steuerhoheitsgebieten wie viel Steuern gezahlt und Umsatz erwirtschaftet hat. Sie kann sich überdies ein eigenes Bild der Verteilung der Beschäftigten im multinationalen Unternehmen machen und erhält Informationen darüber, welchen Geschäftstätigkeiten wo nachgegangen wird. Diese „Hintergrunddaten" oder „Inputdaten" können dann in eine Relation zu den steuerlichen „Outputdaten" gesetzt werden.[1423] So können steuerliche Auffälligkeiten identifiziert werden.[1424] Insgesamt „ermöglicht der Ertragsteuerinformationsbericht einen Überblick über die regionale Verteilung der auszuweisenden Unternehmensdaten einer multinationalen Unternehmensgruppe".[1425]

Von einer „Informationsüberfrachtung"[1426] kann dabei keine Rede sein. Der Ertragsteuerinformationsbericht erscheint in einer übersichtlichen Form und nimmt auf allgemeine Steuerinformationen Bezug.

bb) Verschiedene Kontrollansätze

Aufgrund seiner Struktur ermöglicht der Ertragsteuerinformationsbericht verschiedene Kontrollansätze.[1427] Eine Kontrolle kann etwa auf der Grundlage eines Vergleichs der Berichtszeiträume oder der einzelnen Unternehmen erfolgen. Insbesondere ist eine Kontrolle auf der Basis eines Periodenvergleichs der Unternehmensdaten „möglich und zweckmäßig, da sich bestimmte periodisierende Effekte, die für einzelne Perioden möglicherweise zu sehr niedrigen Ertragsteuerbelastungen führen" – zu denken ist hier etwa an Verlustverrechnung oder Abschreibung –, „in der Mehrjahresanalyse wieder neutralisieren".[1428] Das bedeutet, dass bei einer Betrachtung über mehrere Berichtszeiträume „derartige Steuervergünstigungen in einzelnen Steuergebieten keinen wesentlichen Einfluss auf die Gesamtsteuerbelastung in

1422 *V. Wöhrer*, SWI 2017, S. 25 (34).
1423 *S. Grotherr*, IWB 2016, S. 892 (899).
1424 Vergleiche *S. Grotherr*, IWB 2016, S. 892 (899).
1425 *S. Grotherr*, IWB 2016, S. 892 (899).
1426 Bezug nehmend auf https://www.wpk.de/uploads/tx_news/WPK-Stellungnahme_13-05-2016_01.pdf, S. 2: „Gefahr der Informationsüberfrachtung" (letzter Aufruf: 31.3.2022).
1427 *S. Grotherr*, IWB 2016, S. 892 (899).
1428 *S. Grotherr*, IWB 2016, S. 892 (899).

einem Aktivitätsstaat von Konzerneinheiten [haben].“[1429] Die Kontrolle kann aber auch bei den einzelnen Informationskategorien ansetzen und diese auswerten und vergleichen. Hier sind wiederum verschiedene Kombinationen möglich. Dabei ist vor allem die Bildung von Kennzahlen eine durchaus geeignete Methode, um den Ertragsteuerinformationsbericht auszuwerten.[1430]

Dies alles ist bereits öffentliche Steuerkontrolle. Dass Zahlen aggregiert und Informationen verwässert werden,[1431] schränkt sicherlich die Qualität der Kontrolle ein, macht sie aber nicht unmöglich. Auch mit aggregierten Daten kann die Ertragsteuerbelastung multinationaler Unternehmen im Hinblick darauf, „ob Steuern dort gezahlt werden, wo Gewinne entstehen“,[1432] durchgeführt werden. Eine allgemeine Kontrolle der Ertragsteuerbelastung bleibt möglich.[1433] Eine Steigerung des Vertrauens in die Steuersysteme kann dabei gerade dadurch erreicht werden, dass der Öffentlichkeit – und hier vor allem den Otto-Normal-Steuerpflichtigen – gezeigt wird, dass auch multinationale Unternehmen eine Steuerlast tragen müssen und sich so an der Finanzierung des Gemeinwesens und der Gesellschaft beteiligen.[1434]

cc) Sachkundigere Debatte im Steuerrecht durch Steuerrechtswissenschaft und Nichtregierungsorganisationen

Für eine sachkundigere Debatte ist der Ertragsteuerinformationsbericht insofern geeignet, als er überhaupt eine steuerliche Datengrundlage schafft, mit deren Hilfe über die Besteuerung multinationaler Unternehmen diskutiert werden kann. Das Bereitstellen einer Datengrundlage kann nicht zuletzt auch für den steuerrechtswissenschaftlichen Diskurs sinnvoll sein. Auch die Wissenschaft wird in der Regel nicht wissen, in welchen Staaten wie viele Steuern gezahlt worden sind und wie viel Umsatz erwirtschaftet wurde. Hier könnte der Ertragsteuerinformationsbericht mit seinem Zahlenmaterial Anstoß und Grundlage für wissenschaftliche Forschung in der globalen Steuerplanung multinationaler Konzerne sein.[1435] Durch entsprechendes Fallmaterial aus dem Ertragsteuerinformationsbericht könnten überdies abstrakte Zusammenhänge im internationalen Steuerrecht und in der internationalen Konzernbesteuerung veranschaulicht werden. Anders als die Öffentlichkeit verfügt die Steuerrechtswissenschaft dabei auch über eine fundierte steuerrechtliche Sachkunde.

1429 *S. Grotherr*, IWB 2016, S. 892 (899).

1430 *S. Grotherr*, IWB 2016, S. 892 (899).

1431 Vergleiche *S. Grotherr*, IWB 2016, S. 854 (860); *S. Grotherr*, IWB 2016, S. 892 (901).

1432 COM(2016) 198 final, S. 2.

1433 So trotz aller Kritik im Ergebnis auch *S. Grotherr*, IWB 2016, S. 892 (902).

1434 *V. Wöhrer*, SWI 2017, S. 25 (34 f.).

1435 Vergleiche *V. Dutt/C. Spengel/H. Vay*, Der EU-Vorschlag zum Country-by-Country Reporting im Internet: Kosten, Nutzen, Konsequenzen, 2017, S. 26.

Über steuerliche Sachkunde verfügen in der Regel auch die vielen verschiedenen Nichtregierungsorganisationen, die sich dem Kampf für Steuerfairness verschrieben haben. Diese Organisationen könnten die Daten des Ertragsteuerinformationsberichts der Öffentlichkeit erläutern und sie aufbereiten. So könnte die Öffentlichkeit noch größeren Nutzen aus den veröffentlichten Steuerdaten ziehen.

dd) Umsetzung von „naming and shaming" im Unternehmenssteuerrecht

Der mit der öffentlichen Kontrolle der Unternehmen einhergehende öffentliche Druck kann dazu führen, dass multinationale Unternehmen von „aggressiver" Steuerplanung Abstand nehmen. Die Unternehmensreputation ist eine ganz empfindliche Stelle eines jeden Unternehmens, über die es durchaus in seinem steuerpolitischen Verhalten gelenkt und beeinflusst werden kann.[1436] Auch Unternehmen haben eine „gesellschaftliche Legitimation", die letztlich „auf einer Erfüllung der an das Unternehmen gerichteten Erwartungen im Hinblick auf angemessenes unternehmerisches Verhalten [beruht]."[1437] Die dauerhafte Nichtbeachtung des gesellschaftlich Erwarteten führt früher oder später zu „Legitimationsverlusten" in der Gesellschaft.[1438] Dessen ist sich ein Unternehmen bewusst. Grundsätzlich wird es daher „nach einer Bewahrung der gesellschaftlichen Legitimation" streben.[1439] Das Unternehmen wird in aller Regel dafür sensibilisiert sein, dass ein öffentliches Bekanntwerden seiner Steuergestaltungen negative Auswirkungen auf seine Reputation haben wird.[1440] Die positiven oder negativen Auswirkungen auf die Reputation beeinflussen sodann den Unternehmenswert entsprechend positiv oder eben negativ.[1441] Diese Umstände können „aggressiver" Steuerplanung vorbeugen.[1442] Genau auf diese Prävention durch Reputationsverluste setzt der Ertragsteuerinformationsbericht im Kampf gegen „aggressive" Steuerplanung.[1443]

1436 Siehe etwa für Familienunternehmen *U. Schreiber/L. M. Fell*, in: FS Dieter Endres, 2016, S. 387 (389) unter Bezug auf die Studie von *S. Chen/X. Chen/Q. Cheng/T. Shevlin*, Journal of Financial Economics 2010, S. 41 (41 ff.).

1437 *I. Hardeck*, ZfB 2012, S. 101 (107).

1438 *I. Hardeck*, ZfB 2012, S. 101 (107).

1439 *I. Hardeck*, ZfB 2012, S. 101 (107 m. w. N.).

1440 Vergleiche *D. Lenter/J. Slemrod/D. Shackelford*, National Tax Journal 2003, S. 803 (820).

1441 *U. Schreiber/J. Voget*, StuW 2017, S. 145 (151).

1442 So wohl auch *A. J. Cockfield/C. D. MacArthur*, Canadian Tax Journal 2015, S. 627 (641).

1443 Vergleiche *S. Grotherr*, RIW 2017 S. 1 (14): „Es wird wohl darauf gehofft, dass die international tätigen Konzerne aus Furcht vor drohenden Reputationseinbußen bei Vertragspartnern (z. B. Abnehmern von Produkten; Investoren) präventiv auf aggressive Steuerplanungsmodelle verzichten bzw. von ‚rein künstlichen' Steuervermeidungsgestaltungen Abstand nehmen."; *V. Wöhrer*, Data Protection and

Wenn einige multinationale Unternehmen nun verpflichtet werden, gewisse Steuerinformationen im Ertragsteuerinformationsbericht zu veröffentlichen, besteht für diese Unternehmen gerade im Hinblick auf ihre Reputation ein Anreiz, sich einer fairen Steuerlast auszusetzen und so der Öffentlichkeit zu zeigen, dass sie „good corporate citizens" sind.[1444] Anderenfalls muss mit „shame sanctions" gerechnet werden. Ihre Auswirkungen hat der Fall der Kaffeehauskette *Starbucks* eindrucksvoll vor Augen geführt.

Die mit einer Veröffentlichungspflicht von steuerlichen Informationen einhergehende Kontrolle durch die Öffentlichkeit hat also durchaus das Potenzial, legale Steuervermeidung anzugehen. Im steuerrechtlichen Schrifttum wird bisweilen sogar davon ausgegangen, dass mittels der Veröffentlichung von Ertragsteuerinformationen in vielen Fällen eine wirksame Bekämpfung „aggressiver" Steuerplanungen und Gewinnverlagerungen möglich sei und für mehr Steuergerechtigkeit gesorgt werden könne.[1445] Mehr möchte der Ertragsteuerinformationsbericht letztlich gar nicht erreichen.

ee) Solides Kontrollinstrument der Öffentlichkeit

Der Ertragsteuerinformationsbericht ist damit ein sicherlich nicht über alle Zweifel erhabenes, aber alles in allem doch recht solides Kontrollinstrument für die Öffentlichkeit auf dem Gebiet der Unternehmensbesteuerung. Die Bedenken hinsichtlich möglicher Fehlinterpretationen der Daten oder bezüglich einer auf Datenaggregation beruhenden wenig aussagekräftigen Datenqualität sind sicherlich nicht unbegründet.[1446] Sie drohen jedoch den Blick auf das Potenzial des Ertragsteuerinformationsberichts für eine öffentliche Steuerkontrolle zu verstellen. Der

---

Taxpayers' Rights: Challenges Created by Automatic Exchange of Information, 2018, S. 101; siehe auch *D. Lenter/J. Slemrod/D. Shackelford*, National Tax Journal 2003, S. 803 (827): „The greater transparency could have several beneficial effects. [...] it could induce corporations to resist aggressive tax reduction strategies if they fear that disclosure of their low tax payments would trigger negative consumer response [...]".

1444 Vergleiche *I. Hardeck*, IStR 2011, S. 933 (938): „Eine öffentliche Darstellung als ‚gesellschaftlich verantwortungsloser Steuerzahler' ruft negative Reaktionen bei den Stakeholdern des Unternehmens hervor. Zum einen können negative Konsumentenreaktionen erwartet werden[...]. Wie die CSR-Forschung vielfach nachgewiesen hat, kann ein als gesellschaftlich verantwortungslos wahrgenommenes Unternehmenshandeln zu Image- und Vertrauensverlusten, einer geringeren Zahlungsbereitschaft und Kaufzurückhaltungen führen[...]." Vergleiche auch *S. Sieber*, DStR 2021, S. 2656 (2658 ff.).

1445 Vergleiche etwa *A. Langer*, Die Grenzen des Country-by-Country Reportings, 2019, S. 269.

1446 Zum Ganzen *S. Grotherr*, IWB 2016, S. 892 (900 ff.).

Ertragsteuerinformationsbericht liefert das Handwerkszeug für eine grundlegende öffentliche Kontrolle in der Unternehmensbesteuerung. Er ist damit für die Erreichung der mit ihm verfolgten Ziele alles in allem jedenfalls nicht offensichtlich ungeeignet. Mehr verlangt der EuGH für die Annahme der Geeignetheit nicht.

d) Keine garantierte öffentliche Kontrolle im Steuerrecht

All die mit dem Ertragsteuerinformationsbericht verfolgten Ideen und Ziele der Europäischen Kommission setzen jedoch voraus, dass es zu einer tatsächlichen öffentlichen Kontrolle kommt. Die einzelnen Informationskategorien des Ertragsteuerinformationsberichts sowie ihre Zusammenstellung ermöglichen alles in allem zwar durchaus eine Kontrolle der Unternehmensbesteuerung.[1447] Sehr viel zweifelhafter ist jedoch, ob die Öffentlichkeit überhaupt ein verlässliches Kontrollorgan ist.[1448] Für eine öffentliche Kontrolle genügt es nicht, dass Informationen eine sinnvolle Kontrolle ermöglichen und mehr oder weniger verstanden werden (können). Die Öffentlichkeit muss der ihr zugedachten Rolle als Kontrollorgan auch nachkommen.[1449]

Hierbei ist zunächst einmal festzustellen, dass nur weil die Daten des Ertragsteuerinformationsberichts veröffentlicht werden, keineswegs automatisch auch eine auf den Daten basierende unternehmenssteuerliche Kontrolle erfolgt.[1450] Es gilt vielmehr zu bedenken, dass sich allein „aus dem bloßen Vorhandensein von Information[en] noch nicht auf ihre Verwertung im Sinne einer Kontrollhandlung schließen [lässt]“.[1451] Im schlimmsten Fall bedeutet dies, dass Geschäftsgeheimnisse preisgegeben werden müssen, Wettbewerber Zugang zu Unternehmensdaten erhalten und berichtspflichtige Unternehmen Wettbewerbsnachteilen ausgesetzt sind, ohne dass das berichtspflichtige Unternehmen überhaupt von der Öffentlichkeit kontrolliert wird. Dies bedeutet weiter, dass die Grundrechtsbeeinträchtigungen überaus massiv und definitiv sind, der in der öffentlichen Kontrolle liegende eigentliche Sinn und Zweck des Ertragsteuerinformationsberichts jedoch unter Umständen gar nicht realisiert wird, weil sich niemand für das berichtspflichtige Unternehmen interessiert und es also niemand kontrolliert. Die Öffentlichkeit hat ohnehin „allenfalls eine leicht lösbare Bindung zu den zu kontrollierenden

---

1447 Vergleiche *S. Grotherr*, IWB 2016, S. 892 (902).

1448 Ausführlich hierzu *L. Rudkowski*, Transparenzpflichten zur Kontrolle von Finanzdienstleistungsunternehmen, 2016, S. 178 ff.

1449 Vergleiche *L. Rudkowski*, Transparenzpflichten zur Kontrolle von Finanzdienstleistungsunternehmen, 2016, S. 179 f.

1450 Vergleiche *L. Rudkowski*, Transparenzpflichten zur Kontrolle von Finanzdienstleistungsunternehmen, 2016, S. 179.

1451 Treffend *L. Rudkowski*, Transparenzpflichten zur Kontrolle von Finanzdienstleistungsunternehmen, 2016, S. 179.

Unternehmen".[1452] Das Desinteresse wird dabei regelmäßig wohl umso größer sein, je weniger bekannt die berichtspflichtigen Unternehmen sind. Unternehmen, die ausschließlich andere Unternehmen beliefern, werden tendenziell mangels Wissen der Öffentlichkeit um deren Existenz sogar überhaupt nicht von ihr kontrolliert werden. Der sogenannte „B2B-Commerce" wird damit wohl nicht von der öffentlichen Kontrolle betroffen sein.[1453] Die öffentliche Kontrolle wird sich, wenn überhaupt, auf den „B2C-Commerce" konzentrieren.[1454] Während auf der einen Seite also Grundrechtseingriffe von höchster Intensität vorliegen, ist auf der anderen Seite gar nicht gesagt, dass es überhaupt zu einer tatsächlichen Kontrolle kommt.

Damit die Öffentlichkeit ihrer Rolle als Kontrollorgan nachkommt, müsste sie über ein „Kontrollinteresse" verfügen.[1455] Dieses Kontrollinteresse kann der Öffentlichkeit jedoch nicht pauschal unterstellt werden. Die Öffentlichkeit besteht aus einer Vielzahl an Menschen. Diese sind „heterogen, ihre Interessen differieren, nicht anders als ihr Verhältnis zu den Unternehmen, die sie kontrollieren sollen".[1456] Wie oben bereits dargestellt, halten sich die „shame sanctions" mit Ausnahme des Falls *Starbucks* alles in allem doch sehr in Grenzen. Die Produkte werden weiterhin bereitwillig konsumiert.[1457] Hinzu kommt, dass Unternehmensboykotte natürlich dann besonders schwerfallen, wenn das Unternehmen qualitativ hochwertige Produkte vertreibt und man für einen sinnvollen Boykott die qualitativ minderwertigeren Konkurrenzprodukte konsumieren müsste oder aber wenn das zu boykottierende Unternehmen eine Monopolstellung innehat.[1458] Manche Unternehmen sind so groß und marktbeherrschend, dass man sie gar nicht effektiv boykottieren kann. Darüber hinaus werfen der Boykott und der Aufruf zum Boykott als Druckmittel auch strafrechtliche Fragen auf.[1459] Letztlich wird sich der konsumierende Steuerpflichtige aber spätestens dann, wenn der Boykott sein

1452 *L. Rudkowski*, Transparenzpflichten zur Kontrolle von Finanzdienstleistungsunternehmen, 2016, S. 180.

1453 Vergleiche *V. Wöhrer*, Data Protection and Taxpayers' Rights: Challenges Created by Automatic Exchange of Information, 2018, S. 160; siehe auch *R. Pinkernell*, ifst-Schrift Nr. 494 (2014), S. 156.

1454 Vergleiche *V. Wöhrer*, Data Protection and Taxpayers' Rights: Challenges Created by Automatic Exchange of Information, 2018, S. 160; siehe auch *R. Pinkernell*, ifst-Schrift Nr. 494 (2014), S. 156.

1455 *L. Rudkowski*, Transparenzpflichten zur Kontrolle von Finanzdienstleistungsunternehmen, 2016, S. 180; siehe auch *J. D. Blank*, Tax Law Review 2009, S. 539 (563 f.).

1456 *L. Rudkowski*, Transparenzpflichten zur Kontrolle von Finanzdienstleistungsunternehmen, 2016, S. 180.

1457 Vergleiche *I. Kummert*, FR 2018, S. 425 (425 f.). Siehe auch *T. Hoppe/J. Müller/A. Weinrich/K. Wittek*, IStR 2021, S. 925 (931).

1458 In diese Richtung auch *J. Lüdicke/F. Salewski*, ISR 2017, S. 99 (105).

1459 Siehe hierzu ausführlich etwa *M. Bergerhoff*, Nötigung durch Boykott, 1998.

persönliches Umfeld betrifft, selbst näherstehen als der Gemeinschaft der Steuerpflichtigen. Im steuerrechtlichen Schrifttum wird zu bedenken gegeben, dass „[d]er Anteil der Bürger, die einen eigenen Nachteil auf sich nehmen würden, um für eine ‚gerechtere' Welt einzustehen, [...] bekanntlich [...] sehr gering" sei.[1460]

Diese Haltung ist nicht verwunderlich. In der Psychologie hat sich die Erkenntnis durchgesetzt, dass das Verantwortungsbewusstsein und die Einsatzbereitschaft des Einzelnen immer stärker abnehmen, je größer die Gruppe ist, in der sich der Einzelne befindet.[1461] Ist also ein Projekt strukturell darauf ausgerichtet, dass eine Vielzahl von Personen Verantwortung trägt oder eine Aufgabe übernehmen soll, so ist die Wahrscheinlichkeit hoch, dass sie am Ende, falls überhaupt, nur von einigen wenigen getragen oder übernommen wird.[1462] Dies ist ein grundlegendes Problem, das der Ertragsteuerinformationsbericht als allgemeines öffentliches Kontrollinstrument in sich birgt: Die Prämisse, dass alle kontrollieren können und sollen, kann am Ende dazu führen, dass niemand kontrolliert, weil sich für eine ertragsteuerliche Kontrolle niemand wirklich verantwortlich fühlt. Die Rechtswissenschaftlerin *Lena Rudkowski* bringt es daher treffend auf den Punkt, wenn sie ausführt, dass aus diesen Gründen letztlich eben „nicht davon ausgegangen werden [kann], dass die Öffentlichkeit als Vielzahl von Einzelpersonen stärker kontrolliert als es einzelne speziell dafür ausgewählte Personen täten".[1463]

Daran zeigt sich geradezu lehrbuchartig, dass öffentliche Kontrolle und „naming and shaming" mitnichten verlässlich eingesetzt werden können.[1464] Das Interesse der Öffentlichkeit an Steuerfairness reicht offenbar am Ende auch nicht so weit, um nachhaltigen öffentlichen Druck aufzubauen.[1465] Insbesondere scheint es auch keine Einflussnahme der Öffentlichkeit auf steuervermeidende Unternehmen über den Markt und den Konsum zu geben.[1466] Es kann somit gerade nicht gesagt werden,

---

1460 *J. Lüdicke/F. Salewski*, ISR 2017, S. 99 (105).

1461 Vergleiche *L. Rudkowski*, Transparenzpflichten zur Kontrolle von Finanzdienstleistungsunternehmen, 2016, S. 180 (m. w. N.), die Bezug auf den französischen Psychologen *Gustave Le Bon* nimmt.

1462 Vergleiche *L. Rudkowski*, Transparenzpflichten zur Kontrolle von Finanzdienstleistungsunternehmen, 2016, S. 180.

1463 *L. Rudkowski*, Transparenzpflichten zur Kontrolle von Finanzdienstleistungsunternehmen, 2016, S. 180.

1464 So auch *J. Lüdicke/F. Salewski*, ISR 2017, S. 99 (106, 108).

1465 Vergleiche *J. Gallemore/E. L. Maydew/J. R. Thornock*, Contemporary Accounting Research 2014, S. 1103 (1105, 1127); *J. Lüdicke/F. Salewski*, ISR 2017, S. 99 (106).

1466 *J. Lüdicke/F. Salewski*, ISR 2017, S. 99 (106): „Die Nachfrage nach den Produkten ist auch in Europa ungebrochen. Von einem Boykott oder sonstigem Abstrafen kann also keine Rede sein."; ähnlich *I. Kummert*, FR 2018, S. 425 (425 f.): „Interessanterweise orientiert sich auch das Käuferverhalten nicht daran, wer Steuern gezahlt hat und wer nicht [...]".

dass das Interesse der Öffentlichkeit an einer fairen Unternehmensbesteuerung so weit reicht, dass Kontrollen und Sanktionen wirklich ausgeübt werden.[1467]

e) Keine objektive Auswertung der Ertragsteuerinformationsberichte

Ferner steht zu befürchten, dass die Informationen, die der öffentlichen Kontrolle zugrunde gelegt werden, nicht objektiv ausgewertet werden.[1468] Am Ende müssen die von der Öffentlichkeit kontrollierten und ausgewerteten Informationen „in eine rationale Entscheidung umgesetzt werden".[1469] Das bedeutet, dass die Öffentlichkeit auf der Grundlage einer sachlichen Analyse der Daten des Ertragsteuerinformationsberichts gleich einem Richter rein objektiv entscheiden muss, ob die Steuerlast und die Steuerpolitik des konkreten multinationalen Unternehmens angemessen sind oder eben nicht.

Entscheidungen der Öffentlichkeit weisen diese Rationalität und Objektivität letztlich aber nicht auf.[1470] Für die Rechtswissenschaft fruchtbar gemachte Erkenntnisse der Verhaltenswissenschaft zeigen vielmehr, dass sich Beurteilungs- oder Bewertungsvorgänge gerade nicht als Form objektiven Abwägens darstellen, sondern ganz stark von Emotionen, persönlichen Einstellungen und Ansichten geprägt sind.[1471] Damit befinden sich „Informationsaufnahme und Informationsverarbeitung [...] unmittelbar unter sozialem Einfluss".[1472] Dies ist bei einem durchaus auch politisch geprägten Thema wie der gerechten Besteuerung von Unternehmen nicht unproblematisch. Erschwerend kommt hinzu, dass die Besteuerung von Konzernen in der öffentlichen Wahrnehmung ohnehin schon als ungerecht empfunden wird und im Ganzen negativ konnotiert ist.[1473] Dies liegt nicht zuletzt auch daran, dass die Besteuerung der Konzerne in Politik und Gesellschaft immer wieder Gegenstand einer angeheizten „Moraldebatte" war und nach wie vor ist.[1474] Die gesamte Debatte um eine gerechte Besteuerung ist von moralinsauren Begriffen geprägt, die anscheinend ohne Weiteres erlauben, zwischen Gut

---

1467 Vergleiche hierzu auch *A. Steinegger*, Der Konzern 2016, S. 454 (461).

1468 Nachfolgend angelehnt an *L. Rudkowski*, Transparenzpflichten zur Kontrolle von Finanzdienstleistungsunternehmen, 2016, S. 182 f.

1469 *L. Rudkowski*, Transparenzpflichten zur Kontrolle von Finanzdienstleistungsunternehmen, 2016, S. 182 f.

1470 Vergleiche *L. Rudkowski*, Transparenzpflichten zur Kontrolle von Finanzdienstleistungsunternehmen, 2016, S. 183.

1471 Vergleiche *I. Koller*, ZBB 2011, S. 361 (363); *L. Rudkowski*, Transparenzpflichten zur Kontrolle von Finanzdienstleistungsunternehmen, 2016, S. 183.

1472 *I. Koller*, ZBB 2011, S. 361 (363).

1473 Vergleiche etwa *U. Schreiber/J. Voget*, StuW 2017, S. 145 (145, 149).

1474 *I. Kummert*, FR 2018, S. 425 (426). Siehe auch *J. Kokott*, Das Steuerrecht der Europäischen Union, 2018, § 2 Rn. 130: „[...] darf die Fairness-Diskussion nicht ins Moralisieren umschlagen."

(Steuergerechtigkeit) und Böse („aggressive" Steuerplanung) zu unterscheiden.[1475] Über derartige Begrifflichkeiten wird nicht zuletzt auch das konkrete Steuerverhalten des Steuerpflichtigen durch den gesellschaftlichen Diskurs moralisch klassifiziert.[1476] Wer Steuern vermeidet, verhält sich hiernach wider die Gesellschaft. Diese gesellschaftlich etablierte Haltung wird zu einer voreingenommenen Kontrolle der internationalen Konzernbesteuerung führen. Im steuerrechtlichen Schrifttum wird zudem zu bedenken gegeben, dass Veröffentlichungen von Steuerdaten Sozialneid und Missgunst hervorrufen können.[1477] Von einer sichergestellten objektiven Kontrolle der Steuerdaten kann angesichts all dessen nicht mehr gesprochen werden.[1478]

In diesen Kontext fügt sich dann auch der Umstand ein, dass (Steuer-)Gerechtigkeit im Auge des Betrachters liegt.[1479] Ob eine bestimmte Steuerlast nun tatsächlich auch eine „angemessene", „faire" und „gerechte" Steuerlast ist, ist letztlich eher eine Frage der persönlichen Einstellung, denn eine objektiv-belastbare Tatsache.[1480] Treffend wird daher ausgeführt, dass die „moralische Auffassung der Allgemeinheit [...] viel zu unbestimmt [ist]", als dass sie die Frage nach der gerechten Steuerlast von Konzernen verbindlich beantworten könnte.[1481]

Dass eine Kontrolle der berichtspflichtigen Unternehmen auf der Grundlage der Ertragsteuerinformationsberichte wertneutral und vorurteilsfrei auch im Hinblick auf eine unter Umständen tatsächlich gerechte Unternehmensbesteuerung erfolgt, die ja keineswegs ausgeschlossen ist, erscheint angesichts all dessen unwahrscheinlich. Wahrscheinlicher ist es, dass die Öffentlichkeit, sofern sie überhaupt kontrolliert, pauschal von der Unangemessenheit der Steuerlast der berichtspflichtigen Unternehmen ausgeht. Dass Daten dabei vielleicht sogar bewusst missverstanden werden und Unklarheiten eher zulasten der Konzerne zu Buche schlagen, scheint nicht ausgeschlossen. Diese Erwartungen decken sich im Ergebnis auch mit der

---

1475 Vergleiche exemplarisch etwa *W. Blumers*, BB 2013, S. 2785 (2785 ff.): „Vielleicht legal, aber jedenfalls verwerflich". Mit Bezug zum Steuerwettbewerb anschaulich *N. Braun Binder*, Rechtsangleichung in der EU im Bereich der direkten Steuern, 2017, S. 76.

1476 Vergleiche *I. Kummert*, FR 2018, S. 425 (426).

1477 Ausführlich hierzu *E. J. Meise*, Steuerpublizität bei natürlichen Personen, 2019, S. 185 ff.

1478 Vergleiche *L. Rudkowski*, Transparenzpflichten zur Kontrolle von Finanzdienstleistungsunternehmen, 2016, S. 184: „Eine rationale Entscheidung ist daher grundsätzlich nicht zu erwarten".

1479 *K. Tipke*, in: FS Gerhard Wacke, 1972, S. 211 (214).

1480 Vergleiche *J. Lüdicke*/*F. Salewski*, ISR 2017, S. 99 (105); *V. Wöhrer*, Data Protection and Taxpayers' Rights: Challenges Created by Automatic Exchange of Information, 2018, S. 162.

1481 *J. Lüdicke*/*F. Salewski*, ISR 2017, S. 99 (105).

Prognose von *Michelle Hanlon*, die davon ausgeht, dass die Versuche, Gewinnverlagerungen auf der Grundlage des Country-by-Country Reportings zu identifizieren, vielfach zu „falsch Positiven“ führen werden.[1482] Damit kann festgehalten werden, dass von einem öffentlichen Kontrollorgan keine objektiven, wertfreien Kontrollen zu erwarten sind.[1483] Die Gefahr, dass steuerliches Fehlverhalten von der Öffentlichkeit fälschlicherweise angenommen oder gar unterstellt wird, ist in Bezug auf „naming and shaming“ für die Unternehmen letztlich unzumutbar. Die Öffentlichkeit ist für eine Steuerkontrolle kein geeignetes Organ.

3. Die Erforderlichkeit

Grundrechtseinschränkungen dürfen gemäß Art. 52 Abs. 1 Satz 2 GRCh überdies nur vorgenommen werden, sofern sie für die Erreichung der legitimen Ziele erforderlich sind. Hierbei gilt, „dass dann, wenn mehrere geeignete Maßnahmen zur Auswahl stehen, die am wenigsten belastende zu wählen ist“.[1484] Es darf also insbesondere kein anderes Mittel geben, das zur Zielerreichung genauso gut geeignet ist und weniger stark in Grundrechte eingreift.[1485] Nach Auffassung der Europäischen Kommission sei der öffentliche Ertragsteuerinformationsbericht „auf das zur Erreichung der angestrebten größeren Transparenz erforderliche Maß [beschränkt]“.[1486]

Zwar wäre es sicherlich weniger einschränkend, wenn man es den Unternehmen überließe, steuerliche Informationen zu veröffentlichen, und somit auf Freiwilligkeit in der öffentlichen Steuertransparenz setzte.[1487] Jedoch wäre ein solches Vorgehen weniger geeignet, um einheitliche Kontrollen zu ermöglichen, da Unternehmen entweder überhaupt keine oder aber unterschiedliche Daten und Informationen veröffentlichen würden und es damit an der so wichtigen Einheitlichkeit in der Steuertransparenz fehlen würde.

a) Bereits bestehende Veröffentlichungspflicht von Jahresabschlüssen

Gegen die Erforderlichkeit der Veröffentlichungspflicht von Steuerdaten in Form eines Ertragsteuerinformationsberichts könnte jedoch sprechen, dass mit der Veröffentlichungspflicht von Jahresabschlüssen in einschlägigen Unternehmensregistern bereits öffentliche Steuertransparenz besteht, die eine öffentliche Kontrolle der Unternehmensbesteuerung ermöglicht. Der EuGH hat sich in der Rechtssache

---

1482 *M. Hanlon*, Bulletin for International Taxation 2018, S. 209 (215).

1483 Vergleiche *L. Rudkowski*, Transparenzpflichten zur Kontrolle von Finanzdienstleistungsunternehmen, 2016, S. 184.

1484 EuGH v. 17.10.2013, C-101/12, ECLI:EU:C:2013:661, Rn. 29 – Schaible.

1485 *H. D. Jarass*, GRCh, 4. Auflage 2021, Art. 52 Rn. 39.

1486 COM(2016) 198 final, S. 4, 13 f., Erwägungsgrund 14.

1487 Siehe zu der Idee einer freiwilligen (öffentlichen) Steuertransparenz *I. Hardeck*, ZfB 2012, S. 101 (105 ff.).

Springer mit der Grundrechtskonformität der Offenlegung von Jahresabschlüssen befasst und kam hier insgesamt zu einer Verhältnismäßigkeit des Eingriffs in die Grundrechte.[1488] Der Jahresabschluss und der Ertragsteuerinformationsbericht haben unterschiedliche Zuschnitte und verfolgen überdies auch gänzlich andere Ziele.[1489] Während Jahresabschlüsse dem Gläubigerschutz und dem Schutz des Geschäftsverkehrs zu dienen bestimmt sind, soll mit dem Ertragsteuerinformationsbericht öffentliche Steuerkontrolle ermöglicht werden.[1490]

Überdies unterscheiden sich die einzelnen Informationskategorien der Jahresabschlüsse und des Ertragsteuerinformationsberichts. Der Ertragsteuerinformationsbericht geht in seiner ertragsteuerlichen Detailtiefe weit über die des Jahresabschlusses hinaus.[1491] Insbesondere erfolgt im Jahresabschluss keine Auflistung nach Steuerhoheitsgebieten. Der Europäischen Kommission kommt es jedoch gerade darauf an, dass die Öffentlichkeit kontrollieren kann, ob Steuern an dem Ort gezahlt werden, an dem die Wertschöpfung erfolgt, und also „Gewinne tatsächlich dort besteuert werden, wo sie entstehen".[1492] Für eine Umsetzung des Vorhabens der Europäischen Kommission ist es daher zwingend notwendig, dass eine Aufschlüsselung nach Steuerhoheitsgebieten erfolgt. Da Jahresabschlüsse dies nicht gewähren, sind sie bereits von vornherein zur Erreichung der Kommissionsziele weniger geeignet als der Ertragsteuerinformationsbericht.

b) Ausklammern von Geschäftsgeheimnissen

Mit einem die Berichtspflicht auslösenden Schwellenwert von 750 Millionen Euro konsolidierten Umsatzerlöses besteht eine Veröffentlichungspflicht des Ertragsteuerinformationsberichts gemäß dem Vorschlag der Europäischen Kommission überdies nicht generell für sämtliche (multinationalen) Unternehmen.[1493] Gewisse Unternehmen werden also gezielt ausgeklammert.[1494] Weniger eingriffsintensiv als der Ertragsteuerinformationsbericht wäre dabei sicherlich ein Veröffentlichungsformat, das auf die Preisgabe von Geschäftsgeheimnissen verzichtete.

Steuerdaten stellen jedoch stets Geschäftsgeheimnisse dar. Ein Format, das Steuerdaten öffentlich zugänglich macht, gibt damit auch stets Geschäftsgeheimnisse preis. Insofern ist es gerade für das Vorhaben der Europäischen Kommission

---

1488 EuGH v. 23.12.2004, C-435/02 und C-103/03, ECLI:EU:C:2004:552, Rn. 58, 72 – Springer.

1489 Vergleiche *A. Rust/D. W. Blum*, Grundrechteschutz im Steuerrecht, 2018, S. 87f.

1490 Vergleiche *A. Rust/D. W. Blum*, Grundrechteschutz im Steuerrecht, 2018, S. 87f.

1491 *A. Rust/D. W. Blum*, Grundrechteschutz im Steuerrecht, 2018, S. 87; *A. Langer*, Die Grenzen des Country-by-Country Reportings, 2019, S. 282.

1492 COM(2016) 198 final, S. 2.

1493 COM(2016) 198 final, S. 7f.

1494 COM(2016) 198 final, S. 7 f.; siehe auch *H. Baumhoff*, in: Jürgen Lüdicke (Hrsg.), Internationale Geschäftstätigkeiten in der Nach-BEPS-Welt, 2018, S. 97 (99f.).

wenig überzeugend, wenn Unternehmen gestattet werden soll, Daten von einer gewissen wirtschaftlichen Sensibilität für eine gewisse Zeit nicht im Ertragsteuerinformationsbericht angeben zu müssen.[1495] Steuerinformationen sind stets Geschäftsgeheimnisse und also stets sensible Informationen. Ein Berichtsformat, das öffentliche Steuertransparenz und öffentliche Kontrolle schaffen will, dann aber ermöglicht, dass sensible Informationen gerade wegen dieser kontrollierenden Öffentlichkeit doch nicht angegeben werden müssen, verfehlt seinen Zweck.

c) *Veröffentlichung nur gegenüber der Finanzverwaltung*

Zu erörtern ist damit, ob es nicht gleich geeignet, indes weniger eingriffsintensiv wäre, wenn der Ertragsteuerinformationsbericht nur der Finanzverwaltung gegenüber „veröffentlicht" würde. Für die Finanzbehörden gehen mit dem Ertragsteuerinformationsbericht „keine Zusatzinformationen"[1496] einher, da sie schon jetzt Zugang zum Local File, dem Master File sowie dem länderbezogenen Bericht haben.[1497]

Eine Veröffentlichung gegenüber der Finanzverwaltung würde ferner die von der Europäischen Kommission verfolgten Ziele nicht verwirklichen.[1498] Die Finanzverwaltung, die aufgrund der Daten des Ertragsteuerinformationsberichts legale Gewinnverlagerungen erkannt hat, muss diese respektieren.[1499] Da die Finanzbehörden keine rechtliche Handhabe gegen legale Steuergestaltungen haben, sind multinationale Unternehmen in dieser Hinsicht unantastbar.[1500] Für gewinnverlagernde und „aggressiv" steuerplanende multinationale Unternehmen ist Steuertransparenz gegenüber der Finanzverwaltung unproblematisch und eine effektive Bekämpfung von „aggressiver" Steuerplanung im Ergebnis daher nur schwer möglich. Durch Transparenz allein zugunsten der Finanzbehörden kann der „aggressiven" Steuerplanung gerade nicht vorgebeugt werden. Der Ertragsteuerinformationsbericht setzt demgegenüber mit seiner öffentlichen Kontrolle gerade auf das Vorbeugen „aggressiver" Steuerplanungen durch (drohende) Reputationsverluste.[1501]

1495 Vergleiche *S. van der Ham/S. Tomson/M. J. Chwalek*, ISR 2018, S. 26 (31); *A. Langer*, Die Grenzen des Country-by-Country Reportings, 2019, S. 145.

1496 *K. von Brocke/F. S. Zawodsky*, SAM 2021, S. 105 (109).

1497 Vergleiche zum Ganzen *K. von Brocke/F. S. Zawodsky*, SAM 2021, S. 105 (109), die explizit DAC4 erwähnen.

1498 Siehe zu den Zielen COM(2016) 198 final, S. 2 f.

1499 Vergleiche *D. Fehling*, FR 2015, S. 817 (818).

1500 Siehe auch *M. A. Chirelstein/L. A. Zelenak*, Columbia Law Review 2005, S. 1939 (1951).

1501 Vergleiche *S. Grotherr*, RIW 2017 S. 1 (14); *V. Wöhrer*, Data Protection and Taxpayers' Rights: Challenges Created by Automatic Exchange of Information, 2018, S. 101.

Sofern die Finanzverwaltung besonders „aggressive“ Gestaltungsmodelle aufgedeckt hat, kann sie diese zwar durch entsprechende Gesetze unterbinden. Derartige Regelungen können jedoch immer nur für zukünftige Gestaltungen gelten. Eine Gestaltung, die als Ergebnis „buchungstechnischer Geschicklichkeit“[1502] im Konzernverbund bereits zu einem tatsächlichen Steuerausfall geführt hat, kann damit von der Finanzverwaltung grundsätzlich nicht mehr nachträglich angegriffen werden.[1503] Wie der Fall um die Kaffeehauskette *Starbucks* gezeigt hat, kann von der Öffentlichkeit vermittels „naming and shaming“ und der „shame sanctions“ der Steuerausfall durch das Erzwingen einer „Abgabe“ gleichwohl auch noch nachträglich angegriffen werden.[1504]

Ohne effektive Einwirkung auf das unternehmerische Steuerplanungsverhalten kommt es zu keinem nennenswerten Erfolg im Kampf um eine gerechte (internationale) Unternehmensbesteuerung.[1505] Eine sinnvolle Problemlösung kann dabei – nicht zuletzt auch aus den oben angeführten Gründen – jedenfalls nicht allein in einer immer umfangreicheren Steuertransparenz allein zugunsten der Finanzverwaltung liegen. Nicht grundlos haben „politische Ansätze“ rund um „naming and shaming“ in der Unternehmensbesteuerung in letzter Zeit so an Intensität gewonnen.[1506] Da der Ertragsteuerinformationsbericht im Großen und Ganzen nur eine veröffentlichte Version des länderbezogenen Berichts ist, der den Finanzverwaltungen im automatischen Informationsaustausch ohnehin zukommt, wäre ein nur für die Finanzverwaltungen zugänglicher Ertragsteuerinformationsbericht überflüssig.[1507] Überdies würde der Vorstoß der Europäischen Kommission, dass nämlich gerade die Öffentlichkeit die Steuerlast der Unternehmen kontrollieren soll,[1508] durch eine Begrenzung der Zugänglichkeit zum Ertragsteuerinformationsbericht allein auf die Finanzbehörden vollständig konterkariert werden.

1502 Anschaulich *P. Kirchhof*, in: FS Moris Lehner, 2019, S. 11 (14).

1503 In diese Richtung wohl auch *M. A. Chirelstein/L. A. Zelenak*, Columbia Law Review 2005, S. 1939 (1939, 1950).

1504 Dazu kritisch *R. Pinkernell*, ifst-Schrift Nr. 494 (2014), S. 156: „Freiwillige Zahlungen darf der staatliche Steuergläubiger weder verlangen noch erwarten, zumal er dann Gefahr läuft, als Almosenempfänger wahrgenommen zu werden [...]“.

1505 *M. A. Chirelstein/L. A. Zelenak*, Columbia Law Review 2005, S. 1939 (1950).

1506 Vergleiche *M. Valta*, Das Internationale Steuerrecht zwischen Effizienz, Gerechtigkeit und Entwicklungshilfe, 2014, S. 179 f.

1507 So auch *A. Langer*, Die Grenzen des Country-by-Country Reportings, 2019, S. 289.

1508 Vergleiche COM(2016) 198 final, S. 2.

d) *Veröffentlichung nur gegenüber Nichtregierungsorganisationen und Medien*

Schließlich ist zu überlegen, ob es nicht ein milderes, gleich geeignetes Mittel wäre, wenn die Ertragsteuerinformationsberichte ausschließlich gewissen Personengruppen zugänglich gemacht würden. So könnten etwa Nichtregierungsorganisationen und Medien die Steuerdaten einsehen, kontrollieren und der Öffentlichkeit sodann darüber berichten. Tatsächlich ist es bereits heute so, dass die Medien ein beachtliches Druck- und Lenkungspotenzial im gesellschaftlichen Diskurs über Steuervermeidung haben.[1509] Viele steuerliche Verfehlungen, zu denken ist hier etwa an die „Panama-Papers", die „Paradise-Papers" oder aber die „Lux-Leaks", sind in den letzten Jahren erst durch couragierte Medienberichterstattung und Whistleblowing öffentlich bekannt geworden.[1510] In der Öffentlichkeit kam es dann stets zu Empörungen und einer Steigerung des gesellschaftlichen Drucks auf diejenigen, die Steuern entweder vermieden oder hinterzogen hatten. Im Prinzip arbeitet die Öffentlichkeit mithilfe der Medien also schon seit geraumer Zeit mit „naming and shaming" gegen Steuervermeidung und Steuerhinterziehung.

Sofern man die Ertragsteuerinformationsberichte nur Nichtregierungsorganisationen und den Medien zur Einsicht und Kontrolle zugänglich machen würde, gäbe es allerdings gerade keine direkte Kontrolle durch die Öffentlichkeit mehr. Die Steuerinformationen würden von den Medien vermittelt an die Öffentlichkeit gelangen. Damit hätte die Öffentlichkeit lediglich einen mittelbaren Zugriff auf die Daten. Die Europäische Kommission möchte jedoch gerade eine unmittelbare öffentliche Kontrolle in der Unternehmensbesteuerung schaffen.[1511] Die Öffentlichkeit selbst soll das Kontrollorgan sein und selbst ungehinderten und direkten Zugriff auf die zu kontrollierenden Steuerdaten haben.[1512] Ein Dazwischenschalten von Nichtregierungsorganisationen und den Medien zwischen die Steuerdaten und die Öffentlichkeit läuft der eigentlichen Idee der Europäischen Kommission zuwider.[1513]

Es ist damit nicht ersichtlich, dass es für die Umsetzung der Ziele der Europäischen Kommission auf dem Gebiet der öffentlichen Steuerkontrolle mildere gleich geeignete Mittel als den Ertragsteuerinformationsbericht gibt.

4. Die Angemessenheit

Schließlich muss die Verpflichtung zur Erstellung und Veröffentlichung des Ertragsteuerinformationsberichts aber auch angemessen sein. Der EuGH führt

1509 Vergleiche *A. Kubata*, IStR 2021, S. 949 (949).
1510 Siehe nur *T. Duttiné*, Newsdienst Compliance 2018, 72005.
1511 Vergleiche COM(2016) 198 final, S. 2 f.
1512 Vergleiche COM(2016) 198 final, S. 2 f.
1513 Vergleiche COM(2016) 198 final, S. 2 f.

zur Angemessenheit aus, dass „die verursachten Nachteile nicht außer Verhältnis zu den angestrebten Zielen stehen dürfen".[1514] Die sich gegenüberstehenden Interessen sind abzuwägen, und „das rechte Gleichgewicht" ist zwischen ihnen zu wahren.[1515]

a) Betroffene Interessen

Auf der einen Seite steht das grundlegende Interesse, dass auch multinationale Unternehmen einen angemessenen Beitrag zur Finanzierung der Gesellschaft leisten. Wenn sich gewisse Steuerpflichtige ihrer Steuerlast nahezu gänzlich entledigen können, führt dies zu steuerlicher Ungleichheit im Belastungserfolg[1516] und bringt die Akzeptanz, sich überhaupt besteuern zu lassen, sowie das Vertrauen in einen gerechten Steuerstaat stark ins Wanken.[1517] Da Steuerstaaten die legale Steuervermeidung nicht effektiv bekämpfen können, wird auf die Macht der Öffentlichkeit gesetzt. Öffentliche Transparenz, Kontrolle und öffentlicher Druck in der Unternehmensbesteuerung sollen eine faire Unternehmensbesteuerung erzwingen.[1518] Das Ziel einer gerechten Unternehmensbesteuerung ist dabei von außerordentlicher Bedeutung.

Auf der anderen Seite stehen die Interessen der multinationalen Unternehmen, ihre Steuerlast so gering wie nur möglich zu halten,[1519] Geschäftsgeheimnisse zu schützen und sich in einem unverfälschten, von staatlichen Einflüssen weitgehend freien Wettbewerb mit Konkurrenzunternehmen zu messen.

b) Intensität der Grundrechtseingriffe

Zunächst einmal muss die Intensität des mit der Erstellungs- und Veröffentlichungspflicht eines Ertragsteuerinformationsberichts einhergehenden Eingriffs in die Grundrechte betrachtet werden.

aa) Internetöffentlichkeit als besonders schwerwiegender Grundrechtseingriff

Der Ertragsteuerinformationsbericht schafft eine Internetöffentlichkeit. Anders als es im skandinavischen Raum mit Steuerlisten lange praktiziert wurde, liegen die Ertragsteuerinformationsberichte nicht in irgendwelchen Behördenstuben aus, wo

---

1514 EuGH v. 17.10.2013, C-101/12, ECLI:EU:C:2013:661, Rn. 29 – Schaible.

1515 EuGH v. 12.6.2003, C-112/00, ECLI:EU:C:2003:333, Rn. 81 – Schmidberger.

1516 Zur Steuergleichheit und der steuerlichen Gleichbelastung *K.-D. Drüen*, Die Indienstnahme Privater für den Vollzug von Steuergesetzen, 2012, S. 268 ff.

1517 Vergleiche *U. Schreiber/L. M. Fell*, in: FS Dieter Endres, 2016, S. 387 (390); *U. Schreiber/J. Voget*, StuW 2017, S. 145 (149).

1518 Vergleiche *S. Grotherr*, IWB 2016, S. 854 (855 f.); *V. Wöhrer*, SWI 2017, S. 25 (35).

1519 *M. Schwenke*, BB 1998, S. 2604 (2605).

sie nur in der Behörde und nur zu den regulären behördlichen Öffnungszeiten eingesehen werden können.[1520] Die Ertragsteuerinformationsberichte werden auf die Internetseiten der berichtspflichtigen Unternehmen gestellt und sind damit online. Das bedeutet, dass sie grundsätzlich für jedermann jederzeit von jedem Ort der Welt aus frei verfügbar sind. Im Internet veröffentlichte Informationen sind „dauerhaft global abrufbar".[1521] Durch die Veröffentlichung im Internet wird also eine „quantitativ enorm erweiterte Zugriffsmöglichkeit" geschaffen.[1522] *Juliane Kokott* stellt treffend fest, dass dieser Art der Steuertransparenz „eine andere Qualität" zukommt.[1523] Die Veröffentlichung des Ertragsteuerinformationsberichts ist für den Datenschutz im Steuerrecht mit „die größte Gefahr".[1524]

Im Ertragsteuerinformationsbericht sind Geschäftsgeheimnisse enthalten.[1525] Wird der Ertragsteuerinformationsbericht nun im Internet veröffentlicht, so sind diese Geschäftsgeheimnisse vollständig zerstört.[1526] Die Beeinträchtigung des Interesses am Schutz der Geschäftsgeheimnisse liegt damit bei 100 Prozent. Im Hinblick auf den Schutz von Geschäftsgeheimnissen handelt es sich daher um einen maximalen Grundrechtseingriff.[1527]

Auch im Hinblick auf die unternehmerische Freiheit ist die Eingriffsintensität des Ertragsteuerinformationsberichts schwerwiegend.[1528] Die Erstellung des Berichts ist mit personellen und finanziellen Ressourcen verbunden, die dauerhaft gebunden werden müssen und also nicht anderweitig eingesetzt werden können. Aufgrund der Veröffentlichungspflicht und der Preisgabe von Geschäftsgeheimnissen im Internet sieht sich das berichtspflichtige Unternehmen sodann den verschiedensten oben dargestellten Wettbewerbsnachteilen ausgesetzt.

Die Eingriffsintensität des Ertragsteuerinformationsberichts in die Grundrechte der berichtspflichtigen Unternehmen ist im Ganzen also hoch.[1529]

1520 Vergleiche *C. Alber*, in: Walter Hübschmann/Ernst Hepp/Armin Spitaler (Begr.), AO/FGO, § 30 AO Rn. 11 (Juni 2004); *J. Kokott*, Das Steuerrecht der Europäischen Union, 2018, § 4 Rn. 23.

1521 *C. Armbrüster/L. Böffel*, ZIP 2019, S. 1885 (1891).

1522 *J. Kokott*, Das Steuerrecht der Europäischen Union, 2018, § 4 Rn. 23.

1523 *J. Kokott*, Das Steuerrecht der Europäischen Union, 2018, § 4 Rn. 23.

1524 *A. Rust/D. W. Blum*, Grundrechteschutz im Steuerrecht, 2018, S. 60.

1525 Vergleiche *A. Langer*, Die Grenzen des Country-by-Country Reportings, 2019, S. 237.

1526 Vergleiche *L. Rudkowski*, Transparenzpflichten zur Kontrolle von Finanzdienstleistungsunternehmen, 2016, S. 171.

1527 Vergleiche *L. Rudkowski*, Transparenzpflichten zur Kontrolle von Finanzdienstleistungsunternehmen, 2016, S. 171.

1528 Siehe hierzu *A. Langer*, Die Grenzen des Country-by-Country Reportings, 2019, S. 237 ff.

1529 Vergleiche hierzu *A. Langer*, Die Grenzen des Country-by-Country Reportings, 2019, S. 292. Siehe allgemein zur Eingriffsintensität von „naming and shaming" im

bb) Die Entscheidungen des Conseil d'État und des Conseil Constitutionnel

Dass Veröffentlichungspflichten von Steuer- und Wirtschaftsdaten eine hohe Eingriffsintensität in Grundrechte aufweisen, wurde auch vom Conseil d'État und vom Conseil Constitutionnel angenommen. Der Conseil d'État musste eine Entscheidung darüber treffen, ob es mit dem französischen Verfassungsrecht vereinbar sei, wenn personenbezogene Daten von Steuerpflichtigen zwecks Bekämpfung von Steuervermeidung in einem allgemein zugänglichen Register veröffentlicht werden.[1530] Konkret ging es um Art. 1649 AB Abs. 2 *Code général des impôts*, der die Einführung eines öffentlichen Trust-Registers vorsah. In dieses Register waren sämtliche Trusts sowie deren Verwalter, die Namen des Treugebers und des Begünstigten sowie das Errichtungsdatum einzutragen.[1531] Das Register sollte „par voie électronique“[1532], mithin also online, jederzeit von jedermann abrufbar sein.[1533] Ein besonderes Interesse an den Daten war nicht erforderlich. Der Conseil d'État hatte hinsichtlich der Verfassungskonformität eines solchen Registers Bedenken und ging aufgrund des ungehinderten Zugangs zu sensiblen Informationen alles in allem von einem schwerwiegenden und unverhältnismäßigen Eingriff aus.[1534] Es ist damit gerade diese vollkommen schrankenlose Zugänglichkeit zu (höchst-)persönlichen Informationen, die die hohe Eingriffsintensität und damit letztlich die Unangemessenheit begründet.[1535] Die Zugänglichkeit zu den Informationen hätte zumindest „auf diejenigen beschränkt werden müssen, die ein berechtigtes Interesse vorzuweisen haben“.[1536]

Ähnlich entschied auch der Conseil Constitutionnel, der sich mit der Frage der Verfassungskonformität einer französischen Vorläuferversion des

---

Internet *C. Armbrüster/L. Böffel*, ZIP 2019, S. 1885 (1891), die von einem schwerwiegenden Eingriff ausgehen.

1530 Conseil d'État, Juge des référés, 22. Juli 2016, ECLI:FR:CEORD:2016:400913.20160722.

1531 Code général des impôts – Article 1649 AB: „Il est institué un registre public des trusts. Il recense nécessairement les trusts déclarés, le nom de l'administrateur, le nom du constituant, le nom des bénéficiaires et la date de constitution du trust.“; *J. Lüdicke/F. Salewski*, ISR 2017, S. 99 (100).

1532 Code général des impôts, annexe 2 – Article 368 A.

1533 *A. de l'Estoile Campi/A. Meidani*, European Taxation 2016, S. 404 (405).

1534 Conseil d'État, Juge des référés, 22.7.2016, ECLI:FR:CE ORD:2016:400913.20160722: „Elle soutient que [...] la publication dans le registre public des trusts de certaines données la concernant, relatives notamment aux dispositions qu'elle a prises pour sa succession, porte une atteinte grave et disproportionnée à sa vie privée.“

1535 Dazu *J. Lüdicke/F. Salewski*, ISR 2017, S. 99 (106): „Daher ist im Ergebnis festzuhalten, dass es kein berechtigtes Interesse der Allgemeinheit an der völlig öffentlichen Darstellung von Steuerdaten gibt.“

1536 *J. Lüdicke/F. Salewski*, ISR 2017, S. 99 (101).

Ertragsteuerinformationsberichts befassen musste.[1537] Vergleichbar dem von der Europäischen Kommission lancierten Ertragsteuerinformationsbericht sah Art. 137 *Loi relative à la transparence, à la lutte contre la corruption et à la modernisation de la vie économique* vor, dass Unternehmen ab einem Schwellenwert von 750 Millionen Euro konsolidierten Umsatzes „pays par pays“[1538] öffentliche Angaben über die Mitarbeiterzahl, die Tätigkeitsart, den Gewinn, die Steuerlast sowie den Umsatz machen mussten.[1539] Der Conseil Constitutionnel vertrat die Auffassung, dass Wettbewerber über diese öffentliche länderbezogene Berichterstattung in die Lage versetzt würden, zentrale Bestandteile der industriellen und wirtschaftlichen Strategie des zur Veröffentlichung verpflichteten Unternehmens identifizieren zu können.[1540] Der Conseil Constitutionnel entschied daher, dass eine derartige Veröffentlichung von Steuerdaten als „atteinte manifestement disproportionnée au regard de l’objectif poursuivi“ einen ganz offensichtlich unverhältnismäßigen Eingriff in die Unternehmensfreiheit darstelle, damit nicht mit der französischen Verfassung vereinbar und also verfassungswidrig sei.[1541]

Damit zeigt der Blick nach Frankreich, dass auch im Kampf um eine faire Steuerbelastung und Steuergerechtigkeit nicht jeder Zweck die Mittel heiligt.[1542] Die Intensität der Grundrechtseingriffe wurde als zu hoch angesehen.

c) Der Nutzen einer öffentlichen Kontrolle in der Unternehmensbesteuerung

Dieser hohen Eingriffsintensität muss ein entsprechend hoher Nutzen gegenübergestellt werden können. Dass versucht wird, multinationale Unternehmen über öffentlichen Druck zum Tragen einer tatsächlich fairen und also ihrer Leistungsfähigkeit angemessenen Steuerlast zu zwingen,[1543] ist angesichts der hoheitlichen Machtlosigkeit gegenüber Steuervermeidung und „aggressiver“ Steuerplanung internationaler Konzerne zunächst einmal durchaus naheliegend. „Naming and shaming“ war immer

---

1537 Conseil Constitutionnel Décision n° 2016-741 DC du 8 décembre 2016. Die Entscheidung ist abrufbar unter https://www.conseil-constitutionnel.fr/decision/2016/2016741DC.htm (letzter Aufruf: 31.3.2022).

1538 Conseil Constitutionnel Décision n° 2016-741 DC du 8 décembre 2016, Rn. 100.

1539 Abrufbar unter http://www.assemblee-nationale.fr/14/ta/ta0830.asp (letzter Aufruf: 31.3.2022).

1540 Conseil Constitutionnel Décision n° 2016-741 DC du 8 décembre 2016, Rn. 113.

1541 Conseil Constitutionnel Décision n° 2016-741 DC du 8 décembre 2016, Rn. 113; siehe auch *J. Hey*, in: Funda Başaran Yavaşlar/Johanna Hey (Hrsg.), Tax Transparency, 2019, S. 193 (207).

1542 Siehe zu den obigen Ausführungen auch *V. Wöhrer*, SWI 2017, S. 25 (25 ff.).

1543 Vergleiche *S. Grotherr*, IWB 2016, S. 854 (856); *V. Wöhrer*, SWI 2017, S. 25 (35).

schon ein Instrument, das eingesetzt wurde, wenn andere hoheitliche Maßnahmen wenig bis keinen Erfolg versprachen.

Die Europäische Kommission schlägt mit ihrem Ertragsteuerinformationsbericht nun die sprichwörtlichen „zwei Fliegen mit einer Klappe". Zum einen bindet sie die Öffentlichkeit in das Steuerrecht ein, macht Besteuerungsvorgänge für die Allgemeinheit in Teilen nachvollziehbar und vermittelt so das Gefühl, dass auch die großen und mächtigen Konzerne besteuert und zur Finanzierung des Gemeinwesens herangezogen werden.[1544] Die Europäische Kommission nimmt der Konzernbesteuerung damit ihren „Arkancharakter".[1545] Dies fördert die allgemeine Akzeptanz des Steuerrechts und das Vertrauen in selbiges. Transparenz ist in der öffentlichen Wahrnehmung grundsätzlich ohnehin etwas Positives.[1546] Sie ist „etwas, für das sich [...] jeder begeistern kann".[1547]

Zum anderen bringt die Europäische Kommission aber auch flächendeckend ein neues Instrument im Kampf gegen Steuervermeidung in Stellung, bei dem es nicht mehr auf die einzelnen Steuerstaaten und Finanzbehörden ankommt. Durch den Einbezug der Öffentlichkeit verschiebt sich das Phänomen der Steuervermeidung und ihre Bekämpfung aus einer rein juristischen zunehmend in eine soziale und gesellschaftliche Sphäre. Durch diese Verschiebung wird die sich aus der Legalität der Steuergestaltungen ergebende hoheitliche Machtlosigkeit in der Bekämpfung der Steuervermeidung überwunden. „Shame sanctions" können an die Stelle hoheitlicher Gegenmaßnahmen treten.

Mit der öffentlichen Kontrolle kann nicht nur allgemein nachvollzogen werden, ob und wo Steuern gezahlt worden sind. Sie kann auch als Grundlage für öffentlichen Druck und „shame sanctions" dazu beitragen, dass sich Unternehmen bereit erklären, eine angemessene Steuerlast zu tragen. Öffentlicher Druck kann sich dabei jedoch auch auf Steuerstaaten beziehen.[1548] Auch Steuerstaaten sind ganz anderen Rechtfertigungsanforderungen bezüglich ihres eigenen Ansporns und Kampfs um eine gerechte Unternehmensbesteuerung ausgesetzt, wenn die Öffentlichkeit die tatsächlich pro Steuerhoheitsgebiet ausgewiesene Steuerlast einsehen kann.[1549] Öffentliche Transparenz kann also auch dazu beitragen, dass sich Staaten in ihrem Kampf gegen Steuervermeidung noch stärker engagieren und eine gerechte internationale Unternehmensbesteuerung fördern.[1550] Gewisse Staaten

1544 Vergleiche *V. Wöhrer*, SWI 2017, S. 25 (34f.).

1545 Siehe auch *G. R. Dowling*, Journal of Business Ethics 2014, S. 173 (177f.).

1546 Vergleiche *L. Rudkowski*, Transparenzpflichten zur Kontrolle von Finanzdienstleistungsunternehmen, 2016, S. 179.

1547 *L. Rudkowski*, Transparenzpflichten zur Kontrolle von Finanzdienstleistungsunternehmen, 2016, S. 179.

1548 Vergleiche *S. Grotherr*, IWB 2016, S. 854 (857).

1549 Vergleiche *S. Grotherr*, IWB 2016, S. 854 (857).

1550 Vergleiche *S. Grotherr*, IWB 2016, S. 854 (857); *A. Langer*, Die Grenzen des Country-by-Country Reportings, 2019, S. 147f.

schaffen durchaus bereitwillig interessante steuerrechtliche Rahmenbedingungen für „aggressive" Steuerplanung.[1551]

Damit kommt dem Ertragsteuerinformationsbericht und seiner Idee einer Kontrolle durch die Öffentlichkeit theoretisch eine durchaus hohe Nützlichkeit im Kampf gegen „aggressive" Steuerplanung und für eine gerechte Besteuerung zu. In der Praxis ist dann aber gerade nicht gewährleistet, dass auf der Grundlage des Ertragsteuerinformationsberichts auch tatsächlich eine Steuerkontrolle durch die Öffentlichkeit erfolgt. Die Öffentlichkeit wird bei dem gesamten Vorhaben der Europäischen Kommission zur Etablierung öffentlicher Steuerkontrolle gerade nicht rechtlich zur Kontrolle verpflichtet.[1552] Die rein abstrakte Nützlichkeit des Ertragsteuerinformationsberichts steht außer Verhältnis zu den faktischen und maximalen Grundrechtseingriffen.

d) Ein Schuss über das BEPS-Projekt der OECD hinaus

Überdies stellt sich der Ertragsteuerinformationsbericht als Inbegriff einer öffentlichen Kontrolle in der Unternehmensbesteuerung auch im Kontext des BEPS-Projekts als zu weitgehend dar.[1553] Ein ganz maßgeblicher Grund für das BEPS-Projekt der OECD lag in der Steuerplanungspolitik US-amerikanischer Konzerne.[1554] Mit speziellen Standortentscheidungen ihrer Tochterunternehmen und Leistungsbeziehungen im Konzernverbund konnten vor allem US-amerikanische Konzerne mit einem hohen Anteil an immateriellen Wirtschaftsgütern ihre Steuerlast mindern. Das „Double Irish with a Dutch Sandwich" gilt hier als Paradebeispiel für perfektionierte Steuergestaltung.[1555] Die mit diesen Steuergestaltungen verbundenen wirtschaftlichen und wettbewerblichen Vorteile galt es einzudämmen.

1551 Vergleiche *S. Grotherr*, IWB 2016, S. 854 (857). Siehe hierzu ausführlich *G. Zucman*, Steueroasen, 2. Auflage 2014.

1552 Vergleiche zum Aspekt fehlender rechtlicher Kontrollverpflichtungen auch *L. Rudkowski*, Transparenzpflichten zur Kontrolle von Finanzdienstleistungsunternehmen, 2016, S. 180.

1553 Vergleiche *S. Grotherr/P. Wittenstein*, in: Patrick Velte et al. (Hrsg.), Rechnungslegung, Steuern, Corporate Governance, Wirtschaftsprüfung und Controlling, 2018, S. 167 (172); *W. Schön*, IStR 2022, S. 181 (184).

1554 Vergleiche *B. Heidecke/A. Mammen*, FR 2018, S. 941 (942); siehe auch *R. Pinkernell*, ifst-Schrift Nr. 494 (2014), S. 201: „Eine weitere Erkenntnis besteht darin, dass die Keinmalbesteuerung im Wesentlichen durch systemwidrige Defizite des US-Steuerrechts verursacht und durch die Mitwirkung einiger europäischer Staaten erheblich erleichtert wird.".

1555 Ausführlich zu dieser Steuergestaltung *L. Richter/S. Hontheim*, DB 2013, S. 1260 (1260 ff.); *R. Lilienfein*, Steuervermeidungsstrategien multinationaler Internet-Konzerne, 2021, S. 152 ff.

Mit der Veröffentlichungspflicht des Ertragsteuerinformationsberichts werden nun aber pauschal auch solche Unternehmen getroffen, „denen man eine derart aggressive Steuerplanung nicht vorwerfen kann".[1556] Besorgniserregend ist, dass vor allem europäische Muttergesellschaften von der Veröffentlichungspflicht betroffen sein werden, während nicht in der Europäischen Union ansässige Muttergesellschaften gerade nicht berichtspflichtig sind.[1557] Die Wettbewerbsnachteile liegen hier auf der Hand. Europäische Unternehmen werden damit in gleich mehrfacher Weise belastet. Sie sind nicht nur berichtspflichtig, sondern müssen auch miterleben, wie sich die in Drittstaaten ansässigen Konzerne weiterhin im wahrsten Sinne des Wortes unbehelligt ihrer Steuervorteile durch „aggressive" Steuerplanung erfreuen und Steuerinformationen abgreifen können. Erschwerend kommt hinzu, dass der BEPS-Aktionsplan noch nicht einmal in allen Staaten umgesetzt wurde und diese letztlich auch „dem multilateralen Informationsaustausch nicht zugestimmt haben".[1558] Es bleibt insbesondere bezogen auf den für Verrechnungspreise und die damit einhergehenden Gestaltungen so wichtigen Aktionspunkt 13 fraglich, ob die USA ihn überhaupt vollständig umsetzen werden.[1559] Während die einen Staaten also noch mehr schlecht als recht an der Umsetzung des BEPS-Projekts arbeiten, will die Europäische Kommission mit dem Einbezug der Öffentlichkeit schon gänzlich neue Transparenzdimensionen im Steuerrecht betreten.[1560] Dies führt zu einer weltweiten steuerlichen Transparenzentwicklung in zwei Geschwindigkeiten.[1561]

Hier besteht nicht zuletzt auch die Gefahr, dass die Europäische Union das Konzept des automatischen Informationsaustauschs in Steuersachen mit Drittstaaten wenn nicht sogar gänzlich konterkariert, so doch empfindlich beeinträchtigt.[1562] Der Informationsaustausch ist auf Gegenseitigkeit angewiesen.[1563] Der eine Staat übermittelt nur deshalb Steuerdaten, weil er im Gegenzug Steuerdaten aus anderen Staaten erhält. Übermittelt ein Drittstaat nun keine Daten mehr, so erhält er umgekehrt auch keine weiteren Daten aus der Europäischen Union. Wenn nun jedoch in

---

1556 *R. Kirchdörfer*, EuZW 2017, S. 705 (706).

1557 Siehe auch *X. Ditz/C. Heider*, GmbHR 2021, S. R208 (R209), die Unternehmen anführen, „die über keine Tochtergesellschaften oder Zweigniederlassungen innerhalb der EU verfügen. Zu denken ist hier an US-Internetkonzerne, die derzeit keine physische Präsenz in der EU benötigen".

1558 *X. Ditz/C. Heider*, GmbHR 2021, S. R208 (R209).

1559 *R. Kirchdörfer*, EuZW 2017, S. 705 (706).

1560 Vergleiche *X. Ditz/C. Heider*, GmbHR 2021, S. R208 (R209).

1561 Vergleiche *X. Ditz/C. Heider*, GmbHR 2021, S. R208 (R209): „einseitige Ausweitung der Standards auf EU-Ebene".

1562 Vergleiche *S. Grotherr*, IWB 2016, S. 854 (864); *X. Ditz/C. Heider*, GmbHR 2021, S. R208 (R209).

1563 Vergleiche *S. Grotherr*, IWB 2016, S. 854 (864).

der Europäischen Union ansässige Unternehmen ihre Steuerdaten veröffentlichen müssen, wird dieser „Sanktionsmechanismus“[1564] ausgehebelt.[1565] Auf Gegenseitigkeit kommt es nicht mehr an.[1566] Drittstaaten wird durch eine auf die Europäische Union beschränkte Veröffentlichungspflicht von Unternehmensdaten jeder Anreiz genommen, am automatischen Austausch teilzunehmen.[1567] Dem mühsam entwickelten automatischen Informationsaustausch in Steuersachen droht damit der „Bedeutungsverlust“.[1568] Damit kommt es zu einer Informationsasymmetrie zwischen den Staaten und einer Verfestigung der Wettbewerbsverzerrung zwischen Drittstaatunternehmen und EU-Unternehmen. Die Idee eines öffentlichen Ertragsteuerinformationsberichts steht damit klar „[e]ntgegen dem Konsens“, den die OECD und die G-20 im Hinblick auf Steuertransparenz getroffen haben.[1569] Die Notlösung, dass eine in der EU ansässige Tochter den Ertragsteuerinformationsbericht des gesamten ansonsten in Drittstaaten ansässigen Konzerns erstellen und veröffentlichen können soll, erscheint wenig praxistauglich.

Es darf nicht vergessen werden, dass sich auch die am BEPS-Projekt beteiligten Staaten gegenseitig in einem Steuerwettbewerb befinden. Wenn öffentliche Transparenz in der Unternehmensbesteuerung nun als politische Lösung eingeführt werden soll, wäre es sinnvoller, wenn auf der Grundlage allgemein umgesetzter BEPS-Maßnahmen in den am BEPS-Projekt teilnehmenden Staaten gemeinschaftlich ein zusätzliches öffentliches Transparenzformat diskutiert und dann von der OECD als „soft law“ entwickelt werden würde.[1570] Das Vorpreschen der Europäischen Union kann sich gerade angesichts der doch eher mäßigen Transparenzbemühungen wirtschaftlich mächtiger Drittstaaten noch als beachtlicher Wettbewerbsnachteil für europäische Unternehmen sowie für die Europäische Union selbst herausstellen.[1571]

1564 *R. Kirchdörfer*, EuZW 2017, S. 705 (706).

1565 *B.-P. Bier/T. O. Voß*, IStR 2017, S. 393 (399); *R. Kirchdörfer*, EuZW 2017, S. 705 (706); *A. Langer*, Die Grenzen des Country-by-Country Reportings, 2019, S. 148.

1566 Vergleiche *B.-P. Bier/T. O. Voß*, IStR 2017, S. 393 (399).

1567 *S. Grotherr*, RIW 2017, S. 1 (14 f.); *J. Lüdicke/F. Salewski*, ISR 2017, S. 99 (100); *A. Langer*, Die Grenzen des Country-by-Country Reportings, 2019, S. 148; *X. Ditz/C. Heider*, GmbHR 2021, S. R208 (R209).

1568 *S. Grotherr*, RIW 2017, S. 1 (14).

1569 *A. Langer*, Die Grenzen des Country-by-Country Reportings, 2019, S. 377.

1570 Vergleiche *R. Kirchdörfer*, EuZW 2017, S. 705 (706).

1571 Vergleiche *H. Kleinmanns*, StuB 2016, S. 547 (552); *V. Dutt/C. Spengel/H. Vay*, Der EU-Vorschlag zum Country-by-Country Reporting im Internet: Kosten, Nutzen, Konsequenzen, 2017, S. 23; *V. Dutt/C. Spengel/H. Vay*, FUS 2017, S. 177 (178); *X. Ditz/C. Heider*, GmbHR 2021, S. R208 (R209).

e) Im Ganzen zu schwerwiegende Beeinträchtigungen

Die vorliegende Untersuchung hat gezeigt, dass die Beeinträchtigungen der berichtspflichtigen Unternehmen außer Verhältnis zu dem eigentlichen Nutzen des Ertragsteuerinformationsberichts stehen.[1572] Beachtenswert ist dabei, dass die unmittelbar mit der Erstellung und Veröffentlichung einhergehenden Beeinträchtigungen von den mittelbaren Beeinträchtigungen an Intensität sogar noch überboten werden können. Der Erstellungs- und der Veröffentlichungsprozess verlangen von den berichtspflichtigen Unternehmen die Bereitstellung von finanziellen, personellen und wirtschaftlichen Ressourcen.[1573] Die wirklich schwerwiegenden Beeinträchtigungen sind jedoch die der Veröffentlichung nachgelagerten „impliziten Kosten“,[1574] die sich aus einem Potpourri aus einer Preisgabe von Geschäftsgeheimnissen,[1575] Wettbewerbsverzerrungen, Standortnachteilen und möglichen „shame sanctions“ zusammensetzen.[1576] Dieser tatsächlichen und enormen Intensität der Beeinträchtigungen kann kein auch nur ansatzweise entsprechender tatsächlicher Nutzen des Ertragsteuerinformationsberichts und der öffentlichen Kontrolle gegenübergestellt werden. Der Nutzen des Ertragsteuerinformationsberichts wird nicht nur „erheblich [...] durch die mangelnde Aussagekraft und Heterogenität der Reports [eingeschränkt]“, sondern krankt ganz massiv an dem Umstand, dass die Öffentlichkeit in der Sache letztlich kein verlässliches Kontrollorgan ist.[1577] Dass eine öffentliche Kontrolle tatsächlich erfolgt, ist ebenso wenig garantiert wie eine objektive Auswertung der Steuerinformationen des Ertragsteuerinformationsberichts. Das bedeutet, dass es bei definitiv eintretenden schwerwiegenden Grundrechtseingriffen gerade nicht zu einer öffentlichen Kontrolle kommen muss. Während sich also bei der Preisgabe der Geschäftsgeheimnisse und den damit verbundenen Wettbewerbsverzerrungen Grundrechtseingriffe zu 100 Prozent einstellen, liegt der Nutzen des Ertragsteuerinformationsberichts mangels öffentlicher Kontrolle und öffentlichen Kontrollinteresses möglicherweise sogar bei 0 Prozent. Dies ist ein eklatantes Missverhältnis.

Erschwerend kommt hinzu, dass die hier interessierenden Gestaltungen allesamt legal sind. Es geht also noch nicht einmal darum, Steuerstraftaten zu verhindern

---

1572 Siehe hierzu auch *S. Rasch*, in: FS Heinz-Klaus Kroppen, 2020, S. 325 (346).

1573 Vergleiche *A. Langer*, Die Grenzen des Country-by-Country Reportings, 2019, S. 237.

1574 *V. Dutt/C. Spengel/H. Vay*, Der EU-Vorschlag zum Country-by-Country Reporting im Internet: Kosten, Nutzen, Konsequenzen, 2017, S. 33.

1575 Vergleiche *S. Rasch*, in: FS Heinz-Klaus Kroppen, 2020, S. 325 (341).

1576 *V. Dutt/C. Spengel/H. Vay*, Der EU-Vorschlag zum Country-by-Country Reporting im Internet: Kosten, Nutzen, Konsequenzen, 2017, S. 33.

1577 *V. Dutt/C. Spengel/H. Vay*, Der EU-Vorschlag zum Country-by-Country Reporting im Internet: Kosten, Nutzen, Konsequenzen, 2017, S. 33; *J. Lüdicke/F. Salewski*, ISR 2017, S. 99 (108).

oder zu sanktionieren. Dieser Umstand führt zu der Situation, dass Steuerpflichtige, die sich an geltendes Recht halten, nur deshalb einer hohen Eingriffsintensität durch die Veröffentlichungspflicht ausgesetzt sind, weil „einfachgesetzlich zulässige [sic!] aber politisch ungewünschte Ergebnisse vermieden werden sollen".[1578] Dies kann in einem Rechtsstaat nicht richtig sein.

Schließlich kann aber auch der Nutzen von „naming and shaming" im Steuerrecht nur in der Theorie bejaht werden. Die Empirie kann demgegenüber bislang nicht verlässlich belegen, dass „naming and shaming" und öffentlicher Druck Gewinnverlagerungen und sonstigen „aggressiven" Steuerplanungen dauerhaft vorbeugen oder sie bekämpfen und zu einer gerechten Besteuerung führen.[1579] Wegen der „erheblichen Defizite der Kontrollinstanz"[1580] leidet eine öffentliche Kontrolle letztlich unter einer strukturellen Dysfunktionalität. Die Etablierung öffentlicher Steuerkontrolle ist daher im Ergebnis als unangemessen abzulehnen.[1581]

II. Unionsrechtswidrigkeit

Damit greift eine Veröffentlichungspflicht von Ertragsteuerinformationsberichten in unverhältnismäßiger Weise in die Unionsgrundrechte der berichtspflichtigen Unternehmen ein. Eine Rechtfertigung ist nicht möglich.[1582] Eine derartige Veröffentlichungspflicht ist nach der hier vertretenen Auffassung unionsrechtswidrig.[1583]

1578 *A. Rust/D. W. Blum*, Grundrechteschutz im Steuerrecht, 2018, S. 88.

1579 Vergleiche *U. Schreiber/L. M. Fell*, in: FS Dieter Endres, 2016, S. 387 (389); *V. Dutt/C. Spengel/H. Vay*, Der EU-Vorschlag zum Country-by-Country Reporting im Internet: Kosten, Nutzen, Konsequenzen, 2017, S. 33; *J. Lüdicke/F. Salewski*, ISR 2017, S. 99 (106). Siehe auch *J. Gallemore/E. L. Maydew/J. R. Thornock*, Contemporary Accounting Research 2014, S. 1103 (1105, 1127).

1580 *L. Rudkowski*, Transparenzpflichten zur Kontrolle von Finanzdienstleistungsunternehmen, 2016, S. 323.

1581 Vergleiche *S. Rasch*, in: FS Heinz-Klaus Kroppen, 2020, S. 325 (346); *X. Ditz/C. Heider*, GmbHR 2021, S. R208 (R210).

1582 So letztlich auch *S. Rasch*, in: FS Heinz-Klaus Kroppen, 2020, S. 325 (346).

1583 So im Ergebnis auch *A. Rust/D. W. Blum*, Grundrechteschutz im Steuerrecht, 2018, S. 89; *A. Langer*, Die Grenzen des Country-by-Country Reportings, 2019, S. 292 f. Siehe für das deutsche Verfassungsrecht *E. J. Meise*, Steuerpublizität bei natürlichen Personen, 2019, S. 225, die die „Offenlegung von Steuerlisten" in Deutschland letztlich für „nicht verfassungskonform" hält.

Teil 5: Auswirkungen auf das Steuerrecht

Eine Veröffentlichung von Steuerdaten in Form des Ertragsteuerinformationsberichts verletzt die europäischen Grundrechte und ist damit unionsrechtswidrig. Unabhängig von dieser grundrechtlichen Dimension steuerlicher Publizität stellt sich aber auch in steuersystematischer Hinsicht die Frage nach der Vereinbarkeit von „naming and shaming“ mit zentralen und geltenden Besteuerungsgrundsätzen. Es fragt sich, ob die Einführung von „naming and shaming“ im Steuerrecht überhaupt mit dem Legalitätsprinzip des Steuerrechts vereinbar sein kann. Dies ist deshalb erörterungswürdig, weil Unternehmen über „naming and shaming“ dazu gebracht werden sollen, eine höhere und damit vermeintlich faire Steuerlast zu tragen, auf die bei legaler Steuergestaltung indes gerade kein steuerrechtlicher Anspruch besteht.

A. Gesetz- und Tatbestandsmäßigkeit des Steuerrechts

Das Steuerrecht beruht auf einer Gesetz- und Tatbestandsmäßigkeit.[1584] Steuern sind damit Geldleistungen, die all jenen auferlegt werden, bei denen der Tatbestand erfüllt wird, an den das Gesetz eine steuerliche Leistungspflicht knüpft.[1585] § 3 Abs. 1 AO verdeutlicht dies für das deutsche Steuerrecht einfachgesetzlich. Da § 4 AO festlegt, dass ein Gesetz jede Rechtsnorm ist, kann der Steuergesetzgeber jeden beliebigen Normtyp wählen, um Steuertatbestände zu schaffen.[1586] Die Tatbestandsmäßigkeit des Steuerrechts geht dabei von einer konditionalen Verbindung zwischen Steuertatbestand und steuerlicher Rechtsfolge aus.[1587] Fehlt es also an der Verwirklichung des steuergesetzlichen Tatbestands, so bleibt die steuerliche Rechtsfolge aus. Die Tatbestandsmäßigkeit des Steuerrechts ist Ausdruck einer rechtsstaatlichen Besteuerung und hat zu Recht Verfassungsrang.[1588] Die Tatbestandsmäßigkeit des Steuerrechts findet sich in der gesetzmäßigen Besteuerung wieder. Die Gesetzmäßigkeit des Steuerrechts ist in den Verfassungen zahlreicher Staaten ausdrücklich normiert.[1589] In Deutschland ergibt sie sich aus Art. 2 Abs. 1, 20 Abs. 3, 14 Abs. 1 Satz 2, Abs. 3 Satz 2 GG.[1590] Die Gesetzmäßigkeit des Steuerrechts gebietet, dass im Besteuerungsverfahren Vorrang und Vorbehalt des Gesetzes beachtet werden müssen.[1591]

Das Steuerrecht hat damit einen ganz und gar „positivistischen Charakter"[1592] und speist sich „aus dem Diktum des

1584 Instruktiv hierzu etwa *H. Jochum*, in: FS Paul Kirchhof, Band II, 2013, S. 1611 (1611 ff.); *P. Merz*, HFSt 4 (2016), S. 77 (77 ff.).

1585 *H. Söhn*, in: FS Paul Kirchhof, Band II, 2013, S. 1573 (1579).

1586 *H. Jochum*, Grundfragen des Steuerrechts, 2012, S. 9.

1587 *K.-D. Drüen*, in: Klaus Tipke/Heinrich Wilhelm Kruse (Begr.), AO/FGO, § 3 AO Rn. 33 (Januar 2017).

1588 Hinsichtlich des Verfassungsrangs eher skeptisch *H.-J. Papier*, DStJG 12 (1989), S. 61 (64); ausführlich *H.-J. Papier*, Die finanzrechtlichen Gesetzesvorbehalte und das grundgesetzliche Demokratieprinzip, 1973, S. 153 ff.

1589 Siehe mit Nachweisen *K. Tipke*, Die Steuerrechtsordnung, Band I, 2. Auflage 2000, S. 125 f.

1590 *R. Seer*, in: Klaus Tipke/Heinrich Wilhelm Kruse (Begr.), AO/FGO, § 85 AO Rn. 6 (Januar 2017).

1591 *K. Tipke*, Die Steuerrechtsordnung, Band I, 2. Auflage 2000, S. 120; *H. Jochum*, Grundfragen des Steuerrechts, 2012, S. 5 ff.

1592 Treffend *W. Schön*, DStJG 33 (2010), S. 29 (33); siehe zum Steuerrechtspositivismus auch *C. Jehke*, Bestimmtheit und Klarheit im Steuerrecht, 2005, S. 107 ff.; *R. P. Schenke*, StuW 2008, S. 206 (208 f.).

Gesetzgebers".[1593] Steuereingriffe erfordern also einen „zwingenden Parlamentsvorbehalt".[1594] Es ist der demokratisch legitimierte Gesetzgeber, der Lebenssachverhalte für besteuerungswürdig hält und entsprechende Steuertatbestände verabschiedet. Daraus folgt, dass allein der vom Gesetzgeber verabschiedete Steuertatbestand im Falle seiner Erfüllung zugleich die Ermächtigung für den hoheitlichen Steuereingriff in die Grundrechte der Steuerpflichtigen sein kann.[1595] Hierbei ist zu beachten, dass dieser Steuereingriff nicht auf eine diffuse „generalklauselartige Globalermächtigung" gestützt werden darf.[1596] Die Ermächtigungsgrundlage muss mithin hinreichend bestimmt sein.[1597] Dies ist gerade im Steuerrecht mit Blick auf die Grundrechte schon deshalb erforderlich, da der Zweck der Besteuerung grundsätzlich in der Finanzierung des Steuerstaats besteht und daher von sich heraus nur Maßlosigkeit kennt.[1598] An dieser Bestimmtheit fehlte es im Steuerrecht damit also, wenn die Steuergesetze eine steuerliche Belastung lediglich grob oder in Form von Belastungsrahmen und Belastungsobergrenzen festlegten.[1599] Begriffe wie „zu wenig" oder „unfair" sind einer dem Bestimmtheitsgrundsatz entsprechenden tatbestandsmäßigen Besteuerung vollkommen fremd.[1600] Sofern der Steuerpflichtige seine Steuerlast nicht illegalerweise verkürzt und sich im Besteuerungsverfahren keine Fehler einschleichen, gibt es steuerrechtlich besehen eine zu geringe Steuerlast ebenso wenig wie eine zu hohe Steuerlast. Eine unfaire oder ungerechte Steuerlast kennt das materielle Steuerrecht nicht.[1601]

1593 BVerfGE 13, 318 (328).

1594 *H.-J. Papier*, Die finanzrechtlichen Gesetzesvorbehalte und das grundgesetzliche Demokratieprinzip, 1973, S. 211; siehe auch *C. Jehke*, Bestimmtheit und Klarheit im Steuerrecht, 2005, S. 96 ff.

1595 *W. Schön*, DStJG 33 (2010), S. 29 (34).

1596 *H.-J. Papier*, DStJG 12 (1989), S. 61 (63).

1597 Ausführlich zur Bestimmtheit im Steuerrecht *C. Jehke*, Bestimmtheit und Klarheit im Steuerrecht, 2005, S. 95 ff.

1598 *M. Lehner*, Einkommensteuerrecht und Sozialhilferecht, 1993, S. 303.

1599 *H.-J. Papier*, DStJG 12 (1989), S. 61 (63).

1600 So auch *A. Langer*, Die Grenzen des Country-by-Country Reportings, 2019, S. 289.

1601 *A. Langer*, Die Grenzen des Country-by-Country Reportings, 2019, S. 289.

B. Vertrauensschutz durch Steuergesetze

Mit der Gesetz- und Tatbestandsmäßigkeit des Steuerrechts wird zugunsten des Steuerpflichtigen Vertrauensschutz geschaffen. Für den Steuerpflichtigen gehen damit Rechtssicherheit und Rechtsklarheit einher.[1602] Im steuerrechtlichen Kontext steht somit unumstritten fest, dass der Steuerpflichtige „keinen Zahlungspflichten außerhalb der Tatbestände des Steuergesetzes ausgesetzt ist".[1603] Umgekehrt bedeutet dies aber auch, dass der Steuerpflichtige die sich aus den Steuergesetzen ergebende Steuerschuld tatsächlich erfüllen muss. Daraus folgt, dass der Steuerpflichtige etwa aus Gier, Gewissensgründen, Egoismus oder Altruismus nicht weniger und auch nicht mehr Steuern zahlen kann, als im Besteuerungsverfahren festgesetzt worden ist.[1604] Die Steuerschuld hängt somit gerade nicht von einem „voluntativen Akt" ab.[1605] Dass sich gerade bei multinationalen Unternehmen aufgrund ihrer Steuergestaltungen ihre steuergesetzlichen Verpflichtungen nicht mit steuermoralischen Forderungen decken,[1606] mag unter Gerechtigkeits- und Allgemeinwohlaspekten „verwerflich"[1607] sein. Derartige moralische Einwände gegen eine vermeintlich zu geringe Steuerlast sind steuerrechtlich betrachtet indes irrelevant. Das Gerechtigkeitsempfinden anderer Menschen – und sei es auch das der Mehrheit – begründet in einem Rechtsstaat kein Steuerschuldverhältnis zulasten Dritter. Daher können Steueransprüche auch nur auf bestehenden Steuerschuldverhältnissen beruhen und sind in ihrer Existenz insofern „nicht disponibel".[1608] Für das deutsche Steuerrecht ergibt sich das aus § 38 AO i. V. m. § 37 Abs. 1 AO i. V. m. § 4 AO.[1609] Für steuermoralische Forderungen nach einer höheren Steuerlast ist im System der Tatsbestandsmäßigkeit der Besteuerung kein Raum. Steuerrechtlich

---

1602 Zur Rechtssicherheit im Steuerrecht *W. Spindler*, in: FS Paul Kirchhof, Band II, 2013, S. 1789 (1795 f.).

1603 *W. Schön*, DStJG 33 (2010), S. 29 (34).

1604 *K. Tipke*, Die Steuerrechtsordnung, Band I, 2. Auflage 2000, S. 123.

1605 Treffend *S. Schuster*, in: Walter Hübschmann/Ernst Hepp/Armin Spitaler (Begr.), AO/FGO, § 38 AO Rn. 5 (Juni 2005).

1606 Vergleiche *U. Schreiber*/*J. Voget*, StuW 2017, S. 145 (153).

1607 *W. Blumers*, BB 2013, S. 2785 (2785 ff.).

1608 *E. Tartler*, in: FS Paul Kirchhof, Band II, 2013, S. 1675 (1678). Siehe auch *S. Schuster*, in: Walter Hübschmann/Ernst Hepp/Armin Spitaler (Begr.), AO/FGO, § 38 AO Rn. 5 (Juni 2005).

1609 *S. Schuster*, in: Walter Hübschmann/Ernst Hepp/Armin Spitaler (Begr.), AO/FGO, § 38 AO Rn. 5 (Juni 2005).

geschuldet ist das – und nur das –, was im Zuge einer gesetzmäßigen Besteuerung im Steuerbescheid ausgewiesen wird.

Aufgrund des Legalitätsprinzips des Steuerrechts kann sich der Steuerpflichtige auf die Überschaubarkeit und Begrenztheit normativer Steuereingriffe verlassen.[1610] Die erkennbare und nachvollziehbare Steuerrechtslage ermöglicht es dem Steuerpflichtigen, seine privaten Lebens- und Vermögensverhältnisse zu planen.[1611] Der finanzbehördliche Steuereingriff und die damit einhergehende steuerliche Belastung sind erwartbar. Das steuerliche Legalitätsprinzip schützt den Steuerpflichtigen damit auch vor finanzbehördlicher Willkür.[1612] Angesichts dessen ist es gerade von einem wirtschaftlichen Standpunkt aus betrachtet nur konsequent, wenn multinationale Unternehmen die ihnen gebotenen rechtlichen Möglichkeiten nutzen und mit Steuerplanung und Gewinnverlagerung die Höhe der Steuerlast beeinflussen.[1613] Nicht zuletzt verlangt hier schon der Wettbewerb mit weltweiten Konkurrenzunternehmen, dass so wenig Steuern wie nur möglich gezahlt werden müssen.

Steuerliche Rechtsfortbildung und die Schaffung neuer Steuertatbestände dürfen nur auf Gesetzeswegen erfolgen. Wie *Hans-Jürgen Papier* treffend klarstellt, sind Steuereingriffe „praeter, extra oder contra legem unzulässig, wenn und soweit sie der Eingriffsbegründung bzw. der Eingriffsschärfung dienen".[1614] Die Steuergesetze schaffen Vertrauen.

Nicht zuletzt angesichts dessen ist es rechtsstaatlich äußerst bedenklich, wenn der Zwang, eine bestimmte Steuerlast tragen zu müssen, in letzter Instanz nicht mehr von einem demokratisch legitimierten Gesetzgeber und einer legitimierten Finanzverwaltung ausgeübt wird, sondern von einer sich „naming and shaming" bedienenden Öffentlichkeit.[1615] Die Gewährleistung einer gleichmäßigen Besteuerung ist genuine Aufgabe der Finanzverwaltung und nicht der Öffentlichkeit.[1616] Ein Rechtsstaat muss garantieren können, dass derjenige, der sich gesetzeskonform verhält, keinen Schikanen einer mehr oder weniger selbst ernannten „Steuergerechtigkeitspolizei"[1617] ausgesetzt ist. Mit der Einführung öffentlichen Drucks

---

1610 *H.-J. Papier*, DStJG 12 (1989), S. 61 (66).

1611 *R. P. Schenke*, StuW 2008, S. 206 (215), der von „Dispositionssicherheit" spricht. Zur Steuerplanung umfassend *J. Hey*, Steuerplanungssicherheit als Rechtsproblem, 2002; *J. Hey*, in: FS Paul Kirchhof, Band II, 2013, S. 1657 (1657 ff.).

1612 *D. Birk*, StuW 1989, S. 212 (213).

1613 Vergleiche *W. Schön*, in: FS Michael Hoffmann-Becking, 2013, S. 1085 (1085 ff.).

1614 *H.-J. Papier*, DStJG 12 (1989), S. 61 (66).

1615 Vergleiche *F. Oppel*, SteuK 2016, S. 421 (426); *U. Schreiber/J. Voget*, StuW 2017, S. 145 (153). Siehe auch *J. Q. Whitman*, The Yale Law Journal 1998, S. 1055 (1090).

1616 *A. Rust/D. W. Blum*, Grundrechteschutz im Steuerrecht, 2018, S. 88.

1617 Begriff angelehnt an *J. Q. Whitman*, The Yale Law Journal 1998, S. 1055 (1090): „private policemen".

werden Steuern nicht mehr auf der Grundlage geltender Steuergesetze erbracht, sondern auf der Grundlage öffentlicher Meinungen und Gerechtigkeitsvorstellungen.[1618] Auf steuergesetzliche Anspruchsgrundlagen kommt es dabei dann ebenso wenig an wie auf den Vorrang und den Vorbehalt des Gesetzes.[1619] Das Steuerrecht und die steuerliche Belastung beruhen aber auf Gesetzen und nicht auf Moralvorstellungen.[1620] Bauen Steuerstaaten zukünftig auf eine öffentliche Kontrolle und Sanktionierung in Steuersachen, so wird damit nichts Geringeres als die rechtsstaatliche Selbstverständlichkeit der „alleinigen Herrschaft des Rechts" infrage gestellt.[1621] Der Einbezug öffentlichen Drucks zur Bekämpfung „aggressiver" Steuerplanung und zur Steigerung der Steuergerechtigkeit untergräbt damit die Rechtsstaatlichkeit.[1622] Die Öffentlichkeit darf sich nicht über das Recht stellen. In einem Rechtsstaat muss die Legalität von Handlungen ein Garant für Rechtssicherheit und Unantastbarkeit sein.

1618 Vergleiche *U. Schreiber/J. Voget*, StuW 2017, S. 145 (153).

1619 Vergleiche *F. Oppel*, SteuK 2016, S. 421 (426); *U. Schreiber/J. Voget*, StuW 2017, S. 145 (153).

1620 So auch *R. Pöllath*, FR 2008, S. 1042 (1043).

1621 *U. Schreiber/J. Voget*, StuW 2017, S. 145 (153); *V. Dutt/C. Spengel/H. Vay*, FUS 2017, S. 177 (179). Siehe hierzu auch *J. Q. Whitman*, The Yale Law Journal 1998, S. 1055 (1090).

1622 *V. Dutt/C. Spengel/H. Vay*, Der EU-Vorschlag zum Country-by-Country Reporting im Internet: Kosten, Nutzen, Konsequenzen, 2017, S. 28, 32, 34.

C. Öffentliche Willkür im Steuerrecht

Der Einsatz von „naming and shaming" im Steuerrecht gegen Steuerplanung und vermeintliche Steuerunfairness führt zu dem Phänomen, dass steuergesetzgeberisches und finanzbehördliches Handeln zugunsten eines öffentlichen (privatisierten) Handelns zurücktreten.[1623] Während der Gesetzgeber und die Finanzbehörden jedoch im Rahmen rechtsstaatlich gezogener Grenzen agieren und Steuereingriffe für Steuerpflichtige gerade aufgrund des Legalitätsprinzips erwartbar sind, fehlt es an der Erwartbarkeit öffentlicher Handlungen.[1624] Reaktionen der Öffentlichkeit auf steuerliche Veröffentlichungen sind faktisch nicht lenkbar, geschweige denn beherrschbar.[1625] Man kann sie ebenso wenig gezielt auslösen, steigern oder aufrechterhalten, wie man sie verhindern oder abschwächen kann.[1626] Öffentlichkeit ist gerade in einer digitalisierten Welt, in der Meinungsbildungsprozesse immer stärker und in kürzester Zeit über soziale Medien erfolgen und von ihnen beeinflusst werden, eine unberechenbare Größe.[1627] Beim „naming and shaming" steht überdies weniger die sachliche Auseinandersetzung mit einer konkreten Rechtsfrage oder einem konkreten Rechtsproblem im Vordergrund als vielmehr das Ausdrücken von Empörung.[1628] Angefeuert durch entsprechende Beiträge in den sozialen Medien kann sich „ein regelrechter Sturm der Entrüstung [entwickeln], der innerhalb kurzer Zeit unkontrollierbare Ausmaße annehmen kann".[1629] Beim Einsatz der Öffentlichkeit zwecks Kontrolle werden die Grenzen rechtsstaatlicher Erwartbarkeit mithin vollkommen überschritten.[1630]

Im Gegensatz zur Steuerkontrolle durch die Finanzverwaltung, bei der finanzbehördlicher Willkür durch die Gesetzmäßigkeit der Besteuerung Grenzen gesetzt werden,[1631] ist der Steuerkontrolle durch die Öffentlichkeit eine strukturelle

1623 Vergleiche *F. Reimer*, JöR 58 (2010), S. 275 (287); *H.-P. Schmieszek/O. Langner*, WM 2014, S. 1893 (1893).

1624 So auch *L. Rudkowski*, Transparenzpflichten zur Kontrolle von Finanzdienstleistungsunternehmen, 2016, S. 185.

1625 *J. Lüdicke/F. Salewski*, ISR 2017, S. 99 (106); siehe auch *D. H. Wendt*, VersR 2016, S. 1277 (1282); *D. John*, BKR 2020, S. 335 (337).

1626 Vergleiche *L. Rudkowski*, Transparenzpflichten zur Kontrolle von Finanzdienstleistungsunternehmen, 2016, S. 185.

1627 Vergleiche *J. Q. Whitman*, The Yale Law Journal 1998, S. 1055 (1090).

1628 Vergleiche *S. Laoutoumai*, WRP 2018, S. 401 (401).

1629 *S. Laoutoumai*, WRP 2018, S. 401 (401).

1630 Vergleiche *J. Q. Whitman*, The Yale Law Journal 1998, S. 1055 (1090); *F. Oppel*, SteuK 2016, S. 421 (426); *U. Schreiber/J. Voget*, StuW 2017, S. 145 (153).

1631 *D. Birk*, StuW 1989, S. 212 (213).

Willkürlichkeit immanent.[1632] Es überrascht insofern auch nicht, dass der gesamte Komplex um öffentliche Kontrolle, öffentliche Sanktionierung und „naming and shaming" mit der Idee einer „Volksjustiz" in Verbindung gebracht wird.[1633] Sofern dieses so unbeherrschbare Kontrollorgan neben der Prüfung der Steuerdaten auch noch prüfen sollte, ob die Steuerlast eines Unternehmens gerecht wäre, wäre dies rechtsstaatlich „[b]esorgniserregend".[1634] Ohnehin sind solche Abgaben willkürlich, die durch „naming and shaming" erzwungen werden und gerade nicht aus einem abgabenrechtlichen Schuldverhältnis erwachsen.[1635]

1632 Vergleiche *J. Q. Whitman*, The Yale Law Journal 1998, S. 1055 (1090): „The numberless private policemen who enforce shame sanctions play by their own rules or by none."; *L. Rudkowski*, Transparenzpflichten zur Kontrolle von Finanzdienstleistungsunternehmen, 2016, S. 185.

1633 *F. Reimer*, JöR 58 (2010), S. 275 (287); *C. Armbrüster/L. Böffel*, ZIP 2019, S. 1885 (1891).

1634 *H. Baumhoff*, in: Jürgen Lüdicke (Hrsg.), Internationale Geschäftstätigkeiten in der Nach-BEPS-Welt, 2018, S. 97 (109).

1635 *F. Oppel*, SteuK 2016, S. 421 (426).

D. Finanzbehördliche Verifikationsverwaltung und öffentliche Kontrolle

In einem Massenfallrecht wie dem Steuerrecht kann die gleichmäßige Besteuerung nur durch Zusammenarbeit zwischen der Finanzverwaltung und dem Steuerpflichtigen verwirklicht werden. Um das materielle Steuerrecht durchsetzen zu können, bedarf es also der Kooperation. Das Kooperationsprinzip ist daher unstreitig ein „Strukturprinzip" des Besteuerungsverfahrens.[1636] Der Steuerpflichtige wird hierbei zur Selbstdeklaration verpflichtet.[1637] Dieses Deklarationsprinzip gewährt dem Steuerpflichtigen einen Vertrauensvorschuss,[1638] bedarf aber der Einschränkung durch steuerliche Kontrollen. Das Deklarationsprinzip bedarf also einer Beschränkung durch das Verifikationsprinzip.[1639] Die Finanzverwaltung ist damit Verifikationsverwaltung, die ihrem Vollzugssicherungsauftrag mittels diverser Kontrollinstrumente nachkommen muss.[1640] Nur durch Kontrollen kann der tatbestandsmäßige Steueranspruch effektiv durchgesetzt und können die Gleichmäßigkeit der Besteuerung und damit die steuerliche Belastung gesichert werden.[1641] Staaten, in denen Steuerdaten veröffentlicht werden, setzen mit ihrer Steuerpublizität neben einer finanzbehördlichen Steuerkontrolle auch auf eine gegenseitige Kontrolle der Steuerpflichtigen sowie auf eine Kontrolle durch die Öffentlichkeit.[1642]

Auf den ersten Blick scheinen sich die finanzbehördliche und die öffentliche Steuerkontrolle zu ergänzen und einem gemeinsamen Zweck zu dienen. Tatsächlich unterscheiden sich beide Kontrollarten jedoch in fundamentaler Weise. Die finanzbehördliche Steuerkontrolle dient der Sachverhaltsaufklärung. Bei der Außenprüfung als dem wohl bekanntesten Verifikationsinstrument kommt es auf die Ermittlung der „für die Besteuerung maßgebenden tatsächlichen und

---

1636 Ausführlich zur Kooperation im Steuerverfahren *K.-D. Drüen*, FR 2011, S. 101 (101 ff.).

1637 *K.-D. Drüen*, FR 2011, S. 101 (104).

1638 *R. Seer*, in: FS Paul Kirchhof, Band II, 2013, S. 1765 (1769).

1639 Zum Ganzen *R. Seer*, in: Klaus Tipke/Joachim Lang (Begr.), Steuerrecht, 24. Auflage 2021, Rn. 21.5 ff.

1640 *K.-D. Drüen*, FR 2011, S. 101 (104).

1641 *E. J. Meise*, Steuerpublizität bei natürlichen Personen, 2019, S. 125.

1642 *K. Tipke*, Die Steuerrechtsordnung, Band I, 2. Auflage 2000, S. 222; *J. Hey*, in: Funda Başaran Yavaşlar/Johanna Hey (Hrsg.), Tax Transparency, 2019, S. 193 (205); *E. J. Meise*, Steuerpublizität bei natürlichen Personen, 2019, S. 125.

rechtlichen Verhältnisse“ an.[1643] Wie sich aus den §§ 194 Abs. 1 und 199 Abs. 1 AO ergibt, zielt die Außenprüfung auf die Überprüfung und gegebenenfalls auf die Ermittlung der Besteuerungsgrundlagen. Auf ein derartiges Überprüfen kommt es im Rahmen der öffentlichen Kontrolle indes nicht ansatzweise an. Hier geht es nicht um die Ermittlung der Besteuerungsgrundlagen, sondern um die Identifizierung vermeintlich zu geringen zu versteuernden Einkommens.[1644] Die Öffentlichkeit wird durch Steuerpublizität auf die tatsächliche Steuerlast angesetzt und nicht etwa auf eine objektive Aufklärung des Steuersachverhalts. Auch der Ertragsteuerinformationsbericht soll letztlich eine öffentliche Kontrolle der Ertragsteuerbelastung ermöglichen.[1645] Eine materiell-rechtliche Überprüfung des Steuersachverhalts durch die Öffentlichkeit ist in der Regel nicht gewollt und von dieser weder fachlich noch vollzugstechnisch zu verlangen.

Wenn die Öffentlichkeit nun aber – etwa auf der Grundlage des Ertragsteuerinformationsberichts – vor allem die Steuerlast multinationaler Unternehmen kontrollieren soll und dabei zugleich überprüft werden soll, ob Gewinne am Ort ihrer Wertschöpfung besteuert werden, so läuft diese Kontrolle im Ergebnis nicht auf eine materiell-steuerrechtliche Prüfung, sondern auf eine Steuergerechtigkeitsprüfung hinaus, die sich an der steuerlichen Belastung orientiert.[1646] Dies ist angesichts der Konturenarmut und Konzeptionsvielfalt[1647] der Steuergerechtigkeit bedenklich.

Um eine effektive Steuergerechtigkeitskontrolle durchzuführen, müsste zunächst allgemeinverbindlich bestimmt werden, was eigentlich steuergerecht ist, wo die Grenzen zur Steuerungerechtigkeit verlaufen und ab wann man von einer angemessenen Steuerlast sprechen kann – was in dieser erforderlichen Allgemeinverbindlichkeit indes nicht möglich ist.[1648] Das Leistungsfähigkeitsprinzip kann hier zwar grundsätzlich als Maßstab herangezogen werden.[1649] Seine Maßstabsfunktion für Steuergerechtigkeit versagt bei einer legalen Steuervermeidung indes strukturell, da die auf der legalen Steuervermeidung beruhende Steuerlast ja gerade Ausdruck der tatsächlichen durch Steuergestaltungen geschmälerten wirtschaftlichen Leistungsfähigkeit ist. Legte man das Leistungsfähigkeitsprinzip hier als Maßstab an, drohte ein Zirkelschluss.

1643 *R. Seer*, in: Klaus Tipke/Joachim Lang (Begr.), Steuerrecht, 24. Auflage 2021, Rn. 21.225.

1644 *E. J. Meise*, Steuerpublizität bei natürlichen Personen, 2019, S. 125.

1645 *H. Baumhoff*, in: Jürgen Lüdicke (Hrsg.), Internationale Geschäftstätigkeiten in der Nach-BEPS-Welt, 2018, S. 97 (109).

1646 Vergleiche *H. Baumhoff*, in: Jürgen Lüdicke (Hrsg.), Internationale Geschäftstätigkeiten in der Nach-BEPS-Welt, 2018, S. 97 (109).

1647 Vergleiche *K. Tipke*, in: FS Gerhard Wacke, 1972, S. 211 (214).

1648 Vergleiche *K. Tipke*, in: FS Gerhard Wacke, 1972, S. 211 (214).

1649 *K. Tipke*, in: FS Gerhard Wacke, 1972, S. 211 (214 f.).

Eine exakte Bestimmung der fairen steuerlichen Belastung ist in der Praxis weitaus schwieriger als in der Theorie.[1650] In einer derart heterogenen Masse wie der Öffentlichkeit wird es auf die Frage, ab wann eine Steuerlast angemessen ist, keine einheitliche Antwort geben. Steuerliche Gerechtigkeitsvorstellungen können sich im Laufe der Zeit verändern, sind abhängig von politischen und ideologischen Einstellungen und unterscheiden sich bisweilen auch regional.[1651] Es gibt kein weltweit einheitliches Konzept von Steuergerechtigkeit. Das müsste es aber geben, wenn eine weltweite (Internet-)Öffentlichkeit über die Angemessenheit und Fairness von Steuerbelastungen zu urteilen hätte. Aufgrund dieses Umstands besteht die große Gefahr, dass die Steuer nicht mehr primär Ausdruck der gesetzlichen Belastungsentscheidung bleibt, sondern zunehmend von diffusen, uneinheitlichen „steuermoralische[n] Grundsätze[n]" geprägt sein wird, auf deren Einhaltung die Öffentlichkeit über „naming and shaming" besteht und auf die eine Steuerlast hin geprüft wird.[1652]

1650 *I. Schlie/C. Malke*, DB 2013, S. 2467 (2468).

1651 Vergleiche *V. Dutt/C. Spengel/H. Vay*, Der EU-Vorschlag zum Country-by-Country Reporting im Internet: Kosten, Nutzen, Konsequenzen, 2017, S. 28.

1652 *U. Schreiber/J. Voget*, StuW 2017, S. 145 (153). Vergleiche auch *T. Rödder*, DStJG 33 (2010), S. 93 (105).

E. Rechtsschutz gegen die Finanzbehörde und gegen die Öffentlichkeit

Es zeichnet einen Rechtsstaat aus, dass der Bürger hoheitlichen Maßnahmen nicht schutzlos ausgeliefert ist, sondern sich mittels Rechtsschutzes zur Wehr setzen kann. Neben diversen anderen Rechtsschutzgarantien verbürgt Art. 19 Abs. 4 GG auch Rechtsschutz gegen die Finanzbehörde.[1653] Dem Steuerpflichtigen steht hierbei eine Vielzahl von Rechtsschutzmöglichkeiten zur Verfügung. Neben einem außergerichtlichen Rechtsweg garantieren ein differenzierter finanzgerichtlicher sowie ein verfassungsgerichtlicher und nicht zuletzt auch ein europarechtlicher Rechtsweg umfassenden und effektiven Rechtsschutz in Steuersachen.[1654] Rechtsschutz in Steuersachen steht dabei demjenigen zu, der von einem hoheitlichen Steuereingriff selbst betroffen ist. Grundlage hierfür ist ein bestehendes Steuerrechtsverhältnis. Sind die Maßnahmen der Finanzverwaltung rechtswidrig, so steht dem Steuerpflichtigen unter Umständen auch ein Schadensersatzanspruch gegen die Finanzverwaltung auf der Grundlage einer Amtspflichtverletzung zu.[1655] Die Finanzverwaltung kann im schlimmsten Fall also auch haftbar gemacht werden.

Damit stellt sich nun die Frage nach dem Rechtsschutz gegen eine kontrollierende und sanktionierende Öffentlichkeit im Steuerrecht. Das System einer Verhaltenssteuerung durch Haftung versagt angesichts einer Internetöffentlichkeit vollständig. Eine weltweite Internetöffentlichkeit wird in ihren Reaktionen auf Informationen und in ihrem Handeln nicht durch die Gefahr einer Haftung begrenzt.[1656] Anders als Behörden sehen sich die „private policemen"[1657] „keiner engen rechtsstaatlichen Kontrolle"[1658] ausgesetzt. Auch ihr Handeln fußt nicht zwangsläufig auf geltendem Recht, sondern entpuppt sich als Handeln „nach eigenem Gutdünken".[1659] Darauf aufbauend muss konstatiert werden, dass die

---

1653 *M. Jachmann*, in: FS Paul Kirchhof, Band II, 2013, S. 1779 (1780).

1654 Ausführlich zum Rechtsschutz in Steuersachen *M. Jachmann*, in: FS Paul Kirchhof, Band II, 2013, S. 1779 (1779 ff.); *R. Seer*, in: Klaus Tipke/Joachim Lang (Begr.), Steuerrecht, 24. Auflage 2021, Kapitel 22.

1655 *R. Seer*, in: Klaus Tipke/Joachim Lang (Begr.), Steuerrecht, 24. Auflage 2021, Rn. 22.8, 22.51 m.w.N.

1656 Vergleiche *A. Oestreicher*, INTERTAX 2016, S. 572 (572); *L. Rudkowski*, Transparenzpflichten zur Kontrolle von Finanzdienstleistungsunternehmen, 2016, S. 185.

1657 *J. Q. Whitman*, The Yale Law Journal 1998, S. 1055 (1090).

1658 *D. John*, BKR 2020, S. 335 (337).

1659 *D. John*, BKR 2020, S. 335 (337).

Öffentlichkeit (gerade im Internet) letztlich in einem rechtsfreien Raum reagieren und handeln kann.[1660] Dies ist ein Missstand, der dringend behoben werden muss.

Dieser Umstand wird besonders in den Fällen problematisch, in denen es im Rahmen einer öffentlichen Steuerkontrolle zur Identifizierung von „falsch Positiven“ gekommen ist und sich daran nun „naming and shaming“ anschließt.[1661] Haftungsrechtlich bestehen hier keine Möglichkeiten „eines zu Unrecht abgestraften Unternehmens, Ausgleich zu erlangen“.[1662] Letztlich fehle hier wohl schon die erforderliche „rechtliche Beziehung“ zwischen dem Geschädigten und der Öffentlichkeit.[1663] Ähnlich argumentiert der Ökonom *Andreas Oestreicher*, der dabei hervorhebt, dass die Öffentlichkeit für Kollateralschäden letztlich nicht haftbar gemacht werden könne.[1664] Aber selbst wenn es einen Haftungsanspruch gäbe, wäre fraglich, wie der Geschädigte ihn etwa gegen eine ausländische, auf mehrere Staaten verteilte Öffentlichkeit geltend machen könnte. Da es eine konturlose Öffentlichkeit und gerade keine konkrete Person ist, die „naming and shaming“ ausübt, kann es auch nicht gelingen, einzelne Personen aus dieser Masse in Haftung zu nehmen. Die Individualisierung einzelner Personen ist zudem durch die gerade in den sozialen Medien zu findende Anonymität faktisch unmöglich. Damit kann man nun noch nicht einmal mehr sagen, dass die Kontrolle durch die Öffentlichkeit eine demokratische Kontrolle ist.[1665] Angesichts all dessen ist der Einsatz von Öffentlichkeit zur Steigerung der Steuergerechtigkeit und -fairness „more than questionable“[1666] und „[b]esorgniserregend“[1667].

Es ist dabei als besonders schwerwiegend zu bewerten, dass selbst der Staat die Folgen von „naming and shaming“ nicht revidieren kann.[1668] Selbst wenn ein Staatshaftungsanspruch im Einzelnen wegen der letztlich doch hoheitlich auferlegten Verpflichtung, Steuerdaten zu veröffentlichen, begründet werden könnte, könnte allenfalls eine materielle Kompensation erlangt werden. Die gesellschaftlichen

---

1660 In diese Richtung auch *D. John*, BKR 2020, S. 335 (337).

1661 Vergleiche *M. Hanlon*, Bulletin for International Taxation 2018, S. 209 (215).

1662 *L. Rudkowski*, Transparenzpflichten zur Kontrolle von Finanzdienstleistungsunternehmen, 2016, S. 185; siehe auch *A. Oestreicher*, INTERTAX 2016, S. 572 (572).

1663 *L. Rudkowski*, Transparenzpflichten zur Kontrolle von Finanzdienstleistungsunternehmen, 2016, S. 185.

1664 *A. Oestreicher*, INTERTAX 2016, S. 572 (572).

1665 *L. Rudkowski*, Transparenzpflichten zur Kontrolle von Finanzdienstleistungsunternehmen, 2016, S. 186.

1666 *A. Oestreicher*, INTERTAX 2016, S. 572 (572).

1667 *H. Baumhoff*, in: Jürgen Lüdicke (Hrsg.), Internationale Geschäftstätigkeiten in der Nach-BEPS-Welt, 2018, S. 97 (109).

1668 *C. Armbrüster/L. Böffel*, ZIP 2019, S. 1885 (1891).

Folgen von „naming and shaming" können staatlicherseits nicht beeinflusst oder behoben werden.[1669]

Der Einsatz von Öffentlichkeit als Kontrollorgan in der Unternehmensbesteuerung führt nicht zu einem Mehr an Steuergerechtigkeit, sondern zu einer Aufgabe der Rechtsstaatlichkeit im Steuerrecht. Öffentliche Transparenz und Kontrolle in der Unternehmensbesteuerung sind damit alles in allem kein weiterzuverfolgender Weg.

1669 *M. Brellochs*, AG 2016, S. 157 (170); *C. Armbrüster/L. Böffel*, ZIP 2019, S. 1885 (1891); *D. John*, BKR 2020, S. 335 (337): „Stellt sich heraus, dass eine Verdachtsmitteilung unbegründet war, wird es trotzdem nur schwer möglich sein, die veröffentlichte Information wieder so stark einzudämmen, dass der Betroffene keine weiteren Reputationsschäden zu befürchten hat."

F. Öffentliche Steuerkontrolle als Bruch mit grundlegenden Wertungen des Steuerrechts

Den Steuerstaaten gelingt es wegen der Gesetz- und Tatbestandsmäßigkeit des Steuerrechts nicht, die Steuervermeidung multinationaler Unternehmen effektiv anzugehen und ihr dauerhaft vorzubeugen. Vor diesem Hintergrund ist die Idee, über öffentliche Kontrollen und Sanktionen in der Unternehmensbesteuerung zu einer Bekämpfung von „aggressiver“ Steuerplanung und damit zu einer Steigerung der Steuergerechtigkeit beizutragen, durchaus nachvollziehbar.

Die Installation der Öffentlichkeit als Kontroll- und Sanktionsorgan im Steuerrecht muss sich gleichwohl innerhalb der vom Rechtsstaat gezogenen Grenzen bewegen. Der Ertragsteuerinformationsbericht greift in nicht zu rechtfertigender Weise in die Unionsgrundrechte der berichtspflichtigen Unternehmen ein. Er ist daher unionsrechtswidrig. „Naming and shaming“ ist letztlich willkürlich. Der Einsatz der Öffentlichkeit als Kontroll- und Sanktionsorgan im Steuerrecht unterwandert die Rechtsstaatlichkeit des Steuerrechts. Öffentliche Reaktionen bewegen sich gerade nicht mehr in den Grenzen rechtsstaatlicher Erwartbarkeit und Steuerbarkeit. Eine öffentliche Steuerkontrolle führt zu einem fundamentalen Bruch mit grundlegenden Wertungen und dem klassischen Verständnis des Steuerrechts. Auf Öffentlichkeit kann bei der Bekämpfung der Steuervermeidung multinationaler Unternehmen aus rechtlichen wie aus tatsächlichen Gründen nicht gebaut werden.

Die Öffentlichkeit sollte daher kein Kontroll- und Sanktionsorgan im Steuerrecht werden. „Naming and shaming“ in der Unternehmensbesteuerung ist damit abzulehnen.

Teil 6: Zusammenfassung der Ergebnisse

1. Die Größe eines internationalen Unternehmensverbunds erleichtert Steuergestaltungen und Gewinnverlagerungen. Da multinationale Unternehmen in verschiedenen Steuerstaaten ansässig sind, können sie gezielt mit den Besonderheiten des jeweils nationalen Steuerrechts operieren und dieses in Steuerplanungsvorgänge integrieren. Für ihre Steuergestaltungen nutzen multinationale Unternehmen dabei den Umstand, dass grundsätzlich die in einem Steuerhoheitsgebiet ansässige einzelne Unternehmenseinheit besteuert wird und gerade nicht der Unternehmensverbund.
2. Über Steuergestaltungen soll die Steuer vermieden werden. Unter Steuervermeidung versteht man die Fälle, in denen ein Sachverhalt verwirklicht wird, an den das Gesetz keine Steuer knüpft. Eine Steuervermeidung liegt aber auch dann vor, wenn auf die Höhe der Steuerlast eingewirkt und die Steuerlast im Ergebnis verringert wird. Der Steuerpflichtige hat dabei das Recht, seine Steuerlast zu minimieren. Während die Steuervermeidung legal ist und sich im Rahmen der Steuergesetze bewegt, ist die Steuerverkürzung eine Straftat. Steuervermeidung knüpft an die Tatbestandsmäßigkeit des Steuerrechts an. Dabei wird die Steuervermeidung im internationalen Kontext durch Differenzierungen, fehlende gegenseitige Abstimmungen und uneinheitliche Ausgestaltungen der einzelnen Steuerrechtsordnungen erleichtert. Das Steuerrecht ist nicht gestaltungsneutral. Aus diesem Grund können Steuergestaltungen nicht einfach durch das Verabschieden neuer Steuergesetze und Steuernormen unterbunden werden.
3. Für die Steuervermeidung und Gewinnverlagerung multinationaler Unternehmen findet sich die Bezeichnung „aggressive" Steuerplanung. „Aggressive" Steuerplanung ist dann gegeben, wenn Steuergestaltungen innerhalb verschiedener Steuerregime ganz bewusst auf nicht aufeinander abgestimmten Steuerregelungen beruhen und die beteiligten Steuerstaaten aufgrund dieser nationalen Gesetzeslücken und Inkohärenzen gegeneinander ausgespielt werden. Klassischerweise ist eine „aggressive" Steuerplanung dann gegeben, wenn ein multinationaler Unternehmensverbund Gewinne und Verluste nach Belieben verlagert und so die Steuerlast der einzelnen Unternehmenseinheiten mindert. Hierfür bieten Verrechnungspreise der unternehmensinternen Leistungen und Lieferungen einen weitgehend ungehinderten Raum. Versuche, mittels des Fremdvergleichsgrundsatzes die Angemessenheit der Preise zu ermitteln, scheitern oftmals an fehlenden Vergleichsdaten und Informationsasymmetrien. Dies gilt gerade für Steuergestaltungen mit immateriellen Wirtschaftsgütern.
4. Steuergestaltungen multinationaler Unternehmen begründen ein Steuergerechtigkeitsproblem. Indem sich multinationale Unternehmen in legaler Weise ihrer Besteuerung entziehen, wird die Last des Steuerzahlens auf diejenigen

Steuerpflichtigen abgewälzt, denen es nicht möglich ist, durch Steuergestaltungen ihre eigene Steuerlast zu mindern. Dies wird als steuerungerecht empfunden. Gerecht ist die Steuerlast dann, wenn sie die Steuerpflichtigen gleich belastet. Dies ist dann der Fall, wenn die Steuerlast dem Leistungs- und Äquivalenzprinzip entspricht. Werden Gerechtigkeitsstandards nicht beachtet, ist dies rechtlich betrachtet dennoch so lange irrelevant, wie die Steuergestaltungen jedenfalls legal sind. Die Unternehmensführung muss die Maximierung des Unternehmensgewinns vielmehr sogar aus Gründen des Wettbewerbs im Ergebnis über die gerechte Besteuerung stellen.

5. In diesem Kampf um Steuergerechtigkeit soll der Steuervermeidung nicht mehr nur mit einem gesteigerten Informationsaustausch und einer umfangreicheren Kooperation zwischen den Finanzbehörden begegnet werden. Auch die Öffentlichkeit soll involviert werden. Mit der Veröffentlichung von steuerrelevanten Informationen soll die Öffentlichkeit als Kontroll- und Sanktionsorgan installiert werden.
6. Öffentlicher Druck setzt auf proaktive Verhaltenslenkung. Hierfür bedarf es öffentlicher und also allgemein zugänglicher Steuerinformationen. Die Öffentlichkeit kann dabei als Kontroll- und Sanktionsorgan instrumentalisiert werden. Die Instrumentalisierung erfolgt im Steuerrecht mittels gezielter Veröffentlichungen von Steuerinformationen und -daten durch den Staat oder aber durch hoheitlich aufgestellte Veröffentlichungsverpflichtungen. In Anlehnung an den mittelalterlichen Pranger soll „naming and shaming" dabei ein Mittel im Kampf gegen „aggressive" Steuerplanung multinationaler Unternehmen werden.
7. „Naming and shaming" ist gerade dort effektiv, wo zwar keine juristische, gleichwohl aber eine soziale oder gesellschaftliche Pflichtverletzung vorliegt. Dabei besteht das über allem schwebende Ziel beim „naming and shaming" in der Verhaltensbeeinflussung durch Abschreckung. „Naming and shaming" ersetzt dabei rechtliche Lenkungs- und Vollstreckungsnormen, weil es bereits aus sich selbst heraus lenkend und vollstreckend wirkt. Aufgrund der Anonymität in den sozialen Medien bieten diese eine ideale Plattform für „naming and shaming".
8. Anknüpfungspunkt für „naming and shaming" im Unternehmenssteuerrecht ist die Unternehmensreputation der steuervermeidenden Unternehmen. Die Unternehmensreputation stellt für die Unternehmen einen hohen Wert dar. Eine negative Reputation kann insbesondere mögliche Investoren oder Kunden abschrecken und Konkurrenzunternehmen somit einen entscheidenden Wettbewerbsvorteil verschaffen. Der besonderen Bedeutung der Unternehmensreputation ist sich die jeweilige Unternehmensführung grundsätzlich bewusst und berücksichtigt die Gefahr von Reputationsbeeinträchtigungen schon bei ihren Entscheidungen für oder gegen die Anwendung von Steuerplanungsstrategien. Ferner gibt es Versicherungen gegen „naming and shaming". Es kann empirisch bisher nicht belegt werden, dass mit dem öffentlichen

Bekanntwerden von „aggressiver“ Steuerplanung dauerhafte Reputations- oder Wertverluste einhergehen.

9. Um öffentliche Kontrolle zu ermöglichen, bedarf es eines entsprechenden Transparenzformats. Die Europäische Kommission entwickelte daher den Ertragsteuerinformationsbericht. Da er inhaltlich und strukturell auf dem Country-by-Country Reporting aufbaut, findet sich für ihn auch die Bezeichnung „public Country-by-Country Reporting“.
10. Der Ertragsteuerinformationsbericht soll ein Instrument im Kampf um eine faire Unternehmensbesteuerung und einen fairen Steuerwettbewerb sein. Die Europäische Kommission hat hierfür einen Vorschlag zur Änderung der EU-Bilanzrichtlinie vorgelegt. Der Ertragsteuerinformationsbericht soll nach den Vorstellungen der Europäischen Kommission durch eine Erweiterung der EU-Bilanzrichtlinie um ein Kapitel 10a Bestandteil des bereits geltenden Sekundärrechts werden.
11. Genau wie beim Country-by-Country Reporting muss der Ertragsteuerinformationsbericht ab einem konsolidierten Nettoumsatzerlös von 750 Millionen Euro erstellt werden. Der große Unterschied zum Country-by-Country Reporting besteht dabei in der zusätzlichen fünfjährigen Veröffentlichungspflicht auf der Homepage des Unternehmensverbunds. Diese Veröffentlichung wird von einem Abschlussprüfer oder einer Prüfgesellschaft kontrolliert. Anders als das Country-by-Country Reporting besteht der Ertragsteuerinformationsbericht nur aus einer Tabelle. In dieser Tabelle wird die ertragsteuerliche Situation des Unternehmensverbunds abgebildet. Auch inhaltlich bestehen gewisse Unterschiede zwischen dem Country-by-Country Reporting und dem Ertragsteuerinformationsbericht. Gemeinsamkeiten bestehen indes bei der großen Gefahr für Fehlinterpretationen aufgrund von aggregierten Daten und bei dem Potenzial für inhaltliche Missverständnisse. Beim Ertragsteuerinformationsbericht stellt sich überdies das Problem der begrenzten Sachkunde der kontrollierenden Öffentlichkeit.
12. Wegen des steuerrechtlichen Bezugs des Ertragsteuerinformationsberichts ist Art. 115 AEUV die richtige Rechtsgrundlage. Der Gang über Art. 50 Abs. 1 AEUV stellt eine Umgehung des Einstimmigkeitserfordernisses dar.
13. Die von der Pflicht zur Erstellung und Veröffentlichung des Ertragsteuerinformationsberichts betroffenen Unternehmen haben ein schutzwürdiges Interesse an der Geheimhaltung ihrer Steuerdaten. Der Ertragsteuerinformationsbericht verpflichtet zur Offenlegung von Geschäftsgeheimnissen. Es sind dabei gerade die Bandbreite der einzelnen Informationskategorien des Ertragsteuerinformationsberichts sowie ihre beliebigen Verknüpfungen, Zusammenstellungen und Verarbeitungen, die der Öffentlichkeit ein detailliertes Bild von den steuerlichen und wirtschaftlichen Verhältnissen der berichtspflichtigen Unternehmensgruppe verschaffen. Erschwerend kommt hinzu, dass die Daten nach Steuerhoheitsgebieten aufgeschlüsselt werden müssen. Darin liegt dann auch einer der zentralen Unterschiede zum Jahresabschluss.

14. Der Ertragsteuerinformationsbericht ist allein an den Grundrechten der GRCh zu messen. Die EMRK und die nationalen Grundrechtsregime finden keine Anwendung. Die im Ertragsteuerinformationsbericht anzugebenden Daten werden von Art. 8 GRCh geschützt. Geschäftsgeheimnisse werden von der in Art. 17 GRCh enthaltenen Eigentumsfreiheit geschützt. Bestimmte Offenlegungspflichten werden überdies auch an Art. 16 GRCh gemessen. Für einen Eingriff in die Grundrechte kommt es dabei nicht darauf an, ob die Veröffentlichung durch einen Hoheitsträger erfolgt oder aber ob es die berichtspflichtigen Unternehmen selbst sind, die auf der Grundlage einer entsprechenden Rechtsgrundlage zur Veröffentlichung des Ertragsteuerinformationsberichts verpflichtet werden. Aus Art. 16 GRCh lässt sich überdies ein Schutz vor Wettbewerbsnachteilen herleiten. Mit der Erstellungs- und Veröffentlichungspflicht des Ertragsteuerinformationsberichts gehen unmittelbare und mittelbare Grundrechtseingriffe einher. Die berichtspflichtigen Unternehmen sind dabei grundrechtsberechtigt.
15. Mit der Veröffentlichungspflicht von Geschäftsgeheimnissen gehen Wettbewerbsnachteile einher. Der Ertragsteuerinformationsbericht ermöglicht eine systematische Analyse des Unternehmensverbunds und gewährt tief gehende Einblicke in Unternehmensabläufe, Wertschöpfungsketten und Wirtschaftsstrukturen. Wettbewerbsnachteile ergeben sich letztlich aber schon aus dem Umstand, dass die Berichts- und Veröffentlichungspflicht schwellenwertabhängig ist und vor allem in der Europäischen Union ansässige multinationale Unternehmen betrifft.
16. Die berichtspflichtigen Unternehmen haben schutzwürdige Interessen an der Geheimhaltung ihrer Steuerdaten. Dieses Schutzbedürfnis basiert zum einen auf der Sensibilität der Steuerdaten an sich. Sie ermöglichen tief gehende Einblicke in den multinationalen Unternehmensverbund. Zum anderen fußt das Schutzinteresse auf der mit einer Veröffentlichung einhergehenden nachteiligen Veränderung des Wettbewerbs.
17. Öffentliche Kontrolle stellt von sich aus kein legitimes Ziel dar. Die Legitimität des Ertragsteuerinformationsberichts muss daher anhand der mit der öffentlichen Kontrolle zu erreichenden Ziele bestimmt werden. Mit der öffentlichen Kontrolle sollen letztlich Gewinnverlagerungen bekämpft werden. Es soll eine Besteuerung am Ort der Wertschöpfung erfolgen. Zugleich sollen das Vertrauen in das Steuerrecht und ein fairer Steuerwettbewerb gefördert werden. Das über allem schwebende Ziel ist damit die Förderung der Steuergerechtigkeit. Der Ertragsteuerinformationsbericht ist damit von einer legitimen Zielsetzung durchdrungen.
18. Der Ertragsteuerinformationsbericht ermöglicht jedenfalls eine grundlegende Kontrolle der berichtspflichtigen Unternehmen. Dabei räumt er der Öffentlichkeit verschiedene Kontrollansätze ein. Besonders fruchtbar wird man den Ertragsteuerinformationsbericht im steuerrechtswissenschaftlichen Diskurs machen können. Hier kann er etwa als Anschauungsmaterial für die Erforschung der internationalen Konzernbesteuerung fungieren. Darüber hinaus

etabliert der Ertragsteuerinformationsbericht „naming and shaming" in der Unternehmensbesteuerung, wodurch – jedenfalls in der Theorie – „aggressiver" Steuerplanung vorgebeugt werden kann.

19. Der Jahresabschluss und der Ertragsteuerinformationsbericht sind in Bezug auf die Schaffung von Transparenz zwar vergleichbar, verfolgen in der Sache jedoch unterschiedliche Ziele und haben dementsprechend unterschiedliche Zuschnitte und Informationskategorien. Während der Jahresabschluss dem Gläubigerschutz dient, dient der Ertragsteuerinformationsbericht der öffentlichen Kontrolle. Mit dem Jahresabschluss können die mit dem Ertragsteuerinformationsbericht verfolgten Ziele so nicht erreicht werden. Da Steuerdaten stets Geschäftsgeheimnisse darstellen, können in einem Transparenzformat, das öffentliche Steuerkontrolle vorsieht, Geschäftsgeheimnisse nicht von der Preisgabe ausgenommen werden, ohne dass das steuerliche Transparenzformat seinen Sinn und Zweck verlöre. Eine Beschränkung der Zugänglichkeit auf Finanzbehörden und spezielle zivilgesellschaftliche Organisationen läuft der Idee einer öffentlichen Kontrolle schon im Ansatz zuwider.
20. Der Ertragsteuerinformationsbericht führt zu einer Konfrontation der Interessen der Allgemeinheit an einer fairen Steuerbelastung, einem fairen Steuerwettbewerb und damit an Steuergerechtigkeit mit den Interessen der berichtspflichtigen Unternehmen am Schutz von Geschäftsgeheimnissen und einem von hoheitlichem Einfluss unbeeinflussten Wettbewerb. Die Erstellungs- und Veröffentlichungspflicht des Ertragsteuerinformationsberichts stellt Grundrechtseingriffe von schwerwiegender, in Teilen sogar maximaler Intensität dar. Der Conseil d'État und der Conseil Constitutionnel sahen in einer Veröffentlichungspflicht von steuerlichen und wirtschaftlichen Daten daher einen im Ergebnis nicht rechtfertigungsfähigen Grundrechtseingriff.
21. Es gibt keine Garantie dafür, dass eine Kontrolle durch die Öffentlichkeit tatsächlich erfolgt. Dass Informationen zum Zwecke einer öffentlichen Kontrolle veröffentlicht worden sind, bedeutet gerade nicht, dass es auch zu einer öffentlichen Kontrolle kommt. Der Öffentlichkeit kann das für eine Kontrolle erforderliche Kontrollinteresse nicht pauschal unterstellt werden. Das Kontrollinteresse wird dabei gerade in den Fällen, in denen die zu kontrollierenden Unternehmen der Öffentlichkeit unbekannt sind, schon nicht gegeben sein. Am ehesten wird man das Kontrollinteresse damit bezüglich solcher Unternehmen annehmen können, die der Öffentlichkeit bekannt sind.
22. Bei einer Maßnahme, der die Idee zugrunde liegt, dass eine Internetöffentlichkeit die ertragsteuerliche Situation eines Unternehmens kontrollieren kann und soll, besteht die Gefahr, dass die Kontrolle letztlich von niemandem durchgeführt wird, weil sich in dieser Masse für eine ertragsteuerliche Kontrolle niemand wirklich verantwortlich fühlt. Während auf der einen Seite also Grundrechtseingriffe von höchster Intensität definitiv vorliegen, ist auf der anderen Seite gar nicht gesagt, dass es überhaupt zu einer Kontrolle kommt.
23. Große Bedenken bestehen auch an der Objektivität einer öffentlichen Kontrolle in der Unternehmensbesteuerung. Erkenntnisse der Verhaltenswissenschaft

zeigen, dass sich Beurteilungs- oder Bewertungsvorgänge gerade nicht als Form objektiven Abwägens darstellen, sondern ganz stark von Emotionen und Gefühlen, persönlichen Einstellungen und Ansichten geprägt sind.

24. Der Ertragsteuerinformationsbericht geht über das Projekt der OECD weit hinaus. Die Transparenzmaßnahmen der OECD basieren auf Gegenseitigkeit. Die Staaten übermitteln Steuerdaten, weil sie ihrerseits Steuerdaten aus anderen Staaten erhalten. Können nun die Steuerdaten von Unternehmen in der Europäischen Union öffentlich eingesehen werden, so besteht kein wirklicher Anreiz für Drittstaaten mehr, sich am automatischen Informationsaustausch zu beteiligen. Dies gilt umso mehr für Staaten, die dem BEPS-Projekt der OECD ohnehin nicht beigetreten sind. Die Idee, dass eine in der EU ansässige Unternehmenseinheit den Ertragsteuerinformationsbericht des gesamten ansonsten in Drittstaaten ansässigen Unternehmensverbunds erstellen und veröffentlichen können soll, erscheint wenig praxisnah. Hier fehlt es am Ende dann auch an entsprechenden Zwangsmaßnahmen, die die Unternehmenseinheit zur Erstellung und Veröffentlichung zwingen können.
25. Der tatsächlichen und maximalen Intensität der Grundrechtseingriffe kann im Ergebnis kein auch nur annähernd entsprechender tatsächlicher Nutzen des Ertragsteuerinformationsberichts gegenübergestellt werden. Auch wenn die Ansicht, dass der Kampf gegen „aggressive" Steuerplanung weiter intensiviert werden müsse, richtig und begrüßenswert ist, kann hierbei nicht auf Öffentlichkeit gesetzt werden. Empirische Untersuchungen können bis zum heutigen Tag nicht belastbar belegen, dass „naming and shaming" und öffentlicher Druck „aggressive" Steuerplanung effektiv bekämpfen können und damit im Ergebnis zu einer gerechten Besteuerung führen. Die Öffentlichkeit ist kein verlässliches Kontrollorgan.
26. Das Steuerrecht beruht auf einer Gesetz- und Tatbestandsmäßigkeit. Steuerrecht ist damit streng positivistisch. Die Tatbestandsmäßigkeit des Steuerrechts geht von einer konditionalen Verbindung zwischen Steuertatbestand und steuerlicher Rechtsfolge aus. Wird ein Steuertatbestand nicht verwirklicht, bleibt die steuerliche Rechtsfolge aus. Die Gesetz- und Tatbestandsmäßigkeit des Steuerrechts steht für Rechtsstaatlichkeit in der Besteuerung. Dabei sind Vorrang und Vorbehalt des Gesetzes zwingend zu berücksichtigen. Vor diesem Hintergrund kann es im materiellen Steuerrecht keine unfaire oder ungerechte Steuerlast geben.
27. Der positivistische Charakter des Steuerrechts schafft Vertrauensschutz und garantiert damit Rechtssicherheit und Rechtsklarheit. Zahlungspflichten können sich nur aus dem Steuerrecht ergeben. Auf subjektive Elemente kommt es bei der Entstehung der Steuerpflicht nicht an. Das Gerechtigkeitsempfinden anderer Menschen kann kein Steuerschuldverhältnis zulasten Dritter begründen. Das Legalitätsprinzip des Steuerrechts begrenzt normative Steuereingriffe und macht sie erwartbar. Das Legalitätsprinzip schützt damit auch vor Willkür im Steuerrecht.

28. Demgegenüber überschreitet die Öffentlichkeit als Kontroll- und Sanktionsorgan die Grenzen des Erwartbaren vollkommen. Sie ist von einer strukturellen Willkürlichkeit geprägt und erinnert an eine Volksjustiz.
29. Finanzbehördliche und öffentliche Steuerkontrolle unterscheiden sich diametral. Anders als bei der finanzbehördlichen Steuerkontrolle kommt es der öffentlichen Steuerkontrolle nicht auf Sachverhaltsaufklärung an. Öffentliche Steuerkontrolle interessiert sich nicht für die Ermittlung der Besteuerungsgrundlagen, sondern für die Identifizierung einer zu geringen Steuerlast. Öffentliche Steuerkontrolle läuft nicht auf eine materiell-steuerrechtliche Prüfung, sondern auf eine Steuergerechtigkeitsprüfung hinaus. Hier besteht die Gefahr, dass die Steuerlast zunehmend vom Steuertatbestand entkoppelt und stattdessen diffusen Steuergerechtigkeitserwägungen zugeführt wird. Dies ist nicht zuletzt auch angesichts der Konturenarmut und Konzeptionsvielfalt der Steuergerechtigkeit bedenklich.
30. Das System einer Verhaltenssteuerung durch Haftung versagt angesichts einer Internetöffentlichkeit vollständig. Es erfolgt keine haftungsbedingte Begrenzung von Handlungen und Reaktionen. Die Öffentlichkeit kann bei Steuerkontrollen im Internet in einem (weitgehend) rechtsfreien Raum agieren. Eine zivilrechtliche Haftung für sogenannte „falsch Positive“ ist theoretisch zwar denkbar, praktisch aber wohl nicht durchsetzbar. Der Staat kann Reputationsschäden nur materiell kompensieren. Einen gesellschaftlichen Ansehensverlust in der Öffentlichkeit vermag er nicht zu beheben. Der Einsatz von Öffentlichkeit als Kontrollorgan in der Unternehmensbesteuerung führt nicht zu einem Mehr an Steuergerechtigkeit, sondern zu einer Aufgabe der Rechtsstaatlichkeit im Steuerrecht.

Literaturverzeichnis

Adick, Markus/Bülte, Jens (Hrsg.), Fiskalstrafrecht. Straftaten gegen staatliche Vermögenswerte, 2. Auflage, Heidelberg 2019

Andresen, Ulf, Country-by-Country Reporting – mit Augenmaß!, in: BEPS – Herausforderungen für die Unternehmen, hrsg. von Jürgen Lüdicke, Köln 2015, S. 87 – 103

Armbrüster, Christian/Böffel, Lukas, „Naming and shaming" als Instrument zur Ahndung von Rechtsverstößen, ZIP 2019, S. 1885 – 1895

Axer, Georg, Der Europäische Gerichtshof auf dem Weg zur „doppelten Kohärenz". Eine Zukunft der Hinzurechnungsbesteuerung nach dem Cadbury Schweppes-Urteil, IStR 2007, S. 162 – 169

Bär, Ulrike, Verständigungen über Verrechnungspreise verbundener Unternehmen im deutschen Steuerrecht, Diss., Berlin 2009

Bärsch, Sven-Eric/Engelen, Christian/Färber, Niklas, Die Dokumentation von Verrechnungspreisen und das Country-by-Country Reporting. – Die neuen Anforderungen der OECD und der EU –, DB 2016, S. 972 – 982

Bärsch, Sven-Eric/Engelen, Christian/Färber, Niklas, Neue Dokumentations-, Mitteilungs- und Anzeigepflichten für deutsche Konzerngesellschaften zur Erhöhung der Steuertransparenz, Der Konzern 2016, S. 338 – 342

Balakrishnan, Karthik/Blouin, Jennifer L./Guay, Wayne R., Tax Aggressiveness and Corporate Transparency, The Accounting Review 2019, S. 45 – 69

Barrios Altafulla, Laura Cristina, The Line between Tax Secrecy and Tax Transparency, in: Tax Policy Challenges in the 21st Century, hrsg. von Raffaele Petruzzi/Karoline Spies, Wien 2014, S. 423 – 446

Baumhoff, Hubertus, Country-by-Country Reporting, in: Internationale Geschäftstätigkeiten in der Nach-BEPS-Welt, hrsg. von Jürgen Lüdicke, Köln 2018, S. 97 – 114

Becker, Florian, Die aktive Öffentlichkeitsarbeit von Staatsanwaltschaften und das Grundrecht auf informationelle Selbstbestimmung, in: Strafverteidigung im Wirtschaftsleben – Festgabe für Hanns W. Feigen zum 65. Geburtstag am 13. März 2014, hrsg. von Barbara Livonius/Walther Graf/Jürgen Wolter/Mark A. Zöller, Köln 2014, S. 15 – 24

Becker, Ulrich/Hatje, Armin/Schoo, Johann/Schwarze, Jürgen (Hrsg.), EU-Kommentar, 4. Auflage, Baden-Baden 2019

Bergerhoff, Marcus, Nötigung durch Boykott, Diss., Frankfurt am Main 1998

Beyerbach, Hannes, Die geheime Unternehmensinformation. Grundrechtlich geschützte Betriebs- und Geschäftsgeheimnisse als Schranke einfachrechtlicher Informationsansprüche, Diss., Tübingen 2012

Bier, Bernd-Peter/Voß, Till Olaf, Transparenz nur gegen Rechtsschutz. Auswirkungen des Country-by-Country-Reportings und von weiteren Maßnahmen des OECD-Programms zu Base Erosion and Profit Shifting im globalen Konzern, IStR 2017, S. 393 – 399

Birk, Dieter, Das Leistungsfähigkeitsprinzip als Maßstab der Steuernormen. Ein Beitrag zu den Grundfragen des Verhältnisses Steuerrecht und Verfassungsrecht, Habil., Köln 1983

Birk, Dieter, Gleichheit und Gesetzmäßigkeit der Besteuerung. Zum Stellenwert zweier Grundprinzipien in der Steuerreform 1990, StuW 1989, S. 212 – 218

Birk, Dieter, Das Leistungsfähigkeitsprinzip in der Unternehmenssteuerreform, StuW 2000, S. 328 – 336

Birk, Dieter, Das Ungerechte an der Steuergerechtigkeit, StuW 2011, S. 354 – 364

Birk, Dieter/Desens, Marc/Tappe, Henning, Steuerrecht, 24. Auflage, Heidelberg 2021

Blank, Joshua D., What's Wrong With Shaming Corporate Tax Abuse, Tax Law Review 2009, S. 539 – 590

Blumers, Wolfgang, Aggressive Steuerplanung, – Vielleicht legal, aber jedenfalls verwerflich, BB 2013, S. 2785 – 2788

Borchardt, Klaus-Dieter, Die rechtlichen Grundlagen der Europäischen Union, 7. Auflage, Wien 2020

Brammsen, Joerg, Der Fiskus als „Geheimnishehler"?. Steuer-CDs im Licht des strafgesetzlichen Geheimnisschutzes, BB 2016, S. 3034 – 3043

Braun, Johann, Gerechtigkeit – was ist das?, JURA 2014, S. 865 – 871

Braun Binder, Nadja, Rechtsangleichung in der EU im Bereich der direkten Steuern. Analyse der Handlungsformen unter besonderer Berücksichtigung des Soft Law, Habil., Tübingen 2017

Brellochs, Michael, Die Neuregelung der kapitalmarktrechtlichen Beteiligungspublizität – Anmerkungen aus Sicht der M&A- und Kapitalmarktpraxis, AG 2016, S. 157 – 170

von Brocke, Klaus/Zawodsky, Florian S., Die Sache mit der steuerlichen Transparenz, SAM 2021, S. 105 – 110

Bröhmer, Jürgen, Transparenz als Verfassungsprinzip. Grundsatz und Europäische Union, Habil., Tübingen 2004

Calliess, Christian/Ruffert, Matthias (Hrsg.), EUV/AEUV. Das Verfassungsrecht der Europäischen Union mit Europäischer Grundrechtecharta, Kommentar, 6. Auflage, München 2022

Chen, Shuping/Chen, Xia/Cheng, Qiang/Shevlin, Terry, Are family firms more tax aggressive than non-family firms?, Journal of Financial Economics 2010, S. 41 – 61

Chirelstein, Marvin A./Zelenak, Lawrence A., Tax Shelters and the Search for a Silver Bullet, Columbia Law Review 2005, S. 1939 – 1966

Christians, Allison, How Starbucks lost its social license – And paid £ 20 million to get it back, Tax Notes International 2013, S. 637 – 640

Christians, Allison, Tax Activists and the Global Movement for Development Through Transparency, in: Tax, Law and Development, hrsg. von Miranda Stewart/Yariv Brauner, Cheltenham (UK), Northampton, MA (USA) 2013, S. 288 – 315

Christians, Allison, Avoidance, Evasion, and Taxpayer Morality, Washington University Journal of Law and Policy 2014, S. 39 – 59

Christians, Allison/van Apeldoorn, Laurens, Taxing income where value is created, Florida Tax Review 2018, S. 1 – 39

Claßen, Jörn/Hassel, Dominik, Shitstorms und Skandalberichterstattung – Unternehmen am Pranger, IPRB 2020, S. 65 – 69

Cockfield, Arthur J./MacArthur, Carl D., Country-by-Country Reporting and Commercial Confidentiality, Canadian Tax Journal 2015, S. 627 – 660

Council of the European Union, Interinstitutional File: 2016/0107 (COD), Opinion of the Legal Service, 14384/16 Limite, Brussels, 11.11.2016

Czakert, Ernst, Neue Entwicklungen bei der steuerlichen Amtshilfe, ifst-Schrift Nr. 514, hrsg. von Johanna Hey, Berlin 2017

Dahlke, Jürgen/Würges, Jochen/Erdogan, Senay, Aktuelle Praxishinweise zum Country-by-Country Report, BB 2018, S. 1771 – 1775

Dahlke, Jürgen/Erdogan-Fischer, Senay, Einbettung des Country-by-Country Reporting in das steuerliche Compliance- und Risikomanagement, BB 2019, S. 1323 – 1326

Danz, Daniela, Das Subjektsteuerprinzip – Begriff, Rechtfertigung und Auswirkungen, FR 2018, S. 160 – 169

de l'Estoile Campi, Agnès/Meidani, Adea, French Tax Treatment of Foreign Trusts and the Related New Public Register, European Taxation 2016, S. 404 – 407

Desai, Mihir A./Foley, C. Fritz/Hines Jr., James R., The demand for tax haven operations, Journal of Public Economics 2006, S. 513 – 531

Desens, Marc, Die Verwirklichung des Leistungsfähigkeitsprinzips als Maßstab der Steuernormen in der Rechtsprechung des BVerfG, StuW 2016, S. 240 – 255

Deutscher Bundestag, PE 6: Fachbereich Europa, Unionsrechtliche Pflicht zur Veröffentlichung von Ertragssteu-erinformationen, PE 6-3000-111/16

Deutscher Steuerberaterverband e.V., Vorschlag der Europäischen Kommission vom 12. April 2016 zur Änderung der Richtlinie 2013/34/EU im Hinblick auf die Offenlegung von Ertragsteuerinformationen durch bestimmte Unternehmen und Zweigniederlassungen, https://www.dstv.de/interessenvertretung/rechnungslegung/stellungnahmen-rechnungslegung/b-05-16-country-by-counry-reporting (letzter Aufruf: 31.3.2022)

Di Fabio, Udo, Steuern und Gerechtigkeit. Das Freiheits- und Gleichheitsgebot im Steuerrecht, JZ 2007, S. 749 – 755

Ditz, Xaver/Bärsch, Sven-Eric/Engelen, Christian, Das neue Country-by-Country Reporting nach dem Regierungsentwurf des Anti-BEPS-Umsetzungsgesetzes v. 13.7.2016, IStR 2016, S. 840 – 850

Ditz, Xaver/Heider, Christian, Austausch des Country-by-Country Reporting – Gemeinsame Erklärung Deutschland-USA gem. BMF v. 16.8.2018, ISR 2018, S. 399 – 403

Ditz, Xaver/Heider, Christian, Öffentliche länderbezogene Berichterstattung in der EU, GmbHR 2021, S. R208 – R210

Ditz, Xaver/Quilitzsch, Carsten, Erweiterung von Offenlegungspflichten durch Country by Country Reporting. Steuerpolitischer Nutzen und verfahrensrechtliche Grenzen, DStR 2014, S. 127 – 131

Dobratz, Lars, EU-Grundrechte und Umsatzsteuerrecht – Zum Diskussionsbeitrag von Werner Widmann –, UR 2014, S. 425 – 428

Dölker, Angelika, Maßnahmen zur Schaffung von Steuertransparenz durch Amtshilfe und Informationsaustausch unter Steuerbehörden verschiedener Länder sowie durch nationale Gesetze in Deutschland, BB 2017, S. 279 – 284

Dorenkamp, Christian, Eigen- und Fremdkapitalfinanzierung im Steuerrecht, in: Gestaltungsfreiheit und Gestaltungsmissbrauch im Steuerrecht, hrsg. von Rainer Hüttemann, Deutsche Steuerjuristische Gesellschaft (DStJG), Band 33, Köln 2010, S. 301 – 338

Dowling, Grahame R., The Curious Case of Corporate Tax Avoidance: Is it Socially Irresponsible?, Journal of Business Ethics 2014, S. 173 – 184

Droege, Michael, Eigenheiten der Steuerrechtswissenschaft, Berlin 2016

Drüen, Klaus-Dieter, Unternehmerfreiheit und Steuerumgehung, StuW 2008, S. 154 – 166

Drüen, Klaus-Dieter, Kooperation im Besteuerungsverfahren, FR 2011, S. 101 – 113

Drüen, Klaus-Dieter, Systembildung und Systembindung im Steuerrecht, in: Steuerrecht im Rechtsstaat. Festschrift für Wolfgang Spindler zum 65. Geburtstag, hrsg. von Rudolf Mellinghoff/Wolfgang Schön/Hermann-Ulrich Viskorf, Köln 2011, S. 29 – 50

Drüen, Klaus-Dieter, Die Indienstnahme Privater für den Vollzug von Steuergesetzen, Habil., Tübingen 2012

Drüen, Klaus-Dieter, Verfassungsrechtliche Positionen zur Mindestbesteuerung, FR 2013, S. 393 – 402

Drüen, Klaus-Dieter, Verschränkungen öffentlich-rechtlicher und privatrechtlicher Regime im Verwaltungsrecht, in: Veröffentlichungen der Vereinigung der Deutschen Staatsrechtslehrer, Band 79, Berlin, Boston 2020, S. 127 – 168

Dutt, Verena/Spengel, Christoph/Vay, Heiko, Der EU-Vorschlag zum Country-by-Country Reporting im Internet: Kosten, Nutzen, Konsequenzen, München 2017

Dutt, Verena/Spengel, Christoph/Vay, Heiko, Öffentliches Country-by-Country Reporting. Ein EU-Vorschlag und seine möglichen Konsequenzen, FUS 2017, S. 177 – 179

Duttiné, Tino, Steuerliche Meldepflichten als neue Compliance-Herausforderung?, Newsdienst Compliance 2018, 72005, beck-online

Eckhoff, Rolf, Gleichmäßigkeit der Besteuerung, in: Leitgedanken des Rechts – Paul Kirchhof zum 70. Geburtstag, hrsg. von Hanno Kube/Rudolf Mellinghoff/Gerd Morgenthaler/Ulrich Palm/Thomas Puhl/Christian Seiler, Band II, Heidelberg, München, Landsberg, Frechen, Hamburg 2013, S. 1601 – 1609

Eckhoff, Rolf, „Steuergerechtigkeit" als verfassungsrechtliches und als steuerpolitisches Argument, StuW 2016, S. 207 – 225

Eigelshoven, Axel/Tomson, Susanne, Country-by-Country Reporting – Zweifelsfragen und erste Praxiserfahrungen, IStR 2019, S. 242 – 247

Eilers, Stephan/Oppel, Florian, BEPS erreicht die EU: Das Anti Tax Avoidance Package der EU-Kommission, IStR 2016, S. 312 – 319

Eilers, Stephan/Schmitz, Stefan, BEPS – base erosion and profit shifting: Besteuerungsgrundlage und Gewinnverlagerung. Ein Überblick über aktuelle Entwicklungen, ISR 2013, S. 68 – 75

Engelen, Christian/Heider, Christian, Der länderbezogene Bericht nach § 138a AO – Erste Praxiserfahrungen und ausgewählte Zweifelsfragen, DStR 2018, S. 1042 – 1049

Engelen, Christian/Heider, Christian, Der länderbezogene Bericht nach § 138a AO – Die Positionen der Tabelle 1, DStR 2018, S. 2549 – 2558

Engler, Friederike, Steuerverfassungsrecht im Mehrebenensystem. Ein Vergleich des Schutzes vor Besteuerung durch EMRK, Grundrechtecharta und die nationale Grundrechtsordnung, Diss., Baden-Baden 2014

Englisch, Joachim, Gemeinschaftsgrundrechte im harmonisierten Steuerrecht, in: Zukunftsfragen des deutschen Steuerrechts, hrsg. von Wolfgang Schön/Karin E. M. Beck, Heidelberg et al. 2009, S. 39 – 90

Englisch, Joachim, Folgerichtiges Steuerrecht als Verfassungsgebot, in: Gestaltung der Steuerrechtsordnung. Festschrift für Joachim Lang zum 70. Geburtstag, hrsg. von Klaus Tipke/Roman Seer/Johanna Hey/Joachim Englisch, Köln 2010, S. 167 – 220

Epping, Volker/Hillgruber, Christian (Hrsg.), Beck'scher Online-Kommentar Grundgesetz, 49. Edition, München 2021

Erle, Bernd, Tax Risk Management and Board Responsibility, in: Tax and Corporate Governance, hrsg. von Wolfgang Schön, München 2008, S. 205 – 220

Esser, Robert/Rübenstahl, Markus/Saliger, Frank/Tsambikakis, Michael (Hrsg.), Wirtschaftsstrafrecht, Kommentar mit Steuerstrafrecht und Verfahrensrecht, Köln 2017

Europäische Kommission, Empfehlung der Kommission vom 6.12.2012 betreffend aggressive Steuerplanung, C(2012) 8806 final, Brüssel, 6.12.2012

Europäische Kommission, Mitteilung der Kommission an das Europäische Parlament und den Rat. Eine faire und effiziente Unternehmensbesteuerung in der Europäischen Union – Fünf Aktionsschwerpunkte, COM(2015) 302 final, Brüssel, 17.6.2015

Europäische Kommission, Mitteilung der Kommission an das Europäische Parlament und den Rat. Maßnahmenpaket zur Bekämpfung von Steuervermeidung: nächste Schritte auf dem Weg zu einer effektiven Besteuerung und einer größeren Steuertransparenz in der EU, COM(2016) 23 final, Brüssel, 28.1.2016

Europäische Kommission, Vorschlag für eine Richtlinie des Rates zur Änderung der Richtlinie 2011/16/EU bezüglich der Verpflichtung zum automatischen Austausch von Informationen im Bereich der Besteuerung, COM(2016) 25 final, Brüssel, 28.1.2016

Europäische Kommission, Bericht der Kommission an das Europäische Parlament und den Rat über unlautere Handelspraktiken zwischen Unternehmen in der Lebensmittelversorgungskette, COM(2016) 32 final, Brüssel, 29.1.2016

Europäische Kommission, Arbeitsunterlage der Kommissionsdienststellen. Zusammenfassung der Folgenabschätzung. Auslotung des Potenzials für mehr Transparenz bei den Ertragsteuerinformationen. Begleitunterlage zum/zur [sic!] Vorschlag für eine Richtlinie des Europäischen Parlaments und des Rates zur Änderung der Richtlinie 2013/34/EU im Hinblick auf die Offenlegung von Ertragsteuerinformationen durch bestimmte Unternehmen und Zweigniederlassungen, SWD(2016) 118 final, Straßburg, 12.4.2016

Europäische Kommission, Vorschlag für eine Richtlinie des Europäischen Parlaments und des Rates zur Änderung der Richtlinie 2013/34/EU im Hinblick auf die Offenlegung von Ertragsteuerinformationen durch bestimmte Unternehmen und Zweigniederlassungen, COM(2016) 198 final, Straßburg, 12.4.2016

Europäische Kommission, Mitteilung der Kommission an das Europäische Parlament, den Europäischen Rat und den Rat. Auf dem Weg zu einer effizienteren und demokratischeren Beschlussfassung in der EU-Steuerpolitik, COM(2019) 8 final, Straßburg, 15.1.2019

European Commission, Commission Staff Working Document. Impact Assessment assessing the potential for further transparency on income tax information.

Accompanying the document Proposal for a Directive of the European Parliament and of the Council amending Directive 2013/34/EU as regards disclosure of income tax information by certain undertakings and branches, SWD(2016) 117 final, Strasbourg, 12.4.2016

European Commission, Introducing public country-by-country reporting for multinational enterprises – Questions & Answers, Factsheet, 12.4.2016, Straßburg, https://ec.europa.eu/commission/presscorner/detail/de/MEMO_16_1351 (letzter Aufruf: 31.3.2022)

European Parliament, Multinationals should disclose tax information in each country they operate, https://www.europarl.europa.eu/news/en/press-room/20170629IPR78639/multinationals-should-disclose-tax-information-in-each-country-they-operate (letzter Aufruf: 31.3.2022)

Fehling, Daniel, Das BEPS-Projekt auf der Zielgeraden – was bedeutet dies für Deutschland?, FR 2015, S. 817 – 823

Fehling, Daniel, Post-BEPS: Wie geht es nach den Empfehlungen weiter? Aktuelle Entwicklungen auf internationaler und nationaler Ebene, IWB 2016, S. 160 – 167

Fezer, Karl-Heinz/Büscher, Wolfgang/Obergfell, Eva Inés (Hrsg.), Lauterkeitsrecht. Kommentar zum Gesetz gegen den unlauteren Wettbewerb (UWG), 3. Auflage, München 2016

Finch, Julia, 'Be fair' plea as tax loopholes targeted, The Guardian vom 18.3.2004, abrufbar unter: https://www.theguardian.com/business/2004/mar/18/budget2004.budget2004 (letzter Aufruf: 31.3.2022)

Fleischer, Holger, Erweiterte Außenhaftung der Organmitglieder im Europäischen Gesellschafts- und Kapitalmarktrecht. Insolvenzverschleppung, fehlerhafte Kapitalmarktinformation, Tätigkeitsverbote, ZGR 2004, S. 437 – 479

Frank, Torben, Der Schutz von Unternehmensgeheimnissen im Öffentlichen Recht, Diss., Frankfurt am Main 2009

Franz, Tobias, Allgemeine Regeln zur Bekämpfung von Steuerumgehung in Deutschland und dem Vereinigten Königreich, Diss., Berlin 2017

Freigang, Jan, Verträge als Instrumente der Privatisierung, Liberalisierung und Regulierung in der Wasserwirtschaft, Diss., Berlin 2009

Frey, Alexandra, Country-by-Country Reporting, in: Brennpunkt Verrechnungspreise. BEPS-Umsetzung in der Praxis, hrsg. von Andreas Sinz/Holger Kahle, Herne 2019, S. 52 – 102

Frey, Alexandra, Country-by-Country Reporting, in: Brennpunkt Verrechnungspreise. BEPS-Umsetzung in der Praxis, hrsg. von Andreas Sinz/Holger Kahle, Herne 2019, S. 213 – 230

Füllbier, Andree, Wertpapierleihgeschäfte als Missbrauch von rechtlichen Gestaltungsmöglichkeiten i. S. d. § 42 AO?, BB 2012, S. 1769 – 1778

Fuest, Clemens/Spengel, Christoph/Finke, Katharina/Heckemeyer, Jost H./Nusser, Hannah, Eindämmung internationaler Gewinnverlagerung: Wo steht die OECD und was sind die Alternativen?, StuW 2015, S. 90 – 97

Funke, Andreas, Umsetzungsrecht. Zum Verhältnis von internationaler Sekundärrechtsetzung und deutscher Gesetzgebungsgewalt, Habil., Tübingen 2010

Gallemore, John/Maydew, Edward L./Thornock, Jacob R., The Reputational Costs of Tax Avoidance, Contemporary Accounting Research 2014, S. 1103 – 1133

Gasper, Armin, Tax Compliance aus unternehmensrechtlicher Sicht. Die Pflichtenstellung des Vorstandes angesichts systemischer Steuerrisiken internationaler Unternehmen, Diss., Frankfurt am Main 2016

Geberth, Georg, Anzeigepflicht für Steuergestaltungsmodelle – Steuergeheimnis vs. Sinnhaftigkeit und Grenzen von Transparenz, GmbHR 2017, S. R65 – R66

Geberth, Georg/Bartelt, Martin, EU-Ministerrat: Einführung eines öffentlichen Country-by-Country-Reporting beschlossen, GmbHR 2021, S. R326

Gläßner, Anne, Die Beschränkung des Vertriebs von Finanzprodukten. Eine verhaltensökonomische und regulierungstheoretische Analyse des Kleinanlegerschutzgesetzes, Diss., Baden-Baden 2017

Glos, Alexander/Hildner, Alicia/Glasow, Falko, Der Regierungsentwurf zur Umsetzung der Vierten EU-Geldwäscherichtlinie – Ausweitung der geldwäscherechtlichen Pflichten außerhalb des Finanzsektors, CCZ 2017, S. 83 – 89

Graham, John R./Hanlon, Michelle/Shevlin, Terry/Shroff, Nemit, Incentives for Tax Planning and Avoidance: Evidence from the Field, The Accounting Review 2014, S. 991 – 1023

von der Groeben, Hans/Schwarze, Jürgen/Hatje, Armin (Hrsg.), Europäisches Unionsrecht. Vertrag über die Europäische Union. Vertrag über die Arbeitsweise der Europäischen Union. Charta der Grundrechte der Europäischen Union, 7. Auflage, München 2015

Grotherr, Siegfried (Hrsg.), Handbuch der internationalen Steuerplanung, 3. Auflage, Herne 2011

Grotherr, Siegfried, Wie weit geht die gesellschaftsrechtlicheVerpflichtung des Vorstands zur (agressiven) internationalen Steuerplanung?, Ubg 2015, S. 360 – 372

Grotherr, Siegfried, Anwendungsfragen bei der länderbezogenen Berichterstattung – Country-by-Country Reporting, IStR 2016, S. 991 – 1008

Grotherr, Siegfried, Der geplante öffentliche Ertragsteuerinformationsbericht – Teil 1. Konzeption und Unterschiede zur steuerlichen länderbezogenen Berichterstattung, IWB 2016, S. 854 – 867

Grotherr, Siegfried, Der geplante öffentliche Ertragsteuerinformationsbericht – Teil 2. Formelle Fragen und grundsätzliche Probleme der geplanten Veröffentlichungspflicht, IWB 2016, S. 892 – 903

Grotherr, Siegfried, Länderbezogene Berichterstattung: Ziele, Zielerreichung, Potenzial für Fehlinterpretationen und dessen Minimierung (Teil I), Ubg 2016, S. 637 – 646

Grotherr, Siegfried, Länderbezogene Berichterstattung: Ziele, Zielerreichung, Potenzial für Fehlinterpretationen und dessen Minimierung (Teil II), Ubg 2016, S. 709 – 719

Grotherr, Siegfried, Automatischer Informationsaustausch im Steuerrecht über länderbezogene Berichte von Konzernunternehmen. Rechtsgrundlagen, Inhalt, Datenschutz und Probleme beim CbC-Reporting, RIW 2017, S. 1 – 17

Grotherr, Siegfried, Implementierung der länderbezogenen Berichterstattung in die Berichtssysteme und -prozesse einer multinationalen Unternehmensgruppe (Teil 1), DB 2017, S. 263 – 275

Grotherr, Siegfried, Implementierung der länderbezogenen Berichterstattung in die Berichtssysteme und -prozesse einer multinationalen Unternehmensgruppe (Teil 2), DB 2017, S. 330 – 337

Grotherr, Siegfried/Wittenstein, Patrick, Steuerliches und öffentliches Country by Country Reporting – Anspruch und Wirklichkeit, in: Rechnungslegung, Steuern, Corporate Governance, Wirtschaftsprüfung und Controlling. Beiträge aus Wissenschaft und Praxis, hrsg. von Patrick Velte et al., Wiesbaden 2018, S. 167 – 183

Günther, Karl-Heinz, Missbrauch von Gestaltungsmöglichkeiten des Rechts (§ 42 AO). Rechtsfolgen und Beispiele aus der aktuellen Rechtsprechung, AO-StB 2019, S. 46 – 52

Haas, Martin, Zur Bedeutung der Konzernsteuerquote für die betriebliche Steuerpolitik. Eine empirische Erhebung, StuW 2013, S. 319 – 342

Haase, Florian, Über Sinn und Unsinn von § 12 Abs. 3 KStG, BB 2009, S. 1448 – 1451

Haase, Florian, Internationales und Europäisches Steuerrecht, 5. Auflage, Heidelberg, München, Landsberg, Frechen, Hamburg 2017

Haase, Florian, Der Steuerkrieg. Wettbewerb der Steuersysteme oder neue Weltsteuerordnung?, München 2020

Häuselmann, Holger, Zum Zinsbegriff der Zinsschranke als Steueroptimierungsfaktor (§ 4h Abs. 3 EStG), FR 2009, S. 401 – 409

Haller, Heinz, Die Steuern. Grundlinien eines rationalen Systems öffentlicher Abgaben, 3. Auflage, Tübingen 1981

van der Ham, Susann/Tomson, Susanne, Datenerfassung für den Country-by-Country Report. Herausforderungen in der Praxis, IWB 2015, S. 841 – 849

van der Ham, Susann/Tomson, Susanne/Chwalek, Martin J., Grenzüberschreitender Informationsaustausch in Steuersachen – ein Überblick, ISR 2018, S. 26 – 34

Hamm, Rainer, Im Zweifel für den virtuellen Pranger? Das BVerfG, der Verbraucherschutz und die Unschuldsvermutung, NJW 2018, S. 2099 – 2103

Hanlon, Michelle, Country-by-Country Reporting and the International Allocation of Taxing Rights, Bulletin for International Taxation 2018, S. 209 – 217

Hanlon, Michelle/Slemrod, Joel, What does tax aggressiveness signal? Evidence from stock price reactions to news about tax shelter involvement, Journal of Public Economics 2009, S. 126 – 141

Hardeck, Inga, Die Empfehlungen der OECD-Leitsätze für multinationale Unternehmen im Bereich der Besteuerung – Inhalt, Risiken und Implikationen für international tätige Unternehmen, IStR 2011, S. 933 – 939

Hardeck, Inga, Die Bedeutung von Steuern in der Nachhaltigkeitsberichterstattung: Eine international vergleichende empirische Analyse, ZfB 2012, S. 101 – 131

Hardeck, Inga/Wittenstein, Patrick/Yoganathan, Logini, Legen Unternehmen freiwillig Steuerinformationen offen? Eine deskriptive Analyse am Beispiel des Country-by-Country Reportings in der Rohstoffindustrie, BFuP 2015, S. 397 – 418

Hasegawa, Makoto/Hoopes, Jeffrey L./Ishida, Ryo/Slemrod, Joel, The effect of public disclosure on reported taxable income: evidence from individuals and corporations in Japan, National Tax Journal 2013, S. 571 – 608

Hauck, Mirjam/Paukner, Pascal, Shitstorm gegen Vodafone und H&M. Beschwerdeformular Facebook, https://www.sueddeutsche.de/digital/shitstorm-gegen-vodafone-und-h-m-beschwerdeformular-facebook-1.1428011 (letzter Aufruf: 31.3.2022)

Heckemeyer, Jost H./Overesch, Michael, Multinationals' profit response to tax differentials: Effect size and shifting channels, Canadian Journal of Economics 2017, S. 965 – 994

Heckemeyer, Jost H./Spengel, Christoph, Maßnahmen gegen Steuervermeidung: Steuerhinterziehung versus aggressive Steuerplanung, WD 2013, S. 363 – 366

Heidecke, Björn/Mammen, Andreas, Konvergenz um jeden Preis? Die Zukunft nationalstaatlicher Steuerpolitik FR 2018, S. 941 – 949

Heißl, Gregor, Können juristische Personen in ihrem Grundrecht auf Datenschutz verletzt sein? Persönlicher Schutzbereich von Art. 8 GRC, EuR 2017, S. 561 – 570

von der Hellen, Cedric, Kritische Anmerkungen zum öffentlichen Country-by-Country-Reporting, DB 2019, Heft 44, S. M 4 – M 5

Hensel, Albert, Zur Dogmatik des Begriffs „Steuerumgehung", in: Bonner Festgabe für Ernst Zitelmann, hrsg. von der juristischen Fakultät der Rheinischen Friedrich-Wilhelms-Universität zu Bonn, Altenburg 1923, S. 217 – 288

Henseler, Stephanie, IT-Tools für das Risikomanagement im Bereich Verrechnungspreise. Implementierung eines toolbasierten Country-by-Country Reporting Prozesses, IWB 2018, S. 183 – 187

Herrfurth, Jörg, Country-by-Country-Reporting und automatisierter Steuer-Informationsaustausch – Cui bono?, DB 2016, S. M5

Heselhaus, F. Sebastian M./Nowak, Carsten (Hrsg.), Handbuch der Europäischen Grundrechte, München 2006

Hey, Johanna, Kommunale Einkommen- und Körperschaftsteuer – Zugleich ein Beitrag zur Bedeutung des Äquivalenzprinzips für die Ausgestaltung kommunaler Steuern –, StuW 2002, S. 314 – 325

Hey, Johanna, Steuerplanungssicherheit als Rechtsproblem, Habil., Köln 2002

Hey, Johanna, Gestaltungsmissbrauch im Steuerrecht nach der Neufassung des § 42 AO und dem dazu ergangenen BMF-Erlass, BB 2009, S. 1044 – 1048

Hey, Johanna, Vom Nutzen des Nutzenprinzips für die Gestaltung der Steuerrechtsordnung, in: Gestaltung der Steuerrechtsordnung. Festschrift für Joachim Lang zum 70. Geburtstag, hrsg. von Klaus Tipke/Roman Seer/Johanna Hey/Joachim Englisch, Köln 2010, S. 133 – 165

Hey, Johanna, Begrenztes rechtliches Instrumentarium gegen aggressive Steuerplanung, ifo Schnelldienst 2013, S. 3 – 6

Hey, Johanna, Steuerplanung, in: Leitgedanken des Rechts – Paul Kirchhof zum 70. Geburtstag, hrsg. von Hanno Kube/Rudolf Mellinghoff/Gerd Morgenthaler/Ulrich Palm/Thomas Puhl/Christian Seiler, Band II, Heidelberg, München, Landsberg, Frechen, Hamburg 2013, S. 1657 – 1666

Hey, Johanna, Harmonisierung der Unternehmensbesteuerung in Europa – Eine Standortbestimmung in Zeiten von BEPS, FR 2016, S. 554 – 560

Hey, Johanna, Entwicklungslinien und Zukunftsfragen des Steuerverfassungsrechts, in: 100 Jahre Steuerrechtsprechung in Deutschland 1918 – 2018. Festschrift für den Bundesfinanzhof, hrsg. von Klaus-Dieter Drüen/Johanna Hey/Rudolf Mellinghoff, Band I, Köln 2018, S. 451 – 500

Hey, Johanna, General Report Transparency and Publicity, in: Tax Transparency, hrsg. von Funda Başaran Yavaşlar/Johanna Hey, Amsterdam 2019, S. 193 – 210

Hey, Johanna/Heilmeier, Ruth, The New World of Tax Transparency: Common Standard – Cultural and Legal Differencies, in: ITP @ 20 [1996 – 2016], hrsg. von H. David Rosenbloom et al., New York 2016, S. 239 – 262

Hillenbrand, Josef/Brosig, Manfred, Steuerflucht und ihre Bekämpfung. Zum Informationsaustausch zwischen in- und ausländischen Finanzverwaltungen, BB 1997, S. 445 – 451

Hillenbrand, Stephan, Der Begriff des Betriebs- und Geschäftsgeheimnisses. Eine vergleichende Untersuchung mit dem Begriff des trade secret in den USA und dem englischen common law, Diss., München 2017

Höglund, Mats, Sweden, in: Tax Transparency, hrsg. von Funda Başaran Yavaşlar/Johanna Hey, Amsterdam 2019, S. 955 – 974

Höller, Timo, Eine kritische Analyse der Unternehmensteuerreform 2008 im historischen Kontext, Diss., Frankfurt am Main 2011

Hölscher, Lucian, Öffentlichkeit und Geheimnis. Eine begriffsgeschichtliche Untersuchung zur Entstehung der Öffentlichkeit in der frühen Neuzeit, Stuttgart 1979

Hofmann, Thorsten/Fuhlert, Bernd, Krisenmanagement und Verhalten von Unternehmen im Shitstorm. Risiken erkennen und Krisen vorbeugen, CCZ 2015, S. 237 – 240

Hoffmann, Jan Martin, Unionsgrundrechte als verfassungsrechtlicher Prüfungsmaßstab, NVwZ 2020, S. 33 – 37

Hongler, Peter, Steuergerechtigkeit im internationalen Steuerrecht – eine überflüssige Diskussion?, IStR 2018, S. 756 – 764

Hoppe, Thomas/Müller, Jens/Weinrich, Arndt/Wittek, Katharina, Eine ökonomische Einordnung des öffentlichen Country-by-Country Reporting in der EU, IStR 2021, S. 925 – 932

Hoven, Elisa, Die strafrechtliche Verantwortlichkeit der Betreiber von Social-Media-Plattformen, ZWH 2018, S. 97 – 106

Hübschmann, Walter/Hepp, Ernst/Spitaler, Armin (Begr.), Abgabenordnung/Finanzgerichtsordnung, Kommentar, Köln (Loseblattsammlung)

Hunzinger, Sven/Sassenberg, Thomas, Notwendigkeit einer Vereinbarung zur Auftragsverarbeitung bei Telekommunikationsdiensten? Konsequenzen aus Art. 95 DSGVO, ePrivacyRL und der Abgrenzung zwischen Verantwortlichem und Auftragsverarbeiter, CR 2019, S. 188 – 195

Huster, Stefan, Gleichheit und Verhältnismäßigkeit. Der allgemeine Gleichheitssatz als Eingriffsrecht, JZ 1994, S. 541 – 549

Irmscher, Philipp, Rechtsschutz gegen „naming and shaming" im EU-Rechtsschutzsystem – eine Analyse anhand des Single Supervisory Mechanism (SSM), EWS 2016, S. 318 – 323

Irmscher, Philipp Florian, Öffentlichkeit als Sanktion. Bankaufsicht zwischen Repression und Prävention – Eine Einordnung des „naming and shaming" in das Sanktionssystem des KWG, Diss., Tübingen 2019

Ismer, Roland, Verfassungsrechtliche Rechtfertigung der Zinsschranke, FR 2014, S. 777 – 784

Jachmann, Monika, Rechtsschutz in Steuersachen, in: Leitgedanken des Rechts – Paul Kirchhof zum 70. Geburtstag, hrsg. von Hanno Kube/Rudolf Mellinghoff/Gerd Morgenthaler/Ulrich Palm/Thomas Puhl/Christian Seiler, Band II, Heidelberg, München, Landsberg, Frechen, Hamburg 2013, S. 1779 – 1787

Jachmann-Michel, Monika, Die Freiheit vor dem Steuergesetz im Rechtsstaat. – Anknüpfend an *Paul Kirchhof*, StuW 2017, 3 ff. –, StuW 2017, S. 209 – 216

Jacobs, Otto H. (Hrsg.), Internationale Unternehmensbesteuerung, 8. Auflage, München 2016

Jakob, Wolfgang, Einkommensteuer, 4. Auflage, München 2008

Jarass, Hans D., Die Bindung der Mitgliedstaaten an die EU-Grundrechte, NVwZ 2012, S. 457 – 461

Jarass, Hans D., Charta der Grundrechte der Europäischen Union unter Einbeziehung der sonstigen Grundrechtsregelungen des Primärrechts und der EMRK, Kommentar, 4. Auflage, München 2021

Jarass, Hans D./Kment, Martin, EU-Grundrechte, 2. Auflage, München 2019

Jehke, Christian, Bestimmtheit und Klarheit im Steuerrecht, Diss., Berlin, 2005

Jochum, Heike, Grundfragen des Steuerrechts, Tübingen 2012

Jochum, Heike, Gesetzmäßigkeit der Besteuerung, in: Leitgedanken des Rechts – Paul Kirchhof zum 70. Geburtstag, hrsg. von Hanno Kube/Rudolf Mellinghoff/ Gerd Morgenthaler/Ulrich Palm/Thomas Puhl/Christian Seiler, Band II, Heidelberg, München, Landsberg, Frechen, Hamburg 2013, S. 1611 – 1623

Jochum, Heike, Faires Steuerrecht für Europa, ZRP 2015, S. 115 – 118

John, David, „Naming and Shaming" im Zeitalter der digitalen Plattformökonomie. Zur (besorgniserregenden) Entwicklung präventiver BaFin-Verdachtsmitteilungen nach § 18 Abs. 3 Satz 1 WpPG, BKR 2020, S. 335 – 339

Jüngel, Marc, Shame Sanctions – Wiedergeburt der Schandstrafe? Generalpräventive Publizität und materieller Strafbegriff, Diss., Langenfeld 2011

Karpa, Jennifer Lena, „Aggressive Steuerplanung". Gestaltungsfreiheit multinational agierender Unternehmen vor dem Hintergrund des internationalen Steuerwettbewerbes, Diss., 2019, online veröffentlicht, abrufbar unter: https://epub.uni-regensburg.de/38378/1/21122018.pdf (letzter Aufruf: 31.3.2022)

Kemper, Martin, Der „Missbrauch" und die Steuerhinterziehung bei der Umsatzsteuer. – Die Umsetzung der „Missbrauchsrechtsprechung" des EuGH in Deutschland –, UR 2017, S. 449 – 455

Kirchdörfer, Rainer, Europäische Unternehmen beim Country-by-Country Reporting nicht benachteiligen!, EuZW 2017, S. 705 – 706

Kirchhof, Ferdinand, Das Leistungsfähigkeitsprinzip nach dem Grundgesetz – Zustand und Zukunft, BB 2017, S. 662 – 667

Kirchhof, Gregor, Die Allgemeinheit des Gesetzes. Über einen notwendigen Garanten der Freiheit, der Gleichheit und der Demokratie, Habil., Tübingen 2009

Kirchhof, Paul, Steueranspruch und Informationseingriff, in: Die Steuerrechtsordnung in der Diskussion. Festschrift für Klaus Tipke zum 70. Geburtstag, hrsg. von Joachim Lang, Köln 1995, S. 27 – 45

Kirchhof, Paul, Die Widerspruchsfreiheit im Steuerrecht als Verfassungspflicht, StuW 2000, S. 316 – 327

Kirchhof, Paul, Der Grundrechtsschutz des Steuerpflichtigen. Zur Rechtsprechung des Bundesverfassungsgerichts im vergangenen Jahrzehnt, AöR 128 (2003), S. 1 – 51

Kirchhof, Paul, Die freiheitsrechtliche Struktur der Steuerrechtsordnung. Ein Verfassungstest für Steuerreformen, StuW 2006, S. 3 – 21

Kirchhof, Paul, Legalität, Gestaltungsfreiheit und Belastungsgleichheit als Grundlagen der Besteuerung, in: Gestaltungsfreiheit und Gestaltungsmissbrauch im Steuerrecht, hrsg. von Rainer Hüttemann, Deutsche Steuerjuristische Gesellschaft (DStJG), Band 33, Köln 2010, S. 9 – 28

Kirchhof, Paul, Leistungsfähigkeit und Erwerbseinkommen – Zur Rechtfertigung und gerechtfertigten Anwendung des Einkommensteuergesetzes –, in: Gestaltung der Steuerrechtsordnung. Festschrift für Joachim Lang zum 70. Geburtstag, hrsg. von Klaus Tipke/Roman Seer/Johanna Hey/Joachim Englisch, Köln 2010, S. 451 – 476

Kirchhof, Paul, Ethos der Steuergerechtigkeit, JZ 2015, S. 105 – 113

Kirchhof, Paul, Konkurrierende Steuerhoheit der Staaten und Wettbewerb der Unternehmen, in: Territorialität und Personalität. Festschrift für Moris Lehner, hrsg. von Roland Ismer/Ekkehard Reimer/Alexander Rust/Christian Waldhoff, Köln 2019, S. 11 – 26

Klein, Martin, Die nicht „angemessene rechtliche Gestaltung“ im Steuerumgehungstatbestand des § 42 AO, Diss., Köln 1994

Klein, Alexander, Steuerreform und Akzeptanz. Die Aktualisierung der Steuerrechtfertigung als Vorbereitung der allfälligen Steuerreform, BB 1998, S. 1180 – 1183

Kleinmanns, Hermann, Offenlegung von Ertragsteuerinformationen. Vorschlag der EU zur Bekämpfung aggressiver Steuerplanung, StuB 2016, S. 547 – 552

Klöhn, Lars/Schmolke, Klaus Ulrich, Unternehmensreputation (Corporate Reputation). Ökonomische Erkenntnisse und ihre Bedeutung im Gesellschafts- und Kapitalmarktrecht, NZG 2015, S. 689 – 697

Kofler, Georg, Steuergestaltung im Europäischen und Internationalen Recht, in: Gestaltungsfreiheit und Gestaltungsmissbrauch im Steuerrecht, hrsg. von Rainer Hüttemann, Deutsche Steuerjuristische Gesellschaft (DStJG), Band 33, Köln 2010, S. 213 – 241

Kofler, Georg, Europäischer Grundrechtsschutz im Steuerrecht, in: Europäisches Steuerrecht, hrsg. von Michael Lang, Deutsche Steuerjuristische Gesellschaft (DStJG), Band 41, Köln 2018, S. 125 – 185

Kokott, Juliane, Das Steuerrecht der Europäischen Union, München 2018

Koller, Ingo, Wertpapierberatung und Verkauf im Licht des WpHG, ZBB 2011, S. 361 – 373

Kraft, Gerhard/Heider, Christian, Das Country-by-Country Reporting und seine innerstaatliche Umsetzung im Rahmen des „Anti-BEPS-Umsetzungsgesetzes“, DStR 2017, S. 1353 – 1361

Kromer, Christoph/Pumpler, Reinhard/Henschel, Katharina, Tax Compliance, BB 2013, S. 791 – 803

Kroppen, Heinz-Klaus, Behandlung immaterieller Wirtschaftsgüter unter BEPS, in: Besteuerung internationaler Unternehmen. Festschrift für Dieter Endres zum 60. Geburtstag, hrsg. von Jürgen Lüdicke/Arne Schnitger/Christoph Spengel, München 2016, S. 199 – 209

Kroppen, Heinz-Klaus/Rasch, Stephan (Hrsg.), Handbuch Internationale Verrechnungspreise, Köln (Loseblattsammlung)

Kruse, Heinrich Wilhelm, Über die Gleichmäßigkeit der Besteuerung, StuW 1990, S. 322 – 330

Kruse, Heinrich Wilhelm, Die Einkommensteuer und die Leistungsfähigkeit des Steuerpflichtigen, in: Staat Wirtschaft Steuern. Festschrift für Karl Heinrich Friauf zum 65. Geburtstag, hrsg. von Rudolf Wendt/Wolfram Höfling/Ulrich Karpen/Martin Oldiges, Heidelberg 1996, S. 793 – 807

Kruse, Heinrich Wilhelm, Öko-Steuern und Öko-Abgaben. Faszination und Gefahren, BB 1998, S. 2285 – 2288

Kruse, Heinrich Wilhelm, Über das Steuergeheimnis, BB 1998, S. 2133 – 2136

Kubata, Adrian, Steueraufkommensverluste durch Gewinnverlagerungen deutscher multinationaler Unternehmen, IStR 2021, S. 949 – 955

Kubiciel, Michael, Shame Sanctions – Ehrenstrafen im Lichte der Straftheorie, ZStW 118 (2006), S. 44 – 75

Kunert, Marcus/Strothenke, Stephan, Verrechnungspreisdokumentation 2.0 – Neue Dokumentationsanforderungen zum Country-by-Country-Reporting und zur GAufzV. Anmerkungen zum BMF-Schreiben vom 11.7.2017, StuB 2017, S. 772 – 776

Kummert, Irina, Steuermoral? Ein Plädoyer für mehr Sachlichkeit, FR 2018, S. 425 – 427

Kußmaul, Heinz/Ruiner, Christoph/Schappe, Christian, Ausgewählte Gestaltungsmaßnahmen zur Vermeidung der Anwendung der Zinsschranke, GmbHR 2008, S. 505 – 514

Lanfermann, Georg/Götze, Marco, Neue EU-Unternehmensberichterstattungspflichten ante portas: Public Country-byCountry [sic!] Reporting, BB 2022, S. 235 – 239

Lang, Joachim, Steuergerechtigkeit und Globalisierung, in: Steuerzentrierte Rechtsberatung. Festschrift für Harald Schaumburg, hrsg. von Wolfgang Spindler/Klaus Tipke/Thomas Rödder, Köln 2009, S. 45 – 64

Lang, Joachim, Steuergerechtigkeit, StuW 2016, S. 101 – 117

Lang, Michael, „Aggressive Steuerplanung" – eine Analyse der Empfehlung der Europäischen Kommission, SWI 2013, S. 62 – 68

Langer, Andreas, Umsetzung von Country-by-Country Reporting in Österreich, in: Transparenz und Informationsaustausch. Der gläserne Steuerpflichtige, hrsg. von Michael Lang/Peter Haunold, Wien 2017, S. 79 – 109

Langer, Andreas, Die Grenzen des Country-by-Country Reportings, Diss., Wien 2019

Laoutoumai, Sebastian, Reputations-Management in sozialen Netzwerken – Dürfen Pharmaunternehmen auf einen Facebook-Shitstorm reagieren? Zugleich Anmerkung zu OLG Köln, 12.01.2018 – 6 U 92/17, WRP 2018, S. 401 – 403

Lehner, Moris, Einkommensteuerrecht und Sozialhilferecht. Bausteine zu einem Verfassungsrecht des sozialen Steuerstaates, Habil., Tübingen 1993

Lehner, Moris, Die Bedeutung der Grundrechte-Charta der Europäischen Union für das Internationale Steuerrecht der Mitgliedstaaten, IStR 2016, S. 265 – 272

Lenter, David/Slemrod, Joel/Shackelford, Douglas, Public Disclosure of Corporate Tax Return Information: Accounting, Economics, and Legal Perspectives, National Tax Journal 2003, S. 803 – 830

Lenz, Christofer/Gerhard, Torsten, Das „Grundrecht auf steueroptimierende Gestaltung". Ist der Regierungsentwurf zu § 42 AO mit der Gestaltungsfreiheit des Steuerpflichtigen vereinbar?, BB 2007, S. 2429 – 2434

Lilienfein, Roxane, Steuervermeidungsstrategien multinationaler Internet-Konzerne. Bestandsaufnahme und Lösungsansätze aus ertragsteuerlicher Sicht, Diss., Berlin 2021

Lindner, Josef Franz, Grundrechtsschutz gegen gemeinschaftsrechtliche Öffnungsklauseln – zugleich ein Beitrag zum Anwendungsbereich der EU-Grundrechte, EuZW 2007, S. 71 – 75

Lippross, Otto-Gerd/Seibel, Wolfgang (Hrsg.), Basiskommentar Steuerrecht, Köln (Loseblattsammlung)

van Lück, Kolja, Verrechnungspreisdokumentation und Country-by-Country Reporting – erhöhte Anforderungen an multinationale Unternehmen, BB 2017, S. 2524 – 2528

Lüdicke, Jochen, Steuerliche Gestaltungsberatung im Spannungsfeld zwischen Legalität und Legitimität?, DStZ 2015, S. 664 – 669

Lüdicke, Jochen, Steuergeheimnis und Transparenzregister – ein ungelöster Unterschied im Umgang mit sensiblen Daten im Geschäftsbereich des Bundesministeriums der Finanzen, in: Festschrift für Jürgen Lüdicke, hrsg. von Dietmar Gosch/Arne Schnitger/Wolfgang Schön, München 2019, S. 451 – 466

Lüdicke, Jochen/Salewski, Frédéric, Informationsaustausch: Entwurf einer EU-Richtlinie zur Veröffentlichung von Steuerdaten, Besonderheiten bei Personengesellschaften und Grundrechte. Zugleich ein Beitrag zu den Lehren aus dem

Beschluss des französischen Conseil d'État vom 22.7.2016 im Hinblick auf die Offenlegungspflichten bei CbC-Reporting, ISR 2017, S. 99 – 108

Malmström, Amina-Viviana, Schutz von Betriebs- und Geschäftsgeheimnissen im Zivilprozess. Unter besonderer Berücksichtigung des Geheimnisschutzes inter partes, Diss., Frankfurt am Main 2013

Mank, Katharina/Salihu, Pajtesa, Praktische Fragen des Country-by-Country Reportings. Erfahrungen aus dem ersten Jahr Praxis, IWB 2017, S. 902 – 911

Marcic, René, Die Öffentlichkeit als Prinzip der Demokratie, in: Festschrift für Adolf Arndt. Zum 65. Geburtstag, hrsg. von Horst Ehmke/Carlo Schmid/Hans Scharoun, Frankfurt am Main 1969, S. 267 – 292

Marl, Johannes, Der Begriff der Öffentlichkeit im Urheberrecht. Eine aus den Regelungszwecken hergeleitete, soziologisch untermauerte Untersuchung eines urheberrechtlichen Schlüsselbegriffs im Kontext der demokratischen Informationsgesellschaft, Diss., Tübingen 2017

Martens, Wolfgang, Öffentlich als Rechtsbegriff, Habil., Bad Homburg v.d.H., Berlin, Zürich 1969

Massaro, Toni M., Shame, Culture, and American Criminal Law, Michigan Law Review 1991, S. 1880 – 1944

Matz-Lück, Nele, Europäische Rechtsakte und nationaler Grundrechtsschutz, in: Grundrechte und Grundfreiheiten im Mehrebenensystem – Konkurrenzen und Interferenzen, hrsg. von Nele Matz-Lück/Mathias Hong, Berlin, Heidelberg 2012, S. 161 – 201

Mayer, Markus A., Geschäfts- und Betriebsgeheimnis oder Geheimniskrämerei?, GRUR 2011, S. 884 – 888

Meine, Hans-Gerd, Steuervermeidung, Steuerumgehung, Steuerhinterziehung, wistra 1992, S. 81 – 85

Meise, Erne Jessica, Steuerpublizität bei natürlichen Personen, Diss., München 2019

Meister, Michael, Ein großer Fortschritt in der internationalen Steuerpolitik – Die Ergebnisse des OECD/G20-Projekts Base Erosion and Profit Shifting (BEPS), in: Besteuerung internationaler Unternehmen. Festschrift für Dieter Endres zum 60. Geburtstag, hrsg. von Jürgen Lüdicke/Arne Schnitger/Christoph Spengel, München 2016, S. 237 – 244

Mellinghoff, Rudolf, Eine gerechte Ordnung?, FAZ, 23.5.2019, S. B 2

Merten, Detlef/Papier, Hans-Jürgen (Hrsg.), Handbuch der Grundrechte in Deutschland und Europa, Heidelberg 2011

Merz, Peter, Der Grundsatz der Tatbestandsmäßigkeit der Besteuerung als besonders strenger Grundsatz der gesetzlichen Rechtsfolgenbestimmtheit, in: Geprägte Freiheit in Forschung und Lehre. 50 Jahre Institut für Finanz- und Steuerrecht, hrsg. von Paul Kirchhof/Hanno Kube/Reinhard Mußgnug/Ekkehart Reimer,

Heidelberger Beiträge zum Finanz- und Steuerrecht (HFSt), Band 4, Heidelberg 2016, S. 77 – 80

Meyer, Jürgen/Hölscheidt, Sven (Hrsg.), Charta der Grundrechte der Europäischen Union, Kommentar, 5. Auflage, Baden-Baden 2019

Möller, Ralf, Die Interpretation des Art. 3 Abs. 1 GG im deutschen Steuerrecht, StB 2006, S. 425 – 431

Mössner, Jörg Manfred, et al., Steuerrecht international tätiger Unternehmen. Handbuch der Besteuerung von Auslandsaktivitäten inländischer Unternehmen und von Inlandsaktivitäten ausländischer Unternehmen, 5. Auflage, Köln 2018

Musil, Andreas/Schulz, Jan, Grenzüberschreitende Einkünfteverlagerungen in verbundenen Unternehmen und Handlungsspielräume der EU-Mitgliedstaaten, DStR 2013, S. 2205 – 2211

Musil, Andreas/Weber-Grellet, Heinrich (Hrsg.), Europäisches Steuerrecht, Kommentar, München 2019

Nartowska, Urszula/Knierbein, Michael, Ausgewählte Aspekte des „Naming and Shaming" nach § 40 c WpHG, NZG 2016, S. 256 – 261

Nawrath, Axel, Entscheidungskompetenz des Gesetzgebers und gleichheitsgerechte Sicherung des Steueraufkommens, DStR 2009, S. 2 – 4

Neumann, Steffen, Steuergestaltung aus der Sicht der Verwaltungspraxis, in: Gestaltungsfreiheit und Gestaltungsmissbrauch im Steuerrecht, hrsg. von Rainer Hüttemann, Deutsche Steuerjuristische Gesellschaft (DStJG), Band 33, Köln 2010, S. 73 – 91

Neumann, Steffen, Abkommensberechtigung inländischer Investmentfonds ab 2018, FR 2018, S. 457 – 461

Nientimp, Axel/Holinski, Nils/Schwarz, Christian/Stein, Stefan, Country-by-Country-Reporting und die Substanzfrage – Ich sehe was, was Du nicht siehst – , DB 2016, S. 2742 – 2748

Niioka, Julia Maria, „Naming and Shaming" – Ein neues ambulantes Sicherungsmittel im Umgang mit Sexualstraftätern? Eine rechtsvergleichende Untersuchung zum Umgang mit den Daten verurteilter Sexualstraftäter in Deutschland und den Vereinigten Staaten von Amerika, Diss., Frankfurt am Main 2013

OECD, Action Plan on Base Erosion and Profit Shifting, OECD Publishing, Paris, 2013

OECD, Leitlinien zur Verrechnungspreisdokumentation und länderbezogenen Berichterstattung, OECD Publishing, Paris 2015

OECD, Transfer Pricing Documentation and Country-by-Country Reporting, Action 13 – 2015 Final Report, OECD/G20 Base Erosion and Profit Shifting Project, OECD Publishing, Paris 2015

OECD, Verrechnungspreisdokumentation und länderbezogene Berichterstattung, Aktionspunkt 13 – Abschlussbericht 2015, OECD Publishing, Paris 2016

OECD, Country-by-Country Reporting: Handbook on Effective Tax Risk Assessment, OECD, Paris 2017

OECD, OECD-Verrechnungspreisleitlinien für multinationale Unternehmen und Steuerverwaltungen 2017, OECD Publishing, Paris 2018

Oestreicher, Andreas, To See or Not to See: That Is Not the Question, INTERTAX 2016, S. 572 – 573

Ohlendorf, Lutz, Grundrechte als Maßstab des Steuerrechts in der Europäischen Union, Diss., Tübingen 2015

Olliges, Alexander, Länderreport Luxemburg, RIW 2018, S. 135 – 139

Oppel, Florian, BEPS-Update: Bundesregierung legt Entwurf eines BEPS-Umsetzungsgesetzes vor, SteuK 2016, S. 421 – 426

Oppermann, Thomas/Classen, Claus Dieter/Nettesheim, Martin, Europarecht. Ein Studienbuch, 9. Auflage, München 2021

Osterloh-Konrad, Christine, Zur Legitimation steuerlicher Umverteilung, StuW 2017, S. 305 – 319

Osterloh-Konrad, Christine, Die Steuerumgehung – eine rechtsvergleichende und rechtstheoretische Analyse, Habil., Tübingen 2020

Overesch, Michael, Steuervermeidung multinationaler Unternehmen. Die Befunde der empirischen Forschung, PWP 2016, S. 129 – 143

Overesch, Michael, Ausmaß internationaler Steuerplanung – aggressiv oder moderat?, in: Kernfragen der Unternehmensbesteuerung. Symposium für Ulrich Schreiber zum 65. Geburtstag, hrsg. von Holger Kahle/Michael Overesch/Martin Ruf/Christoph Spengel, Wiesbaden 2017, S. 41 – 58

Palm, Ulrich, Das Steuerverfassungsrecht als dogmatisches Referenzgebiet des allgemeinen Verfassungsrechts, JöR 64 (2016), S. 457 – 475

Papier, Hans-Jürgen, Die finanzrechtlichen Gesetzesvorbehalte und das grundgesetzliche Demokratieprinzip. Zugleich ein Beitrag zur Lehre von den Rechtsformen der Grundrechtseingriffe, Habil., Berlin 1973

Papier, Hans-Jürgen, Der Bestimmtheitsgrundsatz, in: Steuerrecht und Verfassungsrecht, hrsg. von Karl Heinrich Friauf, Deutsche Steuerjuristische Gesellschaft (DStJG), Band 12, Köln 1989, S. 61 – 78

Paulus, Christoph G., Multinationale Unternehmen und nationale Insolvenzrechte, ZIP 2014, S. 2374 – 2383

Pechstein, Matthias/Nowak, Carsten/Häde, Ulrich (Hrsg.), Frankfurter Kommentar zu EUV, GRC und AEUV, Band I, EUV und GRC, Tübingen 2017

Petersen, Niels, Deutsches und Europäisches Verfassungsrecht II. Grundrechte und Grundfreiheiten. Ein Studienbuch, 2. Auflage, München 2022

Petruzzi, Raffaele/Navisotschnigg, Florian, BEPS and EU requirements for Country-by-Country Reporting, in: Transparenz und Informationsaustausch. Der gläserne Steuerpflichtige, hrsg. von Michael Lang/Peter Haunold, Wien 2017, S. 51 – 78

Piltz, Detlev J., Base Erosion and Profit Shifting (BEPS): Die ganze Wahrheit?, IStR 2013, S. 681 – 682

Pinkernell, Reimar, Ein Musterfall zur internationalen Steuerminimierung durch US-Konzerne, StuW 2012, S. 369 – 374

Pinkernell, Reimar, Internationale Steuergestaltung im Electronic Commerce, in: ifst-Schrift Nr. 494, hrsg. von Johanna Hey, Berlin 2014

Pöllath, Reinhard, Sicherung des Steueraufkommens ist einfach, wenn man will, FR 2008, S. 1042 – 1044

Poelzig, Dörte, Normdurchsetzung durch Privatrecht, Habil., Tübingen 2012

Polenz, Sven, Betriebs- und Geschäftsgeheimnisse der öffentlichen Hand, DÖV 2010, S. 350 – 357

Prinz, Ulrich, Ist die Zinsschranke verfassungsrechtlich besser als ihr Ruf? Eine Einschätzung aus Praktikersicht, FR 2013, S. 145 – 148

Prinz, Ulrich/Witt, Sven-Christian (Hrsg.), Steuerliche Organschaft, 2. Auflage, Köln 2019

Pross, Achim/Czakert, Ernst, Die Bedeutung von rechtzeitigen, gezielten und umfassenden Informationen zur Bekämpfung aggressiver Steuerplanung, IStR 2011, S. 277 – 278

Rademacher, Timo, Realakte im Rechtsschutzsystem der Europäischen Union, Diss., Tübingen 2014

Rasch, Stephan, Country-by-Country Reporting: EU-Richtlinienvorschlag 2016/881 zum automatischen Informationsaustausch, IWB 2016, S. 438 – 439

Rasch, Stephan, Verrechnungspreisdokumentation und (Public-) Country-by-Country Reporting: Fluch oder Segen? – Gleichzeitig eine Überprüfung der Vereinbarkeit mit dem Verfassungsrecht –, in: Globalisiertes Steuerrecht – Anspruch und Verantwortung. Festschrift für Heinz-Klaus Kroppen zum 60. Geburtstag, hrsg. von Roman Seer/Jürgen Lüdicke/Stephan Rasch, Köln 2020, S. 325 – 346

Rat der Europäischen Union, Interinstitutionelles Dossier: 2016/0107(COD), 12146/21, Brüssel, den 28. Sep-tember 2021

Regnery, Bernhard/Scherer, Thomas B., Internationale Konzernfinanzierung – § 8a Abs. 1 Satz 2 KStG. Fremdfinanzierung einer inländischen Konzerntochtergesellschaft über eine ausländische Finanzierungstochtergesellschaft, IStR 1994, S. 528 – 530

Reimer, Franz, Adverse Publizität. Der Pranger im Verwaltungsrecht, JöR 58 (2010), S. 275 – 299

Richter, Lutz/Hontheim, Stefanie, Double Irish with a Dutch Sandwich: Pikante Steuergestaltung der US-Konzerne – Zugleich Anm. zu den Gegensteuerungsmaßnahmen supranationaler Organisationen –, DB 2013, S. 1260 – 1264

Rodi, Michael, Internationaler Steuerwettbewerb, StuW 2008, S. 327 – 336

Rödder, Thomas, Steuergestaltung aus der Sicht der Beratungspraxis, in: Gestaltungsfreiheit und Gestaltungsmissbrauch im Steuerrecht, hrsg. von Rainer Hüttemann, Deutsche Steuerjuristische Gesellschaft (DStJG), Band 33, Köln 2010, S. 93 – 106

Rose, Gerd, Über die Entstehung von „Dummensteuern" und ihre Vermeidung, in: Die Steuerrechtsordnung in der Diskussion. Festschrift für Klaus Tipke zum 70. Geburtstag, hrsg. von Joachim Lang, Köln 1995, S. 153 – 164

Rosenberger, Florian, Verrechnungspreisberichtigungen. Primär-, Gegen- und Sekundärberichtigung, TPI 2017, S. 101 – 103

Roth, Andreas, Der Umgang mit Steuerrisiken in Unternehmen, in: Besteuerung internationaler Unternehmen. Festschrift für Dieter Endres zum 60. Geburtstag, hrsg. von Jürgen Lüdicke/Arne Schnitger/Christoph Spengel, München 2016, S. 313 – 323

Rothfuchs, Hermann, Zum effektiven Rechtsschutz des in seinen Betriebs- oder Geschäftsgeheimnissen Betroffenen bei drohendem Zugang seines Konkurrenten zu Umweltinformationen, UPR 2006, S. 343 – 344

Roxin, Claus, Strafrecht Allgemeiner Teil. Grundlagen. Der Aufbau der Verbrechenslehre, Band I, 4. Auflage, München 2006

Rudkowski, Lena, Transparenzpflichten zur Kontrolle von Finanzdienstleistungsunternehmen. Unter besonderer Berücksichtigung des Schutzes von Geschäftsgeheimnissen, Habil., Tübingen 2016

Rust, Alexander/Blum, Daniel W., Grundrechteschutz im Steuerrecht. Gutachten zum 20. Österreichischen Juristentag 2018, Abteilung Steuerrecht, Band IV/1, Wien 2018

Sauer, Heiko, Staatsrecht III. Auswärtige Gewalt, Bezüge des Grundgesetzes zu Völker- und Europarecht, 5. Auflage, München 2018

Schaumburg, Harald, Das Leistungsfähigkeitsprinzip im internationalen Steuerrecht, in: Die Steuerrechtsordnung in der Diskussion. Festschrift für Klaus Tipke zum 70. Geburtstag, hrsg. von Joachim Lang, Köln 1995, S. 125 – 151

Schaumburg, Harald, Steuerwettbewerb: Systematischer Überblick über die Gründe und die Auswirkungen des internationalen Steuerwettbewerbs, ISR 2016, S. 371 – 376

Schaumburg, Harald (Hrsg.), Internationales Steuerrecht, 4. Auflage, Köln 2017

Schaumburg, Harald/Englisch, Joachim (Hrsg.), Europäisches Steuerrecht, 2. Auflage, Köln 2020

Schenke, Ralf P., Kritik der steuerrechtlichen Methodenlehre, StuW 2008, S. 206 – 215

Scherzberg, Arno, Die Öffentlichkeit der Verwaltung, Habil., Baden-Baden 2000

Schlie, Ina/Malke, Christiane, Country by Country Reporting im Hinblick auf Steuerzahlungen multinationaler Unternehmen. Aktuelle Entwicklungen und Diskussionsbedarf, DB 2013, S. 2467 – 2470

Schlotter, Carsten, Verfassungsrechtliche Grenzen bei der Ausgestaltung des Steuerbilanzrechts, FR 2007, S. 951 – 959

Schmieszek, Hans-Peter/Langner, Olaf, Der Pranger: Instrument moderner Finanz- und Wirtschaftsregulierung?, WM 2014, S. 1893 – 1901

Schmitz, Thomas, Die Grundrechtecharta als Teil der Verfassung der Europäischen Union, EuR 2004, S. 691 – 713

Schneider, Uwe H./Anzinger, Heribert M., Umgehung und missbräuchliche Gestaltungen im Kapitalmarktrecht oder: Brauchen wir eine § 42 AO entsprechende Vorschrift im Kapitalmarktrecht?, ZIP 2009, S. 1 – 10

Schneiders, Benedikt, Die Grundrechte der EU und die EMRK. Das Verhältnis zwischen ungeschriebenen Grundrechten, Grundrechtecharta und Europäischer Menschenrechtskonvention, Diss., Baden-Baden 2010

Schön, Wolfgang, Der „Wettbewerb" der europäischen Steuerordnungen als Rechtsproblem, in: Europa- und verfassungsrechtliche Grenzen der Unternehmensbesteuerung, hrsg. von Jürgen Pelka, Deutsche Steuerjuristische Gesellschaft (DStJG), Band 23, Köln 2000, S. 191 – 226

Schön, Wolfgang, Steuergesetzgebung zwischen Markt und Grundgesetz, StuW 2004, S. 62 – 75

Schön, Wolfgang, Legalität, Gestaltungsfreiheit und Belastungsgleichheit als Grundlagen des Steuerrechts, in: Gestaltungsfreiheit und Gestaltungsmissbrauch im Steuerrecht, hrsg. von Rainer Hüttemann, Deutsche Steuerjuristische Gesellschaft (DStJG), Band 33, Köln 2010, S. 29 – 63

Schön, Wolfgang, Internationales Steuerrecht, in: Leitgedanken des Rechts – Paul Kirchhof zum 70. Geburtstag, hrsg. von Hanno Kube/Rudolf Mellinghoff/Gerd Morgenthaler/Ulrich Palm/Thomas Puhl/Christian Seiler, Band II, Heidelberg, München, Landsberg, Frechen, Hamburg 2013, S. 1625 – 1633

Schön, Wolfgang, Vorstandspflichten und Steuerplanung, in: Festschrift für Michael Hoffmann-Becking zum 70. Geburtstag, hrsg. von Gerd Krieger/Marcus Lutter/Karsten Schmidt, München, 2013, S. 1085 – 1100

Schön, Wolfgang, Etikettenschwindel im Europäischen Bilanzrecht, ZHR 2021, S. 781 – 791

Schön, Wolfgang, Internationale Steuerpolitik zwischen Steuerwettbewerb, Steuerkoordinierung und dem Kampf gegen Steuervermeidung, IStR 2022, S. 181 – 191

Schönke, Adolf/Schröder, Horst (Begr.), Strafgesetzbuch, Kommentar, 30. Auflage, München 2019

Schreiber, Ulrich, Internationale Gewinnverlagerungen. Bestandsaufnahme und Perspektiven, DBW 2009, S. 535 – 550

Schreiber, Ulrich/Fell, Lisa Maria, Fremdvergleichsgrundsatz und internationale Gewinnverlagerung, in: Besteuerung internationaler Unternehmen. Festschrift für Dieter Endres zum 60. Geburtstag, hrsg. von Jürgen Lüdicke/Arne Schnitger/Christoph Spengel, München 2016, S. 387 – 399

Schreiber, Ulrich/Voget, Johannes, Internationale Gewinnverlagerung und Publikation länderbezogener Ertragsteuerinformationen, StuW 2017, S. 145 – 158

Schützler, Christian, Tax Compliance im Kooperationsverhältnis zwischen Unternehmen und Finanzverwaltung, Diss., Frankfurt am Main 2015

Schwarze, Jürgen, Der Grundrechtsschutz für Unternehmen in der Europäischen Grundrechtecharta, EuZW 2001, S. 517 – 524

Schwenke, Michael, Möglichkeiten der Gewinnverlagerung ins Ausland, BB 1998, S. 2604 – 2617

Schwenke, Michael, Angemessenheitskontrolle bei Leistungsbeziehungen, in: Gestaltungsfreiheit und Gestaltungsmissbrauch im Steuerrecht, hrsg. von Rainer Hüttemann, Deutsche Steuerjuristische Gesellschaft (DStJG), Band 33, Köln 2010, S. 273 – 293

Seer, Roman, Möglichkeit und Grenzen eines „maßvollen" Gesetzesvollzugs durch die Finanzverwaltung, FR 1997, S. 553 – 562

Seer, Roman, Datenschutz im Besteuerungsverfahren, in: Festschrift für Wienand Meilicke zum 65. Geburtstag, hrsg. von Andreas Herlinghaus/Heribert Hirte/Rainer Hüttemann/Thomas Heidel, Baden-Baden 2010, S. 687 – 696

Seer, Roman, Besteuerungsverfahren, in: Leitgedanken des Rechts – Paul Kirchhof zum 70. Geburtstag, hrsg. von Hanno Kube/Rudolf Mellinghoff/Gerd Morgenthaler/Ulrich Palm/Thomas Puhl/Christian Seiler, Band II, Heidelberg, München, Landsberg, Frechen, Hamburg 2013, S. 1765 – 1777

Seer, Roman, Die unternehmensteuerlichen Pläne der Bundesregierung, GmbHR 2014, S. 505 – 512

Seer, Roman, Informationsaustausch innerhalb der EU über sog. Advance Tax Rulings/Advance Pricing Arrangements – zum Entwurf der EU-Kommission vom 18.3.2015, in: Nationale und internationale Unternehmensbesteuerung in der Rechtsordnung. Festschrift für Dietmar Gosch zum Ausscheiden aus dem Richteramt, hrsg. von Jürgen Lüdicke/Rudolf Mellinghoff/Thomas Rödder, München 2016, S. 387 – 402

Seer, Roman, Datenschutz und Datenaustausch, in: Digitalisierung im Steuerrecht, hrsg. von Johanna Hey, Deutsche Steuerjuristische Gesellschaft (DStJG), Band 42, Köln 2019, S. 247 – 286

Seer, Roman/Gabert, Isabel, Der internationale Auskunftsverkehr in Steuersachen, StuW 2010, S. 3 – 23

Seer, Roman/Kargitta, Sascha, Exchange of information and cooperation in direct taxation, in: Research Handbook on European Union Taxation Law, hrsg. von Christiana Panayi/Werner Haslehner/Edoardo Traversa, Cheltenham 2020, S. 489 – 510

Seer, Roman/Unger, Sebastian/Sediqi, Emran/Wagner, Philipp, Germany, in: Tax Transparency, hrsg. von Funda Başaran Yavaşlar/Johanna Hey, Amsterdam 2019, S. 549 – 573

Seibt, Christoph H., Krisenmanagement: Rechtsrahmen für Geschäftsleiterhandeln, BB 2019, S. 2563 – 2572

Seibt, Christoph H./Wollenschläger, Bernward, Revision des Marktmissbrauchsrechts durch Marktmissbrauchsverordnung und Richtlinie über strafrechtliche Sanktionen für Marktmanipulation, AG 2014, S. 593 – 608

Shmatenko, Leonid, Einheitsverpackungen von Tabakerzeugnissen und die Charta der Grundrechte der EU, ZfRV 2014, S. 4 – 19

Sieber, Sebastian, Reaktionen von Kunden und Investoren auf zunehmende Steuertransparenz, DStR 2021, S. 2656 – 2662

Skupien, Andreas, Der länderbezogene Bericht des § 138a AO. Inhalt, Rechtsschutz und Schadensersatz, Diss., Baden-Baden 2020

Söhn, Hartmut, Steuer, in: Leitgedanken des Rechts – Paul Kirchhof zum 70. Geburtstag, hrsg. von Hanno Kube/Rudolf Mellinghoff/Gerd Morgenthaler/Ulrich Palm/Thomas Puhl/Christian Seiler, Band II, Heidelberg, München, Landsberg, Frechen, Hamburg 2013, S. 1573 – 1581

Somek, Alexander, Rechtsphilosophie zur Einführung, Hamburg 2018

Sommer, Christoph/Retzer, Daniel, Entwurf eines Gesetzes zur Umsetzung der Änderungen der EU-Amtshilferichtlinie und von weiteren Maßnahmen gegen Gewinnkürzungen und -verlagerungen: Darstellung der geplanten Neuregelungen und kritische Würdigung, ISR 2016, S. 283 – 291

Spilker, Bettina, Muss eine nicht mögliche Überwälzung von besonderen Verbrauchsteuern zu einer Rückerstattung führen? – Überprüfung der Gesetzeslage anhand des unionsrechtlichen und verfassungsrechtlichen Gleichheitssatzes, BB 2017, S. 1758 – 1762

Spindler, Wolfgang, Richterliche Rechtsfortbildung und Rechtssicherheit, in: Leitgedanken des Rechts – Paul Kirchhof zum 70. Geburtstag, hrsg. von Hanno Kube/Rudolf Mellinghoff/Gerd Morgenthaler/Ulrich Palm/Thomas Puhl/Christian Seiler, Band II, Heidelberg, München, Landsberg, Frechen, Hamburg 2013, S. 1789 – 1798

Splittgerber, Andreas (Hrsg.), Praxishandbuch Rechtsfragen Social Media, Berlin, Boston 2014

Staringer, Claus/Hickl, Eva, Steuerdaten: EU droht Unternehmen mit Pranger, Die Presse vom 1.5.2016, abrufbar: https://diepresse.com/home/recht/rechtallgemein/4979794/Steuerdaten_EU-droht-Unternehmen-mit-Pranger (letzter Aufruf: 31.3.2022)

Stark, Johanna, Verteilungsgerechtigkeit als Prinzip des internationalen Steuerrechts, StuW 2019, S. 71 – 84

Steinegger, Ariane, Country-by-Country-Reporting: Spannungsfeld zwischen Transparenz und Steuerplanung, Der Konzern 2016, S. 454 – 461

Steiner, Gerhard, Aggressive Steuerplanung – oder wo das Geld hinfließt, SWI 2007, S. 308 – 313

Tartler, Erwin, Abgabenordnung, in: Leitgedanken des Rechts – Paul Kirchhof zum 70. Geburtstag, hrsg. von Hanno Kube/Rudolf Mellinghoff/Gerd Morgenthaler/Ulrich Palm/Thomas Puhl/Christian Seiler, Band II, Heidelberg, München, Landsberg, Frechen, Hamburg 2013, S. 1675 – 1683

Theurer, Marcus, Starbucks-Filialen in Großbritannien besetzt, FAZ vom 9.12.2012, abrufbar: https://www.faz.net/aktuell/wirtschaft/steuerstreit-starbucks-filialen-in-grossbritannien-besetzt-11987641.html (letzter Aufruf: 31.3.2022)

Thiemann, Christian, Verluste im Steuerrecht. Verfassungs- und unionsrechtliche Bedingungen legislativer Gestaltung, Habil., Tübingen 2020

Tipke, Klaus, Steuerrechtswissenschaft und Steuersystem, in: Verfassung, Verwaltung, Finanzen. Festschrift für Gerhard Wacke zum 70. Geburtstag, hrsg. von Klaus Vogel/Klaus Tipke, Köln 1972, S. 211 – 229

Tipke, Klaus, Steuergerechtigkeit in Theorie und Praxis. Vom politischen Schlagwort zum Rechtsbegriff und zur praktischen Anwendung, Köln 1981

Tipke, Klaus, Besteuerungsmoral und Steuermoral, Wiesbaden 2000

Tipke, Klaus, Der Grundsatz der Steuergerechtigkeit, in: Besteuerung von Einkommen. Rechtsvergleich Italien, Deutschland und Spanien als Beitrag zur Harmonisierung des Steuerrechts in Europa, hrsg. von Klaus Tipke/Nadya Bozza, Berlin 2000, S. 9 – 32

Tipke, Klaus, Die Steuerrechtsordnung, Band I, Wissenschaftsorganisatorische, systematische und grundrechtlich-rechtsstaatliche Grundlagen, 2. Auflage, Köln 2000

Tipke, Klaus, Die Steuerrechtsordnung, Band II, Steuerrechtfertigungstheorie, Anwendung auf alle Steuerarten, sachgerechtes Steuersystem, 2. Auflage, Köln 2003

Tipke, Klaus, Verteidigung des Nettoprinzips – Anm. zum Vorlagebeschluss des VI. BFH-Senats zur Pendlerpauschale (BFH-Beschluss vom 10.1.2008 – VI R 17/07, DB 2007 S. 220) –, DB 2008, S. 263 – 265

Tipke, Klaus, Mehr oder weniger Entscheidungsspielraum für den Steuergesetzgeber?, JZ 2009, S. 533 – 540

Tipke, Klaus, Steuerrecht als Wissenschaft, in: Gestaltung der Steuerrechtsordnung. Festschrift für Joachim Lang zum 70. Geburtstag, hrsg. von Klaus Tipke/Roman Seer/Johanna Hey/Joachim Englisch, Köln 2010, S. 21 – 56

Tipke, Klaus, Die Steuerrechtsordnung, Band III, Steuerrechtswissenschaft, Steuergesetzgebung, Steuervollzug, Steuerrechtsschutz, Steuerreformbestrebungen, 2. Auflage, Köln 2012

Tipke, Klaus/Kruse, Heinrich Wilhelm (Begr.), Abgabenordnung/Finanzgerichtsordnung, Kommentar, Köln (Loseblattsammlung)

Tipke, Klaus/Lang, Joachim (Begr.), Steuerrecht, 24. Auflage, Köln 2021

Tönnies, Ferdinand, Kritik der öffentlichen Meinung, Berlin 1922

Turina, Alessandro, "Visible, Though Not Visible in Itself". Transparency at the Crossroads of International Financial Regulation and International Taxation, WTJ 2016, S. 378 – 431

Ulbrich, Christian/Frey, Bruno S., Mediale und gesellschaftliche Vorverurteilungen. Ein neuer Ansatz zum Umgang mit einem alten Phänomen, ZUM 2017, S. 31 – 44

Valta, Matthias, Das Internationale Steuerrecht zwischen Effizienz, Gerechtigkeit und Entwicklungshilfe, Diss., Tübingen 2014

Valta, Matthias, Base Erosion and Profit Shifting: Die jüngsten Diskussionsentwürfe der OECD zum BEPS-Projekt (Teil 1), ISR 2014, S. 176 – 184

Valta, Matthias, Globaläquivalenz und Äquivalenzneutralität, in: Geprägte Freiheit in Forschung und Lehre. 50 Jahre Institut für Finanz- und Steuerrecht, hrsg. von Paul Kirchhof/Hanno Kube/Reinhard Mußgnug/Ekkehart Reimer, Heidelberger Beiträge zum Finanz- und Steuerrecht (HFSt), Band 4, Heidelberg 2016, S. 165 – 173

Valta, Matthias, Grenzüberschreitende Leistungsfähigkeit multinationaler Unternehmen im EU-Recht, ISR 2020, S. 189 – 199

Velte, Patrick, Das Konsultationspapier der EU-Kommission vom 12.11.2021. Neue Regulierungen zur Unternehmensberichterstattung, internen Corporate Governance, Abschlussprüfung, Prüferaufsicht und zum Enforcement ante portas?, NZG 2022, S. 147 – 155

Voskamp, Friederike/Kipker, Dennis-Kenji, Virtueller Pranger Internet. „Shitstorm" und „Cybermobbing" als Bühne für die Meinungsfreiheit? – Providerpflichten nach der BGH-Rechtsprechung, DuD 2013, S. 787 – 790

Wachter, Thomas, Gewerblich geprägte GmbH & Co. KG bei Beteiligung von Auslandsgesellschaften. Zugleich Anmerkungen zu FG Niedersachsen vom 16.3.2005 – 2 K 835/01, GmbHR 2005, S. 1181 – 1185

Wagner, Franz W., Der Homo Oeconomicus als Menschenbild des Steuerrechts, DStR 2014, S. 1133 – 1143

Wakounig, Svetlana, Public CbC-Reporting: Wie geheim sollen Steuerdaten sein?, in: Transparenz und Informationsaustausch. Der gläserne Steuerpflichtige, hrsg. von Michael Lang/Peter Haunold, Wien 2017, S. 29 – 50

Walla, Fabian, Die Konzeption der Kapitalmarktaufsicht in Deutschland, Diss., Baden-Baden 2012

Walz, W. Rainer, Steuergerechtigkeit und Rechtsanwendung. Grundlinien einer relativ autonomen Steuerrechtsdogmatik, Habil., Hamburg 1980

Wassermeyer, Franz/Baumhoff, Hubertus (Hrsg.), Verrechnungspreise international verbundener Unternehmen, Köln 2014

Watrin, Christoph/Ebert, Nadine, Multinationale Unternehmen und Besteuerung. Aktueller Stand der betriebswirtschaftlichen Forschung, StuW 2013, S. 298 – 318

Watrin, Christoph/Thomsen, Martin, Steuerstrategien deutscher Konzerne – die OECD als Retter?, StuW 2016, S. 3 – 14

Watrin, Christoph/Thomsen, Martin/Brune, Alexander, Der Zusammenhang zwischen Steuerplanung und institutionellen Investoren. Stand der Forschung und Erkenntnisse über deutsche Konzerne, FR 2017, S. 1029 – 1035

Weber, Marianne, Berufsgeheimnis im Steuerrecht und Steuergeheimnis, Diss., Zürich 1982

Weber, Max, Die Zusage im Umsatzsteuerrecht. Eine Untersuchung im steuerverfassungsrechtlichen Mehrebenensystem de lege lata und de lege ferenda, Diss., Berlin 2019

Weber-Grellet, Heinrich, Fairneß, Aufklärung und Transparenz. Wege zu einer leistungsgerechten Besteuerung, StuW 1999, S. 311 – 320

Weber-Grellet, Heinrich, Steuern im modernen Verfassungsstaat. Funktionen, Prinzipien und Strukturen des Steuerstaats und des Steuerrechts, Habil., Köln 2001

Weber-Grellet, Heinrich, Europäisches Steuerrecht, 2. Auflage, München 2016

Weggenmann, Hans, Der transparente Steuerpflichtige – Cui Bono?, DB 2021, S. M4 – M5

Weggenmann, Hans/Claß, Günther, Die Zinsschrankenregelung auf dem verfassungsrechtlichen Prüfstand. Zugleich Anmerkung zu BFH, 14.10.2015 – I R 20/15, BB 2016, S. 1175 – 1180

Weinert, Stephan/Schwarz, Christian/Stein, Stefan, Country-by-Country-Reporting und die Substanzfrage: Referenzgröße Mitarbeiter, DB 2017, S. 737 – 742

Wendel, Mattias, Das Bundesverfassungsgericht als Garant der Unionsgrundrechte. Zugleich Besprechung von BVerfG, Beschlüsse v. 6.11.2019 – 1 BvR 16/13 (Recht auf Vergessen I) und 1 BvR 276/17 (Recht auf Vergessen II), JZ 2020, S. 157 – 168

Wendt, Domenik Henning, „Naming and Shaming“ im Privatversicherungsrecht, VersR 2016, S. 1277 – 1283

Wendt, Henning, Öffnung der Verfassungsbeschwerde für die Unionsgrundrechte – Neugestaltung des europäischen Grundrechtsföderalismus durch das BVerfG, DVBl 2020, S. 549 – 552

Wendt, Rudolf, Empfiehlt es sich, das Einkommensteuerrecht zur Beseitigung von Ungleichbehandlungen und zur Vereinfachung neu zu ordnen?, DÖV 1988, S. 710 – 723

Whitman, James Q., What is Wrong with Inflicting Shame Sanctions?, The Yale Law Journal 1998, S. 1055 – 1092

Widmann, Werner, Geltung der EU-Grundrechte-Charta bei der Sanktion mehrwertsteuerlicher Verfehlungen – Zum EuGH-Urteil vom 26.2.2013 – Rs. C-617/10 –, UR 2014, S. 5 – 8

Winzer, Florian, Der Schutz von Geschäftsgeheimnissen im Zivilprozess. Chancen der Geschäftsgeheimnis-Richtlinie zur Modernisierung des deutschen Verfahrensrechts, Diss., Köln 2018

Wirtschaftsprüferkammer, Stellungnahme zum Vorschlag der Europäischen Kommission zur Änderung der Richtlinie 2013/34 EU im Hinblick auf die Offenlegung von Ertragsteuerinformationen durch bestimmte Unternehmen und Zweigniederlassungen, https://www.wpk.de/uploads/tx_news/WPK-Stellungnahme_13-05-2016_01.pdf (letzter Aufruf: 31.3.2022)

Witt, Carl-Heinz, Die Konzernbesteuerung. Vorschlag zur Fortentwicklung des Rechts der steuerlichen Organschaft, Habil., Köln 2006

Wöhrer, Viktoria, Ist öffentliches Country-by-Country-Reporting mit den EU-Grundrechten vereinbar?, TPI 2017, S. 1 – 7

Wöhrer, Viktoria, Öffentliches Country-by-Country-Reporting verfassungswidrig, SWI 2017, S. 25 – 35

Wöhrer, Viktoria, Data Protection and Taxpayers' Rights: Challenges Created by Automatic Exchange of Information, Diss., Amsterdam 2018

Wollenschläger, Ferdinand, Budgetöffentlichkeit im Zeitalter der Informationsgesellschaft. Die Offenlegung von Zuwendungsempfängern im Spannungsfeld von Haushaltstransparenz und Datenschutz, AöR 135 (2010), S. 363 – 403

Wollenschläger, Ferdinand, Staatliche Verbraucherinformation als neues Instrument des Verbraucherschutzes. Möglichkeiten und Grenzen der Informationsbefugnis nach dem Verbraucherinformationsgesetz am Beispiel der Pankower Ekelliste und das Problem staatlicher Marktinformationen, VerwArch 2011, S. 20 – 50

Wollenschläger, Ferdinand, Die unternehmerische Freiheit (Art. 16 GRCh) als grundrechtlicher Eckpfeiler der EU-Wirtschaftsverfassung. Konturen in der Charta-Rechtsprechung des EuGH, EuZW 2015, S. 285 – 288

Wotschofsky, Stefan, Gerechte Besteuerung nach der Leistungsfähigkeit im Einkommensteuerrecht, Betrieb und Wirtschaft 2002, S. 54 – 61

Ziegelmayer, David, Die Reputation als Rechtsgut. Plädoyer für die Stärkung des sozialen Geltungsanspruchs von Unternehmen im Netz, GRUR 2012, S. 761 – 765

Zielke, Rainer, Internationale Steuerplanung zur Optimierung der Konzernsteuerquote, DB 2006, S. 2585 – 2594

Zucman, Gabriel, Steueroasen. Wo der Wohlstand der Nationen versteckt wird, 2. Auflage, Berlin 2014

Zumpe, Bodo, Öffentlichkeit staatlicher Informationen. Dargestellt am Beispiel der Informationsfreiheitsgesetze des Bundes und der Länder, Diss., Sipplingen 2007

Bochumer Schriften zum Steuerrecht

Herausgegeben von Roman Seer

Band 1 Roman Seer / Burkhard Kämper (Hrsg.): Bochumer Kirchensteuertag. Grundlagen, Gestaltung und Zukunft der Kirchensteuer. 2004.

Band 2 Roman Seer (Hrsg.): Bochumer Lohnsteuertag. Die Lohnsteuer im Spannungsfeld zwischen Unternehmerfreiheit und Fiskalinteresse. 2005.

Band 3 Frank-André Mönkemöller: Die Zurechnung der Überschusseinkünfte bei Personengesellschaften. 2005.

Band 4 Kai Thulfaut: Die Besteuerung international tätiger Anwaltssozietäten. 2005.

Band 5 Jens Hoffmann: Die Besteuerung von Kapitalgesellschaften und ihren Anteilseignern in Irland im Vergleich zu Deutschland. Zugleich ein Beitrag zu den Grenzen des Steuerwettbewerbs in der Europäischen Union. 2005.

Band 6 Theresa Franz: Körperschaftsteuerliche Behandlung der grenzüberschreitenden Betätigung von Kapitalgesellschaften innerhalb der EG. Eine Betrachtung unter Berücksichtigung der Rechtsprechung des EuGH, der geplanten 14. gesellschaftsrechtlichen Richtlinie und der Societas Europaea. 2006.

Band 7 Jan Michaelis: Die territoriale Zuordnung von Beteiligungsaufwand im Europäischen Unternehmenssteuerrecht. Zugleich zur Verfassungsmäßigkeit des § 8b Abs. 5 KStG in der Fassung des ProtErklG. 2006.

Band 8 Hans Anders: Die Überschussrechnung nach § 4 Abs. 3 EStG im System der steuerlichen Einkünfteermittlung. 2007.

Band 9 Björn Kahler: Die Freistellungsmethode in deutschen Doppelbesteuerungsabkommen und ihre Vereinbarkeit mit dem EG-Vertrag. Betrachtung der Freistellungsmethode in deutschen Doppelbesteuerungsabkommen, Untersuchung ihrer Folgen im Ertragsteuerrecht und Prüfung ihrer Vereinbarkeit mit dem EG-Vertrag. 2007.

Band 10 Lars Rehfeld: Die Vereinbarkeit des Außensteuergesetzes mit den Grundfreiheiten des EG-Vertrags. 2008.

Band 11 Heike Rüping: Die Umsatzsteuer-Nachschau nach § 27b UStG. 2008.

Band 12 Marius Frederik Schumann: Das Dispensverfahren im europäischen Mehrwertsteuerrecht. Grenzen nationaler Alleingänge nach Art. 395 der Mehrwertsteuersystemrichtlinie in der Betrugsbekämpfung. 2008.

Band 13 Daniela Zuschlag: Die pauschalierte Gewerbesteueranrechnung nach § 35 EStG. 2009.

Band 14 Napoleão Dagnese: Verrechnungspreise und die Aufzeichnungspflicht im brasilianischen und deutschen Steuerrecht. 2009.

Band 15 Marcel Krumm: Steuervollzug und formelle Insolvenz. 2009.

Band 16 Martin Karl Plappert: Gemeinnützigkeits- und Spendenrecht: Ein steuersystematischer Rechtsvergleich zwischen den USA und Deutschland. 2009.

Band 17 Karina Grundmann: Das Recht auf Akteneinsicht im Besteuerungsverfahren. 2009.

Band 18 Claus Möllenbeck: Das Verhältnis der EG-Amtshilfe zu den erweiterten Mitwirkungspflichten bei internationalen Steuerfällen. 2010.

Band 19 Sibyl Tanja Rieper: Steuerverfehlungen als Tatbestandsmerkmale von AO-Vorschriften. 2010.

Band 20 Kristina Frankus: Die Verlustverrechnung von Körperschaften nach § 8 Abs. 4 KStG, § 8c KStG im Rechtsvergleich mit dem US-amerikanischen Steuerrecht. 2010.

Band 21 Timo Höller: Eine kritische Analyse der Unternehmensteuerreform 2008 im historischen Kontext. 2011.

Band 22 Björn Schüßler: Der Datenzugriff der Finanzverwaltung im Rahmen der (digitalen) Außenprüfung. 2010.

Band 23 Kristina Dudde: Die Umsatzbesteuerung gemeinnütziger Sportvereine. 2011.

Band 24 Susanne Stiewe: Die verfahrensrechtliche Umsetzung internationaler Verständigungsvereinbarungen (§ 175a AO). 2011.

Band 25 Metin Yilmaz: Das Besteuerungsverfahren der Türkei aus dem Blickwinkel des deutschen Steuerrechts. 2011.

Band 26 Sascha Bleschick: Die Revisionszulassungsgründe des § 115 Abs. 2 Nr. 1 und 2 FGO im Spannungsverhältnis zwischen Individualrechtsschutz und Allgemeininteresse. 2012.

Band 27 Thomas Blum: Bewertungsgleichmaß und Verschonungsregelungen. Gleichmäßigkeit der Besteuerung im Erbschaft- und Schenkungsteuerrecht. 2012.

Band 28 Roman Seer (Hrsg.): Steuern im historischen Kontext. Ein Ausschnitt aus der Steuergeschichte anhand ausgewählter Fragestellungen. 2014.

Band 29 Pascal Thebrath: Die Revisionszulassungsgründe gemäß § 115 Abs. 2 Nrn. 1 und 2 FGO und ihre Darlegung im Rahmen der Nichtzulassungsbeschwerde. 2015.

Band 30 Alexander Witfeld: Das Umsatzsteuerverfahren und die Insolvenz. 2016.

Band 31 Christopher Klotz: Die Abgeltungsteuer. Eine verfassungsrechtliche Analyse unter Einbeziehung rechtspolitischer, steuersystematischer und europarechtlicher Aspekte. 2017.

Band 32 Jendrik Suck: Das Nichtanwendungsgesetz als Instrument der Steuerpolitik. 2018.

Band 33 Dominik Wedel: Rechtsschutz bei überlangen steuerprozessualen Verfahren. Das Gesetz über den Rechtsschutz bei überlangen Gerichtsverfahren und strafrechtlichen Ermittlungsverfahren auf dem (steuer-) verfassungsrechtlichen Prüfstand. 2018.

Band 34 Max Weber: Die Zusage im Umsatzsteuerrecht. Eine Untersuchung im steuerverfassungsrechtlichen Mehrebenensystem *de lege lata* und *de lege ferenda*. 2019.

Band 35 Michael Dust: Der Zinssatz im Steuerschuldverhältnis. Eine Analyse des aktuellen Zinssatzes in § 238 AO unter ausführlicher Berücksichtigung der Historie der Verzinsung im Steuerschuldrecht. 2019.

Band 36 Marcel Goeke: Die aufgedrängte Aussetzung der Vollziehung im Rahmen der § 361 AO, § 69 FGO. 2019.

Band 37 Marc Frintrup: Die Selbstanzeige in der Insolvenz. 2019.

Band 38 Christina Regelski: Das Recht auf Vorsteuererstattung in grenzüberschreitenden Fallgestaltungen. 2021.

Band 39 Sebastian Mogk: Steuerrecht als Wettbewerbsrecht. Leistungsfähigkeit einzelfallbezogener Wettbewerbsschutzklauseln im steuerlichen Massenverfahren. 2021.

Band 40 Emran Sediqi: Wirtschaftlichkeit, Zweckmäßigkeit und Risikomanagement – Der Untersuchungsgrundsatz im Lichte des § 88 AO n.F. 2021.

Band 41 Markus Müller: EU-Grundrechte und Umsatzsteuer. Der Einfluss des unionsrechtlichen allgemeinen Gleichheitssatzes auf den Vorsteuerabzug. 2021.

Band 42 Dominik Ortwald: Steuererklärungspflicht und Verfahrensleistungsfähigkeit. Eine Untersuchung im Steuerverfahren und Steuerstrafverfahren unter besonderer Berücksichtigung der Digitalisierung des Besteuerungsverfahrens. 2021.

Band 43 Florian Schröder: Die einkommensteuerrechtliche Behandlung blockchain-basierter Vermögenswerte. 2022.

Band 44 Philipp Wagner: Die Öffentlichkeit als Kontroll- und Sanktionsorgan im Steuerrecht. Eine gerechte Unternehmensbesteuerung durch „naming and shaming"?. 2022.

www.peterlang.com

www.ingramcontent.com/pod-product-compliance
Ingram Content Group UK Ltd.
Pitfield, Milton Keynes, MK11 3LW, UK
UKHW021403101026
15623UKWH00013B/644

9 783631 879955